Jens Kastner

Die Linke und die Kunst

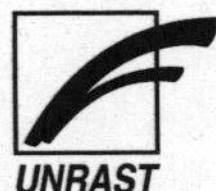

Jens Kastner (*1970), PD Dr. phil. habil., ist Soziologe und Kunsthistoriker und lebt in Wien. Er ist Senior Lecturer am Institut für Kunst- und Kulturwissenschaften der Akademie der bildenden Künste Wien und schreibt für verschiedene Zeitungen und Zeitschriften über zeitgenössische Kunst, soziale Bewegungen und Kulturtheorien. Er hat zwei Kinder.

Jens Kastner

Die Linke und die Kunst

Ein Überblick

UNRAST

Bibliografische Information der Deutschen Bibliothek
Die Deutsche Bibliothek verzeichnet diese Publikation in der Deutschen Nationalbibliografie; detaillierte bibliografische Daten sind im Internet über http://dnb.ddb.de abrufbar.

Jens Kastner
Die Linke und die Kunst
2. Auflage, Oktober 2020
ISBN 978-3-89771-271-3

www.unrast-verlag.de – kontakt@unrast-verlag.de
Mitglied in der assoziation Linker Verlage (aLiVe)

Umschlag: cuore.berlin
Satz: Andreas Hollender, Köln
Druck: Multiprint, Kostinbrod

Inhalt

0. Die Linke und die Kunst
Zur Einleitung und Einführung

»Nein: weder die Künstler noch ihre Historiker können von der Schuld an unseren Zuständen freigesprochen werden noch entbunden von der Verpflichtung, an der Änderung der Zustände zu arbeiten.«[1]

Bertolt Brecht, 1930/31

Was wollte und was will die Linke von der Kunst? Dieses Buch versucht nicht mehr, als diese lapidare und doch in mehrerlei Hinsicht rätselhafte Frage zu beantworten. Die Rätselhaftigkeit liegt sowohl in den Begriffen ›Linke‹ und ›Kunst‹ selbst, als auch in deren komplexen Verhältnissen zueinander begründet.[2]

Das Feld der Kunst erscheint heute, zumindest in seinen anerkannten, legitimen Bereichen, häufig als noch »exklusiver als Segelklubs«[3]. Rezipiert wird die bildende Kunst nicht von einer breiten Öffentlichkeit, sondern von kleinen Zirkeln ausgewählter SammlerInnen und Kunstfeldangestellten wie MuseumsdirektorInnen und GaleristInnen. Trifft die zeitgenössische Kunst doch mal auf eine größere Menge an Leuten, dann handelt es sich dabei meist um relativ gebildete und auch finanziell nicht eben arme Menschen. Bei Kunstmessen wie etwa der Art Basel handelt es sich um »praktisch rein ›akademische‹ Veranstaltungen«[4], Angehörige unterer sozialer Milieus finden sich dort überhaupt nicht. Sich der Kunst widmen zu können, Zeit und Wissen zu investieren und

1 Bertolt Brecht: »Über die Notwendigkeit von Kunst in unserer Zeit.« In: Ders.: *Ausgewählte Werke in sechs Bänden*. Bd. 6: Schriften, Frankfurt am Main: Suhrkamp Verlag 1997, S. 125-126, hier S. 126.

2 Dieses Buch ist die ausgearbeitete Fassung einer Vorlesung, die ich über mehrere Semester an der Akademie der bildenden Künste Wien gehalten habe.

3 Wolfgang Ullrich: *Siegerkunst. Neuer Adel, teure Lust*. Berlin: Wagenbach Verlag 2016, S. 73.

4 Franz Schultheis / Erwin Single / Stephan Egger / Thomas Mazzurana: *Kunst und Kapital. Begegnungen auf der Art Basel*. Köln: Verlag der Buchhandlung Walther König 2015, S. 130.

diese Investition auch irgendwie als lohnend empfinden zu können (also als sozial oder intellektuell gewinnbringend zu verbuchen), ist alles andere als selbstverständlich. Weil es sehr voraussetzungsreich ist, gelingt es nur vergleichsweise wenigen. Der Umgang mit Kunst ist ein Privileg – trotz wachsender Zahlen an BesucherInnen in Museen und bei Großausstellungen, auch trotz der steigenden Zahl solcher Veranstaltungen wie der Biennalen. Die Liebe zur Kunst ist weder eine über alle Zeiten hin stabile, anthropologische Konstante, noch ist sie jeweils aktuell überall im sozialen Raum anzutreffen. Sie muss erlernt und unbewusst antrainiert werden. In Anlehnung an den ironischen Titel, den Pierre Bourdieu und Alain Darbel in den späten 1960er-Jahren ihrer Studie zum Museumsbesuch gegeben hatten, schreiben Franz Schultheis u.a. in ihrer Studie zur Art Basel deshalb: In Wirklichkeit sei die von Bourdieu und Darbel sezierte ›Liebe zur Kunst‹ nichts anderes als »ein soziales Privileg, das seinerseits sozial privilegiert.«[5]

Das zur Kunstrezeption. Für die Seite der Produktion gilt insofern Ähnliches, als empirischen Studien zufolge bloß zwischen zwei und fünf Prozent aller AbgängerInnen von Kunsthochschulen auch von der Kunst leben können. Auch das KünstlerIn-Sein bedarf also einiger Voraussetzungen. Nicht nur finanzieller Art, sondern zudem erfordert die Tatsache, dass es irgendwie als erstrebenswert erscheint, sich zum Künstler oder zur Künstlerin ausbilden zu lassen, obwohl die Aussichten auf ökonomische Entlohnung und soziale Anerkennung miserabel sind, den Aufbau eines spezifischen Glaubens: daran, dass Kunst mit kreativer Selbstverwirklichung zu tun hat, dass Kreativsein trotz allem – Creative Industries, Kreativitätsdispositiv etc. – etwas Gutes ist, dass Kunstmachen vielleicht auch bloß weniger schlimm im Vergleich zu den ökologischen oder sozialen Folgen anderer Werktätigkeiten ist. Und es setzt einen immer bedeutsamer werdenden Glauben voraus, dass das kreative Tun auch bessere Subjekte hervorbringt als das vermeintlich stumpfe Angestelltendasein oder gar die körperliche Arbeit der weniger Privilegierten. Das erforderliche soziale Privileg scheint zumindest ein, wenn auch prekäres, gefühltes Privileg zur Folge zu haben.

5 Ebd., S. 134.

So weit, so schematisch. Wenn nun Kunst – anschauen, aber auch machen – nicht bloß Privilegien voraussetzt, sondern selbst welche produziert, stellt sich selbstverständlich die Frage, warum überhaupt irgendjemand irgendetwas Positives im Sinne sozialer und kultureller Gleichheit oder emanzipatorischer Veränderungen von der Kunst erwarten sollte. Es gibt diese Jemands, und zwar nicht nur als Ausnahmen. Obwohl es also eigentlich erstaunlich sein könnte, warum sich linke, an Emanzipation und sozialer Gleichheit orientierte Menschen mit Kunst beschäftigen, haben sie es massenhaft getan und tun es immer noch. Und sie beschäftigen sich mit Kunst nicht nur in ideologiekritischer, Ausschluss und Privileg aufdeckender Absicht. Selbst Pierre Bourdieu schreibt, nachdem er in *Die Regeln der Kunst* deren elitären und exkludierenden Dynamiken analysiert hat, abschließend vom »*Instrument der Freiheit*«[6], als das Kunst (und Kultur insgesamt) auch begriffen werden müsse. Er nennt dies seine »*normative Stellungnahme*« und die hat, auch und gerade in Verbindung mit analytischen Beschreibungen dessen, was Kunst ist und ausmacht, Tradition. Die Beschäftigung mit Kunst fand und findet also auch im emphatischen Sinne statt: Kunst hat in vielerlei (normativer) Gestalt in die Narrative der Linken Eingang gefunden: als Mittel der Aufklärung, als Behälter von Wahrheit, als Entlarvungsgeste, als Teil von Emanzipationsprozessen, als Ermächtigungspraxis, als performatives Potenzial des Bruchs mit Konventionen, als Bestandteil sozialer und kultureller Neuzusammensetzung, als Instrument der Freiheit usw. usf. Bei denjenigen, die sich so stark und positiv auf Kunst bezogen haben, lassen sich (mindestens) drei Gruppen unterscheiden – die sich selbstverständlich auch überschneiden.

Es waren erstens selbstverständlich KunstproduzentInnen selbst, die immer wieder ihre Ansprüche auf sozialen Wandel proklamiert haben. Die Geschichten der Avantgarden und ihrer Manifeste und Praktiken sind voll von verschiedensten Versionen des Anspruchs darauf, die Kunst als Betrieb oder System oder sonst wie erfahrenen Rahmen zu verlassen und soziale Effekte zu zeitigen. Die Liste von engagierten Künstlerinnen und Künstlern ist unendlich lang. Und sie reicht von kunstfeldexternen, organisierten Zusammenschlüssen wie der Gewerkschaft revolutionärer

6 Pierre Bourdieu: *Die Regeln der Kunst. Genese und Struktur des literarischen Feldes*. Frankfurt am Main: Suhrkamp Verlag 2001, S. 524.

Maler, Bildhauer und Grafiker, die 1923 in Mexiko gegründet wurde, bis zu kunstfeldinterner Institutionskritik á la Hans Haacke und Andrea Fraser. Dazwischen finden sich diverse Strategien, um mit der und aus der Kunst heraus soziopolitische Wirkung zu erzielen.

Zweitens haben auch soziale Bewegungen, allen voran die ArbeiterInnenbewegungen des frühen 20. Jahrhunderts ihre Ansprüche auf sozialen Wandel mit einer Erneuerung von Kultur im Sinne von allgemeinen Lebensweisen verknüpft: Als Mittel dazu war nicht selten Kultur im engeren Sinne literarischer und künstlerischer Werke vorgesehen. Sie sollten, ebenfalls grunderneuert, zu emanzipatorischen soziopolitischen Verhältnissen beitragen. Im Austromarxismus der 1920er-Jahre etwa sollten »alle Anstrengungen der fortgeschrittendsten Schichten der Arbeiterklasse [unterstützt werden], sich die Errungenschaften der Wissenschaft und der Kunst anzueignen und sie mit den sich allmählich aus den Lebensbedingungen der Arbeiterklasse selbst entwickelnden, vom Geist ihres Befreiungskampfes erfüllten Kulturelementen zu Keimzellen der werdenden proletarisch-sozialistischen Kultur zu verschmelzen.«[7] So steht es im Linzer Parteiprogramm der sozialdemokratischen SDAPÖ von 1926. Auch im nicht weniger massentauglichen spanischen Anarchismus der gleichen Zeit spielte Kultur in beiden Bedeutungen (als Lebensweise und Sinngebungsprozess wie auch in Form künstlerischer Arbeiten) eine enorme Rolle. Die großen Sympathien, die der Anarchismus in Spanien genoss, gründeten geradezu auf den Erwartungen an die Verbreitung einer proletarischen Kultur, einer Ästhetik, die »die Kunst mit dem Leben in Beziehung setzte.«[8] Bei dem Anspruch, diese erneuerte und erneuernde Beziehung herzustellen, ging es nicht bloß um ein funktionalistisches Kunstverständnis, bei dem Kunst möglichst effektiv die Ziele der Bewegung zu kommunizieren und schließlich durchzusetzen gehabt hätte. Kunst im Kontext von emanzipatorisch gedachten Bildungsprozessen wurde nicht bloß als Kommunikation verstanden, sondern sollte durchaus auch der Entfaltung all jener kognitiven wie affektiven Aspekte der

---

7 Zit. n. Alfred Pfoser: *Literatur und Austromarxismus*. Wien: Löcker Verlag 1980, S. 22 f.

8 Arturo Ángel Madrigal Pascual: *Arte y Compromiso. España 1917-1936*. Madrid: Fundación Anselmo Lorenzo 2002, S. 127. [Übers. J.K.]

Persönlichkeit dienen, die als von Kapital und/oder Staat unterdrückt analysiert wurden.

Drittens waren es aber auch die TheoretikerInnen der Linken, die in ihren allgemeinen sozial- und kulturtheoretischen Entwürfen der Kunst oder künstlerischen Praktiken einen besonderen Stellenwert einräumten. Oder sie befassten sich sogar gesondert und speziell (in eigenen Studien oder Traktaten) mit Kunst. Um diese soll es im Folgenden vor allem gehen.

Das ist eine wichtige Eingrenzung, um solch eine Überblicksarbeit überhaupt beginnen zu können. Es geht um die Rolle der Kunst in linker Theorie, es geht nicht um künstlerische Manifestationen und auch nicht um Bewegungspraktiken. Allerdings tun sich auch bei einer solchen Einschränkung sehr schnell grundlegende Probleme auf, die es gleich einleitend zu benennen gilt. Die Problembereiche sind, kurz gesagt, erstens die Theorie, zweitens die Linke und drittens die Kunst. In allen drei Fällen versteht sich keinesfalls von selbst, was der jeweilige Begriff eigentlich bezeichnet. Es ist erläuterungsbedürftig, was gemeint ist, wenn von Theorie, von der Linken und von Kunst die Rede ist, wenn über die Frage gesprochen werden soll, wie die drei Bereiche zusammenhängen.

Erstens die Sozialtheorie: Sie entwickelt Modelle zum Verständnis sozialer Ordnung, sozialen Handelns und sozialer Transformation und reagiert auf aktuelle Entwicklungen, die nicht bloß Entwicklungen in der Theorie sind. Theorie, insbesondere und gerade linke Theorie, steht selbstverständlich nicht für sich. Theorie ist, wenn sie sich als Gesellschaftstheorie versteht, immer Teil ihres Gegenstandes. Auch die Theorie bleibt nicht unberührt von sozialen, politischen, ökonomischen und kulturellen Veränderungen, sie reagiert vielmehr auf diese. Nachzuzeichnen, wie und inwiefern das in Bezug auf die Kunst geschah, kann hier allerdings nicht geleistet werden und müsste in einzelnen Studien überprüft und eingeholt werden. Anders gesagt: Einerseits werden im Folgenden Ereignisse, die für die Theorie in der Linken Einschnitte waren – von der Pariser Commune über die Oktoberrevolution und den Spanischen Bürgerkrieg und die Dekolonisierung bis zu den Revolten um 1968 und der Entstehung der Zweiten Frauenbewegung –, hier nur am Rande erwähnt. Andererseits kann auch der gesellschaftliche Kontext der jeweiligen Positionen nicht ausführlich geschildert werden, wohl wissend, dass der Industriekapitalismus des 19. Jahrhunderts auch für die Kunst anderes bedeutete als die Gesellschaftsformation der Ära nach dem Zweiten Weltkrieg im Westen oder gar der kognitive, postfordistische Kapitalismus der Gegenwart. Das alles nur skizzieren zu können, bringt das Format der Einleitung und Einführung mit sich.

Weil die Einflüsse auf die Theorie immer auch aus anderen gesellschaftlichen Bereichen als jenen der Theorieproduktion kommen und von nicht-sozialwissenschaftlichen Praktiken ausgehen, können sie auch aus der Kunst kommen. Das ist einer der Gründe dafür, dass sich GesellschaftstheoretikerInnen der Kunst zugewandt haben. Linke TheoretikerInnen haben sich manchmal KünstlerInnen ihrer Zeit gewidmet (mit denen sie häufig auch befreundet waren), um aus der Beschäftigung mit künstlerischen Arbeiten auch Aussagen über die soziale Welt insgesamt treffen zu können: Pierre-Joseph Proudhons Ausführungen zu Gustave Courbets Malerei wären dafür ein Beispiel oder auch Jean-Paul Sartres Texte zur Kunst Alberto Giacomettis.[9] Linke TheoretikerInnen haben aber auch ganz allgemein zur Rolle und Funktion von Kunst geschrieben und einzelne Arbeiten dabei nur sporadisch, bloß zur Bebilderung oder sogar gar nicht beschrieben. Paolo Virnos Konzept der Virtuosität etwa erwähnt zwar irgendwo Glenn Gould, es geht aber ganz allgemein um die »Abwesenheit eines ›fertigen Produkts‹, die unmittelbare und unausweichliche Beziehung zur Gegenwart«[10], die die konzeptuelle und performative bildende Kunst überhaupt auszeichnet und die sich im Postfordismus verallgemeinert habe. Linke Theorie entwickelt sich also auch entlang von Kunst weiter, selbst dann, wenn sie sie nicht direkt zum Gegenstand zu hat. Aber zum Gegenstand hat sie sie selbstverständlich

9 Paradigmatisch wird dabei häufig das Wechselverhältnis von künstlerischem Schaffen und der Wahrnehmung der Betrachtenden sowie beider Prägung durch gesellschaftliche (Produktions-)Verhältnisse verhandelt. »Die Kunst Giacomettis«, schreibt Sartre etwa, »ist der des Taschenspielers verwandt; wir sind seine Gimpel und seine Komplizen. Ohne unsere Gier und kopflose Hast, ohne die traditionellen Irrtümer unserer Wahrnehmung gelänge es ihm nicht, seine Porträts zum Leben zu erwecken.« Jean-Paul Sartre: »Die Gemälde Giacomettis.« [1950] In: Ders.: *Die Suche nach dem Absoluten. Texte zur bildenden Kunst*. Reinbek bei Hamburg: Rowohlt Verlag, S. 23-38, hier S. 37.

10 Paolo Virno: *Grammatik der Multitude. Öffentlichkeit, Intellekt und Arbeit als Lebensform*. Wien: Verlag Turia + Kant 2005, S. 67.

auch. Darunter fallen nicht zuletzt auch die Praktiken und Erzeugnisse linker KunsthistorikerInnen, linker KunstsoziologInnen und -philosophInnen und kunstaffiner AktivistInnen, die ein gewissermaßen professionelles Interesse am Wechselverhältnis (oder der Dialektik oder den Überlappungen und Verkettungen) von Kunst und sozialer Welt haben, insbesondere im Hinblick auf dessen transformatorische Aspekte. So hat etwa Peggy Phelan die Geschichte feministischer Ansätze in der Kunst des 20. Jahrhunderts nachgezeichnet und dabei angemerkt, dass es sich bei feministischem Schreiben über Kunst immer darum handle, »eine Sprache zu formen, die sich der Bewegung am Rand dieser Ordnung [der Kunst] bewusst ist«[11]. All die Studien der letzten Jahre, die sich mit Kunst und Aktivismus beschäftigen, ließen sich hier ebenfalls anführen.[12]

Zweitens muss klar sein bzw. hiermit erklärt werden, dass die Linke selbstverständlich kein einheitlicher, deutlich umgrenzter und einfach fassbarer Gegenstand ist. Im Gegenteil, man muss nicht der (falschen) These anhängen, dass die politischen Zeichen ›links‹ und ›rechts‹ ihre Bedeutung verloren haben, um Probleme zu haben mit der Eingrenzung dessen, was als links bezeichnet werden kann. Inhaltliche Unterscheidungen wären vorzunehmen, historische und geografische Differenzen wären aufzuführen und Grenzbereiche zu benennen, in denen linke und nicht-linke Positionen sich nebeneinander und in Abgrenzung zueinander entwickelt haben. Das würde selbstverständlich den Rahmen dieser Arbeit sprengen. Um sie dennoch schreiben zu können, lässt sich weniger ›die Linke‹, denn ›linke Theorie‹ definieren und zwar als solche, die die soziale Welt als komplexe, dynamische Konstellation ohne natürliche Gesetzmäßigkeiten, aber mit praktisch erzeugten und strukturell verfestigten Ungleichheiten auffasst und die in diese Konstellation mittels ihrer selbst eingreifen möchte. Linker Theorie ist demnach zum einen immer an der De-Naturalisierung sozialer Verhältnisse und andererseits an Intervention in diese Verhältnisse gelegen. Das ist selbstverständlich bloß eine

11 Peggy Phelan: »Überblick« In: Helena Reckitt (Hg.): *Kunst und Feminismus.* Berlin: Phaidon Verlag 2005, S.14-49, hier S. 17.

12 Ich liste sie hier nicht alle auf. Um den Anmerkungsapparat nicht überborden zu lassen, habe ich mich dazu entschieden, nur Werke anzuführen, die auch zitiert werden.

Minimaldefinition. Sie ermöglicht aber, ein recht breites Spektrum an Schriften, Werken, Andeutungen zur Kunst in Betracht zu ziehen, ohne sich auf bestimmte Denkschulen oder Theorieansätze im Vorhinein festlegen zu müssen. Marx und verschiedenen Marxismen allerdings kommt selbstverständlich so oder so eine besondere Bedeutung zu. Aber es gibt auch linke Theorie, die nicht (mehr) im engeren Sinne marxistisch ist. Es liegen sicherlich nicht nur Jahrzehnte, sondern auch theoretische und politische Welten zwischen etwa Leo Trotzkis *Literatur und Revolution* (1923) und Gerald Raunigs *Kunst und Revolution* (2005) – doch hier brüchige Kontinuitäten und potenzielle rot-schwarze Fäden zwischen verschiedenen linken theoretischen Formationen nachzuzeichnen, darin liegt auch ein Reiz dieses Vorhabens.

Drittens ist zu (er-)klären, dass das Ausgefranste und Undeutliche, das schon den Gegenstand ›Linke‹ auszeichnet, auch für das gilt, was unter ›Kunst‹ zu verstehen ist. Hierbei muss Kunst nicht unbedingt bildende Kunst sein – Malerei und Grafik, Bildhauerei und Architektur, plus Video, Performance, Installation und all ihre Mischvarianten. Viele marxistische TheoretikerInnen haben sich etwa dem Theater oder der Literatur gewidmet und dabei von der Kunst gesprochen. Beschreibungen und Ansprüche bezogen sich dabei häufig auf das eine wie das andere, also auf kulturelle Praktiken im engeren Sinne von Kultur: auf Praxis, die im Feuilleton besprochen wird, weil sie nicht Politik, Wirtschaft oder Recht (in je engem Sinne) ist, sondern eigene, relativ autonome Traditionen sowie die daraus erwachsenen Anerkennungs- und Legitimationsmodi aufweist. Vielleicht paradigmatisch spricht Herbert Marcuse diese Position aus, wenn er in *Die Permanenz der Kunst* anmerkt, er schreibe eigentlich über Literatur und sei gar nicht qualifiziert, über Malerei, Skulptur und Musik zu sprechen, um dann hinzuzufügen, »trotzdem aber glaube ich, daß das am Beispiel der Literatur Gesagte mutatis mutandis auch für diese Künste gilt.«[13] Zwar ist tatsächlich in Texten von Marx bis Negri von ›Kunst‹ im allgemeinsten Singular die Rede und es kann der Eindruck entstehen, als handele es sich bei all diesen Schriften um Behandlungen

13 Herbert Marcuse: *Die Permanenz der Kunst. Wider eine bestimmte marxistische Ästhetik. Ein Essay.* München: Carl Hanser Verlag 1977, S. 9.

ein und desselben Gegenstands. Aber Kunst ist selbstverständlich – auch mit dem einschränkenden Adjektiv ›bildende‹ davor – kein einheitlicher und kein statischer Gegenstandsbereich. Zwar galten etwa die Gemälde Manets zu Zeiten ihrer Entstehung als Kunst (wenn auch noch nicht als gute, legitime Kunst) und sie tun es heute auch noch bzw. umso mehr. Zugleich aber hat sich der Status und Stellenwert eines Gemäldes im Kontext aller anderen visuellen Objekte seit dem 19. Jahrhundert mehrmals gewandelt. Nicht nur im Vergleich zu anderen (kunstinternen) Genres wird die Malerei anders gewertet als im 19. Jahrhundert, auch haben Gemälde in Relation zu anderen Bildern einen völlig anderen (und wesentlich weniger bedeutsamen) Stellenwert als vor der Erfindung der Fotografie und des Films und des Fernsehens und Instagram. Kunstinterne Entwicklungen – ready made und konzeptuelle Kunst, performative und partizipative Kunst – haben also auch das verändert, was als ›Kunst‹ beschrieben wird. Und zugleich haben kunstexterne technologische und soziopolitische Entwicklungen (von der Fotografie bis zu Facebook) in den Selbstverständigungsprozess über das, was Kunst ist, eingegriffen und damit nicht zuletzt auch den sozialen Stellenwert der Kunst verändert. Wie die ›Kunst‹ konzipiert ist, muss daher letztlich immer auch als Teil der Auseinandersetzung um ihre Potenziale und Effekte begriffen werden.

Bei aller Vielgestaltigkeit und bei allen poröser werdenden Grenzen ist das, was als ›bildende Kunst‹ bezeichnet wird, vor allem das historische Produkt europäischer Diskurse und Praktiken seit der Renaissance – mit ihren Anleihen an und Bezügen auf, Abgrenzungen zu und vor allem wohl Unterdrückungen von andere(n) Traditionen außerhalb ihrer selbst. Sie hat sich, wie der peruanisch-mexikanische Kunsttheoretiker Juan Acha es genannt hat, als eines von drei »spezialisierten ästhetischen Produktionssystemen«[14] herausgebildet (neben Handwerk und Design und in Abgrenzung von ihnen). Die Produktion, Rezeption und Distribution von Kunst geschieht innerhalb konkret-historischer sozioökonomischer Herrschaftsverhältnisse (ohne dass sie sich direkt von diesen ableiten ließe). Die chilenische Kulturkritikerin Nelly Richard

14 Juan Acha: *La apreciación artistica y sus efectos*. Mexico D.F.: Editores Trillas 1988, S. 69. [Übers. J.K.]

beschreibt diese »international imbalances in cultural power«[15] als erstens eine Form von sozioökonomischer Struktur, die die Teilnahme am Kunstgeschehen je nach Nähe und Entfernung zu Europa-Nordamerika wahrscheinlicher oder unwahrscheinlicher macht, und zweitens als Praktiken jener, die in das »international network of management of ›symbolic capital‹«[16] involviert sind. Diese Praktiken fungieren zugleich als *»network of authority«*[17], das auch die kulturelle Wertigkeit, d.h. die Legitimität von Prozessen gewährleistet. Dementsprechend herrscht auch in der linken Theorie zur Kunst ein unübersehbarer Eurozentrismus vor, der einerseits gewissermaßen strukturell dem (eurozentrischen) Gegenstand geschuldet ist, andererseits aber auch auf Ignoranz gegenüber künstlerischen Entwicklungen wie auch gegenüber linken Positionen von außerhalb des westeuropäisch-nordamerikanischen Theorie-Universums gründet. Ich habe mich bemüht, zumindest Positionen aus Lateinamerika zu integrieren. (Einem potenziellen Anspruch, linke Theorie aus Lateinamerika, Afrika und Asien auch nur annähernd gleichberechtigt darzustellen, werde ich hier nicht gerecht.)

Sicherlich reagiert Kunst auf sozialen Wandel und politische Aufbrüche und ist durch sozioökonomische Bedingungen präfiguriert. Allerdings ist mit den meisten linken TheoretikerInnen auch davon auszugehen, dass die Entwicklungen innerhalb der Kunst immer bloß stark vermittelte Bezüge zu wirtschaftlichen, politischen oder sozialen Situationen aufweisen. Die Geschichte der künstlerischen Produktion, der Stilentwicklung und auch der Rezeptionsakte, schrieb der marxistische Kunstsoziologe Arnold Hauser (1892–1978), »rührt nicht von einem Antagonismus zwischen den gesellschaftlichen und den künstlerischen Interessen her, sondern ist die Folge von Konflikten innerhalb der künstlerischen Absichten, Probleme, Lösungsmöglichkeiten und Darstellungsmittel, kurz, das Ergebnis einer individuellen Differenzierung, eines Geschmacks- und Stilwandels, zu

15 Nelly Richard: »Postmodern Decenterdness and Cultural Periphery.« In: Dies. (Hg.): *Art from Latin America. La Cita Trancultural.* Sydney: Museum of Contemporary Art Australia (MCA) 1993, S. 95-110, hier S. 101.

16 Ebd.

17 Ebd.

welchen die gesellschaftliche Entwicklung bloß den Anlaß gibt, die aber nicht von einer Widersprüchlichkeit zwischen Kunst und Gesellschaft ausgehen.«[18] Auch wenn ›Kunst‹ und ›Gesellschaft‹ weniger als zwei stabile Blöcke verstanden werden, dessen kleinerer (Kunst) sich im größeren (Gesellschaft) bewegt, und auch wenn es kein direkt ableitbares Einflussverhältnis zwischen dem Allgemeinen (Gesellschaft) und dem Besonderen (Kunst) gibt, besteht doch ein irgendwie gearteter Zusammenhang, eine gegenseitige Durchdringung. Die Frage, die sich linken TheoretikerInnen im Gegensatz zu anderen, mit Kunst befassten Menschen stellt, ist nun allerdings nicht nur die danach, wie die Vermitteltheit zwischen ›Kunst‹ und ›Gesellschaft‹ aussieht und zu begreifen *ist*, sondern auch, wie sie aussehen *sollte*. Nicht nur deskriptiv, sondern auch normativ an die Kunst heranzutreten, vereint alle im Folgenden besprochenen Ansätze. Diese normative Haltung ist ein häufig nicht explizit gemachter Anspruch in der Beschreibung von Kunst. Wie in künstlerischen Selbstbeschreibungen oder Museumstexten wird auch in theoretischen Texten nicht selten stillschweigend (oder auch lauthals) vorausgesetzt, was im Grunde prinzipiell zur Debatte steht: dass ein bestimmtes Gemälde oder eine Installation irgendwelche Effekte auf die Wahrnehmung (nicht nur) der BetrachterInnen hat, dass es oder sie den Raum, in dem es oder sie hängt, erweitert oder überhaupt erst formt, dass Performances neue Kollektivitäten evozieren o.Ä. Es wird also angenommen, dass Kunst, vor allem gute Kunst, ins Soziale eingreift. Die Kultur im spezifischen Sinne von beispielsweise Praktiken bildender Kunst, so wird behauptet, formt oder gestaltet Kultur im allgemeinen Sinne, verstanden als umkämpfte Prozesse der Sinn- und Bedeutungsproduktion. An diesem Punkt lässt sich durchaus nachhaken. Theorie – ob philosophische, soziologische oder ästhetische – adressiert sehr gerne ›die Kunst‹. Ein so allgemeiner Gegenstand ist im Hinblick auf allgemeine Aussagen über allgemeine Funktionen sicherlich legitim. Aber es muss auch die Frage gestellt werden, welche Art von Kunst in welcher Situation eigentlich gemeint ist. Es lässt sich dann durchaus auch die ganz konkrete Frage stellen, inwiefern eine Skulptur von Giacometti oder von Damian Hurst auf die soziale Welt oder die bestehende »Aufteilung des Sinnlichen« (Jacques Rancière) einwirkt,

18 Arnold Hauser: *Soziologie der Kunst*. München: dtv 1974, S. 99 f.

ob sie es überhaupt tut und wenn ja in welcher Weise. Tut sie es anders als ein Gemälde von Courbet? Und eine Performance von Andrea Fraser? Gibt es künstlerische Praktiken, die, falls sie es überhaupt merklich tun, auf möglicherweise bessere (emanzipatorische) Art ins Soziale eingreifen als andere? Solche konkreten Fragen werden innerhalb linker Theorie, wie sich zeigen wird, ebenso aufgeworfen wie auch verdeckt, diskutiert wie auch ausgeblendet.

Ich beschränke mich in diesem Buch aus pragmatischen Gründen auf bildende Kunst und die Frage, wie sie in linker Theorie auftaucht. Das grenzt zwar enorm ein, bietet allerdings noch ausreichend weiteren Klärungsbedarf. Denn selbst bei einer Beschränkung auf bildende Kunst muss nicht unbedingt jene ausschließliche und ausschließende Praxis gemeint sein, die mit großen Namen und hohen Preisen verbunden ist, die heute große Teile des internationalen Kunstfeldes prägt und von der eingangs die Rede war. Bildende Kunst existiert auch in unzähligen und ungezählten Varianten individuellen und kollektiven Schaffens jenseits der großen Ausstellungshäuser und jenseits von Kunstmessen. Und sie motiviert auch noch ganz andere AkteurInnen als SammlerInnen oder KunstkritikerInnen zu Bezugnahmen, sie interveniert in andere Felder oder Systeme und wird selbstverständlich auch von diesen beeinflusst und verändert. Einerseits ragen etwa Praktiken aus dem Kunstfeld heraus in den politischen Aktivismus, andererseits fließen aber auch Praxismuster, Wertmaßstäbe aus anderen kulturellen Feldern wie der Mode oder auch aus kulturfernen Bereichen wie der Ökonomie in die Kunst ein. Dabei ist all dies, inklusive der gebrauchten Begrifflichkeiten, bereits Teil der Debatte, die im Folgenden erst am Beispiel linker Theorie ausgeführt werden soll.

Schließlich möchte ich noch einige Bemerkungen dazu anbringen, wie ich das Thema die Linke und die Kunst angegangen bin. Es geht in diesem Buch nicht in erster Linie um linke Kunsttheorie, sondern um den Stellenwert der Kunst in linker Theorie insgesamt. Erst die Tatsache, dass linke Theorie sich mit Politik und Ökonomie, auch mit Kultur insgesamt, aber gerade nicht schwerpunktmäßig mit Kunst beschäftigt hat (und beschäftigt), macht die Frage nach ihrem Stellenwert zu einer reizvollen und vielversprechenden. Karl Marx, Leo Trotzki oder Simone de Beauvoir und Frantz Fanon waren keine KunsttheoretikerInnen, aber die Kunst kommt dennoch in ihren gesellschaftstheoretischen Entwürfen und politischen Schriften vor. Auf disziplinäre Zuordnungen (Soziologie, Philosophie, Ästhetik, Kulturwissenschaften etc.) wird in dieser Arbeit zunächst keine Rücksicht genommen. Insofern ist sie also weder Überblick über linke Kunstsoziologie, noch eine Skizze historischer ästhetiktheoretischer Entwürfe. Dieses Vorgehen, bloß allgemeine linke Theorie (und nicht linke Kunsttheorie) auf Kunsterwähnungen hin abzuklopfen, ist allerdings auch nicht ganz konsistent durchzuhalten. Das liegt weniger an der Analysemethode als am Gegenstand selbst. Denn spätestens ab den 1960er-Jahren, im Grunde aber schon drei bis vier Jahrzehnte früher, sind ästhetische Fragestellungen und kulturtheoretische Überlegungen, die sich jeweils nicht nur, aber auch um Kunst drehen, längst nicht mehr marginalisiert in der linken Theorie. Zwar lässt sich das Ausblenden kultureller Aspekte etwa in den ökonomischen Analysen der marxistischen Dependenztheorien der 1960er- und 70er-Jahre beklagen, gleichzeitig existierte aber eine transnationale marxistische Ästhetikdebatte und die durch die Kritische Theorie oder auch durch Antonio Gramsci aufgeworfenen, kulturtheoretischen Fragestellungen in der Gesellschaftstheorie waren längst etabliert. Kunst kam darin auch immer vor. Darüber hinaus tritt auch linke Kunsttheorie verstärkt nicht mehr länger allein als Theorie über Kunst, sondern eher als von Kunst ausgehende Theorie über Gesellschaftsformationen sowie Strukturen und Praktiken auch außerhalb künstlerisch-ästhetischer Bereiche auf. Man würde etwa Guy Debords *Die Gesellschaft des Spektakels* (1967) falsch interpretieren, läse man es bloß als Kunsttheorie. Von Debord bis Martha Rosler sind zudem linke KünstlerInnen selbst die ProduzentInnen linker Theorie. Eine Trennung wäre hier also nicht nur albern akademisch, sondern sinnlos. Um diesen Schwierigkeiten zu begegnen, habe ich mit den einzelnen Kapiteln nicht nur Positionen einzelner AutorInnen beschrieben, sondern jeweils ein ganzes Geflecht aus kunsttheoretischen Einlassungen nachvollziehbar zu machen versucht.

Es versteht sich wohl von selbst, dass dabei in keinerlei Hinsicht so etwas wie Vollständigkeit gewährleistet werden kann: Weder die Liste der vorkommenden Namen, der behandelten Positionen, noch jene der

Problematiken, die im Verhältnis von der Linken zur Kunst aufgetreten sind und auftreten, ist in irgendeiner Weise komplett. Dennoch hege ich selbstverständlich die Hoffnung, einen plausiblen Überblick liefern zu können.

Einerseits soll eine gewisse Chronologie gewahrt (bzw. auch hergestellt) werden. Auch wenn Marx nicht der erste linke Theoretiker der Geschichte ist, bedarf es vielleicht nicht allzu großer Rechtfertigungen, mit seinen Positionen zu beginnen. Mit der De-Naturalisierung und der Historisierung der Kunstpraxis (Produktion wie Rezeption) leitet Marx eine Abkehr von Kunstbetrachtungen im Anschluss an Kant und Hegel ein, die es rechtfertigt, diese beiden Vorläufer und wichtigen Bezugspunkte auch heutiger Auseinandersetzungen in dieser Arbeit auszuklammern. Um dem Marxismus in all seinen Formen aber auch nicht das Monopol auf linke Theorie zuzuschreiben, setze ich das Buch mit dem Anarchismus fort, der einen weiteren – gerade für die künstlerischen Avantgarde-Bewegungen mindestens ebenso wichtigen – Strang von linker Theorie etablierte. Wenn dann vom Marxismus-Leninismus über Feminismus bis hin zur post- und dekolonialistischen Theorie verschiedene Debattenfelder, also theoretische Formationen benannt und beschrieben werden, soll damit nicht gesagt sein, dass sie jeweils abgeschlossen für sich existiert haben (und existieren) oder dass das eine Feld das andere historisch obsolet hat werden lassen. Theoretische Formationen entstehen aus gemeinsam geteilten Fragestellungen, bestehen aus gemeinsamen Grundannahmen und Methoden und sind dennoch nicht scharf abgrenzbar, sie sind methodologisch und historisch immer dynamisch und sie überlappen einander.

Neben der Ausrichtung an diesen mit Labels wie Kritische Theorie oder Postoperaismus beschriebenen theoretischen Formationen orientiert sich der Text andererseits aber auch an Problematiken, die im Verhältnis von linker Theorie und Kunst zentral waren und sind, argumentiert entlang thematischer Schwerpunkte und versucht, einige Grundbegriffe der Debatte zur Kunst innerhalb der Linken zu (er-)klären. Dabei müssen notgedrungen Vereinheitlichungen vorgenommen werden, die in anderem Rahmen wieder zu entwirren und auszudifferenzieren wären: Während ein zusammenfassendes Label wie Kritische Theorie längst relativ gefahrlos benutzt werden kann, auch wenn selbstverständlich nie abschließend zu klären ist, wer und welche Positionen noch dazu gehören und welche nicht, sind Bezeichnungen wie Black Liberation oder auch Feminismus selbstverständlich wesentlich offener und größer. Dementsprechend gewagt ist es, sie für kleine Kapitel zu benutzen, da mit Erwähnungen und Auslassungen selbstverständlich in den Diskurs um den Gegenstand eingegriffen (und dieser nicht nur abgebildet) wird. Zum Zwecke einer Überblicksdarstellung lassen sich solche Zusammenfassungen aber nicht vermeiden. Auch wenn sich auch über die Triftigkeit der jeweiligen von mir sogenannten theoretischen Formation sicherlich streiten lässt, ergeben sich ihre Plausibilitäten dann inhaltlich.

Dieser Überblick liegt mit dem Fokus auf theoretische Formationen quer zu den Debatten um ›Kunst und Politik‹. Es geht eher darum, allgemeine Bedingungen des Verhältnisses zwischen beiden zu beschreiben als spezifische Fälle künstlerischer Politik vom »Surrealismus im Dienste der Revolution« oder dem Verhältnis von Joseph Beuys zur Partei *Die Grünen* bis zum sogenannten Artivismus zu diskutieren.

Es werden die groben Linien theoretischer Herangehensweisen – durchaus auch entlang konkreter künstlerischer Arbeiten oder spezifischer Fragestellungen – nachgezeichnet, die den alltäglichen Auseinandersetzungen im Kunstfeld und darüber hinaus zugrunde liegen. Die ausgewählten theoretischen Formationen werden vor allem hinsichtlich dreier Fragen diskutiert: *Erstens: Welches Verständnis von Kunst wird vertreten? (I) Zweitens: Welcher Stellenwert wird der so verstandenen Kunst in der Gesamtheit gesellschaftlicher Verhältnisse eingeräumt? Wie verhält sich die Kunst zu anderen Strukturbereichen und anderen Praktiken, die nicht Kunst sind? Und welche Kunst ist überhaupt gemeint? (II) Und drittens: Was wird von der Kunst erwartet? Ist sie Teil emanzipatorischer Veränderungen oder steht sie ihnen im Wege? (III)*

Damit soll dieser Überblick Folgendes leisten: Es wird erstens deutlich werden, dass Kunst überhaupt eine wichtige, wenn auch nur selten eine zentrale Rolle in linker Theorie gespielt hat (und spielt). Bei Marx / Engels und Proudhon angefangen, spielt die Kunst in der Theorie der Linken keine unbedeutende Rolle, sie taucht in unzähligen gesellschaftstheoretischen Entwürfen auf und ihr werden gleichermaßen befreiende wie regressive, emanzipatorische wie verschleiernde und verdinglichende

Potenziale zugeschrieben. Um das nachzuzeichnen, werden zweitens die unterschiedlichen Argumentationslinien nachvollzogen, mit denen diese jeweilige Rolle und Funktion begründet wurde, und es wird aufgezeigt, wie genau diese eigentlich definiert wurde. Wenn auch über den Stellenwert der Kunst für die jeweilige Gegenwartsgesellschaft häufig nicht sehr viel in Erfahrung zu bringen ist, so ist es doch auffällig, wie stark die Bezüge zur Kunst sind, wenn es um Prozesse und Praktiken der Emanzipation geht. Diese Tatsache fällt vielleicht in ihrer Deutlichkeit erst in der Zusammenschau der so unterschiedlichen Ansätze auf. Die Positionen zur Kunst werden drittens nicht nur für einzelne AutorInnen, sondern anhand einer ganzen Reihe linker theoretischer Formationen nachgezeichnet – eben von Marx und Engels über den Anarchismus, den Feminismus, Black Liberation bis hin zum Postoperaismus und zur post- und dekolonalistischen Theorie.

Auch wenn es mir in erster Linie um eine Überblicksdarstellung geht, ist der Text selbstverständlich nicht frei von eigenen Stellungnahmen. Eine These, die sich aus der Darstellung ergeben hat und die sich durch das Buch zieht, ist die, dass es im Wesentlichen drei Brüche oder Risse gab und gibt, die die linke, theoretische Auseinandersetzung mit der Kunst geprägt haben und prägen. Die Produktion und Rezeption von Kunst werden bereits von Marx gegenüber idealistischen Ansätzen zu ihrer Erklärung als historisch und sozial ausgewiesen. Diese Historizität und Sozialität der Produktions- und Rezeptionspraxis von Kunst werden in der Folge dann etwas verengt als Widerspiegelung interpretiert – Werke wie auch der Umgang mit ihnen spiegeln demnach soziale Verhältnisse wider. Der erste Bruch, der sich in der Konzeptionalisierung von Kunst in der Linken ergibt, ist jener mit dem Widerspiegelungstheorem. Während im Anschluss an Marx und Engels und in vielen Varianten des Anarchismus, vor allem aber im Marxismus-Leninismus Kunst als (Mittel der) Widerspiegelung gedacht war, bricht vor allem die Kritische Theorie mit dieser Herangehensweise. Kunst spiegelt demnach nicht länger Wirklichkeit wider, womit auch der normative Fokus auf die Frage, wie sie die Widerspiegelungsfunktion erfüllen soll – etwa in Form von realistischen Darstellungen – seine dringende Relevanz verliert. Kunst wird als Gegenstand mit eigensinniger Logik und eigenständiger Wahrheit konzipiert. (In dieser Konzeption wird letztlich wieder an Kant und Hegel angeknüpft.)

Der zweite Bruch verabschiedet dieses Verständnis vom eigensinnigen, autonomen Kunstwerk. Er beginnt mit Walter Benjamin, der infrage stellt, dass nach der technischen Reproduzierbarkeit so etwas wie ein Kunstwerk überhaupt noch sinnvoll ohne seinen institutionellen Kontext untersucht werden kann. Hier trennen sich marxistische Ästhetik, die sich nach wie vor dem autonomen Kunstwerk widmet, und materialistische Kunstsoziologie, die auf dessen Kontexte, sprich Produktionsverhältnisse ausgerichtet ist. Dieses Kunstverständnis wird in den materialistischen Praxistheorien ausgeführt. Der dritte Bruch oder Riss erweitert diese Herangehensweise. Ausgelöst von feministischen und Black-Liberation-Theorien, aber auch – unabhängig von diesen – innerhalb der materialistischen Praxistheorien, wird der Kontext (das Feld) als konstitutiv für die Produktion und Rezeption von Kunst begriffen. Sie erweist sich dabei nicht nur generell als sehr voraussetzungsreich, sondern letztlich als soziales Privileg vergleichsweise weniger. Post- und dekolonialistische Ansätze vertiefen diesen Bruch, indem sie darauf hinweisen, dass die bildende Kunst überhaupt nur im Zusammenhang mit der Herausbildung einer politischen und symbolischen Ordnung unter ›westlicher‹ Hegemonie zu verstehen ist. Die Brüche – von der Widerspiegelung zum autonomen Kunstwerk, vom autonomen Kunstwerk zur Institution Kunst und von der Kunst als Institutionengefüge zur Kunst als privilegiertes Praxisfeld – lassen sich zwar chronologisch beschreiben, es gibt aber jeweils auch Ideen und Konzepte, die sie vorbereiten. Und sie sind auch keine absoluten Brüche im Sinne von Paradigmenwechseln: Vom autonomen Kunstwerk wird auch nach der kunstsoziologischen Wende noch gesprochen und nicht jeder Fokus auf Kunst als Privileg ist zugleich eine feld- oder institutionenkritische Analyse. Deshalb ist es vielleicht sinnvoller, von Rissen zu sprechen, die sich durch die Auseinandersetzung mit Kunst innerhalb linker Theorie ziehen und die mal mehr, mal weniger aufklaffen. Die eingangs erwähnte Exklusivität jedenfalls wurde auch vom Anarchisten Michael Bakunin bereits in der zweiten Hälfte des 19. Jahrhunderts an der Kunst moniert – mehr dazu im Anarchismuskapitel.

Um die Darstellung nicht mit der eigenen These zu überfrachten, greife ich sie vor allem im Schlusskapitel wieder auf. Vor allem geht es in diesem Buch um die Zusammenschau der verschiedenen Ansätze, die so meines Wissens noch nicht gemeinsam dargestellt und in Beziehung gesetzt wurden. Auf der Suche nach einer Einführung zum Thema ›die Linke und die Kunst‹ war ich erfolglos geblieben. Das war die zentrale Motivation, sie selbst zu schreiben.

01. »wirksamer als hundert Flugschriften«
Die Kunst bei Marx & Engels

I.

In einem Aufsatz von 1846 lobt Friedrich Engels das Bild des Düsseldorfer Malers Carl Wilhelm Hübner (1814–1879) »Die schlesischen Weber« (1844/45) als eines, das »verständlicherweise so manches Gemüt für soziale Ideen empfänglich gemacht«[19] habe. Das Gemälde zeigt eine Gruppe armer Weberinnen und Weber, die einem ebenfalls dargestellten Verleger die Produkte ihrer Arbeit anbieten. Der zweigeteilte Bildaufbau zeigt links den potenziellen Käufer in der Pose eines Aristokraten und mit der Mimik eines unerbittlichen Geschäftsmanns, in der rechten Bildhälfte die armen und verzweifelten Weberinnen und Weber, die ihm ausgeliefert sind. Während der Verleger auf einem Teppich vor seinem im Hintergrund sichtbaren, gut ausgestatteten Wohnbereich steht, kauern die Weberinnen und Weber auf kargem Steinfußboden. Der Klassenantagonismus ließe sich kaum deutlicher ins Bild setzen. Engels hielt Hübner für »einen der besten deutschen Maler« und sagte über das Bild – das in drei Versionen existiert und auch in zeitgenössischen Ausstellungen zu sehen war –, es habe »wirksamer für den Sozialismus agitiert [...] als hundert Flugschriften.«[20]

Der bildenden Kunst wird hier enorme soziale Relevanz zugesprochen. Sie kann nicht nur empfänglich machen für neue Denkweisen, sondern diese Ideen sogar zur Wirkung bringen, ohne es – anders als beispielsweise Flugschriften – in besonderer Weise darauf angelegt zu haben. Trotz dieses Potenzials, das Engels ihnen hier zuspricht, haben künstlerische Arbeiten

19 Friedrich Engels: »Rascher Fortschritt des Kommunismus in Deutschland.« [1845] In: Karl Marx / Friedrich Engels: *Marx-Engels-Werke*, Band 2. Berlin: Dietz Verlag 1962, S. 509-521, hier S. 511.

20 Ebd., S. 510.

in der marxistischen Theorie nicht gerade eine Hauptrolle gespielt. Marx und Engels waren keine Kunsttheoretiker und Kunst kommt in ihren Werken kaum vor. Auch im Gros der marxistischen Gesellschaftswissenschaften spielt Kunst keine entscheidende Rolle. Aber es gibt auch Ausnahmen: Eine Vielzahl marxistischer AutorInnen verschiedenster Schulen und akademischer Disziplinen beschäftigten sich mit Kunst und ihrem gesellschaftlichen Stellenwert: von theorieaffinen PolitikerInnen wie Lenin, Plechanow, Rosa Luxemburg und Antonio Gramsci über Soziologen wie Arnold Hauser bis zu Philosophen wie Adolfo Sánchez Vázquez oder Theodor W. Adorno. Der marxistische Historiker Perry Anderson hat sogar die Aufmerksamkeit für Kultur als zentrales Charakteristikum der ganzen Tradition des von ihm sogenannten ›westlichen Marxismus‹ ab den 1920er-Jahren ausgemacht – und kritisiert. Anderson sah in der Hinwendung marxistischer TheoretikerInnen zu Literatur und Kunst ein Symptom für die Abwendung des Marxismus »von jeder revolutionären Praxis.«[21] Nicht nur die Ökonomie wurde laut Anderson durch die Hinwendung zur Kultur vernachlässigt, auch die Verbindung der Theorie zur ArbeiterInnenbewegung wurde gekappt. Allerdings kommt Anderson nur deshalb zu diesem negativen Urteil, weil er hier Kunst und Kultur fälschlicherweise weitgehend gleichsetzt. Er sieht nicht (oder will nicht sehen), dass mit Kultur nicht nur spezifische Praktiken gemeint sind (wie eben Kunstmachen und -rezipieren), sondern dass Kultur auch als ein alle Denk- und Wahrnehmungsweisen betreffendes Terrain von Kämpfen verstanden werden kann (und von den ›westlichen‹ MarxistInnen verstanden wurde). Ich komme darauf zurück.

Zugleich jedenfalls gab und gibt es auch neben der allgemeinen Kulturaffinität (›westlicher‹) marxistischer TheoretikerInnen eine spezifische marxistische Kunstgeschichte. Hier lassen sich beispielsweise mit Warren Carter die drei Phasen der »interwar, post-68 and contemporary incarnations«[22] unterscheiden. Auch wenn es spezifische Auseinandersetzungen mit künstlerischen Arbeiten und Fragen des Kunstpublikums

21 Perry Anderson: *Über den westlichen Marxismus*. Frankfurt am Main: Syndikat Verlag 1976, S. 68.

22 Warren Carter: »Introduction. Towards a History of the Marxist History of Art.« In: Warren Carter/Barnaby Haran/Fredric J. Schwarz (Hg.): *Renew Marxist Art History*. London: Art Books Publishing 2013, S. 14-28, hier S. 25. Vgl. auch

und der Kunstinstitutionen gab und gibt, muss die marxistische Kunstgeschichte allerdings in allen drei Phasen immer als eine bloß tendenziell von anderen disziplinären Feldern wie der Soziologie oder der Philosophie abgegrenzte begriffen werden. Wäre marxistische Kunstgeschichte nicht immer auch die Geschichte anderer Produktionsverhältnisse (oder zumindest in ihre Fragestellungen verwoben), wäre sie wohl nicht mehr marxistisch. Da Marxismus für die Linke selbstverständlich ein zentraler, wenn nicht überhaupt der Bezugspunkt schlechthin ist, werden im Folgenden zunächst einige weitere Grundzüge marxistischen Kunstverständnisses skizziert. Die sich entwickelnden Differenzen und Differenzierungen innerhalb marxistischer Debatten sind jeweils expliziter Gegenstand späterer Kapitel.

Der marxistische Literaturkritiker und Philosoph Michail Lifschitz (1905–1983) macht in der Einleitung seines Buches *Karl Marx und die Ästhetik* (1931) eine erstaunliche Bemerkung. Er schreibt: »Die Bedeutung der Theorie von Marx wäre selbst dann für die Philosophie der Kunst enorm gewesen, wenn wir nichts von den ästhetischen Ansichten der Begründer des Marxismus wüßten.«[23] Wie kann die enorme Bedeutung zustande kommen, muss man sich fragen, wenn man nichts darüber weiß bzw. wüsste, worauf sie sich im Konkreten gründen könnte? Lifschitz, der in den 1930er-Jahren mit Georg Lukács befreundet war und später zu einem führenden marxistisch-leninistischen Theoretiker in Sachen Kunst und Ästhetik in der Sowjetunion wurde – ab 1975 leitete er die Kunstakademie der UdSSR –, begründet diese These so: Historisch hat die Ästhetik da ihren Wert und ihre Relevanz, wo das Bürgertum um individuelle Freiheit kämpft. Wie verschleiert auch immer, werden in Fragen der Kunst die Fragen menschlicher Emanzipation verhandelt. Dann aber tritt das Proletariat auf die Bühne der Weltgeschichte, und die Frage der Emanzipation wendet sich dem Funktionieren von Ausbeutung und ihrer Aufhebung durch das neue Subjekt der Geschichte zu. Insofern Marx

Andrew Hemingway (Hg.): *Marxism and the History of Art. From Williams to the New Left.* London: Pluto Press 2006.

23 Michail Lifschitz: *Karl Marx und die Ästhetik.* [1931] Dresden: VEB Verlag der Kunst 1967, S. 38.

und Engels ihre Aufmerksamkeit auf diese Frage richten und sich von der Kunst abwenden, befinden sie sich (nach Lifschitz) »auf der Höhe der geschichtlichen Aufgaben«[24]. Vor dem Hintergrund der fortschrittsorientierten Geschichtsauffassung von Marx ist die Beschäftigung mit Kunst derjenigen mit dem Klassenkampf klar untergeordnet.

Dennoch, und damit beschäftigt sich Lifschitz im Folgenden wie viele andere auch, gibt es bei Marx eine intensive Beschäftigung mit Ästhetik, Kultur und auch mit Kunst im engeren Sinne. Die Frage, wie die Kunst in Bezug auf die materiellen Verhältnisse, die Kontrolle über die Arbeit und hinsichtlich Ausbeutung und Entfremdung zu begreifen ist, versteht sich auch dann nicht von selbst, wenn man, wie Lifschitz, das unbezweifelbare Primat der Ökonomie ausruft. Auch wenn die kapitalistische Arbeitsteilung die materiellen Grundlagen jeder, auch der künstlerischen Produktion bestimmt, ist absolut erklärungsbedürftig, inwiefern die konkrete Form dieser künstlerischen Arbeit davon betroffen, beeinflusst und geprägt ist. Und schließlich folgten selbst viele MarxistInnen dieser vermeintlich logischen Festlegung auf eine ökonomische Letztinstanz nicht immer und klagten eine relative Autonomie des Kulturellen ein, wie sich im Verlaufe dieses Textes zeigen wird.

Auch wenn in der Geschichts- und Gesellschaftstheorie Marx' »die theoretische Bestimmung von Kunst unklar und widersprüchlich geblieben«[25] ist, wie Otto Karl Werckmeister betont, so gibt es doch einige Stellen bei Marx, anhand derer von einer Marx'schen Kunstauffassung gesprochen werden kann. Dabei geht es zunächst um eine bestimmte Art und Weise der Aneignung von Welt, Marx spricht von der »künstlerisch-, religiös-, praktisch-geistigen Aneignung dieser Welt«.[26] Jeder tätige Eingriff in

24 Ebd.

25 Otto Karl Werckmeister: »Ideologie und Kunst bei Marx.« In: Ders.: *Ideologie und Kunst bei Marx und andere Essays*. Frankfurt am Main: S. Fischer 1974, S. 7-35, hier S. 7. Werckmeister diskutiert im Weiteren dann den Widerspruch zwischen einem idealistisch-utopischen und einem historisch-deterministischen Kunstverständnis bei Marx.

26 Karl Marx: »Einleitung (zu den ›Grundrissen der Kritik der politischen Ökonomie‹).« In: Friedrich Engels und ders.: *Marx-Engels-Werke*, Band 42, Berlin: Dietz Verlag 1983, S. 15-45, hier S. 36.

vorhandene Wirklichkeit ist eine kulturelle Praxis. Marx bemerkt schon in den »Ökonomisch-philosophischen Manuskripten« (1844), der »Reichtum der subjektiven *menschlichen* Sinnlichkeit, [...] ein musikalisches Ohr, ein Auge für die Schönheit in der Form, [...] erst menschlicher Genüsse fähige *Sinne*« würden durch den »gegenständlich entfalteten Reichtum des menschlichen Wesen« geschaffen, »teils erst ausgebildet, teils erst erzeugt.«[27] Historische kulturelle Praxis bringt demnach die Werkzeuge für weitere Produktion als auch die Mittel zur Aneignung, zum Genuss dieser Produktion hervor. Damit formuliert Marx auch ein gegen die Anthropologie und ihre Wesensannahmen gerichtetes Verständnis des Menschen und seiner Produktion und Konsumtion.

Künstlerische Produktion ist eine besondere Form kultureller Praxis. In ihr wird das Gestalten zum »konstitutiven Spezifikum«: »Künstlerische Produktion«, schreibt der marxistische Kulturtheoretiker Thomas Metscher erläuternd, »ist kompositorisches Machen: gestalthaftes Formen künstlerischer Welt, das Bilden einer ästhetischen Weltgestalt.«[28] Dabei ist nicht stark genug zu betonen, dass dieses gestalthafte Formen keineswegs das Monopol künstlerisch-kreativer AkteurInnen ist, sondern dass auch dieses immer im Kontext jener Formierung von »öffentlicher Moral und der damit korrespondierenden Produktion von Körpern, Gefühlen und Empfindungen«[29] zu sehen ist, die der Kapitalismus als soziales Verhältnis leistet – worauf der mexikanische Marxist Alberto Híjar Serrano hinweist.

Einerseits sind die Produktions- und Eigentumsverhältnisse die Grundlage jeder Kunstproduktion, andererseits determinieren sie aber weder die Produktion noch die Konsumtion. Darauf weist Marx hin, wenn er mit Blick auf die Kunst der griechischen Antike betont, dass die Wirkungen und Effekte bestimmter Kunst *relativ unabhängig* von den Bedingungen

27 Karl Marx: »Ökonomisch-philosophische Manuskripte.« [1844] In: Ders.: *Die Frühschriften*. Herausgegeben von Siegfried Landshut. Stuttgart: Alfred Kröner Verlag 2004, 7. Aufl., S. 292-378, hier S. 315.

28 Thomas Metscher: *Ästhetik, Kunst und Kunstprozess*. Berlin: Aurora Verlag 2013, S. 38.

29 Alberto Híjar Serrano: »Presentación.« In: Ders. (Hg.): *Frentes, Coaliciones y Talleres. Grupos Visuales en México e el Siglo XX*. México D.F.: Consejo Nacional para la Cultura y las Artes 2007, S. 9-26, hier S. 12. [Übers. J.K.]

ihrer Entstehung sind: »Aber die Schwierigkeit liegt nicht darin zu verstehen, daß griechische Kunst und Epos an gewisse gesellschaftliche Erscheinungsformen geknüpft sind. Die Schwierigkeit ist, daß sie uns noch Kunstgenuß gewähren und in gewisser Beziehung als Norm und unerreichbare Muster gelten.«[30] Mit einer einfachen ökonomistischen Ableitung ist diese Schwierigkeit nicht zu bewältigen. Die Entwicklung der Produktionsverhältnisse und der sozialen Formationen determiniert also weder die Kunstproduktion noch ihre Rezeption.

Für die marxistische Auseinandersetzung mit Kunst werden verschiedene Fragen auf unterschiedlichen Ebenen zentral: Erstens stellt sich die Frage, wie sich die künstlerische Produktion von anderen Produktionsformen unterscheidet und was sie mit ihnen gemeinsam hat. Hier geht es um die Frage der gesellschaftlichen Arbeitsteilung. Ob ein »Individuum wie Raffael sein Talent entwickelt«, schreibt Marx in *Die Deutsche Ideologie*, »hängt ganz von der Nachfrage ab, die wieder von der Teilung der Arbeit und den daraus hervorgegangenen Bildungsverhältnissen der Menschen abhängt.«[31] Marx hebt hier generell hervor, dass die Rezeption bzw. der Konsum konstitutiv ist für die Kunst(verhältnisse). Die gesellschaftliche Nachfrage bedingt letztlich auch die Möglichkeiten des Kunstschaffens selbst. Zugleich wird das Moment der Bildung als Voraussetzung für Kunstproduktion und -rezeption eingeführt. Dies bleibt ein zentraler, wenn auch manchmal nur am Rande behandelter Topos innerhalb linker Auseinandersetzungen mit Kunst. Er prägt aber ganz wesentlich die kritische Kunstsoziologie, die Bildung als Voraussetzung für den Kunstkonsum stark in den Fokus rückt. Zweitens steht viel auf dem Spiel, wenn kulturelle Produktion die Sinne zu ihrer eigenen Wahrnehmung erst erzeugt. Können diese erzeugten Sinne die Welt erkennen, wie sie wirklich ist, oder sehen sie nur, was bestimmte kulturelle Produktionen ihnen vorgeben zu sehen? Das ist die Frage nach Wahrheit und Schein, universellem Geltungsanspruch von Erkenntnis und Ideologie. Kunstproduktion und -rezeption ist also immer in die Produktion von Wahrheit

30 Marx 1983, a.a.O., S. 45.

31 Karl Marx: »Die Deutsche Ideologie.« [1845/46] In: Ders.: *Die Frühschriften*. Stuttgart: Alfred Kröner Verlag 2004, S. 405-554, hier S. 543.

und Ideologie verstrickt. Welcher Seite sie eher zuarbeitet, der Wahrheit oder der Ideologie, ist keineswegs ausgemacht. Hier schwankte Marx selbst zwischen einer idealistisch-utopischen Auffassung, die die »Emanzipation der Kunst von gesellschaftlicher Organisation als solcher«[32] für möglich und wünschenswert hielt einerseits, und einem historisch-deterministischen Kunstverständnis, das »Kunst als eine unter anderen Formen von Ideologie«[33] begriff, andererseits. Dieses Schwanken findet sich letztlich in der gesamten materialistischen Kunsttheorie bis hin zum Poststrukturalismus, in dem versucht wurde, die Dichotomie von Wahrheit und Ideologie zu umgehen bzw. ihr zu entfliehen. Drittens ergibt sich daraus selbstverständlich auch die Frage, welche Rolle künstlerische Praxis – so marginal sie auch insgesamt für die Produktionsverhältnisse sein möge – in der Transformation dieser Verhältnisse spielen kann. Stärkt sie eher die Wahrheit oder die Ideologie? Und falls sie als wahrheitsfördernd erachtet – auch wenn man im Neomarxismus an den unbedingten Wahrheitsansprüchen nicht unbedingt festhalten will – und für den Umsturz der kapitalistischen Verhältnisse für tauglich gehalten wird, wie und auf welche Weise, *in welcher Form* ist die Kunst dann revolutionstauglich? Muss sie realistisch sein? Und was bedeutet dann Realismus? Oder sollte sie sich gerade nicht der bestehenden Wirklichkeit andienen und stattdessen experimentell und / oder verneinend sein? Massentauglich oder avantgardistisch? Einerseits durchziehen diese Fragen die marxistische (und allgemein die linke) Beschäftigung mit Kunst. Andererseits werden diese Fragen nach konkreten Formen – nicht nur verstanden als Stil, sondern allgemein als Art und Weise der Produktion – häufig ausgespart und die essenzialisierende Rede von ›der Kunst‹ überwiegt eindeutig gegenüber Versuchen, bestimmte Kriterien für gelingende künstlerische Arbeit zu formulieren. Viertens drängt sich daran anschließend noch die Frage auf, mit welchen Bündnispartnern sich die Kunstproduktion einlassen könnte und sollte, in welchen Allianzen, mit welchen Praktiken welcher Milieus sie sich verbinden, überlappen, kurzschließen könnte oder müsste,

32 Werckmeister 1974, a.a.O., S. 15.

33 Ebd. Marx setzt nach Werckmeister auch begrifflich die wahre *Kunst* der entfremdeten *Kunstproduktion* entgegen, eine Begriffsbestimmung, der ich hier nicht folge.

um gesellschaftlich effektiv zu interagieren. Das war zunächst die Frage nach dem Verhältnis von Kunstproduktion und ArbeiterInnenbewegung. Daran anschließend entstand auch wesentlich allgemeiner die Frage nach dem Zusammenhang der Kunstproduktion mit sozialen Bewegungen, wie sie verstärkt seit den 1960er-Jahren von so unterschiedlichen Theoretikerinnen und Theoretikern wie der US-amerikanischen Kunstkritikerin und Kuratorin Lucy Lippard und dem marxistischen mexikanischen Aktivisten und Theoretiker Alberto Híjar Serrano aufgeworfen und bis heute im Kontext des linken Poststrukturalismus etwa bei Gerald Raunig, Brian Holmes und Stevphen Shukaitis diskutiert und theoretisiert wird.

II.

Karl Marx hatte in »Grundrisse. Einleitung in die Kritik der politischen Ökonomie«, ohne sich kunstsoziologischen Fragen ausführlicher zu widmen, auf die Wechselwirkung zwischen konkreten Praktiken und allgemeiner Organisation des Sozialen hingewiesen. Es geht also um das Verhältnis konkreter Praktiken der Kunstproduktion und -rezeption zu den allgemeinen Formen sozialer Organisierungen und Beziehungen, aus denen heraus sie entstehen und in die sie (möglicherweise) eingreifen. Bezogen auf die künstlerische Produktion schreibt er: »Die Produktion liefert dem Bedürfnis nicht nur ein Material, sondern sie liefert dem Material auch ein Bedürfnis. Wenn die Konsumtion aus ihrer ersten Naturrohheit und Unmittelbarkeit heraustritt [...], so ist sie selbst als Trieb vermittelt durch den Gegenstand. Das Bedürfnis, das sie nach ihm fühlt, ist durch die Wahrnehmung derselben geschaffen. Der Kunstgegenstand – ebenso jedes andere Produkt – schafft ein kunstsinniges und schönheitsgenußfähiges Publikum. Die Produktion produziert daher nicht nur einen Gegenstand für das Subjekt, sondern auch ein Subjekt für den Gegenstand.«[34]

Aus meiner Sicht ist dies eine der wichtigsten Stellen bei Marx zur Kunst überhaupt. Denn in der Marx'schen Betonung der Historizität der Sinne wird die Grundlage für sozialanalytische Herangehensweisen an das Kunstgeschehen gelegt. Produktion / ProduzentIn, Werk und Rezeption / RezipientIn stehen sich nicht länger als drei separate Einhei-

34 Marx 1983, a.a.O., S. 27.

ten gegenüber oder gar chronologisch nachgereiht in der Wirklichkeit, sondern sie sind ineinander verzahnt und letztlich gleichursprünglich. Marx beschreibt weniger drei Einheiten als eine soziale Dynamik. Dass auch »ein Subjekt für den Gegenstand« geschaffen wird, eröffnet den ganzen Bereich kultursoziologischer Fragen darüber, wie das Publikum, aber auch wie der/die KünstlerIn, der/die schließlich ebenfalls ein »Subjekt für den Gegenstand« ist, konstituiert sind. Sie werden nicht als gegeben angenommen. Auch Lifschitz bemerkt diese Stelle und hebt hervor, dass nach Marx »das ästhetische Bedürfnis [...] nicht etwas biologisch Gegebenes [ist] vor jeder gesellschaftlichen Entwicklung. Es ist ein historisches Produkt, das Resultat einer langen materiellen und geistigen Produktionsentwicklung.«[35] Er zieht dann allerdings kaum Konsequenzen aus dieser Einsicht.

Marx' Beschreibung unterstellt immerhin bereits bestimmte, differenzierende Effekte der Produktion: Das Kunstpublikum muss erst erzeugt werden und wenig deutet darauf hin, dass klassenübergreifend bei allen Kunstsinnigkeit und Schönheitsgenussfähigkeit gleichermaßen ausgebildet werden. Hier wird also der Weg für die Beobachtung verschiedener, kollektiver Zugangsweisen zu Produktion und Rezeption von Kunst geöffnet. Mit dem »Subjekt für den Gegenstand« stellt Marx also auch Fragen der Subjektivierung, wie sie später Michel Foucault aufgeworfen hat – Subjektivierungsweisen als »Techniken und Technologien des Selbstverhältnisses«[36] – und macht sie zu einem Bestandteil kunsttheoretischer Auseinandersetzungen. Die Frage nach der Konstitution des Subjekts stellt sich auch deshalb, weil Kunst immer als Teil des kulturellen Prozesses insgesamt aufgefasst wird. Der kulturelle Prozess, schreibt Thomas Metscher, bewirkt »nicht nur eine Transformation des Subjekts, die Entwicklung seiner Potenzen, die Bildung nicht zuletzt seiner individuellen Identität, er bewirkt auch die Transformation der objektiven Welt – der natürlichen wie der bereits kulturell geformten –, in der sich der Prozess der Kultur vollzieht, die Transformation damit auch seiner

35 Lifschitz 1967, a.a.O., S. 117.

36 Michel Foucault: *Die Regierung des Selbst und der anderen.* Vorlesungen am Collège de France 1982/83. Frankfurt am Main: Suhrkamp Verlag 2012, S. 18.

natürlichen Grundlagen [...].«[37] Die kulturellen Prozesse und ihre Auswirkungen auf die Konstitution von Individuen und Kollektiven ließen sich – von der Kunst ausgehend – nachvollziehen. Der Hinweis auf die Notwendigkeit eines erst zu schaffenden Kunstpublikums wird allerdings von der klassischen marxistischen Ästhetik kaum aufgegriffen und erst später bei Pierre Bourdieu, im Feminismus und mit der postkolonialistischen Theorie systematisch angegangen.

Bei Marx wird die Kunst zwar als besondere Aneignung und »Transformation der objektiven Welt« (Metscher) benannt, es wird aber wenig dazu gesagt, wie diese besondere Aneignungsweise zu den allgemeinen, den anderen Formen der Weltaneignung im Verhältnis steht. Wie groß der Anteil der Produktionsverhältnisse von Kunst insgesamt am kulturellen Prozess ist, wird nicht recht deutlich. Anders gesagt: Zum Stellenwert künstlerischer Produktion in der kapitalistischen Gegenwartsgesellschaft schreiben Marx und Engels nicht viel. Zwar ist davon auszugehen, dass sie den Kapitalismus für wenig kunstfördernd halten, dass Privateigentum und spezifische Arbeitsteilung also entfremdend wirken und nicht lebendige Arbeit[38] ermöglichen. Frank Biewer nennt das die These von der »Kunstfeindlichkeit der bürgerlich-kapitalistischen Gesellschaft«[39]. Damit ist aber wenig darüber gesagt, welche Rolle und Funktion der künstlerischen Produktion – verglichen mit anderen Produktionsformen – in dieser Gesellschaft zukommt. Aus diesem Schweigen lässt sich zumindest mutmaßen, dass der Stellenwert auch nicht allzu hoch eingeschätzt wurde. Trotzdem hat sich immerhin Engels auch Fragen der Kunst zugewandt.

37 Metscher 2013, a.a.O., S. 32.

38 Mit ›lebendiger Arbeit‹ bezeichnet Marx die menschliche Tätigkeit im laufenden Arbeitsprozess, ihr gegenüber steht die ›vergegenständlichte Arbeit‹, die die Produkte und Gebrauchswerte der Arbeit bezeichnet. Zuweilen wird der Begriff der ›lebendigen Arbeit‹ auch der entfremdeten Arbeit entgegengesetzt, die die Loslösung der Arbeit vom Produkt unter den Zwängen der kapitalistischen Ökonomie ebenso beschreibt wie die fehlende Verfügungsgewalt über die Produktion des eigenen Lebens.

39 Frank Biewer: »Karl Marx (1818–1883) und Friedrich Engels (1820–1895).« In: Christian Steuerwald (Hg.): *Klassiker der Soziologie der Künste. Prominente und bedeutende Ansätze*. Wiesbaden: Springer Verlag 2017, S. 21-44, hier S. 33.

Die Stelle, an der vom »Subjekt für den Gegenstand« die Rede ist, ist aber noch aus einem weiteren Grund bedeutend. Neben der Grundlegung einer sozialanalytischen Herangehensweise an Kunst liegt schließlich, wenn auch »ein Subjekt für den Gegenstand« geschaffen wird, aus politisch-emanzipatorischer Sicht die Frage nahe, wie dieser Gegenstand beschaffen sein könnte, um eine bestimmte Form von Subjekten hervorzubringen, nämlich befreite. Diese Frage ist im Anschluss an Engels auch anarchistischen und neomarxistischen Kunst- bzw. Kulturtheorien gemeinsam und unterscheidet sie vom Großteil der Kunstgeschichte wie auch von der (sich nicht-normativ gebenden) empirischen Kunstsoziologie. Neben der analytischen eröffnet die Stelle aus der Einleitung zu den Grundrissen also auch die politische Dimension im Umgang mit Kunst in der linken Theorie. Die normativen Ansprüche, die Marx und Engels an das Kunstschaffen anlegten – oft konkretisiert an Auseinandersetzungen mit literarischen Werken, weniger der bildenden Kunst –, kommen in einem Brief von Friedrich Engels an Minna Kautsky recht deutlich zum Ausdruck. Engels schreibt hier (1885) über den Tendenzroman: Er erfülle seinen Zweck, wenn er »durch treue Schilderung der wirklichen Verhältnisse die darüber herrschenden konventionellen Illusionen zerreißt, den Optimismus der bürgerlichen Welt erschüttert, den Zweifel an der ewigen Gültigkeit des Bestehenden unvermeidlich macht, auch ohne selbst direkt eine Lösung zu bieten, ja unter Umständen ohne selbst Partei ostensibel zu ergreifen.«[40]

Entscheidend scheint mir daran zweierlei, und zwar erstens der proklamierte Zweck der Kunst: Sie soll die »konventionellen Illusionen« über die Beschaffenheit der sozialen Wirklichkeit zerreißen und dazu beitragen, dass diese nicht als natürlich wahrgenommen werden. Dieser Anspruch auf Entnaturalisierung des Sozialen, also das Insistieren darauf, dass die Dinge und Verhältnisse nicht naturgegeben sind wie sie sind, ist und bleibt ein zentrales Motiv jeder linken Herangehensweise an Kunst. Zweitens allerdings knüpft Engels die Verwirklichung dieses Zwecks an gleichermaßen inhaltliche wie formale Vorgaben: »die treue Schilderung der wirklichen Verhältnisse«. Ein Realismus wird hier implizit zur besten

40 Friedrich Engels: »Engels an Minna Kautsky« [1885]. In: Karl Marx/Friedrich Engels: *Marx-Engels-Werke*, Band 36. Berlin: Dietz Verlag 1979, S. 392-394, hier S. 394.

Waffe gegen die Naturalisierung des Sozialen erklärt. Es wird also angenommen, dass eine ganz bestimmte Herangehensweise an künstlerisches Schaffen dem ihr zugrunde gelegten Zweck am besten dienen kann. Hier hat die Kunstgeschichte des 20. Jahrhunderts allerdings einige begründete Zweifel gesät, indem eine Vielzahl von Formsprachen und inhaltlichen Ausrichtungen entwickelt wurden, deren Ziel im Aufdecken und Angreifen der konventionellen Illusionen und der illusionären Konventionen bestand. Auch wenn Engels auf der anderen Seite das direkte Partei-Ergreifen unter Umständen ebenso wenig für nötig hält wie konkrete Handlungsanleitungen: Der besondere Stellenwert des Realismus (für den linken Umgang mit Kunst) scheint vorgezeichnet.

III.

Warum erhoffen sich marxistische TheoretikerInnen von der Kunst irgendwelche emanzipatorischen Effekte? Um den Marx'schen Standpunkt zu verstehen, ist vielleicht ein Blick auf das Verständnis künstlerischer Arbeit beim (marxistischen) spanisch-mexikanischen Philosophen Adolfo Sánchez Vázquez (1915–2011) hilfreich. Das Kunstwerk ist nach Sánchez Vázquez wegen seines individuellen und konkreten Charakters von anderen Ergebnissen menschlicher Arbeit unter kapitalistischen Bedingungen zu unterscheiden. Es ist das Ergebnis einer bestimmten Form von Arbeit und nicht auf allgemeine abstrakte Arbeit zu reduzieren. Es generiert einen Gebrauchswert, der sich aus der Handhabung des Materials durch die/den KünstlerIn ergibt, den es durch sie/ihn sozusagen bekommt. Aber es generiert noch einen anderen Wert, den »aesthetic value«: »The aesthetic value of a work of art embodies social and human relations in all their richness and universality.«[41] Er ergibt sich aus der Einmaligkeit und Unwiederholbarkeit der künstlerischen Arbeit. Diese Qualitäten werden dann allerdings vom Tauschwert eingeebnet, das Kunstwerk ist auf dem Markt bloß als Ware gefragt und sein »true value« wird »ignored or denied«[42]. Auch Sánchez Vázquez geht also von der Kunstfeindlichkeit

41 Adolfo Sánchez Vázquez: »Art as Concrete Labour: Aesthetic Value and Exchange Value.« In: Ders.: *Art and Society. Essays in Marxist Aesthetics.* [1965] London: Merlin Press 1973a, S. 189-197, hier S. 195.

42 Ebd.

des Kapitalismus aus, er spricht im Anschluss an Marx von der »hostility of capitalism to art«[43], weil der Kapitalismus jede Produktion dem Tauschwert unterwirft. Sánchez Vázquez weist allerdings auch darauf hin, dass diese Feindseligkeit nie total ist, sonst wären schließlich all die großen künstlerischen Arbeiten des 19. Jahrhunderts nicht denkbar gewesen. Unter anderen als kapitalistischen Bedingungen aber, so wird impliziert, könne dieser ästhetische Wert zur Geltung gelangen. Das Kunstwerk wird so zum verschlossenen Behälter, in dem wahre Menschlichkeit steckt, nämlich diejenige, die auf nicht entfremdeter Arbeit beruht. Diesem Motiv sind schließlich auch marxistische Kunst- und GesellschaftstheoretikerInnen der Moderne wie Theodor W. Adorno und Clement Greenberg verpflichtet. Deren Ansatz, dem modernen Kunstwerk eine Autonomie zuzuschreiben, verdankt sich vor allem dieser normativen Haltung: dass die Künste sich vor ihrer waren- und unterhaltungslogischen Vereinnahmung (ebenso wie gegen religiöse und therapeutische Indienstnahmen) nur verwehren könnten, »indem sie«, wie Greenberg 1960 meinte, nachweisen, »daß die Art von Erfahrung, welche sie ermöglichten, ihren eigenständigen Wert besaß«[44].

Während einerseits die Kunst als Hoffnungsträgerin fungiert, wird sie andererseits der Schein- und Ideologieproduktion überführt. »Die Auffassung, dass Kunst Wahrheit verkörpert,« schreibt Thomas Metscher, »ist seit der Antike mit der entgegengesetzten konfrontiert, dass Kunst Wahrheit verschließt, wesenloser Schein, gar bewusste Täuschung oder Lüge sei; in moderner Terminologie könnte von Kunst als Ideologie (im Sinne falschen Bewusstseins oder entfremdeter Vergesellschaftung) gesprochen werden.«[45] Die Entgegensetzung von Wahrheit und Ideologie findet sich, wenn auch manchmal mit anderen Begrifflichkeiten, auch noch in heutigen Debatten um zeitgenössische Kunst und die Rolle von

43 Adolfo Sánchez Vázquez: »The Development of Art Under the Hostile Conditions of Capitalism.« In: Ders.: *Art and Society. Essays in Marxist Aesthetics.* [1965] London: Merlin Press 1973b, S. 217-222, hier S. 217.

44 Clement Greenberg: »Modernistische Malerei« [1960]. In: Ders.: *Die Essenz der Moderne. Ausgewählte Essays und Kritiken.* Hamburg: Philo Fine Arts 2009, S. 265-278, hier S. 266.

45 Metscher 2013, a.a.O., S. 338.

Kunstkritik. Thomas Metscher betont, dass sowohl für Georg Lukács als auch für Theodor W. Adorno der »Wahrheitsgehalt der Kunstwerke«[46] zentral und Begründungsmoment für Ästhetik überhaupt sei. Wahrheit wird dabei nicht als etwas Außerhistorisches, Allgemeines verstanden, das bloß aufgedeckt werden muss, sondern als historische Erkenntnismöglichkeit: »Das Wahrheitspostulat großer Kunst: die Auffassung von Kunst als Organon der Welterschließung, der Gedanke, dass authentische Kunst Welt-Modelle entwirft, in denen die im Alltag verschüttete, dem alltäglichen Bewusstsein verborgene immanente Wahrheit sozialer wie individueller Wirklichkeit aufgeschlossen, im rezeptiven Erlebnis erfahren, in einem bestimmten Sinn ›erkannt‹ wird [...].«[47]

Marx selbst positionierte sich hier wohl vor allem auf Seiten des Scheins, sah also Kunst eher als ideologische Form denn als Befreiungsmittel. Marx rechnet die Kunst der Ideologie zu, wenn er etwa von den »juristischen, politischen, religiösen, künstlerischen oder philosophischen, kurz ideologischen Formen«[48] spricht, innerhalb derer die Konflikte ausgetragen werden, die in den ökonomischen Produktionsverhältnissen entstehen. Von großer Hoffnung in die emanzipatorischen Potenziale der Kunst kann bei Marx also keine Rede sein. Während sich einerseits politische Hoffnungen und Erwartungen an die Kunst knüpfen lassen über die Formel, dass ein »Subjekt für den Gegenstand« geformt wird und werden kann, erteilt Marx andererseits doch allen Versuchen eine Absage, über andere Wege als die Revolution emanzipatorische soziale Veränderungen zu erreichen. In *Die deutsche Ideologie* (1845 / 46) wendet sich Marx gegen die junghegelianischen Philosophen Bruno Bauer, Ludwig Feuerbach und Max Stirner. Hier wettert er gegen idealistische Flausen, die behaupten, Formen und Produkte des Bewusstseins seien durch Kritik zu verändern. Nein, so Marx, »nur durch den praktischen Umsturz der realen gesellschaftlichen Verhältnisse« könne das bewerkstelligt werden, »nicht

46 Theodor W. Adorno: *Ästhetische Theorie.* [1970] Herausgegeben von Gretel Adorno und Rolf Tiedemann. Frankfurt am Main: Suhrkamp Verlag 1973, S. 193.

47 Metscher 2013, a.a.O., S. 338.

48 Karl Marx: »Vorwort. Zur Kritik der Politischen Ökonomie« [1858]. In: Ders.: *Marx-Engels-Werke*, Band 13, Berlin: Dietz Verlag 1961, S. 7-160, hier S. 9.

die Kritik, die Revolution [sei] die treibende Kraft der Geschichte«[49]. Letztlich ging es Marx um die Aufhebung der auf gesellschaftlicher Arbeitsteilung beruhenden entfremdeten Arbeit. Kunst ist weder für diese Aufhebung zwingend, noch nachdem diese erfolgt ist: »In einer kommunistischen Gesellschaft gibt es keine Maler, sondern höchstens Menschen, die unter Anderem auch malen.«[50]

Nicht alle KritikerInnen, auch nicht alle MarxistInnen, folgten Marx in dieser starken Betonung des Primats der Revolution vor der Kritik und allem anderen. Man könnte auch sagen: Sie blieben engagiert, vertrauten u.a. auf kulturelle Produktion, auch noch in Zeiten, in denen die objektiven Bedingungen für den emanzipatorischen Umsturz der realen gesellschaftlichen Verhältnisse nicht gegeben waren, sich sein Eintreten sogar als höchst unwahrscheinlich präsentierte.

Während das Primat der Ökonomie und der sozioökonomischen Revolution im Marxismus-Leninismus von Leo Trotzki und Georg Lukács weiter aufrechterhalten wird, kommt es bereits mit Antonio Gramsci zu Relativierungen dieses eindeutigen Verständnisses des Verhältnisses von ›Basis‹ und ›Überbau‹. Gramsci knüpft damit einerseits an Engels' Einschätzung (»wirksamer als hundert Flugschriften«) an und eröffnet andererseits überhaupt erst die Möglichkeit für eine kulturalistische Wende in der (gleichermaßen materialistisch bleibenden) Auseinandersetzung mit Kunst in der linken Theorie. Diese drängt sich nicht zuletzt auf, weil auch die sozialen Produktionsverhältnisse – und damit die Bedingungen der Kunstproduktion und -rezeption – sich verändern. Die eben beschriebene, gegensätzliche Auffassung der Potenz des Kunstwerkes – Wahrheitspostulat und Scheinproduktion – bezieht sich auf die Kunst in der bürgerlichen Gesellschaft vor der technischen Reproduzierbarkeit der Kunst. Nach dem von Walter Benjamin so eingängig beschriebenen Einschnitt durch die Entwicklung der Technologien, die eben die Reproduzierbarkeit künstlerischer Arbeiten ermöglicht und damit ihre Unwiederholbarkeit hinfällig werden lässt, wirkt das emphatische Verständnis

49 Karl Marx: »Die Deutsche Ideologie.« [1845/46] In: Ders.: *Die Frühschriften*. Stuttgart: Alfred Kröner Verlag 2004, S. 405-554, hier S. 438.

50 Ebd., S. 544.

vom Kunstwerk, wie es Sánchez Vázquez und Adorno vertreten haben und Thomas Metscher noch bis heute vertritt, wenig plausibel. Denn es gibt die Einzigartigkeit und Authentizität nicht mehr, die ein Kunstwerk zu einem solchen gemacht hatten. Wenn ein technisch reproduzierter Gegenstand dem anderen gleicht, muss man sich fragen, warum der eine als Kunstwerk geweiht, als Wahrheitscontainer und Weltmodell betrachtet und verkauft werden kann und der andere als Alltagsgegenstand ganz profan benutzt wird. Die Antwort darauf lässt sich offenkundig nicht im Gegenstand selbst finden, sondern nur in den Prozessen, die ihn zum Kunstwerk machen. (Deshalb löst auch die ›künstlerische Arbeit‹ als *Prozess* das ›Kunstwerk‹ als *Ergebnis* in den kunsttheoretischen Debatten ab.) Die Konzentration auf das Material und seine Form lässt sich unter veränderten sozioökonomischen Bedingungen nicht weiter aufrechterhalten. Darin ist Walter Benjamin unbedingt zuzustimmen. Ein Konsens ist dies allerdings nicht. Vielmehr macht dieser Punkt sogar eine Trennungslinie in der marxistischen Beschäftigung mit Kunst aus: zwischen marxistischer Ästhetik auf der einen Seite, die sich nach wie vor Form und Material widmet, und marxistischer oder, allgemeiner, materialistischer Kunstsoziologie auf der anderen Seite, die die Bedingungen der Kunstproduktion und -rezeption als wesentlich ansieht. Es rücken die Prozesse und Praktiken des Umgangs mit Kunst gegenüber dem Kunstwerk selbst in den Vordergrund, ebenso wie diejenigen Prozesse, die die rezipierenden Subjekte konstituieren (Subjektivierungsweisen). Das ist meines Erachtens eine logische Folgerung aus der Marx'schen Formel »Gegenstand für das Subjekt« und »Subjekt für den Gegenstand«. Denn die Möglichkeit, künstlerische Arbeiten technisch zu reproduzieren, hat nicht nur deren Schaffensprozess beeinflusst, sondern, wie der (marxistische) Historiker Eric Hobsbawm es auf den Punkt bringt, »auch die Art und Weise [verändert], wie der Mensch Realität wahrnimmt und schöpferische Arbeit erlebt«[51]. Die Entwicklung des kulturellen Massenkonsums einerseits und der Zusammenbruch des auf dem Fortschrittsparadigma beruhenden Modernismus andererseits, der Innovation als Verbesserung begriff und für eine ebenso notwendig wie einheitlich eintretende Entwicklung hielt,

51 Eric Hobsbawm: *Das Zeitalter der Extreme. Weltgeschichte des 20. Jahrhunderts.* München: Carl Hanser Verlag 1995, S. 642.

zerstörten die Möglichkeit, das Kunstwerk emphatisch aufzuladen. Seine Einzigartigkeit, die Besonderheit seines Schöpfungsaktes, seine angeblich so bewegende Ausstrahlungskraft auf die Betrachtenden, kulminierend in der vermeintlichen Erhabenheit der ästhetischen Erfahrung, all das musste relativiert werden. Hobsbawm schreibt für die zweite Hälfte des 20. Jahrhunderts: »Noch nie waren ästhetische Erfahrungen schwieriger zu umgehen gewesen. Das ›Kunstwerk‹ aber ging in diesem Schwall aus Worten, Tönen und Bildern in dem universellen Umfeld verloren, das man einst Kunst genannt hatte.«[52] Trotz dieses Untergangs der Kunst in der Ubiquität von Erfahrungen, die als ›ästhetisch‹ gelten können, die also das sinnliche Wahrnehmen betreffen, bleibt Kunst bis heute ein wichtiger Gegenstand in gesellschaftstheoretischer, linker, mehr oder weniger an Marx orientierter Theorie.

52 Ebd., S. 643.

02. »Die Lust der Zerstörung ist zugleich eine schaffende Lust!« Kunst und anarchistische Theorie

I.

Seit es Anarchismus als politischen Begriff und als linke Strömung gibt – also seit den 1840er-Jahren –, spielt darin auch Kunst eine Rolle. Wie auch in anderen linken Strömungen, nimmt sie sicherlich keine Hauptrolle in den thematischen Schwerpunktsetzungen von Bewegungen und Theorie ein. Aber unwichtig ist die Kunst dem Anarchismus auch nicht. Vielleicht stärker noch als in anderen Teilen der Linken, traten die fundamentalen Widersprüche zwischen einer spezialisierten Kunstpraxis auf der einen und allgemeinen politischen Ansprüchen auf der anderen Seite von Anfang an zutage. Schon bei den ›Gründervätern‹ der Anarchie, Pierre-Joseph Proudhon (1809–1865) und Michail Bakunin (1814–1876), finden sich Ausführungen zur Kunst. Sie ziehen sich durch die Boheme am Beginn des 20. Jahrhunderts und bis hinein in die anarchistischen Teile der Occupy-Bewegungen um 2011 und in die queer-feministische Theorie, etwa bei J. Jack Halberstam, dessen Gaga-Feminismus nach eigenen Angaben den Weg weist »to an anarchist project of cultural riot and reciprocation«[53].

Von Marx zunächst geschätzt und ab 1847 (mit seiner Schrift *Das Elend der Philosophie*) bekämpft, gilt Proudhon als wichtigster (Mit-)Begründer eines libertären Sozialismus. In diesem sollte auch die Kunst eine Rolle spielen: »Als revolutionäre Sozialisten sagen wir den Künstlern wie den Literaten: Unser Ideal ist das Recht und die Wahrheit. Wenn ihr daraus

53 J. Jack Halberstam: *Gaga Feminism. Sex, Gender, and the End of the Normal.* Boston: Beacon Press 2012, S. 137. Unter Bezugnahmen auf die Pop-Sängerin Lady Gaga entwirft Halberstam einen queeren Feminismus, der Geschlechtsidentitäten als fließend betrachtet und heterosexuelle Normen unterläuft. Dabei bezieht er sich auch auf anarchistische Klassiker wie Peter Kropotkin und Emma Goldman.

keine Kunst und keinen Stil machen könnt – hinweg, wir brauchen euch nicht.«[54] Pierre-Joseph Proudhon formuliert diese eindeutige Botschaft an die KünstlerInnen – und damit auch seinen allgemeinen Anspruch an die Kunst – in seinem Werk *Von den Grundlagen und der sozialen Bestimmung der Kunst* (1865). Dieses Buch, das, wie Klaus Herding in seiner Einleitung von 1988 bemerkt, eher eine »ausführlich geratene Salonkritik«[55] als eine ästhetische Theorie ist, enthält kunsthistorische Betrachtungen, definitorische Versuche über das Wesen der Kunst und vor allem auch Ansprüche an ihre gesellschaftliche Bedeutung. Am vermeintlichen »Vorabend der Revolution« sei schließlich, so Proudhon, auch »die gesamte Kunst neu zu schaffen«[56]. Für diese Erneuerung lässt sich aber durchaus auf Bestehendes zurückgreifen. Proudhon analysiert einige Bilder seines zehn Jahre jüngeren Freundes, des Malers Gustave Courbet, um aufzuzeigen, welche Richtung seiner Ansicht nach die Malerei (und die Kunst überhaupt) einschlagen sollte. In Courbets »Die Steinklopfer« (1849) sieht er eine Ironisierung der Industriekultur und eine Anklage gegen die Verknechtung des Menschen durch den Industriekapitalismus.[57] Gerade der Verzicht des Bildes auf eine allzu plumpe Kontrastierung mit dem Reichtum einiger weniger aber mache die Meisterschaft Courbets aus, die Eintönigkeit der Landschaft und die dargestellte Härte der Arbeit seien Anklage genug. Und sie werde verstanden, aus dem Dargestellten ergibt sich laut Proudhon auch eine Handlungsoption: »Die *Steinklopfer* [...] rufen in ihren Lumpen nach Rache an Kunst und Gesellschaft; aber im Grunde sind sie friedlich, ihre Seelen sind gesund.«[58] Proudhon ergänzt diese Analyse durch eine des Courbet-Bildes »Die Mädchen an der Seine« (1856), das aus seiner Sicht die Courbet'sche Kunst erst vollständig verständlich werden lässt. Anstelle der zwei hart arbeitenden Arbeiter sind hier zwei bürgerliche Frauen zu sehen, die sich in einer Fluss-

54 Pierre-Joseph Proudhon: *Von den Grundlagen und der sozialen Bestimmung der Kunst*. [1865] Berlin: Spiess Wissenschaftsverlag 1988, S. 271.

55 Klaus Herding: »Einführung in Proudhons Kunsttheorie.« In: Pierre-Joseph Proudhon: *Von den Grundlagen und der sozialen Bestimmung der Kunst*. [1865] Berlin: Spiess Wissenschaftsverlag 1988, S. 13-64, hier S. 16.

56 Pierre-Joseph Proudhon 1988, a.a.O., S. 205.

57 Ebd., S. 206 ff.

58 Ebd., S. 212.

landschaft dem Müßiggang hingeben, sie leben im Wohlstand, scheinen gebildet und leben ihr Privileg – »zwei richtige Künstlerinnen«, spottet Proudhon. Weil sie bürgerliche Dekadenz verkörperten, in den Worten Proudhons »Hochmut, Ehebruch, Scheidung, Selbstmordgelüste«, erschienen sie »uns letzten Endes grauenhaft«[59].

Courbet ermöglicht also laut Proudhon mit seiner und durch seine an der sozialen Wirklichkeit orientierte(n) Kunst neue Blicke auf diese Wirklichkeit. Der minimale formale Anspruch, den Proudhon hier nahelegt und einmal kurz formuliert, lautet: Ein Werk sollte »nicht unstimmig sein«[60], um auch neues Denkens ermöglichen zu können. Durch die Art der Darstellung werden demnach soziale Ungerechtigkeiten angeprangert, ohne dass auf einfache Kontrastierungen zurückgegriffen werden müsste. Nicht weniger sollte Kunst leisten, als durch die Abbildung ganz bestimmte Handlungen zu evozieren, nämlich emanzipatorische Praxis. Denn, so lädt Proudhon die Kunst theoretisch mit Zweckhaftigkeit voll, die Kunst sollte schließlich zur Befreiung der Menschen beitragen. Kunst hat uns, in den Worten Proudhons, »zu bessern, zu helfen, zu retten.«[61] Er bestimmt den »großen Gedanken« seines Buches dementsprechend: »*die Kunst mit dem Gerechten und dem Nützlichen zu versöhnen.*«[62]

Proudhon formuliert hier bereits einige Momente, die für die Geschichte linker Kunstbetrachtungen zentral werden: zuallererst die konstatierte Erneuerungsbedürftigkeit. Alle bisherige Kunst (oder zumindest ihr größter Teil) wird als unzureichend verworfen, eine neue Gesellschaft brauche auch eine neue Kunst. Dieses Erneuerungsbedürftigkeitspostulat durchzieht auch die Kunstgeschichte in den Selbstbeschreibungen ihrer AkteurInnen. Es wird zum zentralen Moment avantgardistischer und post-avantgardistischer Ansprüche an die Kunst im 20. Jahrhundert. Die Erneuerung der Kunst ist dabei immer auch an gesellschaftstransformatorische Ansprüche gekoppelt, sie soll der (sozial-kollektiven wie moralisch-individuellen) Verbesserung dienen.

59 Ebd., S. 212.

60 Ebd., S. 266.

61 Ebd., S. 242.

62 Ebd., S. 267.

Zweitens soll die (neue) Kunst einen Spagat bewältigen, der kaum auszuhalten ist: Sie soll einerseits aus den Idealen einen Stil machen, ihre Darstellungsweisen also bestimmten Gesellschaftsvorstellungen unterordnen. Sie soll andererseits aber auch eigene Repräsentationsformen entwickeln, die bestimmten eigenen formalen Regeln gehorchen, die also »nicht unstimmig« sind. Diese Spannung zwischen soziopolitischem und ästhetisch-formalem Anspruch ist nicht nur für anarchistische, sondern für linke Haltungen der Kunst gegenüber insgesamt charakteristisch (und wird, wie wir sehen werden, hin und wieder zu einer der beiden Seiten hin vereindeutigt und damit – scheinbar – aufgelöst).

Drittens wird, daran anschließend, ein Problem aufgeworfen, das auch zahlreiche kunsttheoretische Debatten in der Linken umgetrieben hat, nämlich das nach dem Verhältnis von Repräsentationsform (oder auch Stil) und Praxiseffekt.[63] Welche Art der Darstellung führt zu welchen Effekten bei den BetrachterInnen und zu welcher Art der Handlung?[64]

Und schließlich kommt viertens in der Bildanalyse selbst auch ein Statement zur sozialen Rolle der Künstler und Künstlerinnen zum Ausdruck. Im Spott gegenüber den dekadenten Frauen an der Seine – beim ausgeprägten Frauenhass von Proudhon wohl auch kein Zufall, dass es hier Künstlerinnen und nicht Künstler trifft[65] – ist zumindest implizit eine Kritik am unhinterfragten Klassenprivileg, also der bürgerlichen Herkunft der meisten Künstlerinnen und Künstler, schon angelegt. Es ist aber auch, wie Pierre Bourdieu bemerkt, Ausdruck des »kleinbürgerlichen Ethos« jener VertreterInnen der sozial engagierten Kunst wie Proudhon,

63 Mit seinem Fokus auf die Wirkungsweisen von künstlerischen Arbeiten hat Produhon u.a. auch, wie Klaus Herding herausstellt, »die Perspektive einer Rezeptionsästhetik eröffnet, ohne die heute weder Kunstsoziologie noch Kunstpädagogik oder Kommunikationstheorie auskommen können.« Herding 1988, a.a.O., S. 64.

64 Susan Sontag hat in ihrer Diskussion von Kriegsdarstellungen in Kunst und Fotografie vielleicht am pointiertesten infrage gestellt, dass es in dieser Abfolge Darstellung – Rezeption – Praxis irgendeine Garantie geben könne, Susan Sontag: *Das Leiden anderer betrachten*. Frankfurt a.M.: S. Fischer Verlag 2005. Georg Lukács und Bertolt Brecht hatten in dieser Hinsicht jedenfalls, wie Proudhon, durchaus auf mehr oder weniger wahrscheinliche Effekte von Kunst gesetzt.

65 Vgl. dazu etwa Antje Schrupp: »Anarchismus und Geschlechterverhältnisse.« In: *Der Standard*, Wien, 8. Juli 2016, http://derstandard.at/2000040540520/Anarchismus-und-Geschlechterverhaeltnisse.

die ästhetisch-künstlerische und politisch-ethische Vorstellungen dermaßen eng aneinanderknüpfen, dass sie zur »Stigmatisierung der Sitten der Künstler«[66] neigen.

Diese enge Verbindung von Ästhetik, Ethik und Politik ist durchaus typisch für die meisten Spielarten des Anarchismus. Sie rührt vom Unmittelbarkeitsanspruch einerseits und der Ziel-Mittel-Relation andererseits her: Anarchismen zeichnen sich dadurch aus, dass sie zum einen den revolutionären Umsturz des Bestehenden nicht an bestimmten objektiven, strukturellen Bedingungen ausrichten, sondern revolutionäre Praxis programmatisch im Hier und Jetzt anstreben. Zum anderen sind anarchistische Ansätze dadurch gekennzeichnet, dass sie die angestrebte Herrschaftslosigkeit bereits in den Organisationsformen vorwegnehmen wollen, die zu dem erstrebten Gesellschaftszustand (oder besser der gesamtgesellschaftlichen Praxis) führen sollen. In diesen beiden Anliegen unterscheiden sich anarchistische Herangehensweisen an soziale Praxis von den meisten marxistischen, mit Ausnahme vielleicht vom (Post-) Operaismus.

Zwar ist in der Verknüpfung von Ästhetik, Ethik und Politik eindeutig, dass auf Fragen nach der Form durchaus auch moralische Antworten und politische Konzepte erfolgen können und sollen. Keinesfalls festgelegt oder auch nur unumstritten allerdings ist, welche das sein sollen. Der Proudhon'schen Abfälligkeit gegenüber den KünstlerInnensitten steht daher im Anarchismus auch ein geradezu offensiv vertretener, libertärer Bohemianismus gegenüber. In der Boheme wurden künstlerisches Schaffen und politische Haltung mit einem anti-bürgerlichen Lebensstil verknüpft. Mit dem anarchistischen Bohemianismus ist nicht nur die klassische Boheme gemeint, die sich ab der zweiten Hälfte des 19. Jahrhunderts in Frankreich, aber auch in anderen europäischen Ländern entwickelt. Der Bohemianismus geht über diese konkrete Boheme weit hinaus. Gemeint ist damit ein anti-repräsentationistischer, lebensweltlicher Impuls, der sich über das ganze 20. Jahrhundert im Anarchismus findet. Er kann durchaus als Effekt jenes anarchistischen Revolutionsverständnisses begriffen werden, das grundlegende Veränderungen nicht als von ökonomischen

66 Bourdieu 2001a, a.a.O., S. 181.

Bedingungen abhängig betrachtet, sondern im jeweiligen Hier und Jetzt für möglich hält. Dementsprechend versuchten viele AnarchistInnen – und sie tun es wohl bis heute –, ihre Ansprüche an gesellschaftliche Veränderungen in der alltäglichen Lebenswelt umzusetzen. Die Künstlerin und Kunsttheoretikerin Martha Rosler beobachtet und benennt den Bohemianismus jedenfalls auch noch im Hinblick auf die Gegenwart, wenn sie die (anarchistisch inspirierten) Occupy-Bewegungen der Jahre 2011 ff. beschreibt: »We can see the occupation activists as staking a claim, creating a presence, setting up a new public sphere, demanding the reinstatement of politics by refusing to simply present demands to representative gouvernments and instead enacting democracy themselves.«[67] Wie Rosler sehen auch andere TheoretikerInnen – wie etwa Nato Thompson und Yates McKee (dazu weiter unten mehr) – in der Occupy-Bewegung eine neue Resonanz zwischen New Anarchism, sozialen Bewegungen und dem Kunstsystem.

Aber noch einmal zurück zum Kunstverständnis selbst und seinen drei (bei Proudhon benannten) zentralen Aspekten: Erneuerungsbedürftigkeit, Spannung zwischen Autonomie und revolutionärem Nutzen, Verhältnis von Repräsentationsform und den Effekten der Kunst auf die soziale Praxis. Hinsichtlich der Erneuerungsbedürftigkeit ist ein Blick in die Schriften des anarchistischen Kunsthistorikers Sir Herbert Read (1893–1968) interessant. Read hat in verschiedenen Büchern zur Geschichte der modernen Kunst auch sein Kunstverständnis formuliert. Er spricht dabei vom »Wesen der Kunst«[68], das aus einem formalen und einem arbiträren Element bestehe, wobei er das formale als archetypischen Kanon von »Harmonie und Proportion«[69] beschreibt. Dabei gesellt sich zu diesem anthropologischen auch ein soziologischer Aspekt in seinem

67 Martha Rosler: »The Artistic Mode of Revolution: From Gentrification to Occupation.« In: Dies.: *Culture Class*. Berlin: Sternberg Press 2013, S. 191-224, hier. S. 214.

68 Herbert Read: »Was ist revolutionäre Kunst?« [1935] In: Charles Harrison und Paul Wood (Hg.): *Kunsttheorie im 20. Jahrhundert. Künstlerschriften, Kunstkritik, Kunstphilosophie, Manifeste, Statements, Interviews*. Ostfildern: Verlag Gerd Hatje 1998, S. 627-631, hier S. 629.

69 Ebd.

Kunstverständnis. »Movements were founded,« schreibt er in *A Concise History of Modern Painting* [1974] bezogen auf künstlerische Strömungen, »on their discoveries and innovations [...].«[70] Hier schließt er sich also der von Eric Hobsbawm und vielen anderen formulierten These durchaus an, dass das zentrale Motiv der künstlerischen Moderne die Innovation war.[71] Sie korreliert hier auf scheinbar natürliche Weise mit der in der radikalen Linken diagnostizierten politischen Erneuerungsbedürftigkeit. Diese scheinbar selbstverständliche Überschneidung zwischen künstlerisch-ästhetischen und politisch-ethischen Ansprüchen auf Erneuerung hat nicht selten zu Missverständnissen und auch zu Enttäuschungen geführt. Herbert Read formuliert diese Spannung zwischen den beiden (künstlerisch-ästhetischen und politisch-ethischen) Ansprüchen 1935 in dem einfachen und tautologisch erscheinenden Satz: »Revolutionäre Kunst soll revolutionär sein.«[72] Die Spannung wird damit allerdings kaum aufgelöst. Denn das Revolutionäre in der Kunst steht dem soziopolitisch Revolutionären häufig gerade wegen seiner spezifischen Entwicklung distanziert gegenüber und erscheint als unverständlich und verschlossen. Diese besondere Entwicklung der Kunst besteht in der Weiterentwicklung der Frage nach dem Umgang mit der Wirklichkeit in der Form. Sie kann sowohl (auch zu Reads Zeiten schon mindestens) mit Dokumentarismus, Surrealismus oder Abstraktion beantwortet werden. Aus der Sicht Reads ist der Platz der KünstlerInnen zwar auch »im arbeitenden Volk«, aber das heißt für ihn gerade nicht, sich künstlerisch auf »Lieder am Lagerfeuer« festzulegen und »Bauernkeramik, Madrigale und Balladen«[73] zu bevorzugen. Die Spannung wird also gesehen, aber letztlich übergangen: Zwar soll die Kunst sich nach den Erfordernissen der (politischen) Revolution richten und sich im »arbeitenden Volk« verorten. Dass dies

70 Herbert Read: *A Concise History of Modern Painting* [1974]. London: Thames & Hudson 2006, S. 147.

71 Vgl. ausführlicher zu Read: Jens Kastner: »›Zur Hölle mit der Kultur!‹ Anarchismus, Neomarxismus und die Kunst.« In: Philippe Kellermann (Hg.): *Begegnungen feindlicher Brüder. Zum Verhältnis von Anarchismus und Marxismus in der Geschichte der sozialistischen Bewegung*, Band 2, Münster: Unrast Verlag 2012, S. 140-161.

72 Read 1998, a.a.O., S. 628.

73 Ebd., S. 631.

allerdings umso schwieriger wird, je revolutionärer sie (als Kunst) ist, wird kaum thematisiert. Aber auch das soll sie sein, revolutionäre Kunst, denn Reads Urteil zur Propagierung der Volkstümelei von Bauernkeramik und Balladen ist ebenfalls eindeutig: »Ein solches Kunstverständnis kann eines wahren Kommunisten nicht würdig sein.«[74]

Was das Verhältnis von Autonomie (der Kunst) und (soziopolitischem) Engagement betrifft, scheint zunächst die Rolle sehr klar zu sein, die den Künstlerinnen und Künstlern in der Gesellschaft von AnarchistInnen eingeräumt wurde. Auch die normative Aufladung dieser Rolle war ganz eindeutig. So schreibt etwa der Anarchist und Dichter Erich Mühsam (1878–1934) in einem Text von 1906 unmissverständlich: »Der Platz des Künstlers aber, dessen Temperament zur Mitwirkung an der Umgestaltung der Dinge drängt, ist im arbeitenden Volk.«[75] Was das bezogen auf die Kunst heißt, ist allerdings nicht so klar. Mühsam, in den 1910er-Jahren ein Protagonist der Münchener Boheme und 1919 an der ersten Phase der Münchener Räterepublik aktiv beteiligt, spricht sich – wie später Read – trotz dieser eindeutigen Positionszuweisung keineswegs gegen individuellen Stil aus. Er betont hingegen, Kunst sei »die Übertragung seelischer Vorgänge in sinnliche Wahrnehmung«[76]. Die sinnliche Wahrnehmung der Künstlerinnen und Künstler wurde dabei durchaus als verknüpft mit jener aller anderen konzipiert – auch wenn selten detailliert ausgearbeitet worden ist, wie die Wechselwirkungen zwischen bestehenden Werten, Normen und Weltauffassungen und den Erneuerungen durch künstlerische Praxis konkret funktionieren. Herbert Read jedenfalls betont, es gehe bei Kunst nicht darum, Gefühle umzuwandeln, sodass andere ähnliche Gefühle entwickeln könnten. Denn bei der sinnlichen Wahrnehmung gehe es nicht nur um Fühlen, sondern auch um Begreifen und Verstehen. »The real function of art«, schreibt Read schon in seinem 1931 erstmals

74 Ebd.

75 Erich Mühsam: »Der Künstler im ›Zukunftsstaat‹.« [1906] In: Ders.: *Fanal. Aufsätze und Gedichte 1905-1932*. Herausgegeben von Kurt Kreiler. Berlin: Wagenbach Verlag 1984, S. 50-58, hier S. 58.

76 Erich Mühsam: »Kollektivität in der Kunst.« [1932] In: Ders.: *Fanal. Aufsätze und Gedichte 1905–1932*. Herausgegeben von Kurt Kreiler. Berlin: Wagenbach Verlag 1984, S.179-182, hier S. 180.

erschienenen Buch *The Meaning of Art*, »is to express *feeling* and transmit *understanding*.«[77] Als Kunsthistoriker hielt Read große Stücke auf die Klassiker der modernen Malerei und nahm ihre Stilentwicklung professionsgemäß ernst. Dennoch ließ er auch keinen Zweifel an der Möglichkeit von außerkünstlerischen Effekten, die diese Malerei haben könnte. Read schreibt auch: »Art is communication, and though it works by and with the sensibility, there is simply no reason why it should not communicate a sense of values.«[78] Die Kommunikation von Werten – also von Handlungsbegründungen auch außerhalb der Kunstbetrachtung – wird damit zu einer Möglichkeit von Kunst, die dem Autonomie-Status (dieser Konzeption nach) nicht unbedingt entgegensteht.

Was das Verhältnis von Repräsentationsform und ihren Effekten auf soziale Praxis betrifft, präsentiert sich der Anarchismus offener als zumindest die frühen, an Engels' Diktum von der gebotenen »treuen Schilderung der wirklichen Verhältnisse« angelehnten Marxismen. Besteht vielleicht Einigkeit unter den verschiedenen Anarchistinnen und Anarchisten, die sich mit Kunst beschäftigt haben, hinsichtlich der Frage, ob diese in soziale Verhältnisse eingreifen sollte – Ja! –, gehen die Antworten bezogen auf das Wie und Inwiefern stark auseinander. Im Anarchismus wird schon früh das von Proudhon ebenso wie im Marxismus – zumindest von Marx und Engels bis Lukács – favorisierte Realismus-Paradigma aufgebrochen. Der realistischen Form, der Rhetorik und Vermittlung wird als Form und Methode bald das Experiment, die Negation und Zerstörung entgegengesetzt. Justus Wittkop hat die Unterscheidung des Schriftstellers und Publizisten Jean Paulhan (1884–1968) aufgegriffen und den Anarchismus in der Kunst im Wesentlichen als Verwirklichung zweier (motivischer) Methoden beschrieben: einerseits als »Terror« und andererseits als »Rhetorik«.[79] Mit ›Terror‹ ist die gezielte Irritation und Zerstörung (von Sprache und Wahrnehmung) gemeint, mit ›Rhetorik‹ das Auf-

77 Herbert Read: *The Meaning of Art*. London: Faber and Faber 1972, S. 266.

78 Ebd., S. 85.

79 Justus F. Wittkop: *Unter der schwarzen Fahne. Gestalten und Aktionen des Anarchismus*. Frankfurt am Main: Fischer Verlag 1989, S. 184 ff.

zeigen von Missständen, das Erklären und Vermitteln (neuer Ideen). [80] Diese Unterscheidung entspricht in etwa derjenigen, die Dieter Scholz in seiner Studie zum Anarchismus in Kunst und Kunsttheorie des 19. und frühen 20. Jahrhunderts zwischen »Negation« einerseits, die er mit dem Namen Bakunin verknüpft, und »positiver Utopie« andererseits macht, für die bei Scholz der Name Proudhon steht.[81] Michail Bakunin hatte 1842 in der junghegelianischen Zeitschrift *Deutsche Jahrbücher für Wissenschaft und Kunst* unter dem Pseudonym Jules Elysard den Artikel »Die Reaction in Deutschland« veröffentlicht und darin abschließend den berühmt gewordenen Satz formuliert: »Die Lust der Zerstörung ist zugleich eine schaffende Lust!«[82]

In den widerstreitenden Tendenzen Terror / Negation und Rhetorik / Utopie verknüpfen sich inhaltliche und formale Fragen danach, was und wie Kunst sein soll. Diese Fragen sind fundamental und letztlich bis heute immer wieder (in unterschiedlichen Begrifflichkeiten) in den Debatten um das Politische in der Kunst präsent. Ist Kunst dann gute und richtige (und richtig politische) Kunst, wenn sie ihre eigene Geschichte bearbeitet, wenn sie ambivalent ist, sich klaren Botschaften

80 Diese beiden Stränge des anarchistischen Einflusses auf die Kunst scheinen mir wichtig hervorzuheben, gerade weil nicht selten eine von beiden – meist die ›positive‹ – weggestrichen wird. So schreibt etwa der Kunsttheoretiker Nicolas Bourriaud bloß von den »erschütternden Konvergenzen« zwischen künstlerischen Avantgarden und Anarchismus im 19. Jahrhundert, die er in Destruktionen und Explosionen der Gewalt sieht. Bourriaud kommt zu seiner Verkürzung durch eine Engführung, die bereits sein Verständnis der Radikalität betrifft. Es ist einerseits sicherlich zutreffend, wenn Bourriaud die Inhalte der von »der Leidenschaft der *Radikalität* besessene Moderne« als »streichen, säubern, eliminieren, substrahieren, zu einem Grundprinzip zurückkehren« beschreibt und dies als »gemeinsame[n] Nenner aller Avantgarden des 20. Jahrhunderts« beschreibt. Andererseits aber bestand die Radikalität immer auch aus dem Versuch, gesellschaftliche Missstände von ihren Ursprüngen und Ausgangspunkten her zu begreifen, sie also an der Wurzel zu packen, statt bloß an ihren Symptomen anzusetzen. Dieses herrschaftsanalytische und kritische Moment blendet Bourriaud aus, Nicolas Bourriaud: *Radikant*. Berlin: Merve Verlag 2009, S. 194 und S. 43.

81 Dieter Scholz: *Pinsel und Dolch. Anarchistische Ideen in Kunst und Kunsttheorie 1840–1920*. Berlin: Doetrich Reimer Verlag 1999, S. 46 ff.

82 Michail Bakunin: *Die Reaktion in Deutschland*. Hamburg: Edition Nautilus 1984, S. 51.

verweigert, dem Experiment frönt und damit auch Ambiguität auslöst und Negation (etwa den sozialen Verhältnissen gegenüber) überhaupt erst möglich macht (›Terror‹)? Oder ist Kunst dann gut und richtig politische Kunst, wenn sie Entwürfe präsentiert, Vermittlung leistet, erklärt und auch popularen Milieus (statt bloß gebildeten Kultureliten) verständlich ist (›Rethorik‹)? Letztlich muss wohl konstatiert werden, dass weder Terror / Negation noch Rhetorik / Vermittlung für sich genommen und unabhängig von der konkret historischen Situation bestimmte (emanzipatorische) Effekte zeitigen. Die Frage nach solchen Effekten ist selbstverständlich auch wieder nur im Kontext von künstlerischen wie auch gesellschaftlichen Entwicklungen insgesamt zu beantworten. Den vermittelnden Formsprachen haftet häufig etwas Didaktisches an, das wenig emanzipatorisch ist, weil es letztlich ein pädagogisches Verhältnis zwischen Wissen bzw. Wissenden und Wissensbedürftigen installiert und reproduziert. Den experimentellen, Kunstgeschichte kommentierenden und immer ambivalenten Formen kann ebenfalls kein selbstverständlich politischer Gehalt attestiert werden, wenn, wie die Kunsthistorikerin Verena Krieger schreibt, in der Gegenwartskunst schlechthin die Verweigerung »nicht nur von Einsinnigkeit, sondern überhaupt jeglichen Sinns axiomatisch geworden ist«[83]. Es gibt keinen zwingenden Zusammenhang zwischen Sinnverweigerung und Politik, zumal dann nicht, wenn alle Kunst Sinn verweigert. Jede Kunst wäre dann politisch (oder eben nicht).

II.

Schon Michail Bakunin beklagt in einem Text von 1869 zur wichtigen Bedeutung der Bildung für die Emanzipation den Klassencharakter der Künste. Ob die Künste denn nicht das Leben aller veredelten, fragt er rhetorisch, um dann zu antworten: »Aber nein, keineswegs. Und der größte Vorwurf, den wir den Wissenschaften und den Künsten zu machen haben, ist gerade der, dass sie ihre Wohltaten nicht verbreiten und nur auf einen sehr geringen Teil der Gesellschaft ihren Einfluss ausüben, unter

83 Verena Krieger: »›At war with the obvious.‹ – Kulturen der Ambiguität. Historische, psychologische und ästhetische Dimensionen des Mehrdeutigen.« In: *Ambiguität in der Kunst. Typen und Funktionen eines ästhetischen Paradigmas.* Köln / Weimar / Wien: Böhlau Verlag 2010, S. 13-49, hier S. 41.

Ausschluss und folglich auch zum Schaden der ungeheuren Mehrzahl.«[84] Letztlich wird hier bereits polemisch die Klassen reproduzierende Funktion der Künste angesprochen, die später die Kunstsoziologie Pierre Bourdieus so beschäftigen wird und die bis heute einen linken Argwohn gegenüber dem Kunstfeld begründet. So bleibt auch der Anarchismus trotz vielfacher Respektbekundungen gegenüber der Autonomie der Kunst und ihrer Stilfragen doch von einer fundamentalen Skepsis gegenüber der Autonomie – verstanden als Eigengesetzlichkeit künstlerisch-ästhetischer Entwicklungen ebenso wie als nach bestimmten, besonderen Regeln funktionierender gesellschaftlicher Bereich – geprägt. Die Ambivalenz dieser Haltung lässt sich bereits in Proudhons doppelter Anforderung an den Stil ablesen, zugleich sozialistische Ideale zum Ausdruck zu bringen und nicht unstimmig zu sein. Die Ablehnung gegenüber dem Kunstfeld als gesonderten Bereich geht häufig einher mit einer Achtung vor den Spezifika des Kunstschaffens und einer besonderen Wertschätzung der Kunst gegenüber.

Diese zwiespältige Haltung lässt sich beispielsweise auch im Werk des Literaten, Anarchopazifisten und ›Beauftragten für Volksaufklärung‹ in der Münchener Räterepublik 1919, Gustav Landauer (1870–1919) finden. Landauer schrieb zahlreiche Literatur- und Theaterkritiken und arbeitete zeitweise als Dramaturg am Düsseldorfer Schauspielhaus, nahm also das kulturelle Feld durchaus ernst. In einem Text mit dem Titel »Die Zukunft und die Kunst« (1891/92) mokiert er sich über den Umgang mit Literatur, der um das »eigentlich Künstlerische sehr wenig, und desto mehr um den Inhalt«[85] kreise. Während er hier also auf Eigendynamik und Form pocht, schreibt er im selben Text auch, Kunst und Literatur seien Abstraktionen, »denen eine selbsteigene Entwicklung nicht zukommen kann.«[86] Es ist vor allem wohl der normative Anspruch an Kunst – so-

84 Michael Bakunin: »Die vollständige Bildung.« [1869] In: Ders.: *Staat, Erziehung, Revolution. Ausgewählte Texte (1869–1871).* Herausgegeben von Philippe Kellermann. Lich/Hessen: Edition AV 2015, S. 321-350, hier S. 322.

85 Gustav Landauer: »Die Zukunft und die Kunst« [1891/92]. In: Ders.: *Ausgewählte Schriften.* Band 6.1, Literatur. Herausgegeben von Siegbert Wolf. Verlag Edition AV: Lich/Hessen 2013, S. 88-93, hier S. 91.

86 Ebd., S. 89.

wohl im Hinblick auf kreatives Schaffen und als auch in der Auseinandersetzung mit literarischen und künstlerischen Arbeiten –, der sich gegen die Möglichkeit einer »selbsteigenen« Kunstgeschichte sträubt. Anders gesagt: Weil sie im Prinzip (dem anarchistischen Prinzip nach) nicht vom übrigen Leben abgetrennt sein *sollte*, wird die tatsächlich abgetrennte Sphäre nicht nur wertgeschätzt, sondern eben häufig belächelt oder verdammt. Darin kommt die Ablehnung einer hierarchischen, teleologischen Kulturentwicklung gegenüber, die der Kenntnis von und dem Umgang mit bestimmten Werken eine moralisch oder politisch positiv wertende Zuschreibung zukommen lässt, zum Ausdruck. Für das Hochgehaltene der Hochkultur hatten AnarchistInnen selbstverständlich wenig übrig. »Der intelligente Arbeiter, der es zum Sozialisten gebracht hat«, schreibt Landauer, stehe viel eher auf der Höhe der Zeit, als irgendein »Gymnasialprofessor, der in der Schule von Sophokles und Winckelmann seine Befriedigung erlangt hat«[87]. Es geht auch um die – auch für die Avantgarde der Moderne so charakteristische – ablehnende Haltung gegenüber einer Kunst, die vom übrigen Leben abgetrennt ist. »Wer im Leben steht«, so Landauer schließlich, »kann es nicht objektiv abbilden wollen und hat keine Zeit zum Betrachten solcher Bilder«[88].

Auch anarchistische TheoretikerInnen fokussierten also durchaus die gesellschaftliche Arbeitsteilung als Grundlage der Entwicklung der modernen Kunst. Sie prädisponiert die Kunstrezeption, d.h. sie lässt dem Arbeiter und der Arbeiterin keine Zeit zur Betrachtung und lässt den Gymnasialprofessor Kunstrezeption nur als Selbstzweck betreiben (oder um sich mit seinem Wissen über den Kanon brüsten zu können) – nicht aber zur Veränderung der Verhältnisse. Auch die Kunstproduktion wird demnach von der Arbeitsteilung bestimmt, die das Begehren nach Repräsentation regelt (wobei bei Landauer nicht ganz klar ist, ob diejenigen, die im Leben stehen, es nur nicht objektiv oder überhaupt nicht abbilden wollen). Die gesellschaftliche Arbeitsteilung beschäftigt schließlich auch Herbert Read am Ende seiner Geschichte der Malerei: »The bourgois order set up the academy system that was to divorce one field of life from

87 Ebd., S. 90.

88 Ebd., S. 92.

another, to separate scientific analysis from philosophical speculation, technology from science and science from art.«[89] Read setzt dem seine Vorstellung einer natürlichen Gesellschaft entgegen, die bei ihm »nicht bloß eine Bezeichnung für eine nicht technisierte, vormoderne Vergangenheit, sondern auch ein Modell für zukünftige Gesellschaften«[90] ist. Diese vermeintlich natürliche Gesellschaft gelte es zu reanimieren. Dazu bedürfte es einer Aufhebung der Arbeitsteilung und einer Ent-Differenzierung, es müsse also auch der Autonomisierung des künstlerischen Feldes, die schließlich nie abgeschlossen ist und stets erneut reproduziert werden muss, aktiv entgegengearbeitet werden. Dass ein Kunsthistoriker, der Bücher über die Geschichte der Malerei schreibt, dazu wohl am allerwenigsten beiträgt, reflektiert Read nicht. Die Spannung zwischen der Wertschätzung von Kunst als spezifische Praxis mit eigener Geschichte auf der einen und dem Wunsch nach Aufhebung allen kreativen Schaffens in den allgemeinen Tätigkeiten einer nicht mehr arbeitsteiligen, befreiten Gesellschaft kann nicht aufgelöst werden.

Die Kritik an dieser Arbeitsteilung – die »Kritik der Trennungen«[91], wie Michael Halfbrodt seinen Grundlagentext zum Thema nennt – prägt anarchistische Umgangsweisen mit Kunst jedenfalls bis heute. Die »wesentliche Hinterlassenschaft der kulturrevolutionären künstlerischen Avantgarden«, so Halfbrodt, habe in der »Perspektive einer Aufhebung der Kunst in eine befreiende Lebenspraxis«[92] bestanden. Insgesamt aber bleibt die anarchistische Kritik an der gesellschaftlichen Arbeitsteilung notwendigerweise widersprüchlich, wie nicht zuletzt die Figur Herbert Read selbst zeigt, der eben in seiner Position und durch seine Praxis ein Feld erst mitkonstituiert, das er eigentlich ablehnt. Halfbroft hat insofern Recht, wenn er darauf hinweist, dass es bis heute ein Spannungsfeld »zwischen Kunstautonomie und gegenkultureller Selbstvergesellschaftung«[93]

89 Read 2006, a.a.O., S. 324.

90 Kastner 2012, a.a.O., S. 149.

91 Michael Halfbrodt: »Kritik der Trennungen. Eine historisch-soziologische Skizze zum Verhältnis von Anarchismus und Kunst.« In: Graswurzelrevolution (Hg.): *Gewaltfreier Anarchismus. Herausforderungen und Perspektiven zur Jahrhundertwende.* Heidelberg: Verlag Graswurzelrevolution 1999, S. 125-152.

92 Ebd., S. 139.

93 Ebd., S. 127.

gibt, das jede Beschäftigung mit dem Zusammenhang von Anarchismus und Kunst zu berücksichtigen habe.[94] Anders gesagt: Gerade weil Kunstpraxis und Alltagspraxis sich nach unterschiedlichen Logiken und Anforderungen entwickeln, ist die Wechselwirkung zwischen beiden theoretisch erklärungsbedürftig und politisch zu vermitteln.

III.

Für Bakunin haben »die Moral, das Recht und vor allem die Denkgewohnheiten ihr Eigenleben und verschwinden nicht einfach, wenn man die ökonomischen Grundlagen der Gesellschaft verändert.«[95] Für die Bakunin-Biografin Madeleine Grawitz besteht in dieser Haltung der zentrale Gegensatz zum Denken von Marx, den sie hier am Beispiel der Auseinandersetzung während des vierten Kongresses der Ersten Internationale 1869 auf den Punkt bringt. Dementsprechend, ließe sich folgern, müsste das Hauptaugenmerk des Anarchismus auf die Möglichkeiten gerichtet sein, auf die Denkgewohnheiten einzuwirken. Und das war es in der Tat auch häufig. In diesem Sinne schreibt die Kulturhistorikerin Lily Litvak (bezogen auf die Jahrhundertwende vom 19. zum 20. Jahrhundert): »Nirgends hat eine Bewegung der Kultur so viel Wert beigemessen wie die Anarchisten.«[96] Litvak spricht hier allerdings Kultur nicht nur als Kunstproduktion an, sondern meint viel umfassender die Rezeption von Literatur ebenso wie Bildungsprozesse im Allgemeinen. Einerseits zielt sie damit auf eine Vermittlung zwischen kulturellem und politischem *Aktivismus*, der in verschiedenen Phasen und an unterschiedlichen Orten, in bzw. an denen anarchistische Bewegungen aktiv waren, sehr ausgeprägt war – von der Theaterproduktion um die Jahrhundertwende vom 19. zum 20. Jahrhundert über die Alphabetisierungskampagnen und die Roman-

---

94 Vgl. zusammenfassend Jens Kastner: »Kunst und Anarchismus. Systematisierungsversuch eines ambivalenten Verhältnisses.« In: *Ne Znam. Zeitschrift für Anarchismusforschung*, Nr. 5, Frühjahr 2017, S. 3-26.

95 Madeleine Grawitz: *Bakunin. Ein Leben für die Freiheit*. Hamburg: Edition Nautilus 1999, S. 287.

96 Lily Litvak: »Die Kultur des spanischen Anarchismus (1880–1913).« In: *Ne Znam. Zeitschrift für Anarchismusforschung*, Heft 3, Frühjahr 2016, S. 38-51, hier S. 39.

wie Lyrikproduktion und -rezpetion während der Spanischen Revolution 1936/37 bis hin zu kulturellen Aneignungsstrategien um 1968. Häufig entwickelten Anarchistinnen und Anarchisten kulturpolitische Vorstellungen und, wie Martin Baxmeyer es für die Spanische Revolution auf den Punkt bringt, »eigene kulturelle Handlungsweisen und etablierten einen alternativen Wertekanon, an dem die Literatur sich messen lassen musste.«[97] Ebenso die Kunst, die in aktivistischen Kontexten jedoch häufig den soziopolitischen Forderungen und Anliegen untergeordnet wurde. Andererseits ließe sich mit dem von Litvak betonten Schwerpunkt auf Kultur aber auch eine *theoretische Haltung* beschreiben, die etwa auch für die Kritische Theorie prägend war und die Kultur ebenfalls in einem weiten Sinne gebrauchte: Kultur als Umgang mit kulturellen Werken, aber auch als Entwicklung menschlicher Potenziale, als Herstellung praktischen Sinns, als Praktiken und Prozesse der Sinn- und Bedeutungsproduktion, als Lebensweise.

Bildung und die freie Entfaltung der Persönlichkeit sind hier die zentralen Ansprüche und Hoffnungsmomente, die die Kunst für den Anarchismus verkörpert. Deren Umsetzung in der Vermittlung von Kunst und politischem Aktivismus wird eine gewisse organische Logik unterstellt. Der Widerspruch zwischen Kunstautonomie und gegenkultureller Selbstvergesellschaftung wird dabei eingeebnet. So betont etwa der Anarchist Horst Stowasser (1951–2009), der mit seiner Einführung *Anarchie! Idee – Geschichte – Perspektiven* (2007) einen Bestseller landete, schließlich sei »die spontane Verwirklichung schöpferischer Ideen *an sich* ein logischer Bestandteil der Anarchie«[98] und deshalb trachteten Anarchistinnen und Anarchisten immer schon nach der Aufhebung der Grenzen zwischen Kunst, Arbeit, Politik und Leben. Diese Annahme einer angeblich organischen Verbindung zwischen politischer und künstlerischer Radikalität hat letztlich dazu geführt, dass eine theoretische Weiterentwicklung

97 Martin Baxmeyer: *Das ewige Spanien der Anarchie. Die anarchistische Literatur des Bürgerkriegs (1936–1939) und ihr Spanienbild.* Berlin: Edition Tranvia/Verlag Walther Frey 2012, S. 16.

98 Horst Stowasser: *Freiheit pur. Die Idee der Anarchie, Geschichte und Zukunft.* Frankfurt am Main: Eichborn Verlag 1995, S. 51.

ausgeblieben ist, die sich dem Spannungsverhältnis vor dem Hintergrund sozioökonomischen und technologischen Wandels gewidmet hätte.

Gegenwärtige anarchistische Bezugnahmen auf Kunst setzen sowohl am aktivistischen als auch am theoretischen Pol der Litvak'schen Betonung der besonderen Bedeutung des Kulturellen an. Nato Thompson etwa will in *Seeing Power* (2015) das Erkennen von Machtstrukturen innerhalb und außerhalb des Kunstfeldes als eine kulturelle Praxis begriffen wissen, die »truly radicalizing«[99] ist. Er spielt ausführlich die von Didaktik einerseits und von Ambiguität andererseits gekennzeichneten künstlerischen Methoden durch – entsprechend der Unterscheidung von Terror und Rhetorik – und diskutiert deren politische Vor- und Nachteile. Schließlich betont er das Moment gegenkultureller Selbstvergesellschaftung, wenn er nahelegt, es sei die »anarchist community«, deren Infoläden ebenso wie ihre an Kritik an Hierarchien orientierte »form of self-production«[100] die emanzipatorische Handlungsmacht eröffne. Auch Yates McKee schreibt in seiner Studie zur zeitgenössischen Kunst nach der Occupy-Wall-Street-Bewegung, »certain elements of the New Anarchism had begun to resonate within the contemporary art system itself«.[101] Er spricht von einer »post-Occupy condition« der Gegenwartskunst, die sich durch eine Situation erweiterter gegenseitiger Lernprozesse – zwischen sozialen Bewegungen und AkteurInnen des Kunstfeldes – auszeichne. In diesen Lernprozessen werde demnach freiheitliches Verhalten trainiert und »artistic imaginaries« speisen sich in zukünftige Bewegungspraktiken ein.[102] Ähnlich wie bei Thompson wird dabei allerdings ein, wie mir scheint, allzu positives Bild vom Zusammengehen von Kunst- und Bewegungspraktiken

99 Nato Thompson: *Seeing Power. Art and Activism in the 21st Century*. Brooklyn/London: Mleville House Printing 2015, S. 125.

100 Ebd., S. 132.

101 Yates McKee: *Strike Art. Contemporary Art and the Post-Occupy Condition*. London/New York: Verso 2016, S. 16. Was McKee hier in Anlehnung an David Graeber als ›New Anarchism‹ beschreibt, nämlich die kreative direkte Aktion, die sich unabhängig von bestehenden Institutionen entwickelt, die herrschende Ordnung herausfordert und in sich selbst eine Alternative dazu präfiguriert, scheint mir nicht gerade neu, sondern zentraler Bestandteil anarchistischer Theorie und Praxis überhaupt zu sein.

102 Ebd., S. 241.

gezeichnet, das sich weder qualitativ noch quantitativ als kennzeichnend für das Feld zeitgenössischer Kunst halten lässt.

Die Betonung von Lernprozessen, die sich zwischen aktivistischen und Kunstfeld-Milieus entwickeln (sollen), kann schließlich als Vermittlungsversuch zwischen den widerstreitenden Traditionen Terror / Experiment auf der einen und Rhetorik / Vermittlung auf der anderen Seite gelesen werden. Sie stellt den Versuch dar, die feldspezifischen Aspekte wie die Geschichte der Formen mit politischer Überzeugungsarbeit in Einklang zu bringen. Beide Stränge, Terror und Rhetorik, haben ohnehin gemeinsam, jeweils ein Bündel von unterschiedlichen Strategien in der und mit der Kunst zu beschreiben. In der anarchistischen Auseinandersetzung sind sie letztlich beide getragen von dem Proudhon'schen Gedanken der moralischen und politischen Besserung durch die Praktiken der »kritischen Kunst«[103]. Sie bilden gemeinsam jenen Pol in der anarchistischen Auseinandersetzung mit Kunst, der an deren positive Wirkung glaubt.

Die These von den gegenseitigen, emanzipatorischen Lernprozessen ist auch diesem Pol soziologisch-anarchistischer Herangehensweisen an die Kunst zuzuordnen. Kunst, selbst die spezifische des Kunstfeldes, wird als Teil von Ermächtigungspraxis gedacht. Der Gegenpol dazu ist die von Bakunin begründete Kritik am Ausschluss (auch und gerade von Bildung) durch die und in der Kunst. Kunstmachen und -rezipieren ist hier das Privileg einiger weniger, das bekämpft werden sollte. Beide Pole standen und stehen sich nicht unbedingt unversöhnlich gegenüber. Sie existieren, wie das Beispiel Herbert Read gezeigt hat, der die Kunst als gesonderten gesellschaftlichen Bereich einerseits zur Hölle wünscht und andererseits an ihrer gesonderten Geschichte schreibt, zuweilen in ein und derselben Person.

103 Proudhon 1988, a.a.O., S. 243.

03. Ein »konkretes und wirkliches Erfüllungsgebiet«

Kunst im Marxismus-Leninismus

I.

Wie lässt sich der Name eines großen Künstlers, fragt sich W.I. Lenin, »neben die Revolution« stellen, »die er offensichtlich nicht verstanden hat, von der er sich offenkundig abseits hielt«[104]? Lenin bezeichnet im gleichnamigen Text von 1908 »Leo Tolstoi als Spiegel der russischen Revolution« (gemeint ist die Revolution von 1905). Er feiert das Werk, die politischen Ansichten des Schriftstellers aber lehnt er ab. Für Lenin kann Kunst (hier Literatur) offensichtlich etwas leisten, was den Haltungen und Intentionen der/des jeweiligen Kunstschaffenden nicht unbedingt entspricht. Sie kann also nicht nur etwas abbilden, sondern dies anscheinend auch in einer Art und Weise tun, die zwar nicht mit dem Willen der Künstlerin/des Künstlers in Einklang steht, wohl aber mit den politischen Zielen anderer. So in etwa ist zu verstehen, warum Tolstoi, trotz der laut Lenin »schreiende[n] Widersprüche«[105] in seinen Ansichten und Lehren, mit seiner Kunst als gut und nützlich für die proletarische Revolution eingeschätzt werden kann. Die Widersprüche, die Lenin in Tolstois Haltung ausmacht, treten als Widersprüche auch im Werk auf und sind letztlich ein Spiegelbild der widersprüchlichen Realität.

Wenn die Haltung aber die sozialen Widersprüche nur spiegelt, wie kann diese Widerspiegelung (einer falschen Haltung) gleichzeitig richtig im Sinne der Revolution sein? Es muss gefolgert werden: Sie kann dies nur als Kunst, nicht als Politik. Dementsprechend verehrt Lenin den Schriftsteller Tolstoi für seine Darstellung der sozialen Verhältnisse – wie er auch in verschiedenen anderen Texten betont –, verachtet ihn aber für

104 W.I. Lenin: »Leo Tolstoi als Spiegel der russischen Revolution.« [1908] In: Ders.: *Über Kultur und Kunst. Eine Sammlung ausgewählter Aufsätze und Reden*. Berlin: Dietz Verlag 1960a, S. 98-103, hier S. 98.

105 Ebd., 99.

die politischen Schlüsse, die er aus diesem Verständnis der Wirklichkeit selbst zog.[106]

Die relative Unabhängigkeit der Haltung des Künstlers / der Künstlerin von Formen und Inhalten eines Werkes, die Eingebundenheit eines / einer Kunstschaffenden in seine / ihre Zeit – sprich: in die herrschenden Denk- und Wahrnehmungsweisen dieser Epoche –, und das Abbilden dieser Epoche in all ihrer Widersprüchlichkeit, oder vielmehr im Hinblick auf verschiedenste Aspekte solcher Widersprüchlichkeiten: Lenin thematisiert hier drei grundlegende Ebenen, auf denen die Kunst mit der Frage politischer Effekte konfrontiert wird. Zudem legt er viertens die Notwendigkeit einer Meta-Perspektive auf Kunst nahe – in diesem Fall seine eigene –, die schließlich die widersprüchliche Spiegelung entwirren und die richtigen (politischen) Schlüsse daraus ziehen muss. Was Kunst selbst nicht kann – auch die beste á la Tolstoi nicht –, müssen eben andere tun. An anderer Stelle betont Lenin zwar, »nur geniale Künstler«[107] seien in der Lage, bestimmte Denkweisen bestimmter Leute in einer Epoche zur Darstellung zu bringen (wie eben Tolstoi es mit denjenigen der Bauern im zaristischen Russland getan hat). Was diese Denkweisen aber bedeuten, kann nur die Kritik erläutern. Und wie mit ihnen zu verfahren ist, ist schließlich eine politische Frage. Auch die sollte nicht den KünstlerInnen selbst überlassen werden, denn damit ist das Risiko verbunden, aus den gespiegelten Widersprüchen nicht herauszukommen. Die Frage der Widerspiegelung der sozialen Realität in der künstlerischen Arbeit – wie sie aussieht und aussehen sollte – steht jedenfalls fortan im Zentrum der marxistisch-leninistischen Kunsttheorie.

»Das Kunstwerk«, schreibt Georg Lukács, »muß also alle wesentlichen, objektiven Bestimmungen, die das von ihm gestaltete Stück Leben objektiv determinieren, in richtigem und richtig proportioniertem Zu-

106 Er verwirft Tolstois positive Bezugnahmen auf die bäuerlichen Gemeinschaften, die Gewaltfreiheit und vor allem die Religiosität und bezeichnet das »Tolstoianertum« als die »historische Sünde« des russischen Proletariats, ebd., S. 103.

107 W.I. Lenin: »Tolstoi und die moderne Arbeiterbewegung« [1910]. In: Ders.: *Über Kultur und Kunst. Eine Sammlung ausgewählter Aufsätze und Reden*. Berlin: Dietz Verlag 1960b, S. 126-129, hier S. 128.

sammenhang widerspiegeln.«[108] Die künstlerische Arbeit solle nicht die Totalität des Lebens insgesamt widerspiegeln, sondern nur das gewählte Stück, den partiellen Aspekt daraus – den aber im richtigen und richtig proportionierten Zusammenhang. Dafür soll das Kunstwerk einerseits die Unerschöpflichkeit des Lebens lebendig machen und andererseits deren Gesetzmäßigkeiten aufbereiten. Beides seien Aspekte der objektiven Wirklichkeit und wie im wirklichen Leben folge auf die Überraschung durch das Neue das gedankliche Aufarbeiten (bei Lukács selbstverständlich mittels der Dialektik als Methode). »Die beiden Akte fallen im Kunstwerk zusammen.«[109] Der Philosoph Georg Lukács (1885–1971) war Volkskommissar für Unterrichtswesen in der ungarischen Räterepublik 1919 und auch noch in den 1950er-Jahren als Kulturminister staatspolitisch aktiv. Er gilt als einer der intellektuellen Fürsprecher des Aufstands von 1956 und einer der bedeutenden Neuerer marxistischer Philosophie der ersten Hälfte des 20. Jahrhunderts. Zugleich gilt er auch als eigenwilliger und zuweilen dogmatischer Vertreter einer marxistischen Ästhetik. Er hat sich in seinen Schriften mehr mit Literatur als mit bildender Kunst beschäftigt, seine zweifelsohne normativen Ansprüche lassen sich aber ohne Weiteres auf Arbeiten im Rahmen bildender Kunst übertragen. Er gilt als Literaturpapst des Sozialistischen Realismus, wie ihn Rüdiger Dannemann in einer Einführung nennt, dessen Verdikte »gegen Romantik, L'art pour l'art und Avantgarde [...] Lukács eine finstere Aura verschafft [haben], die es schwer macht, seinen Thesen und Argumentationsketten unbefangen zu folgen.«[110] Nicht zuletzt der »konservativ anmutende Kunstgeschmack« Lukács' habe seinen Ruf als Dogmatiker genährt.[111]

Von einem dogmatischen Standpunkt lässt sich in der Tat insofern sprechen, als Lukács für sich in Anspruch nimmt, die einzig gültige Kunstauffassung im Rahmen des Marxismus-Leninismus zu vertreten.

108 Georg Lukács: »Kunst und objektive Wahrheit.« [1934] In: Ders.: *Kunst und objektive Wahrheit. Essays zur Literaturtheorie und -geschichte.* Leipzig: Verlag Philip Reclam jun. 1977a, S. 63-112, hier S. 63.

109 Ebd., S. 79.

110 Rüdiger Dannemann: *Georg Lukács zur Einführung.* Hamburg: Junius Verlag 1997, S. 21.

111 Ebd., S. 15.

Die Widerspiegelung (der sozialen Realität) ist für Lukács die zentrale Aufgabe von Kunst und deren Gelingen das einzig gültige Kriterium für ihre Wertschätzung. Der oben zitierte Aufsatz »Kunst und objektive Wahrheit« von 1934 wird als wichtige Vorarbeit zu seiner späteren Ästhetik gewertet.[112] Kern des darin enthaltenen Wahrheitspostulats für die Kunst ist laut Thomas Metscher aber keine simple Abbildrelation, sondern bestehe »in der Auffassung, dass in der gestalteten Totalität des Kunstwerks ein Weltmodell entsteht«[113]. Widerspiegelung ist demnach auch nicht die detailgetreue Abbildung realer Dinge oder Situationen, sondern die Erfassung des »Gesamtprozesses«[114], also eines (wie auch immer zu ermittelnden) »Gesamtzusammenhanges«[115] sozialer Verhältnisse. Die Widerspiegelung ist darüber hinaus als etwas konzipiert, das wieder in die soziale Welt eingreift, und zwar in parteiischer Form. Die Parteilichkeit wird – im Anschluss an Lenin – der Objektivität der sozialen Verhältnisse selbst zugeschrieben, die zur Äußerung dränge.[116] Aus diesem Grund müsse sie sich »im Kunstwerk gesteigert wiederfinden«[117]. Kunst dürfe allerdings weder unmittelbare Propaganda noch subjektive Meinung des Künstlers / der Künstlerin sein. Die Wahrheit der Kunst, um die es Lukács geht, entsteht allein im Besonderen und Einzigartigen des Kunst-

112 Vgl. Thomas Metscher 2013, a.a.O. S. 339.

113 Ebd., S. 340.

114 Lukács 1977a, a.a.O., S. 82.

115 Ebd.

116 Ich rechne Lukács hier wegen seiner eigenen expliziten Bezugnahmen – und in Übereinstimmung mit Thomas Metscher – dem Marxismus-Leninismus zu, wohl wissend, dass es einerseits verschiedene Phasen in seinem Werk gibt und er andererseits von anderen Leninisten einem hegelianisierenden, subjektivistischem Marxismus zugerechnet wurde. So beschreiben ihn Franz Kaminski, Heiner Karuschat und Klaus Winter in einem ausführlichen Kapitel ihres eigentlich Antonio Gramsci gewidmeten Buches als Vertreter der von Lenin selbst bekämpften »linksradikale[n] Tendenzen« – ein Urteil, das sie auch über Gramsci und die Kritische Theorie fällen, Franz Kaminski, Heiner Karuschat und Klaus Winter: *Antonio Gramsci. Philosophie und Praxis*. Frankfurt am Main: Sendler Verlag 1982, S. 148. Karuschat, das nur nebenbei, hat 2010 schließlich ein Buch über Finanzkapital und Militär der USA veröffentlicht, erschienen in der Compact-Reihe des (ehemals linken) Rechtsextremisten Jürgen Elsässer.

117 Lukács 1977a, a.a.O., S. 79.

werks oder, wie Metscher es auf den Begriff bringt, in »der *ästhetischen Form*«[118].

Das Kunstwerk ist auch eine paradoxe Angelegenheit, weil es einerseits die Wirklichkeit widerspiegelt und andererseits in dieser Widerspiegelung eine neue Wirklichkeit schafft – und damit das Problem des »ästhetischen Scheins«[119] aufwirft. Diesem Problem des Scheins versucht Lukács mit der Formel von der »dialektischen Objektivität der künstlerischen Form«[120] beizukommen. Die künstlerische Form dürfe nicht soziologisch bestimmt werden, noch könne sie abstrakt erzeugt oder hergeleitet werden. Die vermeintliche »dialektische Objektivität der künstlerischen Form« sei weder mechanisch zu ermitteln (wie angeblich in der Montage-Theorie), noch Ausdruck einer ahistorischen Wesenheit (wie in der Neoklassik), noch Ausdruck großer, subjektiver Persönlichkeitsmerkmale (wie beim Stefan George-Kreis) – all diesen Versuchen, sich der Form zu nähern, bescheinigt Lukács »denselben parasitär-imperialistischen Charakter«[121] und setzt ihnen die marxistisch-leninistische Erkenntnistheorie entgegen. Bloß die Methode der Kunst ist eine andere als die der Epistemologie bzw. der Wissenschaft insgesamt. Form ermöglicht die Vermittlung zwischen dem Konkreten der Darstellung und dem Abstrakten des Allgemeinen. Das »Spezifische der künstlerischen Formung«[122] will Lukács daher festhalten (auch gegen die »Tagesagitation«[123] und gegen das L'art pour l'art sowieso). Das »Ziel großer Kunst: ein Bild der Wirklichkeit zu geben, in welchem der Gegensatz von Erscheinen und Wesen, von Einzelfall und Gesetz, von Unmittelbarkeit und Begriff usw. so aufgelöst wird, daß beide im unmittelbaren Eindruck des Kunstwerks zur spontanen Einheit zusammenfallen.«[124] Lukács schreibt aber nicht nur die Ziele, sondern auch die Mittel der Kunst fest: Er wird zum vehementen Vertreter des Sozialistischen Realismus – oder, genauer,

118 Metscher 2013, a.a.O., S. 341.

119 Lukács 1977a, a.a.O., S. 80.

120 Ebd., S. 98.

121 Ebd., S. 99.

122 Ebd., S. 106.

123 Ebd.

124 Ebd., S. 73.

Vertreter einer von verschiedenen »konträren Realismusvarianten«[125]. Diese Varianten trafen in der sogenannten ›Brecht-Lukács-Debatte‹ in der Zeitschrift *Das Wort* 1937 aufeinander, die, wie Werner Mittenzwei 1968 konstatierte, zu den »wichtigsten Dokumenten der marxistischen Ästhetik«[126] zählt. Die Frage nach dem angemessenen Realismus war zutiefst verwoben in die außerkünstlerischen Fragen nach politischen Bündnissen und Strategien gegen den Faschismus. Die Frage nach der richtigen Kunst verschmolz mit der Frage nach der richtigen politischen Strategie für die ArbeiterInnenbewegung. Lukács orientiert sich an der bürgerlichen Literatur des 19. Jahrhunderts und macht sie zum Maßstab für seine Vorstellung von Realismus (als deren Weiterführung). Er wird zum Gegner der expressionistischen (und jeder anderen) Avantgarde. Mittenzwei resümiert: »Anstelle der Eroberung und Aufdeckung neuer Kunstmittel auf Grund neuer gesellschaftlicher Verhältnisse, worauf es Brecht ankommt, steht bei Lukacs die *Säuberung* der Literatur von den Einbrüchen der Dekadenz.«[127]

Neben der L'art pour l'art und den Avantgarden wandte sich Lukács aber auch gegen die Bewegung für eine proletarische Kultur (Proletkult). Lukács gehörte wie Leo Trotzki zu jenen marxistisch-leninistischen DenkerInnen, die im Anschluss an Lenin die Proletkult-Bewegung um Alexander A. Bogdanow (1873–1928) ablehnten und auch bekämpften. Es ging in der Proletkult-Bewegung um eine radikale Überprüfung bürgerlicher Errungenschaften vom stark betonten proletarischen Standpunkt aus und um den Aufbau einer proletarischen Kultur mittels Bildungsarbeit. Lenin und mit ihm Trotzki und Lukács lehnten die Bewegung ab, weil der Marxismus – in den Worten Lenins – »die wertvollsten Errungenschaften des bürgerlichen Zeitalters keineswegs ablehnte, sondern sich umgekehrt alles, was in der zweitausendjährigen Entwicklung des menschlichen Denkens und der menschlichen Kultur wertvoll war, aneignete und es

125 Werner Mittenzwei: »Marxismus und Realismus. Die Brecht-Lukács-Debatte.« In: *Das Argument*, Nr. 46, 10. Jg., Berlin 1968, S. 12-43, hier S. 16.

126 Ebd., S. 14.

127 Ebd., S. 19.

verarbeitete.«[128] Diese Errungenschaften gelte es aus theoretischen wie auch aus strategischen Gründen aufzugreifen und nicht zu bekämpfen. Für Trotzki bedeutete das etwa auch – anders als für Lukács –, avantgardistische Bewegungen innerhalb der Kunst wie den Futurismus wertzuschätzen. Denn auch wenn sie den Massen weithin unzugänglich seien, spiegelten sie doch technologische Errungenschaften der fortgeschrittendsten Länder wider. Allerdings ist der Futurismus für Trotzki keinesfalls eine proletarische Kunst, sondern bloß ein Übergangsphänomen zu einer »neuen, großen Literatur«[129]. (Er bezieht sich in seiner kleinen Schrift auf den russischen Futurismus – nicht auf den italienischen Futurismus, der schließlich dem Faschismus nahestand.)

In der Haltung zum Proletkult und zur proletarischen Kunst ging es um zentrale strategische Fragen nach der Rolle von Kunst und Kultur (im weiteren Sinne) für den Aufbau des Sozialismus: Soll Kultur in erster Linie die politische Macht der Partei absichern oder wird ihr eine eigenständige Dimension zugedacht, die nicht die Partei sondern die ArbeiterInnen und nicht die Staatsmacht sondern eine kulturelle Umwandlung als Voraussetzung der Ergreifung der Staatsmacht in den Vordergrund rückt?[130] Eine normative Perspektive ›von oben‹ (Staat) steht einer ›von unten‹ (Bewegung) gegenüber.

Trotzkis Einwände gegen die Proletkult-Bewegung finden letztlich auf drei Ebenen statt. Auf der ersten Ebene wird ein recht pragmatisches Argument starkgemacht: Dem Proletariat bleibe in seiner – als Über-

128 W. I. Lenin: »Über Proletarische Kultur« [1920]. In: W. I. Lenin: *Über Kultur und Kunst. Eine Sammlung ausgewählter Aufsätze und Reden*. Berlin: Dietz Verlag 1960c, S. 374-375, hier S. 375.

129 Leo Trotzki: »Der Futurismus.« In: Ders.: *Literatur und Revolution*. [1924] München: dtv1972a, S. 105-135, hier S. 132.

130 Vgl. Oliver Marchart: »Von Proletkult zu Kunstkult oder Was Sie schon immer über kulturelle Hegemonie wissen wollten, aber in Texte zur Kunst nicht finden konnten«. In: *transversal*, 06/2001, http://eipcp.net/transversal/0601/marchart/de (zuletzt aufgerufen am 15.03.2017). Heutige TrotzkistInnen (wie etwa David Walsh in einer mehrteiligen Artikelserie) verteidigen diese Haltung gegen die auf »politische Verwirrung« gegründete Haltung Bogdanows ebenso wie gegen die spätere Stalinisierung des Proletkults durch die sowjetische »Bürokratenkaste«, David Walsh: »Marxismus, Kunst und die sowjetische Debatte über proletarische Kultur.« In: *World Socialist Web Site*, Dezember 2005, http://www.wsws.org/de/articles/2005/12/dw1-d06.html (zuletzt aufgerufen am 15.03.2017).

gangsphase konzipierten – Diktatur gar nicht genug Zeit, um eine eigene Kultur auszubilden. Eine langsame und Jahrzehnte oder gar Jahrhunderte währende Entfaltung von spezifischen kulturellen Ausdrucksformen wie im Feudalismus und in der bürgerlichen Gesellschaft hielt Trotzki für ausgeschlossen. Der zweite Einwand ist theoretischer Art: Bei aller Achtung gegenüber dem Schaffen von KünstlerInnen mit proletarischer Herkunft konstatiert Trotzki eindeutig, »eine proletarische Kunst gibt es nicht.«[131] Sie könne es erst in der zukünftigen befreiten Gesellschaft geben, die Behauptung ihrer gegenwärtigen Existenz würde »fiktiv eine kulturelle Zukunft«[132] in den engen Rahmen der Gegenwart zwingen. Der dritte Einwand ist schließlich rein strategisch, darin wird der politische Kampf (im engeren Sinne) dem kulturellen eindeutig übergeordnet: Die Diktatur des Proletariats sei in ihren Grundzügen »*keine Produktions- und Kulturorganisation der neuen Gesellschaft, sondern ein revolutionäres Kampfregime im Kampf für diese Gesellschaft.*«[133]

Bei all dem darf zweierlei nicht vergessen werden, dass erstens der Glaube an eine fortschrittliche Entwicklungsgeschichte der Menschheit beim Trotzki der 1920er-Jahre – ganz anders als schon bei den VertreterInnen der Kritischen Theorie – noch ohne den leisesten Anflug von Zweifel intakt war. Die »sozialistische Gesellschaft mit ihrem hoffentlich schmerzlosen Übergang zur obrigkeitslosen Kommune«[134] war hier nicht allein ein utopischer Horizont, sondern eine realpolitische Vision. Die Unterordnung kultureller Belange unter die der Ökonomie heißt dabei zweitens keineswegs, dass Kultur im Allgemeinen und Kunst im Besonderen keine Aufmerksamkeit beigemessen worden wäre. Trotzkis Texte zu Literatur und Revolution sind immerhin inmitten der postrevolutionären politischen und militärischen Kämpfe und Auseinandersetzungen entstanden – einem für die politische Sache belanglosen Gegenstand hätte sich der Revolutionär in dieser Situation wohl kaum gewidmet.

131 Leo Trotzki: »Proletarische Kultur und proletarische Kunst.« In: Ders.: *Literatur und Revolution*. München: dtv 1972b, S. 155-179, hier. S. 174 f.

132 Ebd., S. 172.

133 Ebd., S. 159.

134 Ebd., S. 160.

Und Lenin selbst formuliert die Wertschätzung des Kulturellen in dem oben zitierten Resolutionsentwurf »Über proletarische Kultur« (1920) gegen die Proletkult-Bewegung so: »In der Sowjetrepublik der Arbeiter und Bauern muß das gesamte Bildungswesen, sowohl auf dem Gebiet der politischen Bildung im allgemeinen als auch auf dem Gebiet der Kunst im besonderen, vom Geist des Klassenkampfes durchdrungen sein«[135]. Eine klare Ansage also, die keinen Zweifel an der Wichtigkeit lässt, die Lenin (und der Leninismus) sowohl der Kultur als auch der Kunst beimaß.

II.

Im Juli 1939 veröffentlicht Leo Trotzki einen Leserbrief in der New Yorker Zeitschrift *Partisan Review*. Darin tut er seine »Meinung über die aktuelle Situation der Kunst«[136] kund. Er hat sich seit Erscheinen seines Buches *Literatur und Revolution* (1923) eigenen Angaben zufolge nicht mehr groß mit Kunst beschäftigt, in anderen Schriften, etwa dem zentralen Buch *Die permanente Revolution* (1929), kommt sie nicht vor. Trotzki formuliert in dem Leserbrief einige Dynamiken in Bezug auf die Kunst, die sich als bekannte Strukturmerkmale des künstlerischen Feldes bezeichnen lassen: »Jede neue künstlerische Richtung hat mit einer Rebellion eingesetzt. Die bürgerliche Gesellschaft zeigte gerade darin während langer Perioden der Geschichte ihre Stärke, daß sie es durch die Verbindung von Unterdrückung und Ermunterung, von Boykott und Schmeichelei verstand, jede ›rebellierende‹ künstlerische Bewegung zu kontrollieren, zu assimilieren und auf das Niveau der offiziellen ›Anerkennung‹ zu heben. Aber jede ›Anerkennung‹ dieser Art bedeutete letztlich das Herannahen ihrer Agonie. In diesem Augenblick erhob sich dann vom linken Flügel der legalisierten Schule her oder von unten, d.h. aus den Reihen einer neuen Generation der schöpferischen Bohème, eine neue rebellierende Bewegung, die dann ihrerseits nach einer bestimmten Zeit die Stufen der Akademie emporstieg [...].«[137] Bereits in seinem

135 Lenin 1960c, a.a.O., S. 374.

136 Leo Trotzki: »Kunst und Revolution. Leserbrief an den New Yorker Partisan Review« [1939], https://www.marxists.org/deutsch/archiv/trotzki/1939/07/kunst.htm

137 Ebd.

Text zum Futurismus beschreibt Trotzki diese Avantgarde-Bewegung als Teil eines kleinen bürgerlichen Milieus: Deren Ruf nach Bruch mit den Traditionen sei nur verständlich, »wenn er an die alte literarische Kaste, an den geschlossenen Kreis der Intelligenzler gerichtet wird«[138]. Zugleich hält Trotzki aber auch fest: »Die Arbeiterklasse braucht nicht mit der literarischen Tradition zu brechen, sie könnte es auch gar nicht, weil sie sich ja nie in ihren Fesseln befunden hat.«[139] Dass jeglicher Bezug zur Kunst von der Klassengesellschaft vorstrukturiert ist, scheint hier ganz selbstverständlich.

Zu den Strukturmerkmalen der bürgerlichen Kunst gehört auch, dass sie in der Art und Weise ihrer Produktion wie auch in der Wertung dieser Produktion abgetrennt ist von anderen, alltäglichen produktiven Tätigkeiten: In der sozialistischen Gesellschaft hingegen würden alle Probleme, die früher »automatisch gelöst wurden (Alltagsleben) oder sich in der Obhut einer Priesterkaste befanden (Kunst)«[140], Allgemeingut werden. Hier benennt Trotzki bereits den zentralen Fokus der künstlerischen Avantgarden (Kunst und Alltag »wieder« zusammenzubringen) und formuliert seine Überlegungen in Begriffen, die, wie später bei Bourdieus Kunstfeldtheorie systematisch angewandt, dem religiösen Feld entstammen.

In analytischer Hinsicht nimmt Trotzki hier auch schon die Versuche vorweg, die relative Eigenständigkeit der künstlerischen Entwicklung mit der strukturellen Entwicklung von Kultur insgesamt zu vermitteln. Diese Vermittlung wird später vom sowjetischen Kunsttheoretiker Moissej Kagan in seinen *Vorlesungen zur marxistisch-leninistischen Ästhetik* (1971) ausgearbeitet. Kagan plädiert trotz seines Festhaltens am Widerspiegelungstheorem dafür, die Untersuchung von Produktion, Aneignung und Kommunikation von und mit Kunst als »vertiefte soziale Analyse von Kunst«[141] zu betreiben.

Politisch folgt aus dieser Analyse, dass einerseits an die bürgerlichen Errungenschaften in der Kunst angeknüpft werden soll, andererseits

138 Trotzki 1972a, a.a.O., S. 108.

139 Ebd.

140 Leo Trotzki: »Die Kunst der Revolution und die sozialistische Kunst.« In: Ders.: *Literatur und Revolution.* [1924] München: dtv 1972c, S. 190-213, hier S. 192.

141 Moissej Kagan: *Vorlesungen zur marxistisch-leninistischen Ästhetik*. Berlin: Dietz Verlag 1971, S. 656.

wird aber deren Elitismus und damit der Abstand betont, der notwendigerweise zur ArbeiterInnenklasse besteht und auch nicht einfach aufgehoben werden kann und soll. Ähnlich hatte sich auch schon Rosa Luxemburg (1871–1919) in einem Artikel über ihren Lieblingsschriftsteller Leo Tolstoi geäußert: Die bürgerliche Kunst sei, zitiert sie Tolstoi zustimmend, von Anfang an nicht für die ArbeiterInnen geschaffen worden, daher dürfe sie auch kein Maßstab für proletarische Kunst sein. Luxemburg wendet sich entschieden gegen jene ihrer GenossInnen, die »mit gedankenloser Geschäftigkeit die sozialdemokratische Arbeiterschaft zum Verständnis für die dekadente Kleckserei eines Slevogt oder eines Hodler ›erziehen‹ wollen.«[142] Auch wenn sie sich hier gegen die Orientierung an ›bürgerlicher‹ Kunst am konkreten Beispiel der beiden Maler wendet, bleibt Luxemburg aber mit ihrer Begeisterung für Tolstoi insgesamt doch der Lenin'schen Formel von der marxistischen Wertschätzung der »wertvollsren Errungenschaften des bürgerlichen Zeitalters« treu.[143]

Kunst als Sphäre bürgerlicher Produktion rückte auch bei Georg Lukács in den Fokus. Wenn von Kunst die Rede ist, beschreibt er nicht nur bestimmte Werke und Praktiken, sondern auch einen besonderen gesellschaftlichen Bereich. In seinem Aufsatz »Schriftsteller und Kritiker« führt Lukács 1939 die funktionale Differenzierung moderner Gesellschaften in »voneinander getrennte, unzusammenhängende ›Gebiete‹ (Kunst, Politik,

142 Rosa Luxemburg: »Tolstoi als sozialer Denker« [1908]. In: Dies.: *Schriften über Kunst und Kultur*. Dresden: VEB Verlag der Kunst 1972, S. 31-38, hier S. 38. Max Slevogt (1868–1932) war ein deutscher Maler und Vertreter des Impressionismus, Max Hodler (1853–1918) ein Schweizer Maler, der dem Jugendstil und Symbolismus zugerechnet wird.

143 Unterschlagen werden soll dabei allerdings nicht, dass Luxemburg sich mit ihrem Konzept der ›revolutionären Realpolitik‹ deutlich von Lenin distanzierte. Auf die Kunstauffassung wirkte sich diese Distanz aber nicht aus, auch wenn Luxemburgs revolutionäre Realpolitik immer von den ›Massen‹ ausgeht, eine Kritik der Partei Lenin'scher Prägung enthält und es ihr – laut Frigga Haug – u.a. darum geht, »Wissen und Informationen über reale Entwicklungen so zu verbreiten, dass begreifendes Erkennen als selbsttätiger Prozess möglich wird«, Frigga Haug: *Rosa Luxemburg und die Kunst der Politik*. Hamburg: Argument Verlag 2007, S. 79.

Wirtschaft usw.)«[144] auf die kapitalistische Arbeitsteilung zurück. Die Einheit der Erscheinungen des Lebens würden dabei auseinandergerissen und selbst die KünstlerInnen, bei Lukács die Schriftsteller und Kritiker, würden darin zu »arbeitsteiligen Spezialisten«[145]. Lukács beschreibt Kunst als »autonome[s] Objektivationssystem«[146], das in seiner Funktion auch auf die Unterbrechung des Alltagslebens zielt. In die deskriptive Dimension mischt sich also gleich ein normativer Anspruch. In der Kunst sieht Lukács letztlich auch einen Ausweg aus dem, was er in *Geschichte und Klassenbewußtsein* (1923) als Antinomien bürgerlichen Denkens beschreibt: die Unvermitteltheit von Vernunft und Sinnlichkeit und von Freiheit und Notwendigkeit. Die Vermittlung von reiner und praktischer Vernunft, letztlich von Denken und Handeln, bedürfe keiner mythologisierenden, transzendenten Konstruktion, sie besitze ein »konkretes und wirkliches Erfüllungsgebiet [...]: die Kunst.«[147] Denn in der Kunst – Lukács meint hier keine spezifischen künstlerischen Arbeiten, sondern spricht vom »*Prinzip der Kunst*«[148] – finde das »Schaffen einer konkreten Totalität infolge einer Konzeption der Form statt«[149], in der es eben gelinge (oder gelingen könne), Zufall und Notwendigkeit als scheinbare Gegensätze aufzuheben.[150]

---

144 Georg Lukács: »Schriftsteller und Kritiker.« In: Ders.: *Kunst und objektive Wahrheit. Essays zur Literaturtheorie und -geschichte*. Leipzig: Verlag Philipp Reclam jun. 1977b, S. 218-258, hier S. 218.

145 Ebd.

146 Dannemann 1997, a.a.O., S. 39.

147 Georg Lukács: *Geschichte und Klassenbewußtsein. Studien über marxistische Dialektik*. [1923] Neuwied und Berlin: Sammlung Luchterhand 1970, S. 249.

148 Ebd.

149 Ebd.

150 Versteht man den Begriff der Totalität als dynamische Praxis, die vor allem »interrelations and interactions between different phenomena« in den Blick nimmt, lässt sich der Begriff durchaus auch auf zeitgenössische Kunstpraxis anwenden, wie etwa Gail Day es in Bezug auf Künstler wie Allan Sekula oder das Kollektiv Chto Delat vorschlägt, Gail Day: »Realism, Totality and the Militan *Citoyen*. Or, what does Lukács have to do with Contemporary Art?« In: Warren Carter / Barnaby Haran / Frederic J. Schwartz (Hg.): *ReNew Marxist Art History*. London: Art Books Publishing Ltd. 2013, S. 478-493, hier S. 484.

Auch Trotzki widmet sich dem, was Kunst ausmacht und ausmachen sollte. Und er widmet sich der Frage, wie Kunst im Verhältnis zu sozialer Transformation zu begreifen ist. »Ganz allgemein gesagt«, schreibt Trotzki, »drückt der Mensch in der Kunst sein Verlangen nach einem harmonischen und erfüllten Leben aus, d.h. den kostbarsten Gütern, deren ihn die Klassengesellschaft beraubt. Deswegen enthält jedes echte Kunstwerk immer einen Protest gegen die Wirklichkeit, sei er nun bewußt oder unbewußt, aktiv oder passiv, optimistisch oder pessimistisch.«[151] Kunst ist keine echte Kunst, wenn sie nicht – in welcher Form auch immer – gegen die bestehenden sozialen Verhältnisse aufbegehrt. Das ist eine starke normative Setzung, die hier wie bei anderen linken TheoretikerInnen kaum einer konkreten Prüfung am Werk unterzogen wird. Allerdings muss in dieser Logik auch keine konkrete künstlerische Arbeit dieser Prüfung letztlich standhalten, denn wenn sie dabei durchfallen würde, müsste sie per definitionem gleich der Nicht-Kunst oder nicht echter Kunst zugerechnet werden. Auch Lukács lobt im Anschluss an Lenin die propagandistische Wirkung »der echten Kunstwerke«[152]. Diejenigen Werke, die nicht propagandistisch wirken (im Sinne der leninistischen Parteilichkeit für den Sozialismus), wie auch jene, die sich »*unmittelbarer* Propaganda«[153] verschrieben haben (ohne die ›richtige‹ dialektische Widerspiegelung der Wirklichkeit zu leisten), sind schlicht keine echten Kunstwerke.

Die Kunst rückt in die Nähe der politischen Revolution, indem sie die durch den Kapitalismus erzeugten Versagungen und Übel zum Ausdruck bringt. Die »Kunst der Revolution«, schreibt Trotzki bereits in *Literatur und Revolution*, ist eine, die »unausweichlich alle Widersprüche der Übergangsgesellschaft widerspiegelt.«[154] Darin unterscheidet sie sich auch von »sozialistischer Kunst«, die die Kunst der klassenlosen Gesellschaft ist bzw. erst sein wird. Deren Errungenschaften werden, wie alle anderen Belange des Lebens vom Kanalbau bis zur Klimaregulierung, von

151 Trotzki [1939], a.a.O.

152 Lukács 1977s, a.a.O., S. 79.

153 Ebd., S. 81.

154 Trotzki 1972c, a.a.O., S. 192.

allen geteilt und nicht von »Klassen- oder Kasteneigennutz vergiftet«[155] sein, so Trotzki. Die zeitgenössische Kunst jedenfalls sieht Trotzki durch einerseits Inhalte bestimmt, die sich nicht allein in bestimmten Themen äußern müssen und die auch keine bestimmte Form brauchen: »Eine Epoche, eine Klasse und ihr Weltgefühl drücken sich in einer subjektlosen Lyrik genauso aus wie in einem sozialen Roman.«[156] Andererseits sieht er neben den Inhalten durchaus den eigenen Charakter der Form, die sich in gewissen Grenzen »wie jegliche Technik nach eigenen Gesetzen«[157] entwickle. Diese Eigengesetzlichkeit wird sich im Verlaufe der sozialistischen Entwicklung in der Vorstellung Trotzkis erübrigen. Wenn die kapitalistische Arbeitsteilung überwunden ist, wird »zwischen Kunst und Industrie [...] die Trennwand fallen«[158] wie zwischen allen anderen, vormals getrennten Bereichen menschlicher Praxis auch.

In seinem Leserbrief allerdings spricht Trotzki von der Treue der Kunst sich selbst gegenüber – und spricht sich damit letztlich auch für die Legitimität der Eigengesetzlichkeit der Form aus: »Die Kunst kann nur insoweit ein großer Bundesgenosse der Revolution sein, als sie sich selbst treu bleibt. Dichter, Maler, Bildhauer, Musiker werden selbst ihren Weg und ihre Methode finden, wenn die emanzipatorische Bewegung der unterdrückten Klassen und Völker die Wolken der Skepsis und des Pessimismus verjagt, die heute den Horizont der Menschheit verdunkeln.«[159] Sich treu bleiben, eigene Wege und Methoden finden und gleichzeitig großer Bundesgenosse der Revolution sein: Was die Kunst sein soll, muss für Linke offenbar widersprüchlich bleiben. Bereits Trotzki formuliert das hier schon recht eingängig, auch wenn oder gerade weil er den Widerspruch – oder sagen wir: die große Spannung – zwischen den beiden Ansprüchen an die Kunst nicht problematisiert.

155 Ebd., S. 192.

156 Ebd., S. 194.

157 Ebd.., S. 194.

158 Ebd., a.a.O., S. 208.

159 Trotzki 1939, a.a.O.

In dem »Manifest für eine unabhängige revolutionäre Kunst«, das die Künstler André Breton und Diego Rivera im Herbst 1938 ebenfalls in der Zeitschrift *Partisan Review* unter ihren Namen, aber nach intensiven Gesprächen mit Trotzki in Mexiko-Stadt veröffentlichten, ist die Spannung titelgebend. Die Kunst ist nicht entweder unabhängig *oder* revolutionär, sie ist beides. Die Spannung wird also vermeintlich aufgelöst, indem sie umgangen oder geleugnet wird. Angesichts des zeitgenössischen Faschismus und des Nationalsozialismus, aber auch angesichts des Stalinismus proklamieren die Autoren, die Kunst müsse die inneren Bedürfnisse der Menschen ausdrücken. In dieser Form scheint sie für Propaganda wenig geeignet. Allerdings heißt es noch im gleichen Satz des Manifests, »wirkliche Kunst kann gar nicht anders als revolutionär sein und einen völligen und radikalen Neuaufbau der Gesellschaft anstreben.«[160] Kunst, die nicht revolutionär ist – und zwar nicht nur in ästhetischer, sondern auch in sozio-politischer Hinsicht –, ist demnach keine *wirkliche* Kunst. Diese Position allerdings muss unbefriedigend bleiben. Man findet sie später in der linken Auseinandersetzung mit Kunst immer wieder, nicht zuletzt auch im Werk des Philosophen Jacques Rancière, dessen Ansatz die linke politische Theorie und die kritische Kunsttheorie der 2010er-Jahre stark beeinflusst hat – mehr dazu in Kapitel 9.

III.

Thomas Metscher hält Lukács mit seiner These, dass ästhetische Prinzipien nicht anthropologisch, sondern geschichtlich entstanden seien, für »radikaler als andere materialistische Ästhetiken«[161]. Ästhetische Prinzipien entstehen demnach historisch als Loslösung vom unmittelbaren Lebenszusammenhang und sie werden konstitutiv für die Kunst, die sich als gesellschaftlicher Teilbereich konstituiert. Radikal ist Lukács sicherlich nicht nur in dieser Historisierung. Radikal ist auch die Verknüpfung von historischer Genese mit der Behauptung einer bestimmten Formentwicklung, also des Realismus als notwendige Konsequenz einer

160 André Breton / Diego Rivera: »Manifest für eine unabhängige revolutionäre Kunst« [1938]. http://www.marxismus-online.eu/kunst/bretonriviera.html

161 Metscher 2013, a.a.O., S. 335.

Kunst, die Mimesis als Widerspiegelung sozialer Realität auffasst. Diese Auffassung wird zudem auch nicht als eine unter vielen beschrieben, sondern als die einzig wahre.[162] Künstlerische Experimente werden dann schnell zum dekadenten Formalismus erklärt oder gleich pathologisiert, so wie etwa beim ehemaligen Lukács-Mitarbeiter Michail Lifschitz, der angesichts von Fluxus und den Happenings der 1960er-Jahre bemerkt, hier zeige sich der »krankhafte Wunsch, über die Grenzen der Kunst hinauszugehen«[163]. Radikal ist Lukács also nicht nur in seiner Dogmatik hinsichtlich der (realistischen) Ausrichtung künstlerischen Schaffens, sondern auch insofern er die Kunsttheorie selbst als Terrain des Kampfes für den Sozialismus ausmacht. »Der Kampf um die Frage der Objektivität der Kunst«, schreibt er 1934, »ist ein Teil dieses Kampfes gegen die kapitalistischen Überreste im Bewußtsein der Menschen, ist ein Kampf gegen diese ideologische Einkreisung des Aufbaus des Sozialismus durch den verfaulenden Monopolkapitalismus.«[164] Die subjektivistischen (bürgerlichen) Theorien müssten bekämpft werden, und hier fragt er sich bloß noch brachial, ob ein »Vernichtungskampf gegen solche Ideologien«[165] oder doch ein »ideologischer Kampf«[166] zur Überzeugung der Irrenden geführt werden müsse.[167] Damit kommt schließlich der Kunst (des Sozialistischen Realismus) ebenso wie der Kunsttheorie die Aufgabe zu,

162 Das Zentralkomitee der KPdSU beschloss auf seiner Sitzung vom 23. April 1932 den »Umbau der literarisch-künstlerischen Organisationen« hin zu einer Einheitsorganisation mit klaren künstlerischen Vorgaben für den Aufbau der Sowjetunion. Seitdem gilt der Sozialistische Realismus als Staatsdoktrin in der Sowjetunion, später ausgeweitet auf den gesamten Ostblock. Diese künstlerische Vorgabe hatte alles andere als bloß kulturelle Konsequenzen und konnte bei Nichtbefolgen Verbannung und Ermordung zur Folge haben.

163 Michail Lifschitz: »Phänomenologie der Konservenbüchse.« In: Ders.: Krise des Häßlichen. Vom Kubismus zur Pop Art. Dresden: VEB Verlag der Kunst 1971, S. 109-143, hier S. 110 f.

164 Lukács 1977a, a.a.O., S. 103.

165 Ebd., S. 105.

166 Ebd.

167 Lukács attackiert bestimmte Formen von »subjektivistischen, aktualistischen Kunstanschauungen« in den 1930er-Jahren übrigens als »Trotzkismus« – darauf weist Norbert Schneider hin, Norbert Schneider: *Geschichte der Ästhetik von der Aufklärung bis zur Postmoderne*. Stuttgart: Verlag Philipp Reclam jun. 2010, 5. erg. Aufl., S. 172.

als Effekt der ihnen angeblich innewohnenden Objektivität von Inhalt und Form die »Umwandlung des Menschen in bewegter Lebendigkeit zu gestalten.«[168] Für die Kunst wird damit auch eine Orientierung am klassischen Kanon festgeschrieben. In diesem Sinne schreibt Lifschitz im Vorwort zur deutschen Ausgabe zu seiner schon erwähnten Studie über *Karl Marx und die Ästhetik* 1959, gegen die künstlerischen Avantgarden mit ihrer »dekadenten ›Umwertung aller Werte‹«[169] gerichtet, das Neue in der Kunst bestehe in der »Wiederherstellung und Befreiung des alten humanistischen Ideals vom Schmutz der Klassengesellschaft.«[170] Als habe sich die Klassengesellschaft nur wie der Staub auf einem Werk abgelagert und sei nicht durch und durch in dessen Produktion und Konsumtion verwoben!

In *Geschichte und Klassenbewußtsein* ist Lukács ein paar Jahre früher hinsichtlich der umwandelnden Gestaltung der Menschen durch Kunst noch vorsichtiger. Da schreibt er, auch innerhalb der Kunst bleibe (wie im modernen Leben überhaupt) eine unaufhebbare Distanz zwischen Subjekt und Objekt bestehen – die Landschaft ist dem Betrachter nur Landschaft, wenn und indem er sie betrachtet, nicht aber, wenn er selbst ein Teil von ihr ist. Und er betont, »daß die Kunst nur die Gestaltung, nicht aber die reale Auflösung dieser Problematik bedeuten kann.«[171] Trotzki ordnet letztlich auch die Hoffnungen auf die Kunst klar der ökonomischen und soziopolitischen Transformation unter. Wenn die Menschen erst die »Wirtschaftsordnung rationalisiert«[172] hätten, könne das Leben, schreibt er schwärmerisch, zu einem »kollektiv-experimentellen«[173] werden. Die Künste könnten dann »diesem Prozeß eine herrliche Form verleihen.«[174] Sie sind aber keineswegs selbst dieser Prozess.

Auch wenn das Primat der Ökonomie die Beobachtung kultureller, insbesondere künstlerischer Entwicklungen *analytisch* immer auch stark

168 Lukács 1977a, a.a.O., S. 111.

169 Lifschitz 1967, a.a.O., S. 14.

170 Ebd.

171 Lukacs 1970, a.a.O., S. 280.

172 Trotzki 1972c, a.a.O., S. 210.

173 Ebd., S. 211.

174 Ebd., S. 212.

einschränkt (und schließlich unzureichend werden lässt), bleibt *politisch* betrachtet diese, von Trotzki und Lukács geteilte These, dass »die Differenz von Kunst und Leben [...] nur aufgehoben werden [...] [kann], wenn das Leben anders geworden ist«[175], ein wichtiger Einsatz in der linken Debatte um Kunst und Politik bis heute. Wenn das Leben anders geworden ist, wird auch die Kunst eine andere werden: Einerseits wird hier die Dimension von *außerkünstlerischer* Praxis betont, die auf die Kunst einwirkt: Damit wird eine analytische Trennung zwischen Kunstpraxis und sonstiger Praxis vorgenommen, die dann später im Rahmen poststrukturalistischer und postoperaistischer linker Theorie häufig nicht mehr als relevant oder nicht mehr als zulässige Differenzierung gesehen wird. Andererseits betont Lukács mit der außerkünstlerischen *Praxis* eben auch das tätige Moment gesellschaftlichen Wandels (gegenüber bestehenden Strukturen), das wiederum in anderen marxistischen Auseinandersetzungen mit Kunst – etwa im Rahmen der Kritischen Theorie – eher in den Hintergrund gerückt ist.[176]

Vielleicht war es deshalb ausgerechnet Lukács' *Die Seele und die Formen* (1911), welches die Arbeiter, die Ende der 1960er-Jahre tagsüber die Mirafiori-Fabrik in Turin bestreikten, nachts lasen. Das erzählt zumindest der operaistische Theoretiker Mario Tronti, um die ästhetische Dimension der autonomen Arbeitskämpfe zu unterstreichen.[177] Die Praxis des Arbeitskampfes, soll uns das sagen, war nicht auf das Terrain der Fabrik beschränkt, sondern sie war eine übergreifende, ins ganze Leben hineinreichende. Stevphen Shukaitis nimmt Statements wie das von Tronti zum Anlass, die historischen Überlappungen zwischen Kunstproduktion und

175 Dannemann 1997, a.a.O., S. 30.

176 Dennoch hat wohl auch Jan Rehmann recht, der bemerkt, dass Lukács dazu tendiere, »die wirklichen gesellschaftlichen Praxen der Menschen unter dem Gewicht der Verdinglichung zu begraben« und das revolutionäre Umschlagen vom Objektstatus des Proletariats in der kapitalistischen Warengesellschaft zu dessen Rolle als Subjekt der Geschichte unvermittelt zu lassen, Jan Rehmann: *Einführung in die Ideologietheorie*. Hamburg: Argument Verlag 2008, S. 69.

177 Mario Tronti: *The Revolution of Everyday Life*. [1994] PM Press: Oakland 2012, S. 120.

autonomistischer Bewegung herauszuarbeiten.[178] Der Autor von *Die Seele und die Formen* war allerdings auch noch nicht jener Parteidogmatiker Lukács, der sich ab den 1930er-Jahren dem »Kampf gegen Subjektivismus und Spontaneitätstheorie«[179] gewidmet hatte – denen der Postoperaismus aus Leninistischer Sicht sicherlich zuzurechnen ist.

Die ästhetische Dimension des Kampfes und die Auseinandersetzung mit ästhetischen Fragen im Kampf werden von Tronti und Shukaitis gewissermaßen als Vorwegnahme des Falls der Trennwand zwischen Industrie und Kunst interpretiert – oder zumindest als Arbeit am Fall dieser Trennwand. Der Gedanke allerdings, dass Kunst ebenso wie Ästhetik – auch und vor allem im einfachen Verständnis als »Bewusstsein über Kunst«[180] – eine reproduktive Funktion einnimmt, wird nur sehr unzureichend konzipiert: Dass Klassenherrschaft und auf Geschlecht, Sexualität und ethnische Zuschreibung basierende Spaltungen und Ungleichheit durch und mittels Produktion, Zirkulation und Rezeption von Kunst nicht nur unterbrochen, zerstört oder überwunden, sondern auch erneuert, vertieft und verstärkt werden können, wird im Marxismus-Leninismus von Lukács und Trotzki kaum in Erwägung gezogen. Diese Ausblendung ist ein Effekt der Vermischung von deskriptiver und normativer Herangehensweise an die Kunst: Was die Kunst *ist* wird immer von dem Anspruch demgegenüber aus erläutert, was sie *soll* – oder die Erläuterungen fallen gar völlig in eins. Die Parteilichkeit ›echter Kunst‹, ob von ihren Intentionen oder ihren Wirkungen bzw. Effekten her gedacht, kann auf der Basis des wissenschaftlich verbrämten Fortschrittsglaubens nur als parteilich für den Sozialismus gedacht werden. Sicherlich betont gerade Lukács zum einen, dass es einen »zum Wesen der Kunst gehörenden Schein«[181] gebe, von dem anzunehmen ist, dass er auch reproduktive Effekte hat. Zum anderen hebt er auf die politische Notwendigkeit ab, diesen bzw. jeden Schein zu

178 Stevphen Shukaitis: *The Composition Of Movements To Come. Aesthetics And Culturual Labor After The Avant-Garde*. London & New York: Rowman & Littlefield 2016, S. 12 ff.

179 Werner Mittenzwei: »Lukács Ästhetik der revolutionären Demokratie.« In: Georg Lukács: *Kunst und objektive Wahrheit. Essays zur Literaturtheorie und -geschichte*. Leipzig: Verlag Philip Reclam jun. 1977, S. 5-17, hier S. 7.

180 Lukács 1970, a.a.O., S. 249.

181 Lukács 1977a, a.a.O., S. 75.

durchbrechen, wenn er etwa betont, die bürgerliche Klasse müsse nicht nur in den Staatsapparaten (also mittels Machtergreifung des Proletariats) besiegt, sondern auch in ihren Denkgewohnheiten »*ideologisch gebrochen* werden«[182]. Die Kunst aber bleibt immer die Trägerin jener normativen Vorstellung von einer durch sie hergestellten »unmittelbaren sinnlichen Evidenz«[183]. Und als solche erscheint sie zumindest vor allem als eine, die »das ideologische Problem der Verdinglichung«[184] letztlich mit zu lösen vermag. Darin, im Aufrechterhalten möglichen Widerstands gegen die Verdinglichung im Konsumkapitalismus durch Kunst, sieht auch Fredric Jameson 1977 noch die Aktualität von Georg Lukács. Gegen die Verdinglichung gehe es in der Kunst um »die neuerliche Erfindung kognitiver und perzeptiver Möglichkeiten, um die sozialen Phänomene wieder als Momente des Kampfes *zwischen* Klassen transparent werden zu lassen.«[185] Dass Kunst aber auch und gerade in der von ihr erzeugten »sinnlichen Evidenz« die bestehenden, dominanten Formen der Sinnlichkeit ebenso wie die soziale Wertung dieser Formen reproduziert, damit beschäftigen sich systematisch dann erst Antonio Gramsci, Raymond Williams und vor allem Pierre Bourdieu.

182 Lukács 1970, a.a.O., S. 415.

183 Lukács 1977a, a.a.O., S. 87.

184 Lukács 1970, a.a.O., S. 186.

185 Fredric Jameson: »Reflexionen über die Brecht-Lukács-Debatte.« [1977] In: Charles Harrison und Paul Wood (Hg.): *Kunsttheorie im 20. Jahrhundert. Künstlerschriften, Kunstkritik, Kunstphilosophie, Manifeste, Statements, Interviews.* Ostfildern: Verlag Gerd Hatje 1998, S. 1210-1212, hier S. 1211.

04. »im *Protest* gegen soziale Rezeption«
Kunst in der Kritischen Theorie

I.

Der Surrealismus, erklärt Herbert Marcuse 1967 in einem Vortrag zum Thema »Die Kunst in der eindimensionalen Gesellschaft«, habe in seiner Zeit die poetische Sprache zur einzigen Sprache erhoben, »die nicht der allumfassenden Sprache des Establishments verfällt.«[186] Auch wenn der Surrealismus schon längst zur »marktfähigen Ware geworden«[187] sei, so lässt sich an seinem historischen Beispiel nach Marcuse sowohl die Beschaffenheit als auch die Aufgabe für Kunst in der eindimensionalen Gesellschaft bzw. im Spätkapitalismus aufzeigen. Es geht um das Entwickeln einer eigenen Sprache, einer Form, die über die bestehende soziale Realität hinausweist (oder ihr gar entgegensteht). Zugleich geht es um das Halten eines Abstands zu Zweckbestimmungen einerseits und sozial dominanten Organisationsformen (»Establishment«) andererseits.

Auch Walter Benjamin nimmt den Surrealismus schon 1929 zum Ausgangspunkt für grundsätzliche Überlegungen zur Stabilität und Transformierbarkeit der Gegenwartsgesellschaft. Der Surrealismus habe die Frage nach der Revolution – ob erst die Gesinnung oder erst die sozialen Verhältnisse verändert werden müssten – besonders deutlich aufgeworfen. Und er sei »ihrer kommunistischen Beantwortung immer näher gekommen. Und das bedeutet: Pessimismus auf der ganzen Linie.«[188] Zum einen formuliert er damit wie Marcuse eine zentrale (deskriptive) Bestimmung von Kunst und einen (normativen) Anspruch an ihre Mög-

---

186 Herbert Marcuse: »Kunst in der eindimensionalen Gesellschaft.« [1967] In: Ders.: *Kunst und Befreiung*. Nachgelassene Schriften 2. Herausgegeben von Gerhard Schweppenhäuser. Zu Klampen 2000a, S. 71-85, hier S. 74.

187 Ebd.

188 Walter Benjamin: »Der Sürrealismus – Die letzte Momentaufnahme der europäischen Intelligenz.« [1929] In: Ders.: *Gesammelte Schriften*, Bd. II/1, herausgegeben von Rolf Tiedemann und Hermann Schweppenhäuser. Frankfurt am Main: Suhrkamp Verlag 1977a, S. 295-310, hier S. 308.

lichkeiten zugleich: Negation. Zum anderen aber vertraut er den Effekten dieser Negation weit weniger als Marcuse. Während Marcuse letztlich an die Kunst »als Architektur einer freien Gesellschaft«[189] glaubt, sieht Benjamin diese versöhnende, befreiende Perspektive nicht als Teil ihrer Funktion. Vielmehr evoziere die Kunst mit gutem Grund ein fundamentales Misstrauen: »Mißtrauen in das Geschick der Literatur, Mißtrauen in das Geschick der Freiheit, Mißtrauen in das Geschick der europäischen Menschheit, vor allem aber Mißtrauen, Mißtrauen und Mißtrauen in alle Verständigung: zwischen den Klassen, zwischen den Völkern, zwischen den Einzelnen. Und unbegrenztes Mißtrauen in I. G. Farben und die friedliche Vervollkommnung der Luftwaffe.«[190]

Damit sind in etwa die Pole der Positionen benannt, die im Rahmen der Kritischen Theorie zur Kunst formuliert worden sind: Negation als Hoffnung einerseits, wie Marcuse sie formuliert, und Negation als letzte Möglichkeit intellektuellen Schaffens andererseits. Für diese Position steht hier Walter Benjamin, aber auch Theodor W. Adorno ist ihr zuzurechnen. Kunst soll nicht mehr die Realität widerspiegeln. Sie kann und soll die bestehende Realität verneinen. Bei allen Unterschieden in den Positionen der verschiedenen Theoretiker (und später erst Theoretikerinnen) ist, wie Martin Jay schreibt, »das Pochen der Kritischen Theorie auf Dialektik und Negation«[191] ihnen allen gemeinsam. Dieses Moment der Negation war es, das zum Bruch mit dem Lenin'schen Widerspiegelungstheorem führte. »Kunst war hier«, so Jay weiter über die Schriften aus den Reihen des Frankfurter Instituts für Sozialforschung, »nicht nur der Ausdruck und Spiegel herrschender gesellschaftlicher Tendenzen, sie war auch [...] Kunst im genuinen Sinne der Funktion eines letzten Reservats menschlicher Sehnsucht nach einer ›anderen‹ Gesellschaft, jenseits der gegenwärtigen.«[192]

189 Marcuse 2000a, a.a.O., S. 84.

190 Benjamin 1977a, a.a.O., S. 308.

191 Martin Jay: *Dialektische Phantasie. Die Geschichte der Frankfurter Schule und des Instituts für Sozialforschung 1923–1950.* Frankfurt am Main: Fischer Verlag 1991, S. 215.

192 Ebd.

Diese Sehnsucht und die Frage, wie und auf welche Weise die sozioökonomische Verfasstheit des Spätkapitalismus selbst diese noch bedrohte, standen im Zentrum der Kritischen Theorie. Die Kritische Theorie war eine um das Anfang der 1920er-Jahre gegründete Frankfurter Institut für Sozialforschung existierende, mehr oder weniger lose Verbindung von marxistischen Intellektuellen. Benannt wurde sie nach einem Aufsatz Max Horkheimers, in dem er »Traditionelle und kritische Theorie« (1937) unterscheidet. Auch wenn sich allgemeine Kriterien nicht formulieren ließen, ginge es kritischer Theorie nie bloß um objektive Darstellung von Zusammenhängen, sondern auch um die »Aufhebung des gesellschaftlichen Unrechts.«[193] Im Gegensatz zum Marxismus-Leninismus wird innerhalb der Kritischen Theorie die Führungsrolle des Proletariats für emanzipatorische Veränderung angezweifelt: Dieser Zweifel entsteht angesichts der Niederschlagung der Revolutionen nach dem Ersten Weltkrieg und er vertieft sich noch in Anbetracht der integrativen Konstellation der Nachkriegsgesellschaft nach dem Zweiten Weltkrieg. Die ArbeiterInnenbewegung gilt als ›integriert‹ in das System, scheint ihre historische Rolle als Subjekt der Revolution selbst verspielt zu haben. Die Distanz, die zum Proletariat eingenommen wird, entsteht aber auch als Effekt des eigenen Theorieverständnisses. Theorie wird als eine Art eigene Praxis begriffen, die nicht direkt bezogen ist auf die Praxis in der ArbeiterInnenklasse und sich schon gar nicht aus dieser Klassenpraxis ableiten lässt (also ableiten lassen soll). Nicht nur, dass die VertreterInnen der Kritischen Theorie keine ParteimarxistInnen mehr waren wie noch Luxemburg, Trotzki, Lukács und Gramsci. Horkheimer betont ausdrücklich, dass die Unternehmungen zur Abschaffung gesellschaftlichen Unrechts, die die TheoretikerInnen vornehmen, sich »im Gegensatz zu Ansichten befinden [können], die beim Proletariat gerade vorherrschen. Ohne die Möglichkeit dieses Konflikts bedürfte es keiner Theorie«[194]. Diese konstitutive Distanz zur

193 Max Horkheimer: »Traditionelle und kritische Theorie.« [1937] In: Ders.: *Traditionelle und kritische Theorie. Fünf Aufsätze.* Frankfurt am Main: S. Fischer Verlag 1992, S. 205-269, hier S. 259.

194 Ebd., S. 238.

ArbeiterInnenbewegung prägt auch die kunsttheoretischen Auseinandersetzungen innerhalb der Kritischen Theorie.[195]

Die Kritische Theorie macht damit zweifellos eine der Hauptströmungen dessen aus, was der (marxistische) Historiker Perry Anderson den ›westlichen Marxismus‹ genannt hat. Geprägt hat diesen ›westlichen Marxismus‹ ab etwa der Mitte des 20. Jahrhunderts nicht länger das vormalige Hauptaufgabengebiet des Marxismus, die politische Ökonomie. Eher mit »Strukturen des Überbaus« sei die neuere marxistische Theorie befasst gewesen. Und dabei sogar mit jenen Bereichen des Überbaus, die der ökonomischen Basis am weitesten entfernt waren: Nicht etwa Staat und Recht, nein, so Anderson in seinem Klassiker *Über den westlichen Marxismus* unverhohlen abschätzig, vielmehr »stand im Mittelpunkt seiner Aufmerksamkeit die Kultur«.[196] Warum es aber zu diesem Sinneswandel kommt, warum sich also namhafte MarxistInnen mit kulturellen Phänomenen statt mit den ökonomischen Produktionsverhältnissen beschäftigen, kann Anderson nicht fassen. Er ist fassungslos, hat aber auch kein Verständnis dafür, erklärt es einzig damit, die TheoretikerInnen hätten ihren Bezug zu »den Massen« und zur ArbeiterInnenbewegung verloren. Der eigentliche Grund für die vermeintlich nebenwidersprüchliche Beschäftigung mit dem Musikhören und dem Kunstmachen, mit Theaterproduktionen und dem Literaturkonsum in der Kritischen Theorie – und später auch innerhalb der Cultural Studies und der materialistischen Praxistheorie – entgeht Anderson aber: Er liegt in der Doppelbedeutung von Kultur. Sind mit dem Begriff einerseits jene spezifischen Praktiken beschrieben, die von bestimmten Leuten, nämlich KünstlerInnen im weitesten Sinne, an besonderen Orten (Theater, Museum, Konzertsaal etc.) zum Besten gegeben und von anderen konsumiert werden, geht es ande-

195 Nicht der Erfolg der Oktoberrevolution war der Ausgangspunkt für die Kritische Theorie, sondern, wie Alex Demirovic hervorhebt, prägend waren vielmehr »das Scheitern der Revolution von 1918/19, die Zustimmung, die ein Teil der Arbeiterschaft Hitler entgegenbrachte, die Zerschlagung der Arbeiterbewegung durch den Nationalsozialismus, der stalinistische Terror und die Erfahrung, daß die amerikanischen Gewerkschaften im New Deal ihre Autonomie gegenüber den Unternehmen weitgehend aufgaben.« Alex Demirovic: *Der nonkonformistische Intellektuelle. Die Entwicklung der Kritischen Theorie zur Frankfurter Schule.* Frankfurt am Main: Suhrkamp Verlag 1999, S. 29.

196 Anderson 1978, a.a.O., S. 112.

rerseits um viel mehr. Kultur ist nämlich auch eine allgemeine »Glaubens- und Vorstellungswelt«, wie Max Horkheimer schon 1936 schrieb, mit deren Hilfe die gesellschaftliche Arbeit bewältigt wird, und sie beschreibt auf diese Weise die ganze »Lebenspraxis der Gesellschaft«.[197] Mit dieser Beschreibung von Kultur als ganzer »Lebensweise der Gesellschaft« nimmt Horkheimer durchaus schon die definitorischen Errungenschaften der britischen Cultural Studies der 1950er- und 60er-Jahre vorweg.

Die Frage, wie jene (spezifische) Kultur mit dieser (allgemeinen) Kultur zusammenhängt und zusammenwirkt, das war es, was den sogenannten westlichen Marxismus umtrieb. Die theoretische Schwerpunktverschiebung fand also nicht von der Frage »Wie funktioniert die politische Ökonomie?« zur Frage »Wie funktionieren der moderne Film, die moderne Literatur und Kunst?« statt. Als sozialtheoretisch relevant wurden vielmehr Fragen angesehen wie die, warum die ArbeiterInnen lieber ins Kino als auf die Straße gingen, warum also der Konsum nicht selbst produzierter, kultureller Güter reizvoller erschien als das Eintreten für die eigenen Rechte oder gar das Umstürzen der Verhältnisse. Und als analytisch wie politisch relevant wurde auch die Frage betrachtet, wie eine Kunst beschaffen sein müsste, die nicht verdummend, manipulativ und entfremdend – wie die ›Kulturindustrie‹, die sie umgibt –, sondern befreiend wirkt. Dem Kulturellen wird damit eine relative Autonomie zugesprochen, die Analyse und Politik gleichermaßen betrifft: Zum einen wird fortan davon ausgegangen, dass das Kulturelle zwar auf der Produktivkraftentwicklung basiert, durch diese allein aber nicht verstanden und erklärt werden kann. Und zum anderen bedarf es vor dem Hintergrund einer relativen Autonomie der Kultur oder des Kulturellen auch besonderer politischer Herangehensweisen für die Veränderung von Denk- und Wahrnehmungsweisen, d.h. diese ergeben sich nicht als automatischer Output ökonomischer Umwälzungen. Jürgen Habermas (*1929), der Hauptvertreter der ›zweiten Generation‹ der Kritischen Theorie, beschreibt die Kunst als autonomen gesellschaftlichen Bereich, der – neben Recht / Moral und Wissenschaft – nach einem »abstrakten

197 Max Horkheimer: »Autorität und Familie« [1936]. In: Ders.: *Gesammelte Schriften*, Band 3. Frankfurt am Main: Fischer Verlag 1988, S. 336-417, hier S. 350 und 341.

Geltungsaspekt«[198] bearbeitet wird, eben nach ästhetisch-expressiven und nicht moralisch-praktischen und kognitiv-instrumentellen. Jeder Geltungsbereich weist demnach seine Eigengesetzlichkeiten auf. Aus marxistisch-leninistischer Sicht konnte (und kann) diese Behauptung relativer Autonomie nur als Abkehr von dem Fokus auf die alles bestimmende Ökonomie und damit, in Michail Lifschitz' Worten, als Abkehr von den »Kernprobleme[n] der menschlichen Existenz«[199] erscheinen.

Aus den Reihen der Kritischen Theorie wurden verschiedene konkrete Ansprüche an die Kunst gestellt. Als paradigmatisch können einerseits Walter Benjamins Thesen aus seinem Aufsatz »Das Kunstwerk im Zeitalter seiner technischen Reproduzierbarkeit« (1936) und andererseits Theodor W. Adornos *Ästhetische Theorie* (1970) gelten. Aber auch Herbert Marcuse macht in seinem Hauptwerk *Der eindimensionale Mensch* (1964) einige Anmerkungen zur Kunst, die er in verschiedenen Reden und Aufsätzen später ausführt. Zu diesen Ausführungen gehört u.a. auch der Essay *Die Permanenz der Kunst. Wider eine bestimmte marxistische Ästhetik* (1977). Bei diesen Texten (abgesehen von *Der eindimensionale Mensch*) handelt es sich um Klassiker der Kunsttheorie, die hier weder in ihrer ganzen Tragweite geschweige denn hinsichtlich ihrer vielfältigen Rezeptionsweisen referiert werden können. Wie bei all den hier und im Folgenden besprochenen Texten und Positionen soll deren besonderer Beispielcharakter für eine bestimmte Haltung in einer konkreten Situation stehen.

Produktion und Rezeption von Kunst unterliegen historischen Bedingungen, die zu beschreiben und zu erläutern sich die Kritische Theorie u.a. zur Aufgabe gemacht hat. Die sozioökonomischen, politischen und technologischen Entwicklungen werden im Hinblick auf die Entwicklung der Kunst in Rechnung gestellt, wobei allerdings die These der Widerspiegelung jener Entwicklungen in der Kunst vermieden bzw. ausdifferenziert werden soll. Vor allem Adorno und Marcuse erheben starken Einspruch

---

198 Jürgen Habermas: »Die Moderne – ein unvollendetes Projekt.« [1980] In: Ders.: *Die Moderne – ein unvollendetes Projekt. Philosophisch-politische Aufsätze 1977–1990.* Leipzig: Reclam Verlag 1990, S. 32-54, hier S. 41.

199 Lifschitz 1967, a.a.O., S. 38.

gegen die Widerspiegelungstheorie und betonen die »Transformation der Realität«[200], die sich im Kunstwerk ereignet – und die infolgedessen auch in der Erfahrung mit Kunst ermöglicht werden kann. Statt dass also davon ausgegangen wird, dass Kunst im Wesentlichen die herrschenden Ideen als Ideen der Herrschenden widerspiegelt, drehen Adorno und Marcuse ihre Beschreibung von Kunst gewissermaßen normativ um: Durch die ästhetische Formung wird dem Realitätsprinzip widersprochen, eine neue und andere Realität zumindest angedeutet. Die Autonomie der Kunst, spitzt Marcuse zu, »enthält den kategorischen Imperativ: es muß anders werden.«[201] Das gilt letztlich für jede Kunst, zumindest für jede ernstzunehmende Kunst, die Marcuse etwas schwammig als das »authentische Kunstwerk«[202] bezeichnet. Während Marcuse hier sehr euphorisch klingt, merkt Adorno allerdings an, dass Kunst – wie Erkenntnis –, weil sie ihr Material und ihre Formen »von der Realität, und zwar der gesellschaftlichen, empfängt, um sie zu verwandeln, [...] dadurch verstrickt [ist] in ihre unversöhnlichen Widersprüche.«[203] Kunst kann zwar neue Realitäten evozieren, die sozialen Widersprüche, die in sie eingegangen sind, vermag sie aber nicht, zumindest nach Adorno nicht ohne Weiteres, zu lösen.

Während Marcuse einen zur Essenzialisierung neigenden Kunstbegriff vertritt, der Kunstwerke relativ unabhängig vom gesellschaftlichen Wandel als ›authentisch‹ zu fassen versucht, ist die Herangehensweise an Kunst bei Adorno und Benjamin viel stärker historisierend. Oder, mit dem gerade verwendeten Adorno-Zitat gesprochen, es wird immer gefragt, wie und inwiefern die unversöhnlichen Widersprüche des Sozialen auf die künstlerische Arbeit einwirken. Was Historisierung in Bezug auf das Kunstverständnis bedeutet, hat vor allem Walter Benjamin deutlich gemacht. Er denkt Kunst als geschichtlichem Wandel unterworfen. Eine technologische Neuerung steht ganz am Anfang von Benjamins grundle-

200 Marcuse 1977, a.a.O., S. 18.

201 Ebd., S. 23.

202 Ebd., S. 19.

203 Theodor W. Adorno: »Ist Kunst heiter?« [1967] In: Ders.: *Noten zur Literatur. Gesammelte Schriften II*. Frankfurt am Main: Suhrkamp Verlag 1997a, S. 599-606, hier S. 601.

genden Überlegungen: die Möglichkeit, künstlerische Arbeiten zu reproduzieren. Im Zeitalter der Reproduzierbarkeit – das Benjamin nicht erst mit dem Aufkommen von Fotografie und Film ansetzt, da aber spätestens – dient die künstlerische Arbeit nicht mehr dem für sich selbst stehenden Ritual (»Kultwert«), sondern ist durch und durch von den Bedingungen und Erwartungen der Rezeption geprägt (»Ausstellungswert«). Das Kunstwerk verliert mit seiner Einzigartigkeit das, was Benjamin die Aura nennt. Die »Autorität der Sache«[204] selbst gerate ins Wanken, das Reproduzierte löse – nicht nur bezogen auf Kunst, sondern auf kulturelle Produkte insgesamt – das Einzige ab und sich in Massenhaftigkeit auf. Mit der Loslösung vom kultischen Zweck erlosch für die Kunst, so Benjamin, »auf immer der Schein ihrer Autonomie«[205]. Der Selbstzweck der Kunst, ohnehin nur eine historisch sozial erzeugte Illusion, verschwindet demnach mit der Eingebundenheit der neuen technischen Produktions- und Rezeptionsmittel. Noch weniger als zuvor, bei der Malerei in der mittelalterlichen Kathedrale etwa, sei angesichts der Fotografie und des Films die Möglichkeit kollektiv selbstbestimmter Organisation der Rezeption gegeben. Der Film sprenge zwar die Dimensionen von Raum und Zeit der Wahrnehmung und lege Optisch-Unbewusstes frei, erzeuge aber neue Direktiven des Sehens. Diese seien im Vergleich zur Malerei im Film »noch präziser und gebieterischer [...], wo die Auffassung von jedem einzelnen Bild durch die Folge aller vorangegangenen vorgeschrieben erscheint.«[206] Laut Peter Bürger sind Walter Benjamin zwei wesentliche Einsichten zu verdanken: »[E]inmal die Erkenntnis, daß Kunstwerke nicht einfach von sich aus wirken, daß vielmehr ihre Wirkung entscheidend durch die Institution bestimmt ist, in der die Werke funktionieren; zum anderen die Erkenntnis, daß Rezeptionsweisen sozialgeschichtlich zu fundieren sind«[207]. Benjamin führt damit letztlich auch die bei Marx

204 Walter Benjamin: »Das Kunstwerk im Zeitalter seiner technischen Reproduzierbarkeit.« [1936] In: Ders.: *Das Kunstwerk im Zeitalter seiner technischen Reproduzierbarkeit. Drei Studien zur Kunstsoziologie*. Frankfurt am Main: Suhrkamp Verlag 1977c, S. 7-44, hier S. 13.

205 Ebd., S. 22.

206 Ebd., S. 21.

207 Peter Bürger: *Theorie der Avantgarde*. Frankfurt am Main: Suhrkamp Verlag 1974, S. 40. Zugleich kritisiert Bürger allerdings auch, Benjamin würde die

schon angelegte, soziologische Perspektive auf Kunstproduktion und Kunstrezeption fort.

Um die Veränderungen künstlerischer Produktion und ihre Auswirkungen und Effekte auf allgemeine Wahrnehmungsweisen (und umgekehrt) geht es auch in der *Dialektik der Aufklärung*, die Max Horkheimer und Theodor W. Adorno in den 1940er-Jahren verfassten. Das darin enthaltene Kapitel »Kulturindustrie. Aufklärung als Massenbetrug« ist zu einem Text geworden, der über Jahrzehnte hinweg die kunst- und kulturtheoretischen Debatten geprägt, wenn nicht – zumindest im deutschsprachigen Raum – dominiert hat. Bekanntlich wird darin der Kultur im Allgemeinen (und auch der Kunst im Speziellen) unter spätkapitalistischen Bedingungen ein in emanzipatorischer Hinsicht niederschmetterndes Zeugnis ausgestellt. Kultur wirke in ihrer Verquickung mit industrieller Fertigung im Wesentlichen entmündigend, manipulativ, Konformität erzeugend, Differenzen einebnend, passiv machend, imperialistisch.[208] Die Differenzen zwischen Volkskultur und ›Hochkultur‹ werden in (und von) der Kulturindustrie eingeebnet. Die Unterwerfung von den als gegenläufig konzipierten Elementen »Kunst und Zerstreuung«[209] unter den Zweck (ökonomischer Verwertung und Aufrechterhaltung der Herrschaft), mache schließlich die Totalität der Kulturindustrie aus. »Kulturindustrie«,

Periodisierungen der Geschichte einfach auf jene der Kunstgeschichte übertragen und die Eigenlogik dessen übersehen, was Bürger die »Institution Kunst« nennt: »Einmal darf die technische Entwicklung nicht als unabhängige Variable aufgefaßt werden, denn sie ist selber abhängig von der gesamtgesellschaftlichen Entwicklung; zum anderen darf man den entscheidenden Umbruch in der Entwicklung der Kunst in der bürgerlichen Gesellschaft nicht monokausal auf die Entwicklung technischer Reproduktionsverfahren zurückführen.« Bürger, ebd., S. 41.

208 Heinz Steinert hat sieben verschiedene inhaltliche Bereiche unterschieden, mit denen sich das Kapitel »Kulturindustrie. Aufklärung als Massenbetrug« beschäftigt: Die industrielle Produktion kultureller Waren, Neugestaltung der Freizeit, Amusement als Disziplin und Disziplinierung, Vereinnahmung und Glücksversprechen des Kapitalismus, Autoritarismus, Propaganda und Individualität sowie Kultur als Reklame, vgl. Heinz Steinert: *Kulturindustrie*. Münster: Westfälisches Dampfboot 1998.

209 Max Horkheimer / Theodor W. Adorno: *Dialektik der Aufklärung. Philosophische Fragmente* [1947]. Frankfurt am Main: Fischer Verlag 1990, S. 144.

betont Adorno auch noch Anfang der 1960er-Jahre, »ist willentliche Integration ihrer Abnehmer von oben. Sie zwingt auch die jahrtausendelang getrennten Bereiche hoher und niederer Kunst zusammen. Zu ihrer beider Schaden. Die hohe wird durch die Spekulation auf den Effekt um ihren Ernst gebracht; die niedrige durch ihre zivilisatorische Bändigung um das ungebärdig Widerstehende«[210].

Allerdings kann die permanente Auseinandersetzung mit Kultur- und Ideologiekritik zumindest als Indiz dafür gelesen werden, dass die »Kulturindustrie« in ihren Effekten selbst von Horkheimer und Adorno letztlich nicht dermaßen total verstanden worden war, wie ihre Schilderung in der *Dialektik der Aufklärung* oft ausgelegt wurde. Darin hatten sie die »Kulturindustrie« als das Aufeinandertreffen von fordistisch hergestellter Massenware auf ebenso fabrizierte und für den Konsum hergerichtete »Pseudoindividualität« beschrieben, in der allein die Beschaffenheit der kulturellen Produkte bereits das Entstehen kritischer Haltungen verhindert. Sollten sie aber dennoch aufkommen, werden sie gleich kassiert: »Was widersteht darf überleben nur, indem es sich eingliedert. Einmal in seiner Differenz zur Kulturindustrie registriert, gehört es schon dazu wie der Bodenreformer zum Kapitalismus.«[211]

Nicht zuletzt die Tatsache, dass Adorno sich später an die Ausarbeitung einer »Ästhetischen Theorie« gemacht hat, kann kaum anders interpretiert werden denn als Restglauben an die Möglichkeit gesellschaftlichen Wandels zum Emanzipatorischen hin.[212] Denn Adornos Ästhetische

210 Theodor W. Adorno: »Résumé über Kulturindustrie.« [1963] In: Ders.: *Ohne Leitbild. Parva Aesthetica*. Frankfurt am Main: Suhrkamp Verlag 1970a, S. 60-70, hier S. 60.

211 Horkheimer/Adorno 1990, a.a.O., S. 140.

212 Diese Verschiebung der inhaltlichen Ausrichtung lässt sich auch am Umgang mit ganz konkreten Begrifflichkeiten festmachen: So stellt etwa Ruth Sonderegger am Beispiel des Mimesis-Begriffes fest, Adorno habe im Rahmen der *Dialektik der Aufklärung* auf den »Aspekt des Sich-gleich-Machens und passiven Sich-Überlassens« abgehoben. In der *Ästhetischen Theorie* hingegen steht Mimesis »für eine Öffnung auf das hin, was jede Aneignung, ja jede Kalkulation übersteigt« (ebd.) – was also gerade der instrumentell gewordenen Vernunft entkommt (und auch entkommen kann), vgl. Ruth Sonderegger: »Ästhetische Theorie.« In: Richard Klein/Johann Kreutzer/Stefan Müller-Doohm (Hg.): *Adorno-Handbuch. Leben – Werk – Wirkung*. Stuttgart/Weimar: Metzler 2011, S. 414-427, hier S. 417.

Theorie ist, wie Ines Kleesattel betont, kein Rückzug von kritischer Gesellschaftstheorie, sondern vielmehr »von Anfang an zutiefst *gesellschaftskritisch begründet.*«[213] Auch wenn revolutionärer Wandel nicht (oder kaum) als durch Kunstwerke auslösbar betrachtet wird, findet in ihnen laut Adorno doch immer auch eine Negation der bestehenden Realität statt. Kunstwerke enthielten stets Imagination als Flucht wie auch als »Arbeit an einem Widerstehenden«[214]. Nicht zuletzt deshalb ist auch (analytisch wie politisch) an Kunst festzuhalten: Adorno wendet sich gegen den avantgardistischen Gedanken der Abschaffung der Kunst und nennt ihn ein totalitäres Verdikt.[215] Kunst enthalte sinnliche und geistige Erkenntnispotenziale, deren Bedeutung weder soziologisch noch psychologisch, sondern vor allem mittels Ästhetik erfasst werden könnten: »Ästhetik heißt soviel wie den Bedingungen und Vermittlungen der Objektivität von Kunst nachgehen.«[216] In seinen Vorlesungen zur Ästhetik (1958/59) geht es u.a. um diese Objektivität des Kunstwerks, die entstehe, indem sie sich dem Künstler/der Künstlerin als »ein Selbständiges und in sich Organisiertes entgegensetzt.«[217] Kunst in diesem Sinne ist also weder Kommunikationsmittel noch bloß objektivierter Ausdruck des Künstlers/der Künstlerin. Erkenntnis generiert die Kunst, schreibt Adorno in einem Text über die Verarbeitung gesellschaftlicher Widersprüche bei Balzac, nicht durch das Borgen wissenschaftlicher Thesen, sondern da, »wo sie ohne Vorbehalt der Arbeit an ihrem Material sich anvertraut.«[218]

Kunst pendelt für Adorno stets zwischen Wahrheit und Ideologie und ihre Betrachtung changiert dementsprechend notgedrungen zwischen einer Ästhetik der Wahrheit und einer theoretischen Position, die, wie Britta Scholze schreibt, »diese Wahrheitsästhetik für einen philosophi-

---

213 Ines Kleesattel: *Politische Kunst-Kritik. Zwischen Rancière und Adorno.* Wien/Berlin: Turia + Kant 2016, S. 147.

214 Adorno 1973, a.a.O., S. 21.

215 Vgl. Adorno 1973, a.a.O., S. 373.

216 Adorno 1973, a.a.O., S. 397.

217 Theodor W. Adorno: *Ästhetik (1958/59).* Frankfurt am Main: Suhrkamp Verlag 2009, S. 23.

218 Theodor W. Adorno: »Balzac-Lektüre.« In: Ders.: *Noten zur Literatur. Gesammelte Schriften II,* Frankfurt am Main: Suhrkamp Verlag 1997b, S. 139-157, hier S. 149.

schen Mythos und eine Suggestion hält«[219]. Dass sie eine Eigenlogik besitzen, bedeutet für Adorno aber nicht, dass künstlerische Arbeiten undurchdringlich sind. Er betont sogar, dass sie gerade wegen ihres »Rätselcharakter[s]«[220] eben »des Kommentars und der Kritik«[221] bedürfen. Nicht zuletzt deshalb ist Adorno soziologischen Modellen der Kunstbetrachtung auch keineswegs grundsätzlich abgeneigt, auch und gerade wenn es um die Frage der Effekte von Kunst geht. »Der soziale Gehalt von Kunstwerken«, schreibt Adorno in seinen »Thesen zur Kunstsoziologie« gegen die Vorstellung eines stets affirmativen Kunsterlebnisses, »liegt zuweilen [...] gerade im *Protest* gegen soziale Rezeption«[222]. Die Beschäftigung mit Kunst dürfe aber nicht auf Effekt und Wirkung eingeschränkt werden (was er der Kunstsoziologie Alphons Silbermanns und dessen Begriff vom »Kunsterlebnis« nachsagt).

II.

Eine der entscheidenden, praxisrelevanten Fragen war stets, wie die »relative Eigengesetzlichkeit«[223] (Horkheimer) der Kunstproduktion und -rezeption mit außerkünstlerischen, sozialen Kämpfen und Entwicklungen zu vermitteln ist. Sowohl die Kulturindustrie-These als auch die Diagnose der »eindimensionalen Gesellschaft« beschreiben zumindest in der Tendenz totalisierende Prozesse: Es gibt kaum ein Außerhalb, weder für die Kunst gegenüber den Produkten der Kulturindustrie, noch für die Menschen, die ihrem permanenten und allumfassenden Einfluss ausgesetzt sind. Im Wesentlichen besteht die Funktion von kulturellen Produkten im engeren Sinne (Kunstwerke, Musikstücke, Filme, etc.) demnach darin, die Menschen – und zwar unabhängig ihrer sozialstrukturellen, geschlechtlichen oder ethnisierten Zugehörigkeiten – zu ent-individualisieren und zu entmündigen. »Gerade durch ihre erbauliche Unverbindlichkeit«,

219 Britta Scholze: *Kunst als Kritik. Adornos Weg aus der Dialektik*. Würzburg: Königshausen & Neumann 2000, S. 52.

220 Adorno 2009, a.a.O., S. 34.

221 Ebd., S. 35.

222 Theodor W. Adorno: »Thesen zur Kunstsoziologie.« In: Ders.: *Ohne Leitbild. Parva Aesthetica*. Frankfurt am Main: Suhrkamp Verlag 1970b, S. 94-103.

223 Horkheimer 1988, a.a.O., S. 348.

schreibt Adorno 1967 in einem Text zur Frage »Ist die Kunst heiter?«, »wird die Kunst dem bürgerlichen Leben als dessen ihm widersprechende Ergänzung eingefügt und unterworfen. Schon ist die Freizeitgestaltung abzusehen, die einmal daraus wird.«[224] Abzusehen ist demnach auch, dass die bürgerliche Trennung von (entfremdeter) Arbeit und Freizeit nicht angetastet, sondern eher ausgeschmückt wird, um schließlich erstere erträglicher zu machen. Der Stellenwert der Kunst wird damit als sehr groß angenommen. Die Moderne als Gesellschaftsformation wird, wie Habermas Adornos Position beschreibt, »mit den Augen Baudelaires und der avantgardistischen Kunst«[225] gesehen. Moderne (als Gesellschaftsformation) und Modernismus (in der Kunst) lassen sich demnach nicht trennen, weil ohne die subjektive Gesinnung einer Orientierung am Neuen sich auch keine objektive Neuerung herauskristallisieren würde. Kunst ist zugleich Ergänzung und Motor des bürgerlichen Lebens, weil in ihr das Neue konzipiert wird, das Gesellschaft als ganze erneuert. Die Zuschreibung eines hohen Stellenwertes wird allerdings relativiert. Denn in Zeiten ihrer kulturindustriellen Vereinnahmung taugt Kunst immer weniger für – zumindest emanzipatorische – Neuerungen, sie ist eben »eingefügt und unterworfen«. Sie kann die Wucht der kulturindustriellen Vergesellschaftung kaum abfedern, geschweige denn durchbrechen. Dennoch gibt auch Adorno die Kunst nicht völlig auf, wenn es ihm um die Emanzipation geht. Die prinzipielle Gemeinsamkeit des Kunstwerks mit der Zauberei, »einen eigenen, in sich abgeschlossenen Bereich zu setzen, der dem Zusammenhang profanen Daseins entrückt ist«[226], scheint für Adorno, obwohl immer wieder »Ausdruck der Totalität«[227] von Kulturindustrie, einen Restbestand an Hoffnung zu bewahren. Als einen der Einwände gegen das leninistische Theorem der Widerspiegelung formuliert Adorno in *Negative Dialektik* schließlich: »Deren angebliche Suprematie geht auf Kosten des subjektiv-kritischen Moments.«[228]

224 Adorno 1997a, a.a.O., S. 599.

225 Habermas 1990, a.a.O., S.33.

226 Horkheimer / Adorno 1990, a.a.O., S. 25.

227 Ebd.

228 Theodor W. Adorno: *Negative Dialektik*. Frankfurt am Main: Suhrkamp Verlag 1997c, 9. Aufl., S. 206.

Für Marcuse ist in Kunst mehr als in anderen Praktiken das Potenzial einer »Negation des Bestehenden«[229] enthalten. In der Kunst werden Wahrheiten formuliert, indem Gegenstände in Form gebracht werden – und so wie die neue Form zuvor nicht bestand, so hat auch die in der und durch Kunst formulierte Wahrheit vorher nicht existiert. »Die ›abwesenden Dinge‹ nennen, heißt den Bann der seienden Dinge brechen«[230], schreibt er in *Der eindimensionale Mensch*. Marcuse nennt dies die »kognitive Fähigkeit«[231] der Kunst. Er denkt Kunstpraxis in psychoanalytischen Begriffen als Sublimierung. Die Kunst nehme in der eindimensionalen, durch Repression gekennzeichneten Gesellschaft durch das Aufzeigen des Nicht-Vorhandenen wie von selbst »eine politische Position ein: eine des Protests, der Verweigerung, der Leugnung.«[232] Diese Angabe scheint für alle Kunst, zumindest für »authentische Kunst« zu gelten – und lässt dementsprechend offen, ob es besondere, dem Protest und der Verweigerung zuträgliche Formen oder Situationen von Kunst gibt und wenn ja, welche und welche nicht.

Marcuse dämpft allerdings an vielen Stellen auch allzu große Hoffnungen in die Kunst. Der Widerspruch, den Kunstwerke einst formuliert hätten, werde unter den Bedingungen des Spätkapitalismus nicht selten und systematisch eingeebnet. »Es ist gut«, schreibt Marcuse, »daß heute fast jeder die schönen Künste in den Fingerspitzen haben kann, indem er einfach an einem Knopf seines Radios dreht oder ins nächste Kaufhaus geht. Bei dieser Verbreitung werden sie jedoch zu Zahnrädern einer Kulturmaschine, die ihren Inhalt ummodelt.«[233] Die massenhafte Zugänglichkeit von künstlerischen Arbeiten wird in ihren Effekten also durchaus ambivalent eingeschätzt. Dennoch hält Marcuse an einer hoffnungsvollen Position fest: Kunst könne zwar »den Aufbau einer neuen Gesellschaft

229 Marcuse 2000a, a.a.O., S. 76.

230 Herbert Marcuse: *Der eindimensionale Mensch. Studien zur Ideologie der fortgeschrittenen Industriegesellschaft*. [1967] Berlin: Luchterhand 1970, S. 87.

231 Marcuse 2000a, a.a.O., S. 77.

232 Ebd., S. 75.

233 Marcuse 1970, S. 85.

anleiten«[234], allerdings erst dann, wenn ökonomischer und politischer Wandel sich bereits vollzogen haben oder im Gange sind.

Marcuse spricht sich deutlich gegen eine explizite Politisierung der Kunst aus. »Jeder Versuch«, schreibt er, »ästhetische Kategorien im Hinblick auf ihre gesellschaftliche Anwendbarkeit, auf die Konstruktion der gesellschaftlichen Umwelt zu erklären, endet unweigerlich im Lug und Trug von Verschwörungskampagnen oder im Schrecken des sozialistischen Realismus.«[235] Er wiederholt seine Warnung vor der Politisierung der Kunst noch einmal in einem Briefwechsel mit den Chicago Surrealists, einer Gruppe von kunstpolitischen AktivistInnen Anfang der 1970er-Jahre. Darin besteht er einerseits auf der Autonomie der Kunst und macht andererseits unmissverständlich deutlich, wo die Prioritäten in der Ausrichtung des politischen Kampfes liegen sollten: »Es sollte klar sein, daß die historische Verbindung zwischen Kunst und sozialem Privileg nicht durch die Manipulation der Kunst, ihrer Objekte und ihrer Rezipienten, sondern nur durch die Abschaffung der herkömmlichen gesellschaftlichen Arbeitsteilung aufgebrochen werden kann.«[236] Diese Position gegen die inhaltlich-politische Ausrichtung von Kunst ist einerseits also begründet in der Notwendigkeit der Aufhebung der kapitalistischen Arbeitsteilung. Andererseits liegen die Gründe für die Ablehnung inhaltlich-politischer Kunst aber auch auf einer anderen Ebene: Der ›Schrecken des sozialistischen Realismus‹, das muss vielleicht noch einmal betont werden, ist sowohl ein ästhetischer, der sich in der Verflachung und Standardisierung von Formsprachen äußert, als auch ein realpolitischer, der in der Verfolgung und Ermordung von KünstlerInnen zum Ausdruck kam, die vom (sowjetischen) Diktat des Realismus abwichen und denen (massenfeindlicher, individualistischer, dekadenter) Formalismus nachgesagt wurde. Diese normative Aufladung des Widerspiegelungstheorems, die letztlich dazu führte, dass Urteile über Kunst (›Formalismus‹) zu Urteilen über Menschen wurden, sollte unbedingt vermieden bzw. überwunden werden.

234 Marcuse 2000a, a.a.O., S. 79.

235 Ebd., S. 79.

236 Herbert Marcuse: »Zur Kritik an der Politisierung der Kunst. Briefe an die Gruppe der ›Chicago Surrealists‹.« In: Ders.: *Kunst und Befreiung*. Nachgelassene Schriften 2. Herausgegeben von Gerhard Schweppenhäuser. Zu Klampen 2000b, S. 109-128, hier S. 128.

Auch Adorno lehnt klare politische Inhalte in der Kunst ab, auch hinsichtlich ihrer Interpretationen. Adorno wendet sich dagegen, Kunst nach ihren Praxiseffekten zu beurteilen – er kritisiert genau dies bei Georg Lukács als »Praktizismus«[237]. Stattdessen plädiert er dafür, sie nicht nach den Effekten auf das rezipierende Subjekt zu bewerten, sondern die »Sache selbst zu der maßgebenden Instanz«[238] zu machen – was auch immer das für zeitgenössische Kunst nach Marcel Duchamp noch bedeuten könnte, in der jeder beliebige Alltagsgegenstand als künstlerische Arbeit fungieren kann. Der für die Avantgarden kennzeichnende »Angriff auf die Institution Kunst«[239], der die bestimmende Rolle dieses institutionellen Kontextes »für die Wirkung des Einzelwerkes erst erkennbar gemacht hat«[240], wird hier jedenfalls nicht reflektiert – wie Peter Bürger schon 1974 an Adorno (und auch an Lukács) kritisiert hat.

Nach Adorno sind es die Kunstwerke selbst, die, obwohl die Realität in sie eingegangen ist, das Realitätsprinzip negieren. Ihre prinzipielle Zweckfreiheit schützt sie letztlich auch vor Vereinnahmungen durch die instrumentelle Vernunft. Das Kunstwerk ist gewissermaßen ein Ort oder Gegenstand des Nicht-Identischen. Bereits jede Form impliziere politische Inhalte, von deren Diktat sie sich aber gleichzeitig befreit hat. »In der Befreiung der Form, wie alle genuin neue Kunst sie will, verschlüsselt sich vor allem anderen die Befreiung der Gesellschaft, denn Form, der ästhetische Zusammenhang alles Einzelnen, vertritt im Kunstwerk das soziale Verhältnis«[241]. Adorno wendet sich gegen künstlerische Arbeit, »die gesellschaftlich eindeutig, diskursiv urteilen«[242] und dadurch schließlich die Kunst selbst negieren würde. Zugleich spricht er sich aber gegen Kunstwerke aus, die das »Verdikt des gesellschaftlich Gleichgültigen« verkörpern.[243] In Bezug auf die Kunstproduktion wendet sich Adorno also sowohl gegen die propagandistische als auch gegen diejenige künstlerische

237 Adorno 2009, a.a.O., S. 317.

238 Ebd.

239 Bürger 1974, a.a.O., S. 121.

240 Ebd.

241 Adorno 1973, a.a.O., S. 379.

242 Ebd.

243 Ebd., S. 368.

Arbeit, die behauptet (bzw. von der behauptet wird), bloß für sich selbst stehen zu können. Und für die Kunstrezeption tritt er ebenfalls für eine differenzierte Einschätzung ein. In seinen »Thesen zur Kunstsoziologie« grenzt Adorno sich von rein empirischer Forschung und vom Begriff des Kunsterlebnisses (Alphons Silbermann) ab, betont aber zugleich, nicht gegen jede Empirie zu sein. Effekte und Wirkungen von Kunst, schreibt Adorno, hängen »von zahllosen Mechanismen der Verbreitung, der sozialen Kontrolle und Autorität, schließlich der gesellschaftlichen Struktur ab, innerhalb deren Wirkungszusammenhänge sich konstatieren lassen; auch vom gesellschaftlich bedingten Bewußtseins- oder Unbewußtseinszustand derer, auf welche die Wirkung ausgeübt wird.«[244] Die Frage nach den konkreten Wirkungszusammenhängen bewahrt vor verallgemeinernden Aussagen über ›die Kunst‹ und ›das Publikum‹.

Walter Benjamin plädiert angesichts der faschistischen Ästhetisierung der Politik am Ende seines Kunstwerk-Aufsatzes durchaus für eine »*Politisierung der Ästhetik*«[245] – ohne die Bedeutung dieses Plädoyers allerdings weiter auszuführen. Sie wird vor allem der Ästhetisierung der Politik entgegengesetzt, in der Benjamin ein zentrales Charakteristikum des Faschismus ausmacht. Es kann nur darüber spekuliert werden, inwieweit diese Forderung der Politisierung sich in der Vorstellung Benjamins erstens auf die konkrete Gestaltung künstlerischer Arbeiten auswirken sollte. Und zweitens ist die Antwort auf die Frage ebenfalls eher spekulativ (weil sie von ihm selbst nicht mehr ausgearbeitet wurde), inwiefern diese Politisierungsforderung eine Konsequenz aus Benjamins analytischer Position ist. Anders gefragt: Ist die Politisierung der Ästhetik auch deshalb notwendig, weil das Kunstwerk die Aura verloren hat? Oder doch nur aus kunstexternen Gründen, weil also der Faschismus die Ästhetisierung der Politik betrieben hat?

Was sich aber aus Benjamins Positionierung herauslesen lässt, ist, in einer starken Interpretation, eine grundlegende Verschiebung innerhalb des linken Kunst-Diskurses: Benjamin bezieht schließlich die veränderten allgemeinen Produktionsbedingungen auf die einzelne künstlerische

244 Adorno 1970b, a.a.O., S. 94.

245 Benjamin 1977c, S. 44.

Arbeit und stellt das institutionelle Gefüge für deren Bedeutung in Rechnung. Er geht dabei sogar soweit, das Erlöschen der Autonomie zu behaupten. Diese Unmöglichkeit der Autonomie des Kunstwerks ist ja letztlich unter anderem auch ein Effekt der ›Institution Kunst‹ (unter den Bedingungen spätkapitalistischer Arbeitsteilung), dessen Beachtung Peter Bürger gegenüber Adorno eingeklagt hat. Demgegenüber hält Adorno (und letztlich auch Marcuse) an dieser Autonomie fest und spricht gerade ihr auch das emanzipatorische Potenzial zu. Die Verschiebung ist insofern eine Spaltung: in marxistisch inspirierte Kunstsoziologie auf der einen Seite, die die institutionellen Bedingungen als wesentlich für Bedeutung und Effekte künstlerischer Arbeiten einschätzt, und marxistische Ästhetik auf der anderen Seite, die dies programmatisch nicht tut, sondern sich auf das Material und die ihm gegebene Form konzentriert.[246] Mit der Kritischen Theorie finden also zwei wesentliche Brüche innerhalb der linken Beschäftigung mit Kunst statt: Der eine macht die Kritische Theorie selbst aus und besteht in der Ablehnung des Widerspiegelungstheorems. Der zweite Bruch zieht sich durch die Kritische Theorie selbst und ist jener zwischen marxistischer Ästhetik auf der einen und materialistischer Kunstsoziologie auf der anderen Seite.

III.

Die Kunst dient in den Auffassungen der Kritischen Theorie – trotz all ihrer integrativen, affirmativen Effekte – niemals einfach der herrschenden Klasse oder gibt bloß deren Ansichten wieder. Es existiert stets eine »Ungewißheit über das ästhetische Wozu«[247], wie es in *Ästhetische Theorie* so schön heißt. Dieses ›Wozu‹ ist analytisch schließlich immer wieder neu zu bestimmen.

In seinem Vortrag »Die Kunst und die Künste« (1967) spricht Adorno von Materialien, die dem Subjekt gegenüberstehen, und zugleich von subjektiven Verfahrensweisen, die sich gleichermaßen vom Material wie vom Subjekt herleiten – produktiv werde dieser Gegensatz dort,

246 So gesehen ist es auch nur konsequent, dass Hermann Schweppenhäuser und Rolf Tiedemann Benjamins Kunstwerk-Aufsatz mit zwei weiteren Texten als »Drei Studien zur Kunstsoziologie« herausgegeben haben, vgl. Benjamnin 1977c.

247 Adorno 1973, a.a.O., S. 10.

wo das Kunstwerk ihn »immanent austrägt«[248], nur so entstehe sein »Wahrheitsgehalt«[249]. Sein Entstehen, das zweifellos emanzipatorisches Potenzial beinhaltet, wird also für möglich gehalten. Walter Benjamin weist allerdings darauf hin, dass das Betrachten künstlerischer Arbeit und Kontemplation allein nicht ausreichen werden, um neue Wahrnehmungsformen zu ermöglichen. Die Aufgaben, die der Wahrnehmungsapparat »in geschichtlichen Wendezeiten« zu bewältigen hätte, würden »*allmählich nach Anleitung der taktilen Rezeption, der Gewöhnung, bewältigt.*«[250] Benjamin stellt also nicht nur die Material-Form-Beziehung analytisch wie politisch als unzureichend dar und löst sie ab durch den Blick auf die Kunst als Institution. Er hält auch aufseiten der Rezeption die Konzentration auf die kognitive Ebene der Erfahrung für zu kurz greifend und fügt der Ebene des Bewußtseins eine körperliche, habituelle Ebene hinzu. Diese muss sowohl analytisch zum Verständnis als auch politisch für Veränderungen adressiert werden. Diese Ebene der Körperlichkeit wird dann vor allem in der materialistischen Praxistheorie betont. Ohne die emanzipatorische Aufhebung der gesellschaftlichen Arbeitsteilung allerdings bleiben alle Manöver innerhalb der Kunst – von der Sublimierung und der Verfremdung über die Repräsentation nicht verwirklichter sozialer Verhältnisse – immer vergeblich.[251] Mit Horkheimer und Adorno gesprochen: »Die Arbeitsteilung, zu der sich die Herrschaft gesellschaftlich entfaltet, dient dem herrschenden Ganzen zur Selbsterhaltung.«[252]

248 Theodor W. Adorno: »Die Kunst und die Künste« [1967] In: Ders.: *Ohne Leitbild. Parva Aesthetica*. Frankfurt am Main: Suhrkamp Verlag 1970c, S. 168-192, hier S. 177.

249 Ebd.

250 Benjamin 1977c, a.a.O., S. 41.

251 Stefan Ripplinger hat die Konsequenz dieses Gedankens zuletzt vielleicht am konsequentesten ausbuchstabiert: »Wir erkennen im vergeblichen Vorhaben der Kunst auch unser Leben als ein Vorhaben von etwas, das sich nicht auf der Haben-Seite verbuchen lässt. Vergeblichkeit ist das Misslingen der Kunst und unseres Lebens, ökonomisch betrachtet.« Stefan Ripplinger: *Vergebliche Kunst*. Berlin: Matthes & Seitz 2016, S. 17.

252 Horkheimer / Adorno 1990, a.a.O., S. 28.

Kunst kann zumindest implizit die Negation des Bestehenden formulieren oder zu veranschaulichen helfen. Ein Beispiel dafür ist vielleicht Benjamins berühmte Interpretation eines Gemäldes von Paul Klee: »Es gibt ein Bild von Klee, das Angelus Novus heißt. Ein Engel ist darauf dargestellt, der aussieht, als wäre er im Begriff, sich von etwas zu entfernen, worauf er starrt. Seine Augen sind aufgerissen, sein Mund steht offen und seine Flügel sind ausgespannt. Der Engel der Geschichte muß so aussehen. Er hat das Antlitz der Vergangenheit zugewendet. Wo eine Kette von Begebenheiten vor *uns* erscheint, da sieht *er* eine einzige Katastrophe, die unablässig Trümmer auf Trümmer häuft und sie ihm vor die Füße schleudert. Er möchte wohl verweilen, die Toten wecken und das Zerschlagene zusammenfügen. Aber ein Sturm weht vom Paradiese her, der sich in seinen Flügeln verfangen hat und so stark ist, daß der Engel sie nicht mehr schließen kann. Dieser Sturm treibt ihn unaufhaltsam in die Zukunft, der er den Rücken kehrt, während der Trümmerhaufen vor ihm zum Himmel wächst. Das, was wir den Fortschritt nennen, ist *dieser* Sturm.«[253] Benjamin nimmt hier also das Bild Klees paradigmatisch zuhilfe, um seinen Skeptizismus hinsichtlich des Fortschrittsparadigmas in der Linken zu veranschaulichen. Auch in seiner Begeisterung für den Surrealismus kommt Benjamins Ansicht zum Ausdruck, dass die Kunst die Zweifel an Fortschritt und Vernunft zum Ausdruck bringen und durch die Integration von Traum und Rausch auch utopische Momente der Befreiung formulieren kann.[254]

253 Walter Benjamin: »Über den Begriff der Geschichte.« In: Ders.: *Gesammelte Schriften*. Bd. II/1, herausgegeben von Rolf Tiedemann und Hermann Schweppenhäuser. Frankfurt am Main: Suhrkamp Verlag 1977b, S. 691-704, hier S. 697 f.

254 Enzo Traverso weist darauf hin, dass Benjamin bei allem Lob des Surrealismus auch dessen Mangel an Methode und Disziplin für revolutionäre Umwälzung kritisiert. Adorno hebt diesen Mangel besonders hervor, der ihn schließlich dazu bringt, den Surrealismus strikt negativ zu werten und ihn, wie Traverso ebenfalls betont, wegen seiner Ohnmacht »gegenüber der allgemeinen Verdinglichung« abzulenen, Enzo Traverso: »Adorno und Benjamin. Ein Briefwechsel, als es Mitternacht schlug im letzten Jahrhundert.« In: Ders.: *Linke Melancholie. Über die Stärke einer verborgenen Tradition*. Münster: Unrast Verlag 2019, S. 207-242, hier S. 233.

Kunst kann als bearbeitetes Material und / oder Praxis auch in anderer Hinsicht noch die Negation des Bestehenden beinhalten, kann Widerständiges in der Form beherbergen. Form ist aber nicht zwingend dessen Ort. Gerhard Schweppenhäuser versucht, der Konzentration auf Material und Form zu entgehen, indem er die Potenziale, die Adorno und Marcuse der Form nachsagen, dem ästhetischen Prozess als Ganzem zuschreibt. Das Widerständige kann sich demnach auch ohne Objekt in der Praxis ablagern. Mit dieser These diskutiert Schweppenhäuser mit Marcuses Ansatz die Arbeiten von Marcel Duchamp. »[D]urch Duchamps Impuls«, schreibt Schweppenhäuer, »ist eher widerlegt als bestätigt worden, dass die Auflösung der Form des Kunstwerks notwendigerweise zur Auflösung des Kritikpotenzials von Kunst führt. Verfremdung kann auch eine Form ästhetischer Praxis sein, die bei der Formgestalt des Werkes nicht halt macht.«[255] Allerdings bleibt hier offen, wie die ästhetische Praxis des Kunstmachens mit anderen kulturellen Praktiken in Beziehung steht. Anders gesagt, die Frage bleibt offen und undiskutiert, wieso nur das Pissoir im Museum und nicht das Pissoir in der Bahnhoftoilette ein Kritikpotenzial beinhaltet und / oder hervorruft. Die Frage stellt sich ja, warum einem Gegenstand, wie den von Duchamps ins Museum gestellten, anderes zugetraut wird im Hinblick auf Wahrheit und Schein, Wahrnehmungs- und Denkweisen als Alltagsgegenständen, die sich formal von jenen nicht unterscheiden. (Die Frage stellt sich zumal dann, wenn der Prozess dieser Inwertsetzung des Gegenstandes geprägt ist von hierarchischen Institutionen wie dem Museum.) Die Vermittlung zwischen Kunstpraxis und allen anderen kulturellen Praktiken bleibt nach wie vor – oder immer wieder – (auch im Rahmen der Kritischen Theorie) zu leisten.

Um solche Vermittlung geht es Habermas, der schließlich auch nicht mehr auf die Negation setzt. Am Beispiel der von Peter Weiss beschriebenen Arbeiter, die sich die Werke der Hochkultur aneignen und dabei ganze ›eigene‹ Bewertungsmaßstäbe entwickeln, plädiert er für eine »*Aneig-*

255 Gerhard Schweppenhäuser: »Cézanne auf dem Klosett. Herbert Marcuses Ästhetik zwischen Kunst und Alltagskultur.« In: Ders.: *Bildstörung und Reflexion. Studien zur kritischen Theorie der visuellen Kultur*. Würzburg: Königshausen & Neumann 2013, S. 115-131, hier S. 131.

nung der Expertenkultur aus dem Blickwinkel der Lebenswelt«[256]. Die immer spezifischer werdende Beurteilung und Bewertung von Kunst wird von Habermas als prinzipiell anschlussfähig an Alltagsdiskurse gesehen. Die Hürden, die es für die Aneignung der hochkodierten kulturellen Güter der Kunstsphäre zu überwinden gilt, werden offenbar als relativ niedrig eingeschätzt. Zugleich werden die Möglichkeiten, Kunst nach anderen Kriterien zu rezipieren als jenen, die die Hochkultur normiert hat, relativ unkompliziert für möglich gehalten. Die Vermittlung zwischen den durch die kapitalistische / moderne Arbeitsteilung entstandenen und geschichtlich gewachsenen gesellschaftlichen Teilbereichen erscheint bei Habermas also – hier durchaus der Haltung der Anarchisten Mühsam und Read sehr ähnlich – als erstaunlich problemlos. Habermas formuliert damit auch eine sehr optimistische Hoffnung auf die Möglichkeit dieser Vermittlung. Etwas weniger optimistisch ist da etwa der Kunstkritiker Benjamin H.D. Buchloh, der ebenfalls im Rahmen der Kritischen Theorie argumentiert. Buchloh konstatiert in einem Gespräch zur Situation der Kunsttheorie 1987 Bemerkenswertes: Bei allen Unterschieden in den konkreten Positionen vereine ihn mit Michael Fried und Rosalind Krauss, mit denen er zu der Debatte eingeladen war, dass sie sich in ihrer Beschäftigung mit Kunst, von wenigen Ausnahmen abgesehen, einerseits alle in der Bestätigung von »male white supremacy«[257] übten und andererseits mit individuellen Werken und AutorInnen beschäftigt seien. Das komme einer fast vollständigen Hingabe an die Hochkultur gleich (»devotion to high culture«). »In any case, we have consistently and almost completely avoided any critical involvement with the dark underside of modernism, the mass-culture and ideological apparatus.«[258] Buchloh selbst kann dem diagnostizierten Fehler theoretisch allerdings auch nicht beikommen. In der Sammlung seiner monografischen Aufsätze aus rund dreißig Jahren bespricht er ausschließlich anerkannte Kunst – einer von 19 Texten ist einer bekannten Künstlerin gewidmet, die anderen 18 handeln von Künst-

256 Habermas 1990, a.a.O., S. 51.

257 Benjamin H.D. Buchloh: »Periodizing Critics.« In: Hal Foster (Hg.): *Discussions in Contemporary Culture*. Number One. Seattle: Bay Press 1987, S. 65-70, hier S. 66.

258 Ebd.

lern. In der Einleitung konstatiert er einerseits eine Nachkriegssituation, »when culture industry and spectacle massively invade the once relatively autonomous spaces, institutions, and practices of avant-garde-culture and begin to control them.«[259] Gleich darauf betont er andererseits, dass er als Autor »continues to see a dialectic in which the mutually exclusive forces of artistic production and of the culture industry as its utmost opposite can still be traced in their perpetual interactions.«[260] Kulturindustrie und Kunstproduktion stehen sich hier als antagonistische Gegensätze gegenüber, wobei die eine die andere mehr und mehr kontrolliert, zugleich aber gibt es einen ständigen Austausch zwischen ihnen. Nicht nur, dass dies eine in sich tendenziell widersprüchliche Beschreibung ist, weil zunehmende Kontrolle einerseits und Austausch andererseits eher gegenläufige Interaktionen sind (auch wenn Kontrolle und Dialog sich selbstverständlich auch abwechseln und durchdringen können). Die Beschreibung Buchlohs geht darüber hinaus von zwei Entitäten aus, die sich nicht nur gegenseitig, sondern auch andere Aspekte und Dimensionen kultureller Produktion tendenziell ausschließen.

Bei Buchloh werden damit auch der analytische Bezug und die (potenziell) politische Nähe der Kunst zu emanzipatorischen sozialen Bewegungen abgebrochen, die es zumindest bei Herbert Marcuse ja durchaus gab. Die Distanz zur zeitgenössischen ArbeiterInnenbewegung war keineswegs gleichbedeutend mit einer Distanzierung von sozialen Bewegungen und Protesten überhaupt: »Als ich an den Demonstrationen gegen den Vietnamkrieg teilnahm«, schreibt Marcuse Ende der 1960er-Jahre, »als die Lieder von Bob Dylan gesungen wurden, hatte ich das begrifflich schwer zu bestimmende Gefühl, daß dies die einzig revolutionäre Sprache ist, die uns heute noch bleibt.«[261] Marcuse versucht hier also durchaus, auf die Popkultur zu beziehen, was vorher vor allem der Kunst zugeschrieben wurde. Und er stellt die Verbindung zu sozialen Bewegungen her, ohne dass hier ein funktionalistisches Verhältnis zwischen kultureller Produk-

259 Benjamin H.D. Buchloh: *Neo-Avantgarde and Culture Industry. Essays on European and American Art from 1955 to 1975*. Massachusetts: MIT Press 2000, S. xxii.

260 Ebd., S. xxiii.

261 Marcuse 2000a, a.a.O., S. 72.

tion, also Dylan-Songs, und politischer Forderung nahegelegt würde. Schließlich gelangt man mit der Massenkultur und den ideologischen Apparaten, und der von Buchloh erneuerten Frage ihrer Funktionsweisen und Bedeutungsebenen, gewissermaßen immer wieder zu den Ausgangsfragen der Kritischen Theorie.

05. »mit der praktischen Strömung zur Negation vereinigt«
Kunst und die situationistische Theorie

I.

»Die Probleme der kulturellen Schöpfung«, heißt es in Guy Debords (1931–1994) *Rapport zur Konstruktion von Situationen* von 1957, »können nur noch in Verbindung mit einem neuen Vorstoß der Weltrevolution gelöst werden.«[262] Dieser Text gilt als Gründungsdokument der Situationistischen Internationale (S.I.), die als Organisation zwischen 1957 und 1972 bestand und in ihren Aktivitäten zwischen Kunst, Politik und Theorie Gegenstand diverser Untersuchungen geworden ist.[263] Die moderne Kultur solle nicht abgelehnt, sondern angeeignet werden, heißt es darin weiter, »um sie zu verneinen.«[264] Es ist eine ähnlich motivierte Negation wie in der Kritischen Theorie, die hier von den französischen Intellektuellen formuliert wird. Mit dieser vehementen Verneinung geht allerdings auch ein Aufruf einher, »eine konsequente ideologische Aktion ins Auge zu fassen«[265] und neue situationistische Techniken zu entwickeln – die später in der Zeitschrift der Gruppe als Umherschweifen, Psychogeografie und Entwendung weiter ausgeführt werden.

In der Geschichte linker Theorie ließe sich die S.I. als Effekt zweier Häresien (im Hinblick auf den offiziellen Marxismus der Kommunistischen

262 Guy Debord: *Rapport zur Konstruktion von Situationen.* [1957] Hamburg: Edition Nautilus 1980, S. 36.

263 Für die deutschsprachige Rezeption waren die Bücher und Textsammlungen von Roberto Ohrt in den frühen 1990er-Jahren zweifellos entscheidend. Ohrt reflektiert über die Rezeptionsgeschichte, die Musealisierung und die Aktualität situationistischer Positionen in einem ausführlichen Interview mit der Wochenzeitung *Jungle World*, Winfried Rust: »Manche glauben, sie könnten goldene Eier scheißen.« Interview mit Roberto Ohrt. In: *Jungle World*, Nr. 31, 2. August 2007, S. 18-23, http://jungle-world.com/artikel/2007/31/20094.html

264 Debord 1980, a.a.O., S. 38.

265 Ebd., S. 57.

Parteien) beschreiben: auf der einen Seite das Festhalten an der Notwendigkeit und vor allem der Erneuerung der proletarischen Revolution, die spätestens seit der Stalinisierung der Sowjetunion mit dem Namen Leo Trotzki einerseits und mit dem arbeiterbewegten Anarchismus andererseits verbunden war; und auf der anderen Seite der Ausbau des Verständnisses *kultureller* Herrschaftsformen und die Radikalisierung der daraus gezogenen Schlüsse, wie sie im Rahmen künstlerischer Avantgarden – insbesondere Dadaismus und Surrealismus – entwickelt worden waren, für die aber auch die Kritische Theorie steht. Hier ging es um die Integration psychoanalytischer Ansätze in die marxistische Theorie, um damit die anti-revolutionären Impulse und Motive der (als integriert betrachteten) ArbeiterInnenklasse analysieren zu können.[266]

Damit gilt für die situationistische Theorie, was für alle anderen Weiterentwicklungen und Neupositionierungen im Hinblick auf Kunst innerhalb linker, gesellschaftstheoretischer Ansätze gilt: Sie entsteht aus der Verschränkung von theoretischen und soziopolitischen Entwicklungen. Während im Marxismus die Dimension kultureller Herrschaft – aus Sicht der SituationistInnen und der Kritischen Theorie – nicht ausreichend bearbeitet und theoretisiert worden war, stellt sich dieses theoretische Problem auch erst und vor allem angesichts einer soziopolitischen Situation, in der die IndustriearbeiterInnenschaft als integriert wahrgenommen wird. Diese Integration basierte zwar auf dem Wirtschaftswachstum nach dem Zweiten Weltkrieg, dem gestiegenen Wohlstand, der Teilhabe am Massenkonsum und der Vergabe von Krediten auch an ärmere Menschen, wurde zugleich aber durch kulturelle – also Denk- und Wahrnehmungsweisen betreffende – Einbindungsstrategien erst ermöglicht und gestützt.

266 Debord hatte auch enge Kontakte zur Gruppe *Socialisme ou Barbarie* (1949–1967), die er, wie Stephen Hastings-King schreibt, als Angelpunkt ansah, um seinen »Übergang vom Künstler zum Revolutionär und den der Situationisten von einer postsurrealistischen Künstlergang zu einer die Negation der herrschenden Ordnung vorantreibenden Verschwörung vollziehen« zu können, Stephen Hastings-King: »Über den Durchgang einiger Personen durch eine ziemlich kurze Zeiteinheit: Die Situationistische Internationale, Socialisme ou Barbarie und die Krise des marxistischen Imaginären.« In: Roberto Ohrt (Hg.): *Das große Spiel. Die Situationisten zwischen Kunst und Politik*. Hamburg: Edition Nautilus 1999, S. 61-110, hier. S. 94.

Mehr Analyse als Manifest für eine kulturell-politische Praxis war dann schließlich Debords Hauptwerk, das Ende 1967 erschien: *Die Gesellschaft des Spektakels.* Auf der Grundlage der Marx'schen Theorie des Warenfetischismus handelt es sich bei diesem Buch um eine der wohl niederschmetterndsten Zeitdiagnosen überhaupt. Im Spektakel vollendet sich das Prinzip des Warenfetischismus, die sinnliche Welt wird demnach durch eine Auswahl von Bildern ersetzt, die sie selbst produziert und »die sich zugleich als das Sinnliche schlechthin anerkennen lassen.«[267] Die ästhetische Dimension ist mit dem Bezug zum Sinnlichen offensichtlich, aber Debord hat weder allein eine Ästhetik noch eine Medien- oder Bildtheorie verfasst, sondern er zielt stets aufs Ganze.

Die kunsttheoretische Dimension der Spektakel-Thesen lässt sich demnach auch nicht gesondert in dem Sinne betrachten, als ließe sie sich herauseisen aus im Prinzip unverbundenen, theoretischen Auslassungen. Es ist gerade die Trennung, das Herauslösen, die im Zentrum der Kritik Debords steht. Diese Kritik basiert, wie schon bei Marx, bei Lukács, im Feminismus und später dann bei Antonio Negri auf der Kritik an der gesellschaftlichen Arbeitsteilung. »Die Geschichte, die die relative Autonomie der Kultur und die ideologische Illusion über diese Autonomie schafft«, schreibt Debord, »kommt auch als Kulturgeschichte zum Ausdruck.«[268] Hier betrachtet er den »Kampf zwischen Tradition und Neuerung«[269] als zentrales Entwicklungsprinzip. Die Neuerung sei dabei immer motiviert, die Aufhebung »ihrer eigenen kulturellen Voraussetzungen [...] und die Abschaffung jeder Trennung«[270] zu erlangen. Mit der Herausbildung einer vom religiösen Ritual unabhängigen Kunst im modernen Sinne komme die Kunst allerdings immer zu spät, um diese Trennung tatsächlich zu überwinden. Sie wird zu einer affirmativen Praxis. »Wenn die unabhängig gewordene Kunst ihre Welt in leuchtenden Farben malt, ist ein Moment des Lebens alt geworden, und mit leuchtenden Farben

267 Guy Debord: *Die Gesellschaft des Spektakels.* [1967] Berlin: Edition Tiamat 2013, 2. Aufl., S. 32.

268 Ebd., S. 157.

269 Ebd., S. 158.

270 Ebd.

lässt er sich nicht verjüngen, sondern nur in Erinnerung wachrufen.«[271] Die Kunst müsse Momente des realen Lebens und der eigenen (Kunst-) Geschichte aufgreifen, um sich schließlich selbst zum Verschwinden zu bringen. »Diese ›Er-Innerung‹ der Geschichte der Kunst ist, indem sie möglich wird, auch *das Ende der Welt der Kunst.*«[272] Zum Ende der Kunstwelt wollten die SituationistInnen durch das Erschaffen von Situationen beitragen. Das Schaffen von Situationen verstanden sie als die »Suche nach einer dialektischen Organisation vorübergehender, unvollständiger Wirklichkeiten«[273], wie es 1959 in der Zeitschrift der Gruppe heißt. Was genau als ›situationistisch‹ galt, blieb aber auch innerhalb der S.I. umstritten und eine Frage, wie Roberto Ohrt schreibt, »deren Gegenstand seine metaphysischen Mucken ebenso hartnäckig bewahrt, wie er für Außenstehende unanschaubar bleibt«[274].

Wie Debords Hauptwerk erschien ebenfalls 1967 das *Handbuch der Lebenskunst für die jungen Generationen* des Situationisten Raoul Vaneigem (*1934). Weniger systematisch und lyrischer im Stil, ist auch dieses Buch zugleich zeitdiagnostisch als auch als politisches Manifest zu lesen. Über das Spektakel heißt es darin u.a.: »Die Funktion des ideologischen, künstlerischen und kulturellen Spektakels besteht darin, die Wölfe der Spontaneität zu Schafhirten des Wissens und der Schönheit zu machen. Die Anthologien sind mit Agitationsschriften gepflastert und die Museen mit Aufrufen zum Aufstand; die Geschichte hat sie so gut im Saft ihrer Dauer konserviert, daß sie ungelesen und ungehört in Vergessenheit geraten sind. Doch hier wirkt die Konsumgesellschaft plötzlich als das rettende Lösungsmittel. Die Kunst erbaut heute nur noch Plastikkathedralen.«[275]

---

271 Ebd., S. 161.

272 Ebd.

273 Situationistische Internationale: »Der Sinn im Absterben der Kunst.« [1959] In: Roberto Ohrt (Hg.): *Der Beginn einer Epoche. Texte der Situationisten*. Hamburg: Edition Nautilus 1995, S. 68-72, hier S. 71.

274 Roberto Ohrt: *Phantom Avantgarde. Eine Geschichte der Situationistischen Internationale und der modernen Kunst.* Hamburg: Edition Nautilus 1997, 2. Aufl., S. 184.

275 Raoul Vaneigem: *Handbuch der Lebenskunst für die jungen Generationen.* Hamburg: Edition Nautilus 2008, S. 139.

Die Kunst verliert unter Bedingungen des Spektakels gewissermaßen die Möglichkeit ihrer Authentizität. Ein Kunstwerk zu schaffen sei ein in sich selbst doppeldeutiger Ausdruck: »Er beinhaltet sowohl die erlebte Erfahrung des Künstlers als auch den Verzicht dieser erlebten Erfahrung zugunsten einer Abstrahierung der schöpferischen Substanz: der ästhetischen Form.«[276] Formgebung wird hier nicht als logische Konsequenz irgendeines seelischen Ausdruck verstanden, sondern als Effekt von Erfahrung. Als ein solcher Effekt haftet der Form letztlich etwas Paradoxes an: Die künstlerische Form kann ohne die gelebte Erfahrung nicht existieren, neutralisiert sie aber auch.

Analytisch führt das Vaneigem dazu, künstlerische Arbeiten zu demystifizieren: »Es ist ebenso undenkbar, mit dem ewigen Bestand eines Kunstwerkes zu rechnen, wie mit der Unvergänglichkeit der Werte der Standard Oil.«[277] Wie Walter Benjamin und der kunstsoziologische Strang in der marxistischen Kunsttheorie plädiert er also dafür, die künstlerischen Arbeiten zu historisieren. Und politisch geht es ihm um die Rückgewinnung von gelebter Erfahrung, von Erleben und Leidenschaft. »Das kommende Kunstwerk ist die Konstruktion eines leidenschaftlichen Lebens.«[278] Diese Perspektive wiederum stellt er, wie Debord, in den Zusammenhang mit dem Kampf gegen die gesellschaftliche Arbeitsteilung. Parolenhaft formuliert er es im Nachwort von 1972 zu seinem Buch als Forderung: »Gegen die Arbeitsteilung und die universelle Fabrik: Einheit der Nicht-Arbeit und generalisierte Selbstverwaltung!«[279]

II.

Der Stellenwert der Kunst innerhalb der situationistischen Theorie ist als relativ hoch zu veranschlagen. Kulturelle Fragen stehen im Mittelpunkt der Auseinandersetzung, sowohl im Hinblick auf die als negativ bewerteten Effekte der Verdinglichung und Entfremdung, die in kultureller

276 Ebd., S. 138.

277 Ebd., S. 139.

278 Ebd., S. 246.

279 Das Nachwort ist unter dem Titel »Toast auf den revolutionären Arbeiter« in die Ausgabe von 2008 integriert, Vaneigem 2008, a.a.O., S. 339-343, hier S. 341.

Praxis formiert werden, als auch im Hinblick auf die positiven emanzipatorischen Potenziale. Denn die Fragen, die in Zusammenhang mit Kultur – und Kunst im Besonderen – gestellt und diskutiert werden, sind, so fasst die Bewegungshistorikerin Ingrid Gilcher-Holtey zusammen, Fragen »nach der Organisation des Lebens.«[280]

Der Kunstpraxis wird in dieser Organisation des Lebens eine besondere Rolle zugeschrieben. Wenn Vaneigem schreibt, das Kunstwerk sei »weniger wichtig als der Prozess des Entwurfs, als der schöpferische Akt. Die Kreativität und nicht das Museum macht den Künstler«[281], dann ist das nicht als Zustandsbeschreibung zu lesen, sondern als Formulierung des eigenen Anspruches gerade gegen einen aktuellen Zustand. Denn weiter heißt es: »Leider erkennt sich der Künstler nur selten als schöpferischer Mensch. Zumeist posiert er vor einem Publikum, stellt er aus. Die kontemplative Haltung angesichts eines Kunstwerkes war der erste Stein, der auf den schöpferischen Menschen geworfen wurde. Diese Haltung hat der Künstler provoziert, heute tötet sie ihn, seitdem sie auf ein Konsumbedürfnis reduziert wurde und die banalsten ökonomischen Zwänge hervorhebt.«[282] Vaneigem beschreibt also die Kunst der Gegenwart als eine, die auf Werke statt auf schöpferische Praxis konzentriert ist und die durch ihre Institutionen erst erzeugt wird: einerseits das Museum, andererseits eine bestimmte habituelle Praxis (Kontemplation) des Publikums. Diese Konstellation ist es, einst von den KünstlerInnen selbst eingerichtet, die schließlich wirkliche Kreativität vernichtet.

Trotz der kulturellen und ökonomischen Integration künstlerischer Praxis in die Gesellschaft des Spektakels, hält Vaneigem aber an deren Potenzialen fest. Der Stellenwert der Kunst, verstanden vor allem als kreative, schöpferische Praxis, bleibt insofern analytisch ungebrochen hoch. In Abgrenzung zum Surrealismus und dessen Musealisierung in den 1950er- und 60er-Jahren heißt es sogar, die »heutige Auflösung von Denken und Kunst birgt allerdings weniger Gefahren einer ästhetischen

280 Ingrid Gilcher-Holtey: *»Die Phantasie an die Macht«. Mai 68 in Frankreich.* Frankfurt am Main: Suhrkamp Verlag 1995, S. 73.

281 Vaneigem 2008, a.a.O., S. 246.

282 Ebd.

Vereinnahmung als in den Dreißigerjahren. Die heutige Konjunktur kann nur die situationistische Agitation verstärken.«[283]

Aber die Kunst hat auch zur Entstehung des Spektakels beigetragen, wenn die künstlerische Bildproduktion auch nur einen kleinen Teil dessen ausmacht, was der Begriff des Spektakels umfasst. Es geht dabei um die Beschaffenheit des Kapitalismus und seine Durchdringung aller Lebenssphären selbst, um die »Expansion der Wert- und Warenform auf alle Bereiche des menschlichen Lebens«[284]. Darin hat sich auch die kapitalistische Arbeitsteilung als scheinbare Notwendigkeit etabliert, die aufgeteilten gesellschaftlichen Sphären sind selbst Effekte und/oder Inszenierungen des Spektakels. »Die Warenverdinglichung«, heißt es in der Zeitschrift der S.I. 1967, »ist das *wesentliche* Hemmnis zu einer totalen Emanzipation, zur freien Konstruktion des Lebens.«[285] Individuen sind dem Spektakel – egal wo in der kapitalistischen Welt – ausgeliefert, insofern sie einerseits individualisiert werden und andererseits ihre Individualisierung nicht erkennen (und aus ihr ausbrechen) können, weil sie verschleiert wird. »Debord glaubte«, schreibt Greil Marcus in seiner Geschichte kultureller Avantgarden, »materieller Überfluß und technische Fertigkeiten erlaubten es allen Menschen zum ersten Mal in der Geschichte, sich bewußt zu verwirklichen, doch statt dieser radikalen Freiheit sah er nur deren Image, das Spektakel, in dem jede Handlung von sich selbst entfremdet war.«[286] Das Spektakel beschreibt das Totalwerden von Entfremdung und Verdinglichung. Das Spektakel erscheint, spitzt Roberto Ohrt zu, »als ein perfekt geschlossener Apparat, in dem alles ins Gegenteil verkehrt wird«[287].

---

283 Ebd., S. 141.

284 Biene Baumeister/Zwi Negator: *Situationistische Revolutionstheorie. Eine Aneignung. Vol. I: Enchiridion.* Stuttgart: Schmetterling Verlag 2005, S. 64.

285 Situationistische Internationale: *Über das Elend im Studentenmilieu (betrachtet unter seinen ökonomischen, politischen, psychologischen, sexuellen und besonders intellektuellen Aspekten und über einige Mittel, diesem abzuhelfen).* [1967] Hamburg: Edition Nautilus 1977, S. 28.

286 Greil Marcus: *Lipstick Traces. Von Dada bis Punk – kulturelle Avantgarden und ihre Wege aus dem 20. Jahrhundert.* [1989] Hamburg: Rogner & Bernhard 1992, S. 106.

287 Ohrt 1997, a.a.O., S. 306.

Insofern es also nicht nur um Bildproduktion und partikulare Sehgewohnheiten geht, verkennt etwa die Kulturtheoretikerin Susan Sontag die Tragweite der Analyse des Spektakels völlig, wenn sie meint, die These von der zum Spektakel gewordenen Wirklichkeit sei »auf atemberaubende Weise provinziell. Sie universalisiert die Sehgewohnheiten einer kleinen, gebildeten Gruppe von Menschen, die im reichen Teil der Welt leben, wo man die Nachrichten in Unterhaltung verwandelt hat [...].«[288] Es handelt sich bei der Spektakelkritik aber nicht um eine Medienkritik, die nur auf die Länder des industrialisierten Westens zugeschnitten wäre, sondern um den Versuch einer umfassenden Kapitalismuskritik. Es geht der S.I. eben nicht nur um das Kunstpublikum des Westens, sondern um die »Versiegelung der Erfahrungswelt durch Bilder«[289] schlechthin, wie Diedrich Diederichsen die Position Debords zusammenfasst.

Dennoch beschreibt Debord keine völlig ausweglose Situation. Das »Maß der Perforation dieser versiegelten Welt«[290] wird zum Kriterium nicht nur für das Kunsturteil, wie Diederichsen schreibt, sondern, würde ich ergänzen, für politische Praxis schlechthin. Obwohl das Spektakel die total gewordene Ideologie ist, lässt sich nach Debord mittels theoretischer Kritik auch zu einer emanzipatorischen »*gesellschaftlichen Praxis*«[291] gelangen. »Die Kunst kann aufhören, ein Bericht über Empfindungen zu sein«, schreibt Debord 1958 in den »Thesen über die kulturelle Revolution«, »sie kann zur direkten Organisation höherer Empfindungen werden. Es kommt darauf an, dass wir uns selbst, und nicht Dinge, die uns zu Sklaven machen, schaffen.«[292] Emanzipatorische Praxis, ein anderes Tun, wird also perspektivisch durchaus als Ausweg aus der Spektakelgesellschaft für möglich und selbstverständlich auch für nötig gehalten. Erst recht hoffnungsvoll gibt sich Vaneigem, wenn er gleich zu Beginn seines

288 Sontag 2005, a.a.O., S. 127 f.

289 Diedrich Diederichsen: *Körpertreffer. Zur Ästhetik der nachpopulären Künste*. Berlin: Suhrkamp Verlag 2017, S. 30.

290 Ebd.

291 Debord 2013, a.a.O., S. 177.

292 Guy Debord: »Thesen über die kulturelle Revolution.« In: Situationistische Internationale, Nr. 1, 1958, hier zit. n. http://www.si-revue.de/thesen-über-die-kulturelle-revolution (05.05.2017) Auf dieser Seite finden sich sämtlich Texte der SI auf Deutsch: http://www.si-revue.de.

Buches schreibt: »In dem, was uns vertraut ist, entstehen die sichersten Chancen der Freiheit. War es jemals anders? Kunst, Ethik und Philosophie bestätigen es: unter der Borke von Worten und Begriffen verbirgt sich stets geduckt die lebendige Wirklichkeit der Nichtanpassung an die Welt, jederzeit bereit aufzuspringen.«[293]

Wie für die späteren, sogenannten Neuen Sozialen Bewegungen lässt sich hier wohl auch für die S.I. und deren Selbstverständnis festhalten, dass die eigene radikale – theoretische wie aktivistische – Praxis als Kern oder Samen oder Ausgangspunkt für eine sich dann ausbreitende, allgemein emanzipatorische Transformation begriffen wurde. Und dieser Beginn ging eindeutig vom Kunstfeld selbst aus. »Es waren Fragen«, schreibt der Philosoph Gerald Raunig, »die aus dem künstlerischen Feld heraus gestellt zur zunehmenden Politisierung der S.I. geführt haben.«[294]

Debord und Vaneigem stellen hier vielleicht auch die radikalen Pole dieser Politisierung dar: Debord nimmt dabei den kollektivistischen Pol ein, der für ein vom Bolschewismus befreites Wiederaufgreifen der Parole »Alle Macht den Räten!« eintritt, wie es im Text »Über das Elend im Studentenmilieu« gefordert wird. »Die Demokratie der Arbeiterräte«, heißt es da, »ist die Lösung des Rätsels aller gegenwärtigen Trennungen.«[295] Vaneigem nimmt den individualistischen Pol ein, der vor allem in seinem späteren Werk *Das Buch der Lüste* (1979) zwar immer noch von »*generalisierter Selbstverwaltung*«[296] spricht, dieser aber die individuelle Autonomie (als Forderung und Bedingung) zugrunde legt: »Wie könnte man die individuelle Autonomie am Ende wiederfinden, wenn man sie nicht am Anfang einsetzt? Und was nützt es, sie am Ausgangspunkt zu behaupten, wenn wir nicht beschlossen haben, sie zu verwirklichen?«[297]

---

293 Vaneigem 2008, a.a.O., S. 24.

294 Gerald Raunig: *Kunst und Revolution. Künstlerischer Aktivismus im langen 20. Jahrhundert.* Wien: Verlag Turia + Kant 2005, S. 167.

295 Situationistische Internationale 1977, a.a.O., S. 29.

296 Raoul Vaneigem: *Das Buch der Lüste.* [1979] Hamburg: Edition Nautilus 1984, S. 146.

297 Ebd., S. 151.

An beiden Polen jedenfalls geht es um die im Alltag vollzogene Trennung, die die kapitalistische Arbeitsteilung normativ vorgibt. Als Beispiel für eine solche, die Trennung tendenziell aufhebende Praxis, war auch die Technik des Umherschweifens gedacht. Debord hatte das Umherschweifen als Kombination aus Beobachtung und Veränderung begriffen, als »Erkundung von Wirkungen psychogeografischer Natur und der Behauptung eines konstruktiven Spielverhaltens«[298]. Linksradikale Gruppen im Kontext der 68er-Bewegungen, wie etwa der *Zentralrat der umherschweifenden Haschrebellen* um den deutschen Situationisten Dieter Kunzelmann, griffen die Technik Ende der 1960er-Jahre in ihrem Namen ebenso wie in ihrer politischen Praxis auf. Auch noch zu Beginn der 2000er-Jahre wird diese Aufforderung, »die *Existenz zu politisieren*«[299], in situationistisch inspirierten Positionierungen reaktiviert. Die in Spanien aktive feministische Gruppe *Precarias a la deriva*, die im Namen die situationistische Technik des Dérive (Umherschweifens) aufgreift, widmet sich der Prekarisierung aller Lebensbereiche. In militanten Untersuchungen ging es nicht nur um das Erkunden und Analysieren von Möglichkeiten der Verweigerung und des Streiks im neoliberalen Kapitalismus. Darüber hinaus, und hier kommt durchaus der originär situationistische Impuls zum Ausdruck, um eine »Wiederaneignung unserer Fähigkeiten, Welten zu schaffen«[300]. Auch im Rahmen der Massenproteste angesichts der ökonomischen Krise in Argentinien 2001/2002 kam es zu Aktualisierungen situationistischer Ansätze. Gegen die Ableitung von Sinn- und Interpretationsmustern aus ökonomischen Existenzbedingungen wird dafür plädiert, »Sinnpotenziale *in der Situation*«[301] zu generieren, um radikalen sozialen Wandel einzuleiten. Das *Colectivo Situationes* beschreibt hier Dynamiken zeitgenössischer sozialer Bewegungen. Die Situation, aus der der

---

298 Guy Debord: »Theorie des Umherschweifens.« [1958] In: Roberto Ohrt (Hg.): *Der Beginn einer Epoche. Texte der Situationisten*. Hamburg: Edition Nautilus 1995, S. 64-67, hier S. 64.

299 Precarias a la deriva: *»Was ist dein Streik?« Militante Streifzüge durch die Kreisläufe der Prekarität*. Wien: Verlag Turia + Kant 2011, S. 39.

300 Ebd., S. 54.

301 Colectivo Situaciones: »Vielfalt und Gegenmacht in den Erfahrungen der Piqueteros.« In: Dies.: *¡Que se vayan todos! Krise und Widerstand in Argentinien*. Berlin/Hamburg/Göttingen: Assoziation A 2003, S. 69-94, hier S. 76.

Sinn geschaffen werden soll, wird als »konkrete Totalität«[302] definiert, die sich den genormten und normierenden Sinnproduktionen entzieht. Dieses Entziehen wiederum erscheint als »Prozess der Subjektwerdung, der einen ethischen Charakter besitzt und auf eine Wiederbegegnung mit den eigenen inhärenten Möglichkeiten hinausläuft.«[303] Welche Rolle hier künstlerische Praktiken bei dieser Wiederbegegnung oder jener Wiederaneignung von Fähigkeiten spielen könnten, bleibt allerdings völlig offen. Kunstpraktiken spielen weder bei den *Precarias a la deriva* noch beim *Colectivo Situaciones* eine Rolle.

III.

Kunst wird, etwa vom Maler und zeitweiligen S.I.-Mitglied Asger Jorn (1914–1973), als Praxis jenseits des Nutzenkalküls aufgefasst und dementsprechend auch mit Potenzialen ausgestattet: Jorn schreibt in der vierten Ausgabe der Zeitschrift der S.I. unter dem Titel »Das Ende der Ökonomie und die Verwirklichung der Kunst«, dass die Kunst eine »Einladung zu einem Energieaufwand ohne genaues Ziel«[304] sei. Wird diese Einladung nur angenommen, ist die Befreiung nahe. Darin besteht eben das Potenzial der Kunst.

Um das Freisetzen emanzipatorischer Möglichkeiten geht es zweifelsohne auch Debord. Debord stellt unmissverständlich klar, dass die Theorie des Spektakels keine akademische Spielerei sein soll. Sie entwickle ihren Wahrheitsgehalt erst, indem sie sich »mit der praktischen Strömung zur Negation vereinigt«[305]. Welche Strömung genau, das führt er nicht aus, klar ist aber, dass Theorie und soziale Bewegung sich gegenseitig ergänzen sollen. Er lässt keinen Zweifel daran, dass »der dunkle und schwierige Marsch der kritischen Theorie auch zum Los der handelnden praktischen Bewegung auf Gesellschaftsebene werden muß.«[306] Es geht

302 Ebd.

303 Ebd.

304 Asger Jorn: »Das Ende der Ökonomie und die Verwirklichung der Kunst.« [1960] In: Roberto Ohrt (Hg.): *Der Beginn einer Epoche. Texte der Situationisten.* Hamburg: Edition Nautilus 1995, S. 83-85, hier S. 83.

305 Debord 2013, a.a.O., S. 173.

306 Ebd.

um das Einklinken in die revolutionären Kämpfe, deren Form Debord als unbestimmt beschreibt. Die programmatische Unbestimmtheit der Form ist auch eine theoretische Konsequenz aus dem Verlauf der historischen Kämpfe. Innerhalb des Marxismus sei von der bürgerlichen Revolution methodisch auf die proletarische Revolution geschlossen worden. Das aber hält Debord für einen Trugschluss, hinsichtlich der Methode der Revolution als auch hinsichtlich ihres Inhaltes. Debord wendet sich klar gegen das kommunistische Revolutionsmodell: »Die jakobinische Eroberung des Staates kann nicht das Instrument des Proletariats sein.«[307] Aber auch für die anarchistische Variante des revolutionären Kampfes, die ihren Zweck stets als »*unmittelbar gegenwärtig*«[308] ansieht und auf Verwirklichung im Hier und Jetzt setzt, hat Debord nicht viel übrig. Sie vernachlässige den geschichtlichen Boden, von dem aus sie sich erheben müsse. Die Vorstellung, dass die Revolution immer möglich sei, lehnt Debord ab. Er konstatiert aber, wie die AnarchistInnen, eine besondere Bedeutung der Bewusstseinsebene für die revolutionäre Praxis – eine Betonung, die sich deutlich gegen jede ökonomistische Verkürzungen richtet. (»Das Proletariat kann seinerseits die Macht nur dann sein, wenn es zur Klasse des Bewußtseins wird.«[309]) Revolution – oder grundsätzlich soziale Veränderungen – sind nach Debord also weder von bestimmten Entwicklungsstufen der ökonomischen Verhältnisse abhängig, noch allein durch die Kontrolle der Produktionsmittel zu gewährleisten.

Die Theorie muss sich also als anti-ideologische Stimme oder Sprache in die praktische Umwälzung der Verhältnisse einbringen, sie letztlich auch mit anstoßen.[310] Für die Kunst ist eine ähnliche Rolle hinsichtlich sozialer Transformation denkbar. Debord spricht von einer »Aufhebung

---

307 Ebd., S. 73.

308 Ebd., S. 77.

309 Ebd., S. 73.

310 Der postoperaistische Philosoph Paolo Virno betont später die »*doppelte Natur*« des Spektakels, die ihm zufolge das Potenzial der Multitude auf Befreiung schon enthält. Diese Perspektive gibt es bei Debord selbst allerdings nicht. Virno: »Das Spektakel hat also eine doppelte Natur: es ist das spezifische Produkt eines besonderen Industriezweigs [der Kulturindustrie, Anm. J.K], gleichzeitig aber auch die Quintessenz des Produktionsmodus in seiner Gesamtheit. [...] Das Spektakel wird sozusagen von den Produktivkräften der Gesellschaft selbst veranstaltet, insofern diese in immer größerem Ausmaß mit den sprachlich-

der Kunst« im Hegel'schen Sinne: Während der Dadaismus die Kunst nur hatte abschaffen wollen, ohne sie zu verwirklichen, und der Surrealismus sie nur hatte verwirklichen, ohne sie abschaffen zu wollen, ginge es den SituationistInnen darum, beide Stränge zu vereinen und zu zeigen, »daß die Wegschaffung und die Verwirklichung der Kunst die unzertrennlichen Aspekte ein und derselben *Aufhebung der Kunst* sind.«[311]

Raoul Vaneigem positioniert sich ebenfalls gegen die liberalistische wie auch gegen die bolschewistisch-sozialistische Tradition und bedient dabei auch das avantgardistische Narrativ von der Aufhebung der Trennung zwischen Kunst und Alltagsleben. All jene, die von Revolution und Klassenkampf reden, schreibt Vaneigem, »ohne sich ausdrücklich auf das alltägliche Leben zu beziehen, ohne zu begreifen, wie subversiv die Liebe, wie positiv die Ablehnung jedes Zwangs sein kann, haben einen Kadaver im Mund.«[312] Die Absage an jegliche Parteidisziplin könnte kaum deutlicher formuliert sein.

Die situationistische Theorie setzt so vor allem auf die alltägliche Umsetzung künstlerischer Potenziale. Schon Asger Jorn hatte es in dem oben zitierten Text aus dem Jahr 1960 als Potenzial der Kunst ausgemacht, zur »Aufwertung des Menschen selbst«[313] beizutragen, indem einerseits der nutzenorientierte Tauschwert bekämpft und andererseits die Nutzlosigkeit der Kunst (auf den Alltag) ausgeweitet würde.

Dass der Einfluss der S.I. am Pariser Mai 1968 aus der Geschichtsschreibung »praktisch ausgemerzt«[314] sei, wie Greil Marcus noch 1989 schreibt, und es sich deshalb um eine Art »Geheimgeschichte«[315] handele, die situationistische Theorie und Praxis zu rekonstruieren, kann angesichts der Menge an Büchern und Ausstellungen, die zur S.I. seither

kommunikativen Fähigkeiten und dem *General Intellect* zusammenfallen.« Virno 2005, a.a.O., S. 80.

311 Debord 2013, a.a.O., S. 165.

312 Vaneigem 2008, a.a.O., S. 28.

313 Jorn 1995, a.a.O., S. 85.

314 Marcus 1992, a.a.O., S. 444.

315 Ebd.

gemacht wurden, allerdings nicht mehr behauptet werden. Im Gegenteil, der Einfluss der S.I. auf die Bewegungen von 1968 ist kanonisiert. Es ist mittlerweile unbestritten, dass »die spezifisch situationistische Kombination aus brachialen Attacken auf die Spektakelgesellschaft und auf die reformistische Linke [...] zusammen mit den älteren Experimenten zu Situation und Dérive handfeste Anstöße für Kritik und Aktionsformen von 1968«[316] geliefert hat. Der Situationist René Viénet hat bereits 1968 den Einfluss der situationistischen Theorie auf die Bewegungen des gleichen Jahres beschrieben. Die Kämpfe des Pariser Mai interpretiert er als gegen das Warensystem gerichtete, »praktische Ablehnung der Ideologie«[317]. Die Theorie des Spektakels habe nicht nur als kohärente Theorie der zeitgenössischen Wirklichkeit fungiert, sondern »gleichzeitig die Negation dieser Wirklichkeit aufgezeigt durch die vereinigte Realisierung der Kunst und der Philosophie und die Befreiung des alltäglichen Lebens«[318]. Dass die Revolte auf bestimmte Milieus beschränkt blieb, wie Viénet noch an den studentischen Protesten der 1960er-Jahre in Berkeley (USA) bemängelt, und selbst da nicht von Dauer waren, konnte wohl inmitten des Geschehens nicht auffallen.

Der Bewegungsforscher Wolfgang Kraushaar versucht sogar, die Geschichte des ›bewaffneten Kampfes‹ in der Bundesrepublik Deutschland auf den Situationismus zurückzuführen. Wer die Wurzeln des »bewaffneten Kampfes« der Jahre nach 1968 verstehen wolle, käme nicht umhin, »einer Spur nachzugehen, die aus dem Traditionsstrom der europäischen Post-Avantgarde, genauer dem Situationismus, hervorgegangen ist.«[319] Rudi Dutschke, den Kraushaar als Erfinder des Stadtguerilla-Konzeptes ausmacht, und Dieter Kunzelmann, der die *Tupamaros West-Berlin* gegründet hatte, seien beide bei der situationistischen Gruppe *Subversive Aktion* gewesen. Weiter wird diese doch recht schwerwiegende These nicht ausgeführt, haltbar ist sie wohl nicht. Denn zu physischer Gewalt oder

316 Raunig 2005, a.a.O., S. 162.

317 René Viénet: *Wütende und Situationisten in der Bewegung der Besetzungen*. Edition Nautilus: Hamburg 1977, S. 110.

318 Ebd., S. 13.

319 Wolfgang Kraushaar: »Rudi Dutschke und der bewaffnete Kampf.« In: Ders., Karin Wieland und Jan Philipp Reemtsma: *Rudi Dutschke, Andreas Baader und die RAF*. Hamburg: Hamburger Edition 2005, S. 13-50, hier S. 50.

gar zum Terror rufen weder die Bücher von Debord oder Vaneigem noch andere verfügbare Texte der S.I. auf. Konsens dürfte hingegen sein, dass die SituationistInnen über kunstfeldinterne Aufwertungsprozesse auch Resonanzen in sozialen Bewegungen bis in die 2000er-Jahren erfahren haben.

Exkurs: Spiegelung und Brechung
Von Lenin zum Poststrukturalismus

Der Maler Leonardo Cremonini (1925–2010) sei der prototypische Maler des Abstrakten. Nicht abstrakte Malerei, sondern Malerei des Abstrakten: Es gelinge ihm in seinen Bildern, die abstrakten Zusammenhänge zwischen den Menschen und der Welt zu verbildlichen. Der marxistische Philosoph Louis Althusser (1918–1990) verdeutlicht seine Auffassung von dem, was Kunst ist und was sie soll, vor allem in zwei 1966 veröffentlichten, kurzen Texten. Einer davon ist dem seinerzeit relativ bekannten Italiener Cremonini gewidmet: »Cremonini is a *painter of abstraction*. Not an abstract painter, ›painting‹ an absent, pure posibility in a new form and matter, but a painter of a real *abstract*, ›painting‹ in a sense we have to define, real relations (as relations they are necessarily *abstract*) between ›men‹ and their ›things‹, or rather, to give the term ist stronger sense, between ›things‹ and *their* ›men‹.«[320]

Die Subjekte sind bei Althusser TrägerInnen der Strukturen, sie stehen mittels abstrakter Strukturen miteinander in Beziehung. Diese Strukturen regieren sie. Sie bestimmen die konkreten Existenzweisen der Menschen und liegen der gelebten Ideologie zugrunde.[321] Die Kunst kann diese Strukturen und auch die Ideologie aufzeigen. Darin besteht für Althusser die Aufgabe der befreienden Philosophie, die auch von der Kunst unterstützt werden kann: die Strukturen, die die Menschen regieren, in ihren Gesetzmäßigkeiten aufzuzeigen.[322] In der Ideologie-Theorie Althussers

---

320 Louis Althusser: »Cremonini, Painter oft the Abstract.« [1966] In: Ders.: *Lenin and Philosophy and other Essays*. New York: Monthly Review Press 2001a, S. 157-166, hier S. 158.

321 Vgl. ebd., S. 162.

322 »Cremonini thus follows the path which was opened up to men by great revolutionary thinkers, theoreticians and politicians, the great materialist thinkers who understood that the freedom of men is not achieved by the complacency of its ideological recognition, but by knowledge of the laws of their slavery, and that the ›realization‹ of their concrete individuality is achieved by the analysis and mastery of the abstract relations which govern them.« Ebd., S. 165.

spielt die Kunst allerdings keine Rolle, d.h. in seinem berühmten Aufsatz »Ideologie und Ideologische Staatsapparate«[323] kommt sie nicht vor.

Die Kunst lässt uns etwas sehen, aber nicht etwas wissen. Das ist auch der Unterschied zwischen Kunst und Philosophie bzw. Wissenschaft, den Althusser in einem anderen Text betont, einem öffentlichen Brief an André Daspre über Kunst. Hier setzt Althusser Kunst zu Ideologie in Beziehung und betont, dass die Kunst die Ideologie, in der sie selbst produziert wurde und in der auch die sie Betrachtenden leben, sichtbar machen kann. Künstlerische Arbeiten – er spricht von Kunst, bezieht sich aber hier vor allem auf die Literatur von Balzac und Solschenizyn – »make us ›percive‹ (but not know) in some sense *from the inside*, by an *internal distance*, the very ideology in which they are held.«[324] Er verweist dabei schnell auf seinen Schüler Pierre Macherey, der sich diesem Problem ausführlich – und offenbar ganz in Althussers Sinne – gewidmet habe: »I advise you to read carefully the article Pierre Macherey has written on ›Lenin as a critique of Tolstoy‹ in *La Pensée* No. 121, 1965«[325]. Macherey widmet sich in diesem Text Lenins Tolstoi-Rezeption, beschreibt das Verhältnis von Literatur und Ideologie und macht auch ganz allgemeine Aussagen zu einer materialistischen Literatur- und Kunstbetrachtung.

Daher dieser Exkurs: In den Positionierungen von Althusser / Macherey wird zum einen die Ideologieproblematik behandelt und erweitert, die bereits von Marx bis zur Kritischen Theorie auch die Frage der Kunstauffassung beeinflusst hat. Zweitens wird mit der Neulektüre von Lenin noch einmal die Frage der Widerspiegelung aufgegriffen und weitergehend als bisher beantwortet. Und damit wird drittens auch der Bogen geschlagen zu (post-)strukturalistischen Kunstbetrachtungen – auch wenn Macherey

323 Louis Althusser: »Ideologie und ideologische Staatsapparate.« In: Ders.: *Ideologie und ideologische Staatsapparate. Aufsätze zur marxistischen Theorie*. Hamburg: VSA 1977, S. 108-153.

324 Louis Althusser: »A Letter on Art in Reply to André Daspre.« [1966] In: Ders.: *Lenin and Philosophy and other Essays*. New York: Monthly Review Press 2001b, S. 151-155, hier S. 152.

325 Ebd., S. 151.

den Strukturalismus von Roland Barthes (in einem anderen Text) vehement ablehnt.

1. Was das Verhältnis von Kunst und Ideologie betrifft, geht Macherey zunächst davon aus, dass jede künstlerische Produktion innerhalb von Ideologie stattfindet und diese auch zum Ausdruck bringt. Er spricht darüber hinaus davon, dass es in jeder Epoche nicht nur eine, sondern verschiedene Ideologien gibt, die sich im Zusammenspiel der sozioökonomischen Kräfte ergeben. (Damit knüpft er an Lenin an und unterscheidet sich vom holistischen Ideologiebegriff bei Lukács, Adorno und in diesem Punkt letztlich auch Althusser, die eher von nur *einer* Ideologie als Gegensatz zur Wahrheit ausgehen, und sie nicht »primär in den in den entfremdeten gesellschaftlichen Verhältnissen aufsuchen, sondern auf eine allgemeine und unhistorische Ebene des Denkens, Handels und Fühlens [...] verlagern«[326].) Schließlich betont er dann, dass Literatur die Ideologie nie unmittelbar abbildet, sie »erscheint verzerrt und dadurch sich selbst gegenübergestellt«[327]. In jeder Kunstproduktion wird selbst durch die affirmative Bezugnahme auf die herrschende Ideologie diese noch sichtbar und damit verhandelbar gemacht. Insofern konstituiert sich ein künstlerisches Werk »eher gegen eine Ideologie, als daß es von ihr ausginge.«[328]

2. Macherey knüpft hinsichtlich dieser Frage an Lenins Auseinandersetzung mit Tolstoi an. Paradigmatisch stehen dabei die folgenden Fragen in Raum: Spiegelt Tolstois Werk die herrschende Ideologie (des feudalistischen Russland in der zweiten Hälfte des 19. Jahrhunderts) wider? Und wenn ja, ist diese Widerspiegelung gleichbedeutend oder zumindest der Übergang zu einer revolutionären (proletarischen) Sichtweise, die diese herrschende Ideologie zerstören und damit auch revolutionäre Bedingungen vorbereiten kann? Wenn Literatur (oder Kunst) ein Spiegel der

326 Rehmann 2008, a.a.O., S. 78.

327 Pierre Macherey: »Lenin: Kritik an Tolstoij.« In: Ders.: *Zur Theorie der literarischen Produktion. Studien zu Tolstoij, Verne, Defoe, Balzac.* Darmstadt und Neuwied: Sammlung Luchterhand 1974a, S. 7-47, hier S. 46.

328 Ebd.

Wirklichkeit ist, was ist dann in diesem Spiegel zu sehen? Das muss sich die Literaturkritik nach Macherey fragen, »wie schon Lenin es tat«[329]. Es versteht sich also nicht von selbst, was zu sehen ist, das Bild ist nicht einfach die Kopie der Wirklichkeit. Der Spiegel zeigt und zeigt nicht: »Aufgrund seiner widersprüchlichen Produktionsbedingungen ist das literarische Werk vorhandene und fehlende Widerspiegelung *zugleich*.«[330] Das im Spiegel entstehende Abbild schafft durch das nicht Gezeigte gerade eine Distanz zur Wirklichkeit, die diese in ihrer Widersprüchlichkeit erkennbar macht. Die Widersprüche im Kunstwerk sind daher auch nicht mit den Widersprüchen in der Realität gleichzusetzen – zumindest liest Macherey Lenin auf diese Weise. Der Charakter dessen, was im Spiegel abgebildet ist, schreibt Macherey mit Bezug auf Lenin, sei auch »kein rein ideologischer«[331]. Denn zwischen »der Ideologie und dem literarischen Werk, das sie zum Ausdruck bringt, hat sich etwas verändert.«[332]

Was Macherey hier als Lenin-Interpretation anbietet, geht allerdings weit über Lenin selbst hinaus (und stellt insofern auch eine sehr wohlwollende Lesart dar). Für Macherey ist an einem Werk gerade auch wichtig, was es *nicht* sagt oder zeigt. Er betont auch die Abwesenheit – ein Punkt, der seinen Ideologiebegriff später für die postkolonialistische Theoretikerin Gayatri Chakravorty Spivak interessant macht, die diese Abwesenheit als eine Art »kollektive ideologische *Verweigerung*«[333] interpretiert, (subalterne) Menschen bzw. Situationen zu zeigen oder zu Wort kommen oder ins Bild treten zu lassen. Von der doppelten Spiegelung (vorhandener und fehlender Aspekte) ist jedenfalls in Lenins Text ebenso wenig die Rede wie von der Distanz zwischen der Ideologie und dem künstlerischen Ausdruck. Bei Lenin heißt es recht eindeutig: »Aber die Widersprüche in den Anschauungen und Lehren Tolstois sind keine Zufälligkeiten, sie sind vielmehr Ausdruck jener widerspruchsvollen Verhältnisse, in denen sich das russische Leben während des letzten Drittels

329 Ebd., S. 37.

330 Ebd., S. 40.

331 Ebd., S. 45.

332 Ebd.

333 Gayatri Chakravorty Spivak: *Can the Subaltern Speak? Postkolonialität und subalterne Artikulation*. Wien: Verlag Turia + Kant 2008, S. 55.

des 19. Jahrhunderts abspielte.«[334] Zwischen Ideologie und Werk hat sich, zumindest bei Lenin, überhaupt nichts verändert. Die Widersprüche in der Kunst sind bei Lenin die Spiegelungen der (Widersprüche der) sozialen Realität.

3. Nach Macherey aber tut sich zwischen Ideologie und künstlerischer Arbeit eine Differenz auf. In dieser Hinsicht wendet er letztlich auch Althussers Ideologie-Begriff an. Die Ideologie repräsentiert nach Althusser »das imaginäre Verhältnis der Individuen zu ihren realen Existenzbedingungen.«[335] Es sind nicht die Produktionsverhältnisse, die die Ideologie repräsentiert, sondern das (imaginäre) Verhältnis der Menschen zu den Produktionsverhältnissen. In der ideologischen Repräsentation gibt es also eine Verschiebung, Althusser spricht von einer »notwendig imaginären Verzerrung«[336]. Damit erklärt sich auch die Differenz, die sich zwischen Ideologie und künstlerischer Arbeit ergibt. (Denn was in der künstlerischen Arbeit repräsentiert wird, ist demnach ein bestimmtes Verhältnis zu den Produktionsverhältnissen und nicht diese – oder die Realität – selbst.) Wegen dieser Differenz hält Macherey auch die Ideologiekritik – die sich auf Inhalte und Funktionsweisen von Ideologie bezieht – im Hinblick auf Kunst nicht mehr für ausreichend. »Ideologiekritik (critique de l'idéologie) muß durch eine Kritik der Strukturen des Ideologischen ersetzt werden.«[337] Denn die Strukturen des Ideologischen sind die Bedingungen der Möglichkeit der künstlerischen Arbeit.

Mit dieser Betonung der Struktur geht aber zugleich eine strikte Ablehnung des Strukturalismus von Roland Barthes einher. Dieser könne im Werk nur entziffern, was in der Struktur schon vorhanden sei, Kritik von Literatur (oder Kunst) könne nur Wiederholung dieses Vorhandenen sein. Demgegenüber betont Macherey die Widersprüchlichkeit, Offenheit und Unabgeschlossenheit künstlerischer Arbeiten. Eher als der Strukturbegriff

334 Lenin 1960a, a.a.O., S. 100.

335 Althusser 1977, a.a.O., S. 133.

336 Ebd., S. 135.

337 Macherey 1974a, a.a.O., S. 43.

wäre daher »der *Begriff der Brechung* [décalage] wesentlich«[338] für eine kritische Analyse. Denn es ist der Mangel an bisher unausgesprochener Wahrheit und der Bruch mit dem bisher Gesagten, die einen neuen Realitätsbezug ermöglichen.

Mit diesem Plädoyer für den Begriff der Brechung markiert Machereys Position aus meiner Sicht den Übergang zum Poststrukturalismus. Es wird analytisch eine Distanz bzw. Differenz zwischen Form und Inhalt der künstlerischen Arbeit und herrschenden Ideologien behauptet, die zugleich politisch die Möglichkeit neuer Bezüge zur Realität in Aussicht stellt. Schon Althussers Ideologie-Begriff selbst hatte mit der Betonung des imaginären Verhältnisses zu den realen Existenzbedingungen – auch wenn er es in Bezug auf die gesellschaftliche Reproduktion las – zumindest angedeutet, dass solche imaginären Verhältnisse »nicht notwendigerweise in die Reproduktion der Staatsapparate integriert«[339] gedacht werden müssen. Althussers Verständnis des Imaginären, betont auch Frieder Otto Wolf, »hat den wichtigen Nebeneffekt, einen Begriff von Verkennung zu ermöglichen, der sich nicht auf den Effekt von Herrschaftlichkeit reduziert«[340]. Die neuen Bezugnahmen auf die Realität können auch von bestehenden Strukturen abweichen, auch und gerade indem sie auf die Strukturen verweisen. Nach Macherey ist die Struktur selbst »der Ort der Differenz, denn in dem Verhältnis, zu dessen Erklärung sie beiträgt, ist sie grundsätzlich *abwesend*.«[341] Anders gesagt: In der künstlerischen Arbeit verdichtet sich ein Verhältnis, aber um es zu verstehen, muss man nicht nur auf das Kunstwerk selbst schauen. »Der Sinn findet sich nicht im Werk, sondern daneben: an seinen Rändern, an jener Grenze, wo es

338 Pierre Macherey: »Die literarische Analyse, Grab der Strukturen.« In: Ders.: *Zur Theorie der literarischen Produktion. Studien zu Tolstoij, Verne, Defoe, Balzac.* Darmstadt und Neuwied: Sammlung Luchterhand 1974b, S. 48-72, hier S. 72.

339 Jens Kastner / David Mayer: »Althusser andernorts. Anmerkungen zur Aneignung der Ideologietheorie im lateinamerikanischen Kontext.« In: Eva Birkenstock, Max Jorge Hinderer Cruz, Jens Kastner, Ruth Sonderegger (Hg.): *Kunst und Ideologiekritik nach 1989.* Bregenz: Kunsthaus Bregenz 2014, S. 137-145, hier S. 144.

340 Frieder Otto Wolf: »Nachwort des Herausgebers.« In: Louis Althusser: *Über die Reproduktion. Ideologie und ideologische Staatsapparate, 2. Halbband.* Hamburg: VSA 2012, S. 315-368, hier S. 355.

341 Macherey 1974b, S. 69.

aufhört, das zu sein was es vorgibt. Weil es eben dort auf die Bedingungen seiner Möglichkeit verwiesen wird.«[342]

342 Ebd., S. 70.

06. »because it's what they know best«
Kunst im Feminismus

I.

»Die einzige Art Arbeit«, schrieb Betty Friedan (1921–2006) in *The Feminine Mystique* (1963), »die es einer begabten Frau ermöglicht, ihre Fähigkeiten voll zu verwirklichen und Identität in der Gesellschaft zu erlangen nach einem Lebensplan, der auch Ehe und Mutterschaft einschließen kann, ist ironischerweise diejenige, die der Weiblichkeitswahn verboten hatte: das lebenslange Engagement in Kunst oder Wissenschaft, Politik oder freiberuflicher Tätigkeit.«[343] In ihrem zum Klassiker der Zweiten Frauenbewegung avancierten Buch – auf Deutsch als *Der Weiblichkeitswahn. Ein vehementer Protest gegen das Wunschbild von der Frau* 1966 erschienen –, wendet sich die Soziologin und Psychologin Friedan gegen die Re-Familiarisierung der Frauen nach dem Zweiten Weltkrieg. Friedan gründete 1966 mit anderen Frauen die National Organization for Women (NOW) und blieb eine zentrale Figur innerhalb der US-amerikanischen feministischen Bewegung. Die Beschränkung von Frauenbiografien auf ihr Leben als Hausfrau und Mutter wird in ihrem Buch einerseits auf psychisch tief verankerte Vorstellungen von Mutterschaft und Frau-Sein, andererseits aber auch auf die zeitgenössische Konsumgüterindustrie und ihre Produktmittelwerbung zurückgeführt. Die Einschränkung wird von den befragten Frauen als Unglück erfahren. Um diesem als systematisch ausgemachten Unglücklichsein zu entkommen, entwirft Friedan auch praktisch orientierte Konzepte – »Ein neuer Lebensplan für Frauen« heißt das 14. Kapitel ihres Buches. Kunst spielt darin als Möglichkeit eine zumindest nicht unwesentliche Rolle. Die Erwartungen sind also auch hier hoch.

343 Betty Friedan: *Der Weiblichkeitswahn oder Die Selbstbefreiung der Frau. Ein Emanzipationskonzept*. Reinbek bei Hamburg: Rowohlt Verlag 1970, S. 227.

Schon Simone de Beauvoir (1908–1986) hatte in *Das andere Geschlecht* die »wirtschaftliche Selbstständigkeit«[344] als notwendige Bedingung für die Befreiung der Frauen aus patriarchalen Abhängigkeitsverhältnissen beschrieben. »Arbeit allein vermag ihr [der Frau, J.K.] eine konkrete Freiheit zu garantieren. [...] Schöpferisch, tätig erobert sie ihre Transzendenz wieder.« Zwischen schöpferisch und tätig steht hier noch ein Komma, über die Art der Arbeit sagt de Beauvoir nicht viel. Bei Friedan wird das schon konkreter. Gegenüber der konventionellen, fordistischen Lohnarbeit im Büro oder in der Fabrik bietet der Kunstbereich erstens relativ flexible Arbeitszeiten und zweitens wird er als Raum potenzieller, kreativer Entfaltung wahrgenommen. Beide Aspekte, eine alternative Arbeitsorganisation und die individuelle (manchmal auch kollektiv gedachte) Entwicklung, werden als Teil eines Weges zur Selbstbestimmung gedacht.

Als die Zweite Frauenbewegung im Kontext der Revolten von 1968 entstand – und teils als Reaktion auf die Geschlechtsblindheit ihrer Protagonisten –, sollte dieser Weg auch konkret eingeschlagen werden. Simone de Beauvoir selbst schien als Schriftstellerin das von ihr beschriebene Bild am besten zu verkörpern, sie wurde für die Zweite Frauenbewegung, wie Kristina Schulz schreibt, »zum Sinnbild eines von Normen und Zwängen befreiten Lebens, ihr Werk zum Beweis dafür, dass Frauen sich in produktivem Schaffen verwirklichen konnten.«[345] Im Kontext der Zweiten Frauenbewegung entstand auch, unter Bezugnahme auf die französischen, feministischen Philosophinnen Hélène Cixous und Luce Irigiray, eine ›Frauenschreibbewegung‹, die auf der Grundlage eigenen Erlebens gegen die Auslassung des sogenannten Femininen im »herrschenden Symbolsystem«[346] anschrieben. Das eigene Erleben und die eigene Erfahrung in den Existenzweisen von Frauen wurden auch für die bildende Kunst zur zentralen Referenz feministischen Schaffens. Die Künstlerin

344 Simone de Beauvoir: *Das andere Geschlecht. Sitte und Sexus der Frau*. Reinbek bei Hamburg: Rowohlt Verlag 1968, S. 638.

345 Kristina Schulz: *Der lange Atem der Provokation. Die Frauenbewegung in der Bundesrepublik Deutschland und in Frankreich 1968–1976*. Frankfurt am Main/New York 2002, S. 177.

346 Maria Neef-Uthoff: »Klang – Farben – Gefühle. Die Frauenschreibbewegung.« In: Hilke Schlaeger (Hg.): *Mein Kopf gehört mir. Zwanzig Jahre Frauenbewegung*. München: Verlag Frauenoffensive 1988, S. 119-127, hier S. 122.

Valie EXPORT schreibt etwa 1989 im Rückblick auf den feministischen Aktionismus, dieser habe sich selbstverständlich aus kunsthistorischen Bezugnahmen gespeist, sei von surrealistischen Spuren durchzogen und ohne Happenings und Fluxus nicht zu denken. Aber seine »primary source« sei »the history of female experience«[347] gewesen. Die weibliche Erfahrung galt einerseits als verschüttet und gesellschaftlich nicht anerkannt und andererseits und eben deshalb als möglicher Ausgangspunkt für alternative Praxis. Es ging (und geht) dabei um Handlungs- und Verhaltensweisen, die der patriarchalen Norm entgegenstehen. Das galt nicht nur für das feministische Herangehen an Kunst. Auch die Frauenforschung und viele feministische Kämpfe der 1970er- und 1980er-Jahre hatten die Rückgewinnung weiblicher Erfahrung in dieser doppelten Hinsicht zum Motiv: sie historisch freizulegen und sie alltagsweltlich zu entwickeln, um ihr damit praktisch zur Durchsetzung zu verhelfen.

Ein (kleiner) Teil dieser Arbeit an der Anerkennung weiblicher Erfahrung und dem Kampf gegen das maskulin geprägte Wertesystem betraf auch die Kunst: So wurden auch die Kunst als getrennter gesellschaftlicher Bereich mit konkreten Tätigkeiten und vor allem die sozial anerkannten Wertungen gegenüber dieser Praxis infrage gestellt. In historischer Perspektive wiesen beispielsweise die linken Kunsthistorikerinnen Rozsika Parker und Griselda Pollock 1981 darauf hin, dass »there is an important connection between the hierarchy of the arts and sexual categorization, male-female.«[348] Die Trennung von bildender und dekorativer Kunst im 18. Jahrhundert geht demnach direkt mit der Unterscheidung von männlichen und weiblichen Tätigkeiten einher. Das, was heute als Kunst verstanden wird, basiert also konstitutiv auf einer geschlechterpolitischen Ausgrenzung, bei der Erfahrungen und Handeln von Frauen abgewertet wurden. Die feministische Kunstgeschichte sah sich also vor die Aufgabe gestellt, wie Norma Broude und May D. Garrard 1982 schreiben, nicht nur einer »dominance of a masculine value system in art and art history«

347 Valie EXPORT: »Aspects of Feminist Actionism.« [1989] In: Hilary Robinson (Hg.): *Feminism – Art – Theory. An Anthology 1968–2014*. Malden, MA / Oxford 2015, S. 345-360, hier S. 347.

348 Rozsika Parker und Griselda Pollock: *Old Mistresses. Women, Art and Ideology*. London: Routledge & Kegan Paul 1981, S. 51.

zu begegnen, sondern auch gegen »a blindness to female experience, or, sometimes quite literally, to female existence«[349] zu kämpfen.

Es ist sicherlich zu betonen, dass diese ideologiekritische und an weiblicher Erfahrung ansetzende historische Forschung auf der einen und die erfahrungsbasierte Praxis auf der anderen Seite kein Spezifikum der Auseinandersetzung mit Kunst war. Diese Doppelbewegung, in der es zugleich darum ging, verschüttete Erfahrungen freizulegen und neue Erfahrungen zu entwickeln, gab es in verschiedenen wissenschaftlichen wie aktivistischen Strömungen des Feminismus. Es gibt sie auch innerhalb der Linken. Aber selbst wenn die Kombination aus Ideologiekritik und dem praktischen wie theoretischen Bezug auf eine spezifische Erfahrung innerhalb vieler Strömungen der Linken üblich war, hatten es Feministinnen – Theoretikerinnen wie Künstlerinnen – trotzdem nicht immer leicht. Ihre Anliegen wurden innerhalb der Linken häufig als bürgerlich und/oder spalterisch betrachtet, innerhalb des Feminismus war hingegen die Beschäftigung mit Kunst keineswegs selbstverständlich. Die mexikanische Künstlerin und Feministin Mónica Mayer brachte dies für die Zeit nach 1968 folgendermaßen auf den Punkt: »if in the Left it was considered bourgeois to discuss feminism, within the feminist movement it was considered bourgeois to discuss art.«[350]

Diese jeweilige Skepsis führte letztlich dazu, dass die oben genannten Beispiele für Kunst in Gesellschaftstheorie (Friedan und de Beauvoir) und für die ideologiekritische, feministische Kunstgeschichte eher die Ausnahmen geblieben sind. Es ist insofern als Effekt der von Mayer beschriebenen Konstellation der 1970er-Jahre zu begreifen, dass es zu einer doppelten bzw. wechselseitigen Ausblendung kommt: Feministische Gesellschaftstheorie kommt weitgehend ohne Kunst aus und feministische Kunstgeschichte häufig ohne Bezug zur Linken oder zu sozialen Bewegungen.

Als Beispiel für die feministische Kunstgeschichte kann etwa Isabelle Graw angeführt werden, die ihre grundlegende Abhandlung über

349 Norma Broude und May D. Garrard: »Introduction: Feminism and Art History.« In: Dies.: *Feminism and Art History. Questioning the Litany*. New York: Harper & Row Publishers 1982, S. 1-17, hier S. 5.

350 Zit. n. Edward J. McCaughan: *Art and Social Movements. Cultural Politics in Mexico and Aztlán*. Durham & London: Duke University Press 2012, S. 65.

namhafte Künstlerinnen im 20. und 21. Jahrhundert vor allem als Geschichte von dezidiert »binnenkünstlerischen und kunstbetriebsinternen Entwicklungen«[351] vor dem Hintergrund der These ihrer »relativen Eigengesetzlichkeit« schreibt[352]. Die feministischen Bewegungen außerhalb der Kunst spielen hier keine Rolle.

Die feministische Gesellschaftstheorie wiederum nimmt Kunst kaum in den Blick. Kommt sie schon bei Friedan und de Beauvoir nur am Rande vor, so gilt solche Randständigkeit der Kunst auch für gegenwärtige feministisch-gesellschaftstheoretische Ansätze bis hin zur queer theory. Bei Nancy Fraser (*1947) etwa, die hier als der Kritischen Theorie nahestehende, feministische Theoretikerin beispielhaft genannt sein soll, taucht bloß der Kunstmarkt als ein Beispiel dafür auf, dass die kulturelle Sphäre »weitgehend von wirtschaftlichen Kalkulationen geprägt«[353] sei. Deshalb dürften Ökonomie und Kultur auch theoretisch nicht als zwei völlig verschiedene Modi sozialer Ordnung analysiert werden. Fraser bringt dieses Beispiel in ihrer Auseinandersetzung mit dem Philosophen Axel Honneth, in der es um die politisch-philosophische Frage nach Anerkennung geht. Sie untersucht die Fallstricke, die sich aus den unterschiedlichen Benachteiligungen durch soziale Ungleichheit einerseits und kulturelle Differenz andererseits ergeben. Sie plädiert für einen »perspektivischen Dualismus«[354], der die beiden Bereiche zwar in ihrer unterschiedlichen Logik wahrnehme, aber dennoch sowohl analytisch als auch politisch zu integrieren versuche. Dass die von Fraser diskutierten (politischen) Strategien, um die Forderungen nach Umverteilung einerseits und Anerkennung andererseits zu integrieren und gegen Marginalisierung und

351 Isabelle Graw: *Die bessere Hälfte. Künstlerinnen im 20. und 21. Jahrhundert*. Köln: Dumont Verlag, S. 15.

352 Ebd., S. 16. Später revidiert Graw diese These und spricht von einer »relativen Heteronomie« des Kunstfeldes, bezieht sich dabei aber vor allem auf das Eindringen ökonomischer und popkultureller Maßstäbe und Praxen in die Kunst, soziale Bewegungen tauchen auch hier nicht auf, Isabelle Graw: *Der große Preis. Kunst zwischen Markt und Celebrity Culture*. Köln: Dumont 2008, S. 150.

353 Nancy Fraser: »Soziale Gerechtigkeit im Zeitalter der Identitätspolitik. Umverteilung, Anerkennung und Beteiligung.« In: Dies. Und Axel Honneth: *Umverteilung oder Anerkennung? Eine politisch-philosophische Kontroverse*. Frankfurt am Main: Suhrkamp Verlag 2003, S. 13-128, hier S. 87.

354 Ebd., S. 84.

Diskriminierung vorzugehen, auch auf das künstlerische Feld angewandt werden oder gar von diesem ausgehen könnten, liegt für die Theoretikerin offenbar nicht nahe.

Kunst spielt selbst in solchen feministischen Debatten keine (wichtige) Rolle, in denen vor allem das kulturelle Feld adressiert wird. Die Publizistin Andi Zeisler etwa bespricht in ihrer Kritik am »Marktfeminismus«[355], der auf individuelle Entfaltung statt auf Systemveränderung abzielt, Mode, Popkultur, Musikindustrie, Fernsehen, Körperideale, Kinderspielzeug u.a., aber nicht Kunst. Sie untersucht den Aufstieg des Feminismus innerhalb der Popkultur und beklagt dabei seine inhaltliche Entleerung und seine Abkehr von den eigentlichen Kernthemen wie »Lohnungleichheit, geschlechtsspezifische Arbeitsteilung, institutionalisierter Rassismus und Sexismus, strukturelle Gewalt und natürlich körperliche Autonomie«[356]. In dem »unvermeidlichen Kreislauf der Mainstream-Kultur, der Radikalismus keimfrei macht«[357], scheint sie der Kunst weder eine entkeimende noch verschmutzende, also weder sonderlich affirmative noch revolutionäre Funktion zuzusprechen.

Auch die Grundlagentexte der queer theory, also der sogenannten Dritten Welle des Feminismus, die u.a. auch das Konzept weiblicher Erfahrung als sowohl gemeinsamen als auch essenziellen Referenzpunkt infrage gestellt haben, kommen weitgehend ohne Bezüge zur Kunst aus.[358] Queere Theorie und queerer Aktivismus hinterfragen die zweigeschlechtliche Grundlage, auf der auch viele vorherige Feminismen aufbauten. Sie hinterfragen die vermeintlich biologische Grundlage der Geschlechtertrennung und weisen sie vielmehr als materialisierten, diskursiven Effekt gesell-

355 Andi Zeisler: *Wir waren doch mal Feministinnen. Vom Riot Grrrl zum Cover Girl. Der Ausverkauf einer politischen Bewegung.* Zürich: Rotpunktverlag 2017, S. 234.

356 Ebd., S. 282.

357 Ebd., S. 205.

358 Während die feministische Ideologiekritik häufig nicht ohne den Verweis auf eine außer-ideologische Erfahrung auskommt, setzt der poststrukturalistische Feminismus solche Grundlagen nicht voraus: Relativer Außenstandpunkt und die prinzipielle Andersheit körperlicher Erfahrung werden als Narrative zurück- und als Teil jener machtvollen Diskurse ausgewiesen, innerhalb derer sich sowohl Norm als auch Abweichung konstituieren.

schaftlicher Verhältnisse aus. Judith Butler (*1956), eine der wichtigsten Vertreterinnen dieses Feminismus, greift zwar mit Drag Performances auch künstlerische Praktiken für ihre Theorie der Geschlechterverhältnisse auf. Das Gros der queer theory stellt Kunst aber keineswegs in den Mittelpunkt der Auseinandersetzung mit den Geschlechterverhältnissen. Drag-Performances zeigen nach Butler auf, dass selbst starke ontologische Vorstellungen wie die Zweigeschlechtlichkeit kulturell produziert werden und dass Subjektivität eine »Folgeerscheinung bestimmter regelgeleiteter Diskurse ist«[359]. Künstlerische Praxis verweist hier also auf eine Norm, gerade weil und indem sie ihr *nicht* entspricht, sich aber auf sie bezieht.

In ihren späteren (und weniger spezifisch feministischen) Arbeiten widmet sich Butler ausführlicher Fragen der Bildproduktion und -rezeption. In *Die Raster des Krieges* (2010) untersucht sie zwar konkret die Kriegsfotografie, stellt aber auch einige allgemeingültige Thesen zum Umgang mit Bildern auf. Es geht ihr vor allem um die kulturelle Rahmung, den institutionellen und technischen Kontext von Bildern. Dabei geht sie der Frage nach, wie diese Rahmung, »von denen die Anerkennbarkeit bestimmter Gestaltungen des Menschlichen abhängt, ihrerseits mit weiter gefassten *Normen* zusammenhängen, die darüber bestimmen, über welche Leben wir trauern und über welche nicht.«[360] In der Kriegsfotografie ginge es nicht nur darum, was gezeigt werde, sondern auch wie es gezeigt werde. »Das ›Wie‹ bestimmt nicht nur über die Bildgestaltung, sondern auch die Gestaltung unserer Wahrnehmung und unseres Denkens.«[361] Die Rahmung wie auch die Form der Darstellung prägt sicherlich auch im Hinblick auf andere visuelle Produktionen, also auch Kunst, die Effekte der Wahrnehmung.[362] Grundsätzlich aktualisiert Butler damit auch eine

359 Judith Butler: *Das Unbehagen der Geschlechter*. Frankfurt am Main: Suhrkamp Verlag 1991, S. 213.

360 Judith Butler: *Raster des Krieges. Warum wir nicht jedes Leid beklagen*. Frankfurt am Main / New York: Campus 2010, S. 65.

361 Ebd., S. 72.

362 Butler vertritt darüber hinaus allerdings noch die These, die Wahrnehmungsperspektiven würden zunehmend von der »Staatsmacht« dominiert, die sie versuche festzulegen und der Rahmen der Kriegsfotografie fungiere als »vom Staat auferlegte Interpretation des Krieges.« Diese starke Betonung einer einheitlichen Rahmung, die eine relativ einheitliche Rezeption hervorbringe, scheint mir bereits

Position, die sich schon in früheren feministischen Texten findet. So spricht etwa Kaja Silverman in den 1990er-Jahren anhand der Praxis des Fotografierens von einem »Blickregime«, welches das Verhältnis von Subjekt und Objekt prägt. Dieses Verhältnis ist zwar nicht frei von Macht, aber auch kein einseitiges, es besteht aus Wechselwirkungen zwischen dem Positionieren und dem Posieren. Beim Fotografieren wie beim alltäglichen Sehen aber wird der Blick geleitet durch das, was Silverman das »Vor-gesehene« nennt, diejenigen Darstellungsparameter, die sich »fast unmittelbar aufdrängen«[363]. Das Vor-gesehene meint also zweierlei: dass zu sehen ist, was bereits gesehen wurde, also durch Konventionen gerahmt ist, aber auch das, was gesehen werden soll. Bei der Rahmung durch Konventionen geht es also um die Normativität des Sozialen, denn es wird betont, dass Praktiken wie das Sehen und Gesehen-Werden immer bestimmten Regelhaftigkeiten unterliegen. Für die queer theory ist der Hinweis auf diese Regelulatorien und ihre praktische Reproduktion ebenso bedeutend wie die Frage nach den Möglichkeiten, sie zu unterlaufen.

Als Gemeinsamkeiten in den unterschiedlichen Feminismen – oder zumindest als roter Faden, der feministische Diskurse durchzieht –, lassen sich zwei grundlegende Herangehensweisen an Kunst ausmachen. Zum einen wird Kunst als Teil einer historisch-patriarchalen Arbeitsteilung begriffen. Diese äußerte sich in der trennenden Zuschreibung von bildender Kunst als männliche und Handwerk als weibliche Tätigkeit (und hatte schließlich auch den Ausschluss von Frauen von der Kunstausbildung bis ins späte 19. Jahrhundert zur Folge). Diese Arbeitsteilung kommt aber bis heute in den genderspezifischen Bild- und Blickregimen zum Ausdruck. Die Kritik an der Dominanz patriarchaler Werte, die der ideologiekritische Feminismus (innerhalb und außerhalb der Kunstgeschichte) betrieben hatte, setzt sich in der Kritik an den heteronormativen Rahmungen der Bildproduktion und -rezeption fort. Auch hier geht es

hinsichtlich der Kriegsfotografie kaum haltbar, geschweige denn für andere, weniger in geopolitische Operationen eingebundene visuelle Produktionen; ebd.

363 Kaja Silverman: »Dem Blickregime begegnen.« In: Christian Kravagna (Hg.): *Privileg Blick. Kritik der visuellen Kultur*. Berlin: ID Verlag 1997, S. 41-64, hier S. 58.

um die materielle Prägung der Wahrnehmung gemäß einer männlich geprägten Normativität.

Zum anderen wird Kunst aber trotz dieser kritisierten patriarchalen Grundlagen auch als Raum oder Feld von Möglichkeiten begriffen, in dem die Chance auf ein selbstbestimmtes Leben auch für Frauen (und nicht binär kodierte Menschen überhaupt) größer ist als in anderen gesellschaftlichen Bereichen. Auch in dieser Hinsicht lässt sich ein roter Faden vom ideologiekritischen zur queeren Feminismus ausmachen: Die positive Wertung von eigenem Einkommen, freier Zeiteinteilung und schöpferischer Tätigkeit bei Friedan und de Beauvoir setzt sich in der positiven Auffassung von Drag Performances bei Butler fort, denn die eine wie die andere Kunstpraxis wird als Erweiterung von Handlungsspielräumen begriffen. Diese Handlungsräume sollen nicht zuletzt durch den Hinweis auf die performative Konstitution von Geschlecht selbt eröffnet werden – trotz aller systematischen Gewalt, der solche Abweichungen von der heteronormativen Regel (wie schöpferische Tätigkeit und Drag Performances) ausgesetzt sind. Insofern wird im Kontext von Kunstpraktiken auch eine größere Möglichkeit als anderswo gesehen, auf strukturelle Bedingungen – »regelgeleitete Diskurse« nach Butler – hinzuweisen (und sie damit letztlich auch handhabbar zu machen und zu verändern).

II.

Friedan stellt eine Art allgemeine geistige Regression der US-amerikanischen Gesellschaft nach dem Krieg fest (»Wir alle kehrten zurück in die gemütliche häusliche Geborgenheit unserer Kinderzeit«[364]), von der auch die Kunst nicht ausgenommen ist. Anstatt sich mit Fragen der Politik zu beschäftigen, »sich über Ziele der Allgemeinheit auszulassen«, hätten sich die Maler – Friedan hat hier vor allem die tonangebenden männlichen Künstler im Blick – in einen abstrakten Expressionismus zurückgezogen, »der sich diszipliniert gebärdete und die Flucht vor dem Sinn glorifizierte.«[365] Es ist dies in etwa auch der Vorwurf, den Simone de Beauvoir einige Jahre zuvor einer »ästhetischen Haltung« insgesamt

364 Friedan 1970, a.a.O., S. 126.

365 Ebd., S. 127.

gemacht hat. Mit Abstand zum gesellschaftlichen Sein dessen verschiedenste Verkörperungen betrachten zu können, »einzig und allein durch eine interessenlose Betrachtung mit der Welt verbunden zu sein«[366], definiert de Beauvoir in Anlehnung an Kant als ästhetische Haltung. Sie beschreibt sie als eine Art und Weise, »der Wirklichkeit der Gegenwart zu entfliehen«[367]. Die KünstlerInnen könnten demgegenüber die Welt nur zum Ausdruck bringen, formuliert sie als Anspruch, indem sie sich als in die Welt hineingestellt betrachten.

Die Kritik an der ästhetischen Haltung ist nicht nur als Kritik an der politischen Enthaltsamkeit von KünstlerInnen zu verstehen. Es geht dabei auch grundsätzlicher um eine Kritik am ganzen gesellschaftlichen Bereich ästhetischer Praxis – Schöpfung wie Wertschätzung, Produktion wie Rezeption –, der letztlich als Produkt eines historischen, patriarchalen Privilegs ausgewiesen wird. Denn das Einklagen von (weiblicher) Erfahrung in die kunsttheoretische und künstlerische Auseinandersetzung zielt nicht nur auf konkrete Ausschlüsse spezifischer Menschen, nämlich Frauen. Die Betonung von (weiblicher) Erfahrung zielt darüber hinaus auch auf die allgemeine Konstitution eines gesellschaftlichen Bereiches, für den die Erfahrung – also jegliche Erfahrung von Bildung, Sozialisation, sozialen Beziehungen – zugleich grundlegend ist und grundlegend geleugnet wird. Die ›ästhetische Haltung‹, die vorgibt, losgelöst von konkreten Erfahrungen zu existieren bzw. möglich zu sein, ist in Wirklichkeit ein historisch entstandenes, bürgerlich-patriarchales Privileg (man muss sich die von praktischem Nutzen losgelöste Betrachtung sprichwörtlich leisten können). Als ein solches Privileg wurde die ästhetische Haltung zur Norm (des Kunstbereiches) gemacht und gleichzeitig in seiner Historizität geleugnet. Dieser Aspekt der Kritik der Grundlagen des ästhetischen Bereiches durchzieht feministische Ansätze wie auch jene der Schwarzen Kultur-

366 Simone de Beauvoir: »Für eine Moral der Doppelsinnigkeit.« In: Dies.: *Soll man de Sade verbrennen? Drei Essays zur Moral des Existenzialismus.* [1955] Reinbek bei Hamburg: Rowohlt Verlag 1983, S. 77-192, hier S. 128.

367 Ebd., S. 129.

kritik und führt schließlich auch zur Ablehnung der Wesensanalyse von Kunstwerken durch die und in den materialistischen Praxistheorien.[368]

Nichtsdestotrotz blieben aber auch die konkreten Ausschlüsse zentrales Thema und Ausgangspunkt feministischer Kritik am und im Kunstfeld. Schließlich war es mit der Befreiung auch im relative Freiheiten gewährenden Bereich der Kunst nicht so einfach. Das Kunstfeld unterschied sich in geschlechterpolitischer Hinsicht, d.h. in seiner patriarchalen Prägung, kaum von anderen gesellschaftlichen Feldern. Als die UNO für 1975 das »Jahr der Frau« ausgerufen hatte und die Erste Weltfrauenkonferenz im selben Jahr (19. Juni bis 02. Juli 1975) in Mexiko-Stadt stattfand, hatte das Museo de Arte Moderno eine Ausstellung mit dem Titel »La Mujer como Creadora y Tema del Arte« (»Die Frau als Schöpferin und Thema der Kunst«) organisiert. »Ironischerweise«, kommentiert die schon erwähnte feministische Künstlerin Mónica Mayer rückblickend, »waren die meisten Teilnehmer Männer.«[369] Waren in den Frauenbewegungen der 1970er-Jahre Vergewaltigung und Abtreibung die »brennenden Fragen«[370], so ging es grundsätzlich auch um die generellen politischen und kulturellen Ausschlüsse von Frauen. Das betraf selbstverständlich auch das Kunstfeld. Parallel zu den inhaltlichen und organisatorischen Entwicklungen der Frauenbewegung wurde auch dieser Art Exklusion einerseits das Einklagen von Frauen in die Räume des Mainstreams, andererseits das Etablieren ›eigener‹ Orte entgegengesetzt.

Die Kunsthistorikerin Linda Nochlin (*1931) befragt 1971 den strukturellen Ausschluss von Frauen von bzw. aus der Kunst systematisch mit

368 Die Wesensanalyse von Kunstwerken, schreibt Pierre Bourdieu, verallgemeinert »die jeweils partikularen Eigenschaften einer Erfahrung, die das Produkt des Privilegs, d.h. von außergewöhnlichen Erwerbsbedingungen ist, stillschweigend zur universellen Norm einer jeden Praxis [...], die sich als ästhetische versteht.« Pierre Bourdieu: »Die historische Genese der reinen Ästhetik.« In: Ders.: *Kunst und Kultur. Kunst und künstlerisches Feld. Schriften zur Kultursoziologie 4*. Hgg. von Franz Schultheis und Stephan Egger. Konstanz: UVK 2011, S. 289-307, hier S. 292 f.

369 Mónica Mayer: »On Life and Art as Feminist.« In: *n.paradoxa*, online issue Nr. 8, Nov. 1998, und Nr. 9, Feb. 1999, S. 47-58, hier S. 48.

370 Ebd.

der Frage »Warum hat es keine großen Künstlerinnen gegeben?«[371] In ihrem enorm einflussreichen Aufsatz gleichen Titels hebt sie einerseits die prinzipielle Geschlechterdiskriminierung im Kunstsystem hervor, durchaus auch mit empirisch-soziologischen Verweisen etwa darauf, dass Frauen noch bis ins späte 19. Jahrhundert von der Kunstausbildung ausgeschlossen waren. Neben diesen institutionellen Schranken betont sie auch die klassen- und familienbedingten Voraussetzungen der Teilhabe am Kunstsystem: Sie hebt hervor, dass eine bürgerliche Herkunft und ein Verwandtschaftsverhältnis zu einem (männlichen) Künstler die Wahrscheinlichkeit für den Erfolg von Frauen im Kunstfeld immens erhöhen. Darüber hinaus stellt sie aber auch die Parameter solchen Erfolgs infrage, sie identifiziert also die Kategorie ›große Kunst‹ bzw. ›großeR KünstlerIn‹ als ideologisches Narrativ des Kunstfeldes.

Auch die Kunstkritikerin Lucy Lippard (*1937) gehört zu denjenigen Theoretikerinnen, die bereits in den 1960er-Jahren das Kunstfeld selbst zum Gegenstand ihrer feministischen Kritik machten. Als Kunstkritikerin und Mitglied der *Art Workers Coalition* (1969–1971), die sich in New York Ende der 1960er-Jahre als Zusammenschluss politisch aktiver KünstlerInnen gründete, thematisiert Lippard den Begriff der Arbeit sowie die Arbeitsbedingungen im künstlerischen Feld. Die Arbeit von Frauen sei ein Kernthema des Feminismus, schreibt Julia Bryan-Wilson, »and questions of labor were central for Lippard as she grew to understand her feminist and art-critical pursuits as gendered forms of work.«[372] Auch sie geht zunächst von der eigenen Erfahrung als Mutter aus. »Herewith the 22 reviews«, schreibt sie 1964 in einer Nachricht an den Redakteur einer Kunstzeitschrift, »Hope they make whatever the deadline is. Slight delay as I had a baby last week.«[373] Lakonisch kritisiert sie hier, dass Mutterschaft als Hindernis für die ›eigentliche‹ Arbeit als Kunstkritikerin und nicht als eigenständige Arbeit begriffen wird. In einem Artikel von 1973 mit dem Titel »Household Images in Art« bespricht

371 Linda Nochlin: »Why have there been no great women artists?« [1971] In: Dies.: *Women, Art, and Power and Other Essays.* London: Thames & Hudson 1988, S. 145-178.

372 Julia Bryan-Wilson: *Art Workers. Radical Practice in the Vietnam War Era.* Berkeley: University of California Press 2009, S. 129.

373 Zit. n. Bryan-Wilson 2009, a.a.O., S. 127.

Lippard einige künstlerische Arbeiten von Frauen, in denen Haus- und Care-Arbeit thematisiert wird. Frauen thematisierten Hausarbeit und Bilder davon in der Kunst, so Lippard, »because it's there, because it's what they know best«[374]. Gesellschaftliche Arbeitsteilung, insbesondere in ihrer geschlechterpolitischen Dimension, zog mit der Zweiten Frauenbewegung und dem Feminismus auch als Thema in die Kunst ein. Die von Frauen geleistete Haus- und Reproduktionsarbeit war ein zentrales Thema des Feminismus der 1970er-Jahre. Feministische Soziologinnen wie Claudia von Werlhof sahen die Hausarbeit als das Paradigma, das die industrielle Lohnarbeit ablösen würde. In einem mit dem programmatischen, aber doch mit Fragezeichen betitelten Text »Der Proletarier ist tot. Es lebe die Hausfrau?« von 1983 vertritt von Werlhof die These, »daß die Prinzipien der Organisation der Hausarbeit unsere Zukunft bestimmten werden«[375], eine Arbeit geprägt von permanenter physischer und affektiver Verfügbarkeit. Damit nimmt sie auch zentrale Motive der erst seit einigen Jahren geführten Debatte um Prekarisierung und prekäre Arbeitsverhältnisse vorweg. Seit den späten 1990er-Jahren wird in dieser Debatte darauf hingewiesen, dass sich die Verfügbarkeit der Körper über die reine Lohnarbeitszeit hinaus ausweitet und dass eine Ausweitung der Wertschöpfung auch im Hinblick auf die Affekte stattfindet. (Dieser Aspekt der Transformation der Produktionsverhältnisse hin zu einer affektiven Wertschöpfung wird nicht zuletzt zentrales Moment in der postoperaistischen Theorie, vgl. Kapitel 10).

Die Frage der Hausarbeit wurde auch von feministischen Theoretikerinnen als zentrale Frage an Kunst angelegt – so etwa in Form von Betty Friedans Vorstellung von erfüllender Arbeit für Frauen. Allerdings bringt nicht nur die Theorie und/oder die Kunstkritik die Frage der Reproduktionsarbeit in die Kunst, sondern auch Künstlerinnen selbst warfen sie auf: Die Künstlerin Mierle Laderman Ukeles unterscheidet

374 Lucy Lippard: »Household Images in Art.« In: Dies.: *From the Center. Feminist Essays on Women's Art*. New York: E.P. Dutton 1976a, S. 56-60, hier S. 56.

375 Claudia von Werlhof: »Der Proletarier ist tot. Es lebe die Hausfrau?« [1983] In: Ulla Wischermann/Susanne Rauscher/Ute Gerhard (Hg.): *Klassikerinnen feministischer Theorie. Grundlagentexte, Band II (1920–1985)*. Königstein/Taunus: Ulrike Helmer Verlag 2010, S. 197-208, hier S. 203.

in ihrem berühmten »Maintenance Art Manifesto« (1969) zwischen schöpferischen Entwicklungs- und reproduktiven Instandhaltungsarbeiten. Während die eine den Männern vorbehalten ist, führen Frauen die andere aus – was Ukeles mit ihren Performances, in denen sie Vitrinen im Museum abstaubt, anhand des Kunstfeldes exemplifiziert hat. Wie auch in den Videoarbeiten der Künstlerin Martha Rosler werde bei Ukeles, so die Kunsthistorikerin Helen Molesworth in ihrem Aufsatz »House work and art work«, die Instandhaltungsarbeit als eine begriffen, die wie »die politische Herrschaft«[376] unsichtbar das Leben strukturiert.

Gegenüber diesen negativen Einschätzungen von der Kunst als Ort des politischen Eskapismus und/oder der Reproduktion patriarchaler Muster, sind gerade innerhalb des Feminismus auch andere Versuche unternommen worden, Kunst als Teil der kulturellen Sphäre insgesamt zu begreifen, in der auch Einstellungsmuster und im weiteren Sinne politische Bedeutungen – wie etwa jene von Arbeit – verhandelt werden. Das feministische Projekt kann insofern prinzipiell als eines begriffen werden, in dem Inklusion und Transformation, also die Forderung nach Teilhabe und die Forderung nach Veränderung, Hand in Hand gingen, oder besser, sich in konfliktivem Mit- und Nebeneinander befanden und befinden: Sabine Hark etwa nennt ihre Diskursgeschichte des Feminismus programmatisch *Dissidente Partizipation* (2005). Sie beschreibt (ohne auf Kunst einzugehen) die Geschichte des feministischen wissenschaftlichen Wissens als eine »Geschichte *umstrittenen Wissens*«[377]. Was sie hier für das wissenschaftliche Feld aufzeigt, gilt auch für das künstlerische Feld: Die paritätische Partizipation wird eingefordert und ist zugleich umstritten. Das Partizipieren ist immer insofern umstritten, als es der Kritik ausgesetzt ist, die Transformation des jeweiligen Feldes und der Gesellschaft überhaupt zu verhindern (oder nicht schnell genug oder in der falschen Form herbeizuführen). Zu jenen, die die Transformation durch – mit Hark gesprochen: dissidente – Partizipation in Bezug auf

376 Helen Molesworth: »Hausarbeit und Kunstwerk.« In: Alexander Alberro und Sabeth Buchmann (Hg.): *Art After Conceptual Art*. Wien/Köln: Generali Foundation/Verlag der Buchhandlung Walther König 2006, S. 73-93, hier S. 89.

377 Sabine Hark: *Dissidente Partizipation. Eine Diskursgeschichte des Feminismus*. Frankfurt am Main: Suhrkamp Verlag 2005, S. 267.

das Kunstfeld betont haben, gehörte auch Lucy Lippard. Sie versteht Kunst als Teil einer kulturellen Bewegung, in der es nicht nur um kunstgeschichtliche Einschreibungen, sondern auch um feldexterne Effekte geht, nämlich prinzipiell um die Verwirklichung demokratischer Lebensverhältnisse. Sie wendet sich gegen das Diktum von der Machtlosigkeit der Kunst und schreibt 1984: »If the first ingredient of art's power is its ability to communicate what is seen – from the light on an apple to the underlying causes of world hunger – the second is control over the social and intellectual contexts in which it is distributed and interpreted.«[378] Das Sichtbarmachen von bis dahin nicht oder anders Gesehenem und die Kontrolle über die Verteilungs- und Interpretationsweisen ihrer selbst sind also die Möglichkeiten, die Lippard für die Kunst behauptet.

Der Stellenwert der Kunst als Teil der gesamten kulturellen Sphäre wird auch dann noch einmal betont, wenn sie in ihren Austauschverhältnissen mit anderen, nicht-künstlerischen Praktiken analysiert wird. Im Feminismus wurde das immer wieder am Beispiel des Verhältnisses von Kunstproduktion und sozialen Bewegungen getan – nicht zuletzt wohl deshalb, weil der Feminsmus selbst in beiden Bereichen sehr präsent war. Auch wenn sie die Ausnahmen innerhalb der Kunstgeschichte bleiben: Es sind vor allem Kunstkritikerinnen und Kunsthistorikerinnen selbst, die im Anschluss an die (allgemeine) kulturelle Bedeutung von (spezifischen) Kunstpraktiken auch die Rolle von sozialen Bewegungen betonen – als Einflussfaktoren für die Kunst wie auch als Trägerinnen sozialen Wandels. Feministische Inhalte und Formen in der Kunst reagieren zwar zweifellos – wie alle Kunstformen und Kunstinhalte – auf frühere kunstinterne Entwicklungen. Dennoch lässt etwa die Performance-Theoretikerin Peggy Phelan in ihrer Überblicksdarstellung zu Recht keinen Zweifel an den externen Einflüssen: »Den ersten nachhaltigen Impuls für die Entwicklung einer feministischen Kunst gab, angefacht von der Bürgerrechts- und Antikriegsbewegung in den Vereinigten Staaten und den Studentenunruhen

378 Lucy Lippard: »Trojan Horses: Activist Art and Power.« In: Hilary Robinson (Hg.): *Feminism – Art – Theory. An Anthology 1968–2014*. Malden, MA / Oxford 2015, S. 69-79, hier S. 73.

in Frankreich, auch die Frauenbewegung.«[379] Ein Zusammenhang von Kunstproduktion und sozialen Bewegungen wird hier wie selbstverständlich hergestellt, in den Fachdebatten »bildet sich diese vermeintliche Selbstverständlichkeit aber kaum ab«[380], der Zusammenhang bleibt auch in der theoretischen Auseinandersetzung der Linken mit der Kunst eher untertheoretisiert.

Mit der Betonung der Möglichkeit, durch Kunst bis dahin Unsichtbares sichtbar zu machen und die Kontrolle über die Interpretationsweisen zu erlangen, wird der Kunst kein geringer Stellenwert innerhalb sozialer Verhältnisse eingeräumt. Dieser Stellenwert wird noch bestätigt durch die Hervorhebung des Kunstbereichs als zwar patriarchal geprägt und Ergebnis patriarchaler Arbeitsteilung, aber eben doch auch als eine gesellschaftliche Sondersphäre, in der die Selbstständigkeit von Frauen anders und zuweilen besser erreicht werden kann als anderswo.

III.

Auf der bürgerlichen Trennung in Öffentlichkeit und Privatheit beruhend, war es für Frauen lange nicht leicht, sich in einer Sphäre wie der Kunst zu behaupten, aus der sie Jahrzehnte, wenn nicht Jahrhunderte lang ausgeschlossen waren. Dennoch fanden Frauen zum Kunstfeld leichter Zugang (auch in sogenannte Spitzenpositionen) als etwa in anderen gesellschaftlichen Feldern wie etwa der Ökonomie. Dies geht zurück auf ihre Rolle in den halböffentlichen Salons des 19. Jahrhunderts und hat zugleich mit der untergeordneten Rolle des Kunstfelds im sozialen Raum insgesamt zu tun. Der Erfolg von Frauen im kulturellen Feld ist letztlich paradox, denn, wie eine neuere Studie von Katrin Hassler aufzeigen kann, die »Übernahme mit relativer Macht ausgestatteter Platzierungen« gehen einher mit der »Perpetuierung geschlechtlicher symbolischer Machtverhältnisse«[381]. Dies äußert sich in vielen Aspekten: Frauen

379 Phelan 2005, a.a.O., S. 19.

380 Jens Kastner: *Kunst, Kampf und Kollektivität. Die Bewegung* Los Grupos *im Mexiko der 1970er-Jahre*. Berlin: edition tranvía – Verlag Walter Frey 2019, S. 166.

381 Katrin Hassler: *Kunst und Gender. Zur Bedeutung von Geschlecht für die Einnahme von Spitzenpositionen im Kunstfeld.* Bielefeld: transcript Verlag 2017, S. 271.

müssen mehr Bildungskapital aufbringen, um die gleichen Positionen einzunehmen wie Männer; Frauen sind besonders dort auch in höheren Positionen präsent, wo das Kunstfeld besonders wenig Reputation hat (also in der geografischen Peripherie), steigt die Reputation, wie etwa im Galeriewesen, nimmt der Männeranteil zu; Frauen sind vor allem in den vermittelnden, weniger in den produzierenden Bereichen des Feldes erfolgreich; die finanziellen Einnahmen im oberen Segment des Kunstmarktes betragen für Frauen immer noch bloß rund ein Zehntel der Erträge, die männliche Künstler erzielen.

Nicht zuletzt aufgrund dieser Dominanzverhältnisse, die in den 1960er-Jahren und ungleich krasser ausgeprägt waren, kam in der Zweiten Frauenbewegung auch die Forderung nach Frauenräumen auf, die gleichermaßen als Schutzräume vor patriarchalen Anforderungen und Angriffen wie auch als Trainingsräume für die Praxis in dominanzgesellschaftlichen Räumen, also der Normalität, begriffen wurden. Auch Lucy Lippard vertrat 1976 im Vorwort ihrer Textsammlung über Künstlerinnen einen solchen, separatistischen Standpunkt. »I am all in favor of a separatist art world for the time being – separate women's schools, galleries, museums – until we reach the point when women are as at home in the world as men are.«[382]

Diese separatistische Haltung war letztlich auch eine Reaktion auf die patriarchale Nicht-Anerkennung weiblicher Subjektivität und eine ermächtigende Reaktion auf sie. Diese Nicht-Anerkennung hatte auch in der Kunst ihren spezifischen Ausdruck gefunden. Simone de Beauvoir etwa hatte in dieser Hinsicht das idealisierende Frauenbild des Surrealisten André Breton scharf kritisiert. Zwar findet sich bei Breton vordergründig eine deutliche Parteinahme für »die Frau« als Inbegriff des Neuen, des Menschlichen und des Friedfertigen statt, das gegen das Bestehende gesetzt wird. Die Weiblichkeit führe hier »in die Zivilisation das *andere* Element ein, die Wahrheit des Lebens und der Poesie, die allein die Menschheit erlösen kann.«[383] Wäre die Frau einfach nur Mensch,

382 Lucy Lippard: »Introduction: Changing Since *Changing.*« In: Dies.: *From the Center. Feminist Essays on Women's Art.* New York: E.P. Dutton 1976b, S. 1-11, hier S. 11.

383 de Beauvoir 1968, a.a.O., S. 239.

bemerkt de Beauvoir, tauge sie wohl nicht zur Rettung der Welt. »Sie ist die Poesie an sich, unmittelbar, das heißt für den Mann; es wird uns nicht gesagt, ob sie sie auch für sich selber ist. Breton spricht nicht von der Frau als Subjekt.«[384]

Ausbildung und Anerkennung der Subjektivität von Frauen wurden daher auch ins Zentrum der Erwartungen an Kunstpraxis gerückt. Die (von Valie EXPORT angesprochene) »weibliche Erfahrung« – auch als das zu verstehen, was Lucy Lippards »what we know best« nennt –, war die Grundlage dieser Subjektivität. Die »weibliche Erfahrung« wurde aber bald zu einer ambivalenten Kategorie: Einerseits wurde die Betonung der eigenen Erfahrung als notwendig erachtet, um der »Auslöschung der kulturellen Leistung von Frauen«[385] zu begegnen. So schreibt es Gisela Breitling noch im Jahr 2000 in der Ausgabe der *beiträge zur feministischen theorie und praxis* zum Thema Kunst und Kultur (»kreativ/dekorativ«). Die »weibliche Erfahrung« stellte damit auch eine neue (und noch stetig auszubildende) Grundlage für künstlerische Praxis (und Praxis von Frauen schlechthin) dar, die als ermächtigend gesehen wurde. Andererseits beinhaltete die Vorstellung von »weiblicher Erfahrung« aber auch vereinheitlichende und essenzialisierende Momente: Vereinheitlichend, weil unterstellt wird, es gäbe bestimmte Erfahrungen, die allen Frauen gleichermaßen eigen wäre, unabhängig von Alter, sexuellem Begehren, ethnisch zugeschriebener Existenzweise und historischer Verortung; essenzialisierend, weil genau diese Vorstellung von einheitlicher Erfahrung zusätzlich noch an (weibliche) Körperlichkeit als vermeintlich unveränderliche Materialität geknüpft wurde. Die Kunstgeschichte seit der zweiten Hälfte des 20. Jahrhunderts ist voll von feministischen Auseinandersetzungen zu beiden Problematiken. Nancy Fraser etwa nennt solche positiven Bezugnahmen auf Identitäten wie Weiblichkeit oder Frau-Sein »affirmative Strategien«[386] und sagt ihnen nach (ohne sich auf Kunst

384 Ebd.

385 Gisela Breitling: »Bildersturm. Fünf Räsonnements über Kunst, Geschlecht und Schönheit.« In: *beiträge zur feministischen theorie und praxis*, Heft 55, Köln 2000, S. 9-18, hier S. 10.

386 Fraser 2003, a.a.O., S. 106.

zu beziehen), »kollektive Identitäten zu verdinglichen«[387]. Sich auf identitäre Momente (wie gemeinsam geteilte Erfahrungen) zu beziehen, um gegen Ausgrenzung und Diskriminierung vorgehen zu können, ohne Identitäten dabei zu verdinglichen und zu fetischisieren, wurde daher zu einem zentralen Anliegen verschiedenster feministisch orientierter Kämpfe und Debatten.

Die Politisierung der Subjektivitäten und ihre Identitätspolitiken boten vor allem drei Angriffspunkte. Alle drei formulieren unterschiedlich motivierte Kritiken an Vereinheitlichung und Essenzialisierung. In der Theorie wandten sich erstens Schwarze Feministinnen bereits in den 1970er- und 80er-Jahren gegen den impliziten Anspruch weißer Mittelschichtsfeministinnen, alle Frauen oder die Frau an sich repräsentieren zu können. Bezogen auf die Kunst griff Michelle Wallace den Titel Linda Nochlins auf und fragte ebenso rhetorisch wie diese »Why Are There No Great Black Artists?« (1992). Zwar gelte die institutionelle Ausgrenzung und die ausschließende Konstruktion von »Größe« in der Kunst für Schwarze wie für Frauen. Und dennoch, insistiert Wallace, »[i]n no theoretically useful way whatsoever are blacks *like* women.«[388] Der Ausschluss und die Diskriminierung von Schwarzen vollzieht sich anders, ist anders legitimiert und leitet sich historisch völlig anders her als Ausschluss und Diskriminierung von Frauen. Ausschlussmechanismen müssen demnach nicht summarisch, sondern spezifisch untersucht werden. Zweitens machte der queere Feminismus ab den frühen 1990er-Jahren klar, dass Körperlichkeit keine Naturtatsache ist, sondern dass auch der Körper – in den Worten Judith Butlers – als sozialer »*Prozeß der Materialisierung*«[389] zu begreifen ist, der nicht jenseits sozialer Normen und Normierungen zur relativ stabilen Einheit wird. Auch wenn Butler kaum auf zeitgenössische Kunst eingeht, ist doch die Drag Performance immer wieder Ausgangspunkt ihrer Überlegungen zur Veränderung der Ontologie der Geschlechter und

387 Ebd.

388 Michelle Wallace: »Why Are There No Great Black Artists? The Problem of Visuality in African-American Culture.« In: Gina Dent (Hg.): *Black Popular Culture*. Seattle: Bay Press 1992, S. 333-346, hier S. 342.

389 Judith Butler: *Körper von Gewicht. Die diskursiven Grenzen des Geschlechts*. Berlin: Berlin Verlag 1995, S. 31.

der Geschlechterverhältnisse. Was Drag – letztlich auch als künstlerische Praxis – aufzeigen könne, sei »dass (1) diese ontologischen Annahmen wirksam sind und (2) dass sie der Reformulierung zugänglich sind.«[390] Es besteht demnach also die Möglichkeit, in die Materialisierung einzugreifen, sie ist kein natürlicher Prozess. Dass solche Reformulierungen sich nicht nur auf Ideen und Konzepte beziehen, sondern tatsächlich materielle soziale Wirklichkeiten betreffen, macht Butler ebenfalls deutlich. »Was auf der Ebene der kulturellen Phantasie wirksam ist«, schreibt sie, »lässt sich letztlich nicht davon trennen, in welcher Weise das materielle Leben organisiert ist.«[391] Eine dritte Angriffsfläche gegenüber dem Konzept »weiblicher Erfahrung« (im weitesten Sinne) entstand im Kontext der neoliberalen Veränderung der kapitalistischen Inwertsetzung. Ein Feminismus, der weibliche Erfahrung als Ausgangspunkt für die Stärkung individueller Ausdrucksweisen fördert, aber systematische Ungleichheit unangetastet lässt – von Andi Zeisler als »Markfeminismus« bezeichnet –, geriet in die Kritik. Ihm wurde und wird Individualismus vorgeworfen, also Ermächtigung und den Rückbezug auf weibliche Erfahrung bloß noch als individuellen Lebensstil zu denken und zu praktizieren. Angesichts dieses individualistischen Fokus macht sich eine »Ermächtigungsermüdung«[392] breit, also eine ebenfalls feministisch motivierte Infragestellung des Empowerment und des besonderen weiblichen Lebensgefühls durch Kosmetikprodukte, Ernährungsverhalten, Sexual- und kulturelle Praktiken. Diese (feministische) Kritik an der Vereinbarkeit von (neoliberalem) »Markt« und (individualistischem) »Feminismus« ging aber noch weiter. Auch die Betonung von Reproduktionsarbeit und affektiver Arbeit, des ganzen als »privat« konzipierten und Frauen zugedachten Bereichs menschlicher Tätigkeiten erwies sich als ambivalent. Wurde die zuschreibende Konnotation – Frau und Reproduktion – einerseits verdammt, wurden andererseits auch emanzipatorische Potenziale in der Politisierung des Reproduktionsbereiches ausgemacht. Die Politisierung der Reproduktion zielte darauf ab, die bis dato aus dem Politischen ausgeklammerten

390 Judith Butler: *Die Macht der Geschlechternormen und die Grenzen des Menschlichen.* Frankfurt am Main: Suhrkamp Verlag 2009, S. 340.

391 Ebd.

392 Zeisler 2017, a.a.O., S. 197.

Tätigkeiten von der Kinderbetreuung bis zur Sorge-Arbeit insgesamt als Teil einer (nicht-staatlichen) Arbeit am Gemeinwohl anzuerkennen. Diese Politisierung der Reproduktion wurde schließlich kritisiert, weil sie zu unreflektiert geschehen sei. Dem Staat die Zuständigkeit für Sorge und Gemeinwohl abzusprechen, darin wurde später eine Gemeinsamkeit mit dem neoliberalen Paradigma des »schlanken Staates« gesehen. In den emanzipatorischen Hoffnungen wurde diese spätere – vermeintliche oder tatsächliche, das wäre zu diskutieren – neoliberale Inwertsetzung jedenfalls selten antizipiert. »Lippard's texts from the 1970s are the best possible evidence«, schreibt Sabeth Buchmann in diesem Sinne, »that the feminist project, in its close engagement with the so-called private sphere, was unaware of the pitfalls behind identity politics.«[393] Dass die befreienden Ansprüche relativ leicht zu konterkarieren waren, wurde demnach zu wenig reflektiert. Auch die feministische Cultural Studies-Theoretikerin Angela McRobbie (*1951) widmet sich dieser neoliberalen Indienstnahme. Sie geht zwar davon aus, dass der individualisierende Gender-Diskurs »sich vor allem im Bereich der Populärkultur entfaltet«[394]. Sie spricht aber auch direkt die Rolle des Kunstfeldes an und beschreibt dabei unter anderem die »passionate work«[395], die leidenschaftliche und gerade im Kunstbereich aktualisiert Form von Arbeit, als Teil einer »re-traditionalization«[396] von Geschlechterrollen im postfordistischen Kapitalismus. Gerade die hingebungsvolle Beziehung zur Arbeit, in künstlerischen Lebensmodellen entworfen und praktiziert und nicht zuletzt vom Feminismus forciert, wurde demnach integriert und abgeschöpft. Hier eine feministische Kritik anzulegen bedeute, so McRobbie, »seeing that labour market participation in the post-Fordist economy marks both

393 Sabeth Buchmann: »Introduction: From Conceptualism to Feminism.« In: Cornelia Butler and other authors (Hg.): *From Conceptualism to Feminism. Lucy Lippard's Numbers Shows 1969–74.* London: Afterall 2012, S. 8-15, hier S. 15.

394 Angela McRobbie: *Top Girls. Feminismus und der Aufstieg des neoliberalen Geschlechterregimes.* Wiesbaden: VS Verlag 2010, S. 51.

395 Angela McRobbie: »The Gender of Post-Fordism: ›Passionate Work', ›Risk Class' and ›A Life of One's Own'.« In: Dies.: *Be Creative. Making a Living in the New Culture Industries.* Cambridge / Malden, MA 2016, S. 87-114, hier S. 110.

396 Ebd.

the summation of changes brought about by feminism, and its limits.«[397] Diese Reflexion auch der eigenen Eingebundenheit ist zentrale Aufgabe des feministischen Projekts. Sie dient aber nicht der reinen Selbstbespiegelung, sondern der Aufrechterhaltung der Möglichkeit des »*Anders-Denkens*«[398] – nach Hark heißt Anders-Denken »vom Standpunkt des Möglichen das historisch Gewordenene betrachten«[399]. Und das Anders-Denken kann schließlich sicher auch als eine der Voraussetzungen für das Anders-Machen begriffen werden.

397 Ebd.

398 Hark 2005, a.a.O., S. 395.

399 Ebd.

07. »Ohne Unterdrückung und ohne Rassismus kein Blues« Kunst und Black Liberation

I.

In seiner Rede für den I. Kongress schwarzer Schriftsteller und Künstler in Paris 1956 widmet sich der antikoloniale Theoretiker, Psychiater und Aktivist Frantz Fanon (1925–1961) dem Wechselverhältnis von Rassismus und Kultur. Auch wenn er der kulturellen Produktion im engeren Sinne in dem Text wenig Aufmerksamkeit schenkt, lässt er doch keinen Zweifel an deren Relevanz im Hinblick auf strukturelle Unterdrückung. »In der Literatur, den bildenden Künsten, den Gassenhauern, den Sprichwörtern, den Gewohnheiten, den *patterns* schlägt sich der Rassismus immer von neuem nieder, entweder in der Absicht, ihn zu verdammen oder ihn zu banalisieren.«[400] Für bestimmte kulturelle Produktionen sei der Rassismus sogar konstitutiv, für die Musik stellt Fanon lakonisch fest: »Ohne Unterdrückung und ohne Rassismus kein Blues.«[401]

In *Die Verdammten dieser Erde* (1961) widmet sich Fanon, der zu »einem Begründer des klassischen Antikolonialismus der nationalen Befreiungsbewegungen und eines anti-begründungslogischen (anti-foundationalist) Postkolonialismus zugleich«[402] wurde, auch der Rolle von Kunst und Kultur im politischen Kampf. Fanons Antikolonialismus war marxistisch geprägt. Es sind seine subjektphilosophischen und sozialpsychologischen Anregungen, die postkolonialistische Theorie inspirierten, und nicht etwa eine mögliche Betonung von Identitätspolitiken. Fanon wandte sich strikt

400 Frantz Fanon: »Rassismus und Kultur.« [1956] In: Ders.: *Das kolonisierte Ding wird Mensch*. Ausgewählte Schriften. Leipzig: Verlag Philipp Reclam jun. 1986, S. 134-148, hier S. 141.

401 Ebd.

402 Udo Wolter: *Das obskure Subjekt der Begierde. Frantz Fanon und die Fallstricke des Subjekts der Befreiung*. Münster: Unrast Verlag 2001, S. 14.

dagegen, im antikolonialen Kampf die »autochthone Kultur«[403] aufzuwerten, und vertrat einen fortschrittsgläubigen Universalismus, in dem die Ausbildung einer antikolonial-nationalen Kultur als Übergangsstadium zu wirklicher Befreiung konzipiert war.[404] Mit einiger Verachtung machte er sich über die linken Intellektuellen an der Rändern der politischen Parteien her, die verbissen nach den Wurzeln einer »nationalen Kultur« in vorkolonialen Zeiten suchten. Der »offen bekannte Glaube an die Existenz einer nationalen Kultur ist im Grunde der leidenschaftliche, verzweifelte Rückgriff auf *irgend etwas.*«[405] Fanon sieht darin vor allem eine intellektuelle Anbiederung an die Gewohnheiten der einfachen Bevölkerung, eine Abwehrbewegung des (der) kolonisierten Intellektuellen gegen seine (ihre) weiße Sozialisation. Diese »Rückzugsbewegung«[406] werde subjektiv als Befreiung erfahren, sie erkläre auch den (künstlerischen) Stil, in dem die kolonisierten Intellektuellen »diese Phase des sich befreienden Bewußtseins ausdrücken wollen.«[407] Fanon diagnostiziert aber auch eine dynamische Wechselbeziehung zwischen der Entwicklung eines antikolonialen, nationalen Bewusstseins in der Bevölkerung und dem Kunstschaffen der Intellektuellen, die ersteres laut Fanon mehr und mehr »präzisiert und verändert«[408]. Es entstehe so etwas wie eine »Kampfliteratur«[409], die sich für soziale Belange einsetze und selbst wiederum das nationale Bewusstsein schule – nationales Bewusstein hier einerseits als antikoloniales, andererseits immer auch als Übergangsphänomen verstanden. In der Malerei wendeten sich zuvor abstrakt arbeitende KünstlerInnen in dem Bestreben, sich der einfachen Bevölkerung anzuschließen, der

403 Frantz Fanon: *Die Verdammten dieser Erde.* [1961] Frankfurt am Main: Suhrkamp Verlag 1981, S. 206.

404 »Die Nation ist nicht nur Bedingung der Kultur, ihres Aufschwungs, ihrer ständigen Erneuerung, ihrer Vertiefung. Sie ist auch eine Notwendigkeit. Der Kampf für die nationale Existenz gibt zunächst die Kultur frei, öffnet ihrer Produktion die Türen. Später wird dann die Nation der Kultur die Existenzbedingungen und den Rahmen für ihren Ausdruck sichern.« Ebd.

405 Ebd., S. 184.

406 Ebd., S. 186.

407 Ebd.

408 Ebd., S. 202.

409 Ebd., S. 201.

»genauen Wiedergabe der Realität«[410] zu. Auch im Kunsthandwerk der einfachen Bevölkerung sei die »Auswirkungen des revolutionären Aufschwungs«[411] ablesbar, bis hinein in die Farbgebung! (»Bestimmte Ockerfarben, bestimmte Blaus, die von aller Ewigkeit her innerhalb eines vorgegebenen kulturellen Bereichs verboten schienen, setzen sich ohne Skandal durch.«[412]) Fanon versucht hier also ganz konkret, künstlerische Formensprachen auf soziale Veränderungen zu beziehen. Während es sich beim Kunsthandwerk um sich praktisch und nicht geplant vollziehende Veränderungen handelt, die Fanon nicht weiter wertet, lehnt er die intentionale Hinwendung der kolonisierten MalerInnen zum Realismus als ahistorisch und der sozialen Veränderung hinterher hinkend ab: Man könne sich mit Recht fragen, »ob diese Wahrheit [des Realismus, J.K.] real ist«[413], während sich »das Volk« schon »einen neuen Weg zur Geschichte bahnt.«[414]

Während Fanon hier bereits verschiedene künstlerische Praktiken durchspielt, taucht in den gesellschaftstheoretischen Texten Schwarzer linker TheoretikerInnen und AktivistInnen aus den USA zunächst die Musik auf – und wesentlich weniger die bildende Kunst. Das ist selbstverständlich auf die Geschichte der Sklaverei, die Schwarze Diaspora und die Rolle zurückzuführen, der Musik als häufig einzig mögliche Kulturproduktion dabei zukam. »Die Freiheit, zu malen, Skulpturen zu machen, den Geist durch das Tun zu erweitern, gab es nicht«[415], schrieb die Schriftstellerin Alice Walker (*1944). Das Schwarzsein bzw. die soziopolitische, rassialisierte Zuschreibung zur Gruppe der Schwarzen fundiert auch die gelebten Erfahrungen und ihre potenziellen Effekte wie das Kunstmachen und -rezipieren.

---

410 Ebd., S. 191.

411 Ebd., S. 204.

412 Ebd., S. 204 f.

413 Ebd., S. 191.

414 Ebd.

415 Alice Walker: »Auf der Suche nach den Gärten unserer Mütter. Über Kreativität und schwarze Frauen im Süden.« [1974] In: Max Annas und Martin Altes (Hg.): *Black Beats*. Freiburg: orange press 2003, S. 172-183, hier S. 174.

Hier sind allerdings zwei Anmerkungen einzuschieben. Erstens ist der Hinweis auf die Musik beschreibend und nicht festschreibend gemeint – auch wenn beides häufig kaum zu unterscheiden ist. Die Betonung des Unterschieds ist dennoch wichtig, denn die Kombination der Zeichen Schwarzsein und Musik als Konnotationskette war nicht selten Bestandteil rassistischer Stereotypisierungen. Zwar gab es auch wirksame Versuche, Schwarze Musikgeschichte als Geschichte von Ermächtigungen zu schreiben – zu denen etwa das Buch *Blues People* (1963) des Poeten und Aktivisten Amiri Baraka (1934–2104) gehört. Aber die Verknüpfung von Schwarzsein und Musik ist ambivalent. Schon Fanon schreibt, es sei »keine Utopie, wenn man annimmt, daß in 50 Jahren der Jazz als abgehackter Aufschrei eines armen verflochtenen Negers nur noch von Weißen verteidigt werden wird, die als einzige an dem erstarrten Bild einer bestimmten Verhaltensweise, einer bestimmten Form der Négritude festhalten werden.«[416] Und die bildende Künstlerin und Kunstkritikerin Michele Wallace konstatiert dreißig Jahre später aus dem gleichen Grund im Kontext ihrer Auseinandersetzung mit Schwarzer Kunst und Black Popular Culture, »I am at war with music, to the extend that it completely defines the parameters of intellectual discourse in the African-American community.«[417] Es gibt also auch eine durchgängige Abwehr gegenüber dem vermeintlich besonderen Zugang von Schwarzen zur Musik. Diese abwehrende Haltung ist zweifellos eine Reaktion auf das rassistische Stereotyp, das diese Zuschreibung ebenfalls vornimmt.

Die zweite Anmerkung bezieht sich daran anschließend auf die Kategorisierung ›Black Liberation‹: Auch wenn es selbstverständlich nicht die eine Schwarze Erfahrung unabhängig von Ort und Zeit gibt und die Differenzen zwischen antikolonialen Kämpfen in Afrika und jenen der Bewegung für BürgerInnenrechte in den USA schon Teil der Selbstbeschreibung der AkteurInnen im ganzen 20. Jahrhundert waren, so gibt es doch zweifelsohne gemeinsame Bezugspunkte im Schwarzen linken Antirassismus – ohne zugleich annehmen zu müssen, Rassismus existiere bloß im Singular. Es gibt nicht bloß eine Form von Rassismus, sondern verschiedene, die wiederum historischen und konzeptuellen (also hin-

416 Fanon 1981, a.a.O., S. 205.

417 Wallace 1992, a.a.O., S. 345.

sichtlich seiner pseudo-biologischen und / oder kulturellen Begründungen unterschiedenen) Konjunkturen unterliegen. Aber nicht zuletzt die Repression und der systematisch verhinderte Zugang zu künstlerischen Praktiken machten diese gemeinsamen Bezugspunkte eines linken Schwarzen Antirassismus auch zu Trägerinnen von Befreiungshoffnungen. Umso mehr geht es in dem, was hier etwas vereinheitlichend ›Schwarze linke Theorie‹ genannt wird, um das Potenzial für Ermächtigung durch und mittels kultureller Produktion. Das hat die Theorie der Black Liberation durchaus mit den verschiedenen Varianten der Bezugnahmen auf Kunst etwa im Anarchismus gemein.

In diesem Sinne wird auch schon im Klassiker des US-amerikanischen Soziologen, Philosophen und Journalisten W.E.B du Bois (1868–1963), *Die Seelen der Schwarzen* (1903), die Musik als kulturelles Erbe und zugleich als ermächtigende Ressource der Schwarzen beschrieben. In ihr versammelten sich Geschichte und Geschichten der afrikanischen Diaspora. Die Schwarze populare Musik, rückblickend der »rhythmische Schrei des Sklaven«[418] genannt, beschreibt er zudem als wichtigsten Bestandteil US-amerikanischer kultureller Produktion, wörtlich als den »schönste[n] Ausdruck menschlicher Erfahrung auf dieser Seite des Meeres«[419]. Das Buch beschreibt und interpretiert die Lebensbedingungen Schwarzer US-AmerikanerInnen um die Jahrhundertwende. Du Bois verfasste damit ein viel gelesenes Grundlagenwerk, das, so Henry Louis Gates jr. in der Einleitung, »den kollektiven Text der afroamerikanischen Kultur in Worte zu fassen«[420] in der Lage war. Theoretisch einflussreich war u.a. der darin entwickelte Begriff des »doppelten Bewusstseins«. Es sei den Schwarzen in den USA strukturell verwehrt, ein wahres Selbstbewusstsein zu entwickeln. Ihre Selbstwahrnehmung sei nur durch den und mittels des dominanzkulturellen Blick(s) möglich. »Es ist sonderbar, dieses doppelte Bewusstsein«, schreibt Du Bois, »dieses Gefühl, sich selbst

418 W.E.B du Bois: *Die Seelen der Schwarzen.* [1903] Freiburg: Orange press 2003, S. 253.

419 Ebd.

420 Henry Louis Gates jr.: »Dunkel wie durch einen Schleier. Vorwort.« In: W.E.B du Bois: *Die Seelen der Schwarzen.* [1903] Freiburg: Orange press 2003, S. 7-28, hier S. 28.

immer nur durch die Augen anderer wahrzunehmen, der eigenen Seele den Maßstab einer Welt anzulegen, die nur Spott und Mitleid für einen übrig hat.«[421] Sich selbst nur mit dem Blick derjenigen sehen zu können, die eine/n diskriminieren – diese Beschreibung wird zu einem wichtigen Ausgangspunkt für antikoloniale sowie de- und postkolonialistische Theorie von Frantz Fanon über Glória Anzaldúa bis Paul Gilroy.[422] Denn es geht um die potenziellen Grundlagen sowohl für individuelle psychische Gesundheit als auch für die Konstitution ermächtigender kollektiver Identifizierung. Die Ausbildung von Selbstbewusstsein und Selbstwertgefühl ist immer nur als ein kulturell überdeterminiertes, als ein vermitteltes Verhältnis zu sich selbst möglich. Davon sind auch die Möglichkeiten kollektiver Ermächtigung betroffen. Sie müssen das ›Eigene‹ als potenzielle Ressource des Kampfes immer erst von der abgewerteten, diskriminierenden Zuschreibung loslösen. Das gilt für das ›Eigene‹ als Konglomerat von Verhaltensweisen, also kulturellen Praktiken im Allgemeinen ebenso wie für künstlerische Praxis im Besonderen.

Insofern formuliert Du Bois Beschreibung einer von rassistischer Diskriminierung gekennzeichneten Gesellschaft letztlich Problematiken, die bis heute im Zentrum von (Schwarzer) Kulturtheorie stehen. Das betrifft erstens das jeweilige – gegenwärtige – Verständnis von Kunst und künstlerischer Produktion. Zweitens schafft Du Bois auch die Grundlagen für die Fragen nach dem Umgang damit, in die rassistisch strukturierte Dominanzkultur involviert zu sein.

---

421 W.E.B du Bois 2003, a.a.O., S. 35.

422 Fanon spricht vom »third-person consciousness«, mit dem Schwarze sich wahrnehmen (müssen), Frantz Fanon: *Black Skin, White Masks.* [1952] New York: Grove Press 1967, S. 110. Gloria Anzaldúa nimmt die rassialisierten Zuschreibungen zum Anlass, den Begriff normativ positiv zu wenden und konstatiert, »an ›alien‹ consciousness is presently in the making – a new *mestiza* consciousness«, Gloria Anzaldúa: *Borderlands/La Frontera. The New Mestiza.* [1987] San Francisco: Aunt Lute Books 2012, S. 99. Paul Gilroy nimmt Du Bois' double consciousness als Argument bzw. Beispiel für die »ambivalences generated by modernity and their locations within it«, Paul Gilroy: *The Black Atlantic. Modernity and Double Consciousness.* Cambridge, MA: Harvard University Press 1993, S. 117.

Ein Verständnis von Kunst und künstlerischer Produktion kann nach Du Bois nicht ohne Rekurs auf die historische Diaspora und die Sklaverei und ihre Langzeiteffekte auskommen. Musik und Momente kreativen Schaffens generell sind Teil jenes kulturellen Textes Afroamerikas, insofern sie auf historische Prozesse zurückgehen. Die Kulturtheoretikerin bell hooks (*1952) und der Kulturwissenschaftler Greg Tate haben diese historischen Grundlagen beispielhaft herausgearbeitet. In ihrem Text »Critical Genealogies. Writing Black Art« beschreibt bell hooks das Kunstschaffen vor dem Hintergrund der Geschichte der Sklaverei als Paradox: »To be bound and yet not bound – this was the paradox: the slave liberated for a time in the imagination, liberated in that moment of creative transcendence.«[423] In demselben Aufsatz beschreibt bell hooks die Gegenwartsgesellschaft der USA 1995 als »culture of white-supremacist capitalist patriarchy«, die danach trachte, »to remove all traces of this subjugated knowledge.«[424]

Auch der Kulturtheoretiker Greg Tate bettet in seinem Buch *Everything But The Burden* (2003) die kulturtheoretischen Gegenwartsdiagnosen in den historischen Kontext der Diaspora-Effekte. »For much of the last century the burden of being Black in America«, schreibt Tate, »was the burden of a systematic denial of human and constitutional rights and equal economic opportunity.«[425] Und er fährt dann fort mit einer kulturtheoretischen Feststellung hinsichtlich Schwarzer kultureller Produktion, die letztlich direkt an Du Bois Statement vom »schönsten Ausdruck menschlicher Erfahrung« in den USA anschließt: »It was also a century in which much of what America sold to the world as uniquely American in character – music, dance, fashion, humor, spirituality, grassroots politics, slang, literature, and sports – was uniquely African-American in origin, conception, and inspiration.«[426] Die soziale Ausgrenzung widersprach

423 bell hooks: »Critical Genealogies: Writing Black Art.« In: Dies.: *Art On My Mind. Visual Politics*. New York: The New York Press 1995a, S.108-118, hier S. 117.

424 Ebd.

425 Greg Tate: »Nigs R Us, or How Blackfolk Became Fetish Objects. Introduction« In: Ders. (Hg.): *Everything But The Burden. What White People Are Taking From Black Culture*. New York: Broadway Books 2003, S. 1-14, hier S. 3.

426 Ebd.

einer Integration kultureller Praktiken in den Mainstream überhaupt nicht. Vielmehr ging Letztere mit einer Missachtung ihrer UrheberInnen einher und kann insofern auch als kulturelle Ausbeutung beschrieben werden. Diese Tendenz sieht Tate noch gesteigert in der gegenwärtigen kulturellen Formation, die er, einen Begriff von Nelson George aufgreifend, Post-Soul-Ära nennt. In Zeiten des Post-Soul haben sich hybride Formen weißer und Schwarzer kultureller Zeichen ausgebildet, die sich, im Unterschied zur Schwarzen kulturellen Produktion der Soul-Ära, ohne Weiteres in den popkulturellen weißen Mainstream einpassten (verkörpert etwa durch Michael Jackson, Tracy Chapman, aber auch Filme von Spike Lee oder die Präsidentschaftskampagne des Bürgerrechtlers Jesse Jackson).[427] Für die Kultur-, aber auch die Kunstproduktion formuliert Tate vor diesem Hintergrund eine zumindest politisch betrachtet heikle Situation: »For the first time in history, mainstream success became a defining factor in the cultural production of an African-American arts movement«. Politisch heikel ist dies aus linker Perspektive insofern, als dass gerade die Marktdominanz des Kunst- und Kultursystems kaum kritisiert und delegitimiert werden kann, wenn sie es ist, die den Erfolg verspricht und auch gewährleistet. Die Infragestellung von eurozentrischen Denk- und Wahrnehmungsmustern in Kunst und Kultur – »to think about art solely in Eurocentric terms«[428], wie bell hooks es ausdrückt – wird komplizierter, wenn genau diese Muster Anerkennung und Erfolg garantieren.

Die zweite Problematik, die sich seit den Schriften Du Bois gehalten hat, ist also die Frage nach dem emanzipatorisch-politischen Umgang mit den Involviertheiten Schwarzer kultureller Praxis in die rassistisch diskriminierende Dominanzkultur. Es stellte und stellt sich also die Frage, wie mit diesen Involviertheiten umgegangen werden soll, welche Handlungsop-

427 Amiri Baraka etwa hatte den Soul als Ermächtigung, als »›neue‹ Wertsetzung« beschrieben, als »den Versuch, durch Neudefinition der Wertmaßstäbe die sozialen Rollen innerhalb der Gesellschaft umzukehren. Ebenso wie die ›Neuen Neger‹ der 20er-Jahre – wenn auch nur defensiv – begannen, die Attribute ihres ›Negertums‹ zu kanonisieren, will der ›Soul Brother‹ die Gesellschaftsordnung nach seinem eigenen Bilde umformen.« Amiri Baraka: *Blues People. Von der Sklavenmusik zum Bebop.* [1963] Freiburg: orange press 2003, S. 232.

428 bell hooks 1995a, a.a.O., S. 110.

tionen offenstehen und / oder entwickelt werden müssen. (Involviertheit bedeutet hier nicht notwendigerweise Akzeptanz, sondern beschreibt vor allem das Ausgeliefert-Sein gegenüber dem double consciousness auch in Form des Erfolgs auf dem dominanzkulturell geprägten Markt.) Diese Frage nach politischen Handlungsmöglichkeiten oszillierte – wie etwa in aktivistischen Milieus – auch im Kunstfeld häufig zwischen der Forderung nach Ausbildung und Stärkung von Schwarzer Identität einerseits und solchen Positionen andererseits, die das Hybride betonten und in kultureller Produktion gerade die Möglichkeit sahen und sehen, die Dichotomie von Schwarz und weiß zu unterlaufen bzw. zu untergraben.

II.

Fanon ordnet die kulturelle (und damit auch künstlerische) Entwicklung klar der soziopolitischen unter. Sie ist, vor allem in der kolonialen Situation, der soziopolitischen konzeptionell strikt nachgereiht. Die Entwicklung der Nation ist die »Bedingung der Kultur, ihres Aufschwungs«[429] und sichert sie ab. Daher sieht er auch die »dringlichste Aufgabe des afrikanischen Intellektuellen im Aufbau seiner Nation.«[430] Der Stellenwert von Kunstproduktion wird implizit hoch eingestuft, eben weil sie als Teil der Kultur die Nation mit aufbauen kann; zugleich aber ist sie nur eine Praxis unter vielen anderen, über deren konkrete Auswirkungen und Effekte kaum Worte verloren werden.

Fanon vertritt neben diesem untergeordneten (und auch schematischen) Kulturverständnis zugleich aber auch eine Praxis betonende, dynamische Auffassung von sozialer Transformation. Darin kommt Kultur (im allgemeinen Sinne) kein geringer Stellenwert zu. Die Fanon-Biografin Alice Cherki beschreibt dessen Position so: »Die Kultur soll nicht als feste Form einer abstrakten und unveränderlichen Symbolik bestimmt werden,

429 Fanon 1981, a.a.O., S. 206.

430 Ebd., S. 209. Anders als rechte Nationalismen, ist der Befreiungsnationalismus Fanons durchaus inklusiv konzipiert, d.h. er zielt nicht auf Ausschluss und Abgrenzung von anderen Nationen, sondern auf Integration und auf eine Belebung für das »internationale Bewußtsein«, ebd.

sondern als Akt, als politischer Akt«[431]. Kultur als politischer Akt verweist auf eine Praxis, die konfliktiv ausgerichtet ist und die sich in einer von Macht geprägten Situation durchsetzen muss. Diese Fokussierung auf die konfliktive Praxis macht Fanon zu einem Vordenker derjenigen theoretischen Ansätze, die ein Primat der Kämpfe vertreten – vom linken Poststrukturalismus, dem Postoperaismus bis hin zu Pierre Bourdieus Praxistheorie. »Der Kampf selbst«, schreibt Fanon, »entwickelt in seinem Ablauf und seinem inneren Prozeß die verschiedenen Richtungen der Kultur und deutet neue an.«[432] Diese Kämpfe sind nicht nur ökonomisch fundierte Klassenkämpfe, sondern sie betreffen auch die Veränderungen des Bewußtseins, oder, allgemeiner, der Denk- und Wahrnehmungsweisen. Für die Position Fanons wie auch für jene Bourdieus lässt sich konstatieren: »In Kämpfen kommen nicht nur antagonistische gesellschaftliche Verhältnisse zum Ausdruck, sondern soziale Ungleichheiten werden über kulturelle Differenzen auch reproduziert.«[433]

Das betrifft das Schwarzsein (als kulturelle Differenz) selbst, das als weiße Fiktion entlarvt wird – allerdings eine sehr wirksame Fiktion ist. Beide Kategorien, Schwarz und weiß, verweisen »letztlich auf eine Leerstelle«[434], wie der kamerunische Politikwissenschaftler Achille Mbembe (*1957) im Anschluss an Fanon betont. Mit Mbembe stellen sich dann mindestens zwei fundamentale Fragen: erstens danach (und das beschäftigt die gesamte Rassismusforschung), wie dieses Phantasma historisch eine dermaßen gewaltige Kraft entwickeln konnte (und immer noch kann). Diese Kraft, also die strukturellen Effekte rassistisch formierter Ordnungen des Politischen, steht auch hinsichtlich der Kunst im Fokus von Schwarzer linker

431 Alice Cherki: *Frantz Fanon. Ein Porträt.* Hamburg: Edition Nautilus 2001, S. 204 f.

432 Fanon 1981, a.a.O., S. 207.

433 Jens Kastner: »Koloniale Klassifikationen. Zur Genese postkolonialer Sozialtheorie im kolonialen Algerien bei Frantz Fanon und Pierre Bourdieu.« In: Daniel Suber / Nilmar Schäfer / Sophia Prinz (Hg.): *Pierre Bourdieu und die Kulturwissenschften. Zur Aktualität eines undisziplinierten Denkens.* Konstanz: UVK Verlagsgesellschaft 2011, S. 277-302, hier S. 291.

434 Achille Mbembe: *Kritik der schwarzen Vernunft.* Berlin: Suhrkamp Verlag 2014, S. 92.

Theorie. Die Fanon'sche Grundannahme, dass Kolonialismus kulturelle Entwicklung verhindert, wird dabei in verschiedensten Formen variiert: sowohl hinsichtlich der Ausprägungen der kolonialistischen Situationen (in Lateinamerika anders als in Afrika, in den ehemaligen ›Mutterländern‹ anders als in der Postkolonie etc.) als auch hinsichtlich jener der Verhinderung (mittels Repression oder Konsens, Unterdrückung oder Kooptation etc.). Es stellt sich also die Frage, wie der kulturellen Reproduktion der Dichotomie Schwarz / weiß begegnet werden sollte.

Zweitens lässt sich also auch fragen, wie es möglich ist, diesen Dualismus zu unterlaufen oder / und zu durchbrechen, und welche Rolle künstlerische Praktiken dabei spielen könnten. Schwarze linke Theorie arbeitet stets daran und diskutiert dabei u.a. auch künstlerische Beispiele, in denen an der Auflösung der rassialisierten Wahrheits- und Blickregime gearbeitet wird. Schon die »ästhetisch, avantgardistisch und anarchistisch geprägte Kritik am Kolonialismus«[435] der 1930er-Jahre habe, so Mbembe, durchaus versucht, kolonialistische Mythen und Klischees aufzugreifen und zu zerstören. Es waren darüber hinaus selbstverständlich auch und gerade Schwarze KünstlerInnen, die sich rassialisierten Zuschreibungen verweigerten und auch in ihrer Kunst Rassismus bekämpften.

Zunächst einmal schien es allerdings notwendig, so etwas wie Schwarze Erfahrung zu betonen. Die Dimension der Erfahrung in die kunsttheoretische Debatte einzubringen, war, ähnlich wie im Feminismus, notwendig. Und zwar aus zwei Gründen: Zum einen waren es jene Erfahrungen von Diskriminierung und Ausgrenzung, die gerade auch in den Anleihen an und Kooptationen von Errungenschaften Schwarzer KünstlerInnen in den kulturellen Praktiken unsichtbar gemacht worden waren und immer wieder unsichtbar gemacht werden. Das gilt für den Abstrakten Expressionismus ebenso wie für popkulturelle Produkte von Elvis bis Eminem. Die Aneignungen indigener und Schwarzer kultureller Praktiken, schreibt der Kunsthistoriker Christian Kravagna bezogen auf die US-amerikanische Kunst der 1950er- und 1960er-Jahre, war »eine der Voraussetzungen für das Einebnen der sozialen und kulturellen Differenzen von Erfahrung in der amerikanischen Gesellschaft um die Mitte des

435 Ebd., S. 90.

20. Jahrhunderts.«[436] Darauf wurde mit dem Einklagen der partikularen »Schwarzen Erfahrung« reagiert, das insofern ein Einklagen sozialer Realitäten in die Kunstbetrachtung und damit zugleich ein Angriff auf den rationalistischen Universalismus war (der so als *weißer* Partikularismus enttarnt werden konnte).

Zum anderen war das Einklagen von Schwarzer Erfahrung deshalb wichtig, weil damit die auf Privilegien basierende Struktur des Kunstfeldes angegriffen werden konnte. Die Kritik am Ausschluss von bestimmten Erfahrungen ist nicht nur eine Kritik am Ausblenden sozialer Wirklichkeiten in der Kunst. Sie ist auch – wie im Feminismus und bei Bourdieu – eine Kritik an der Konstitution des ästhetischen Bereiches oder Feldes überhaupt. Denn im Kunstfeld werden nicht nur spezifische Erfahrungen (von Marginalisierten) ausgegrenzt, sondern jede Art von Erfahrung (außer der ästhetischen) für irrelevant erklärt. Dazu gehört auch und gerade die (das Feld konstituierende) privilegierte Erfahrung bzw. die Erfahrung der Privilegierten, die zur ›reinen‹, von allen Notwendigkeiten befreiten Betrachtung von geweihten Gegenständen überhaupt erst befähigt. Kunst wurde historisch zur Angelegenheit ausschließlich ästhetischer (von Notwendigkeiten befreiter) Erfahrung erklärt (und verklärt), aus der alle anderen Erfahrungen ausgeschlossen wurden. Die kollektive soziopolitische Erfahrungsdimension in den Kunstdiskurs einzuklagen, richtete sich also sowohl auf die Ausgrenzung (marginalisierter Erfahrung) als auch auf das Leugnen von Privilegien (bzw. privilegierter Erfahrung).

Es galt nun, Erfahrung als Privileg offenzulegen und die Bedingungen der Privilegierung selbst verhandelbar und angreifbar zu machen. Es wurde aber zugleich dafür gekämpft, an den Privilegien teilzuhaben. Schwarze KünstlerInnen wollen / sollen auch anerkannte KünstlerInnen sein, aber auch die Modi dieser Anerkennung selbst werden hinterfragt – weil sie potenziell das weiße, hegemoniale Muster reproduzieren. bell hooks schreibt etwa in dem oben zitierten Text auch über etablierte Schwarze Künstlerinnen, Faith Ringgold, Michele Wallace, Emma Amos und Lyle Ashton Harris. Diese dienen ihr als Beispiele für gelungene künstleri-

436 Christian Kravagna: *Transmoderne. Eine Kunstgeschichte des Kontakts.* Berlin: b_books 2017, S. 185.

sche Entwicklungen, wobei sie besonders betont, dass diese nur auf der Grundlage von »solid middle-class backgrounds«[437] möglich waren. Neben der Geschichte der Diaspora und der geschichtlichen Ungleichheit fordert sie damit einen Fokus auf die Klassenherkunft im Hinblick auf die grundlegenden Befähigungen zu Kunstproduktion und -rezeption. Nicht zuletzt vor diesem Hintergrund hebt sie hervor, dass Fortschritt in Bezug auf die Gleichbehandlung afroamerikanischer Kunst sich nicht am Erfolg einzelner (Schwarzer) KünstlerInnen messen lassen könne. Insbesondere bell hooks betont den politischen Doppelcharakter des Kunstbereichs, in dem einerseits die gesamtgesellschaftlichen »institutionalized systems of domination are mirrored«[438], sich also auch Herrschaft durch Kanonisierung von Werken und KünstlerInnen reproduziert. Andererseits lässt sich die relative Unabhängigkeit innerhalb des Kunstsystems gegenüber anderen Lebens- und Arbeitsbereichen aber auch nutzen. Dementsprechend plädiert hooks dafür, »to intensify our commitment to art as the practice of freedom.«[439] Der Stellenwert der Kunst wird schließlich sowohl für die Reproduktion als auch für die potenzielle Transformation struktureller, rassialisierter Ungleichheit relativ hoch eingeschätzt.

Die Schwarze Erfahrung wird zwar zum Ausgangspunkt genommen und dient damit als Grundlage identitätspolitischer Konzeptionen. Sie wird aber auch – in den identitäskritischen und hybrisierungsfreundlichen Ansätzen – zugleich als vereinheitlichend infrage gestellt. Zu letzteren gehört der Ansatz von Paul Gilroy, der sich in seinem Buch *Black Atlantic* kulturellen Praktiken gewidmet hat – vor allem popmusikalischen –, die eine nicht national verfasste Black Culture konstituieren. Der Atlantik wird dabei zur Analyseeinheit, an den eine »explicitly transnational and intercultural perspective«[440] angelegt werden kann. Gilroy vertritt dabei einen theoretischen Standpunkt, der sich auch auf künstlerische Haltungen umlegen lässt: Er wehrt sich gegen die Annahme, dass »black poli-

437 bell hooks 1995, a.a.O., S. 110.

438 bell hooks: »Workers for Artistic Freedom.« In: Dies.: *Art On My Mind. Visual Politics*. New York: The New York Press 1995b, S. 138-144, hier S. 138.

439 Ebd., S. 144.

440 Gilroy 1993, a.a.O., S. 15.

tical struggles are construed as somehow automatically *expressive* of the national or ethnic differences which they are associated«[441]. Auch wenn rassialisierte Zuschreibungen also die Denk- und Wahrnehmungsweisen prädisponieren, bedeutet dies nicht, dass künstlerische Ausdrucksformen auch an diese identitären Charakteristika gebunden sein müssen – weder analytisch noch politisch, also ›müssen‹ weder im Sinne eines Zwangs der Verhältnisse, noch im Sinne einer revolutionären Notwendigkeit.

Gilroy und bell hooks kritisieren die essenzialistischen Tendenzen des (identitätspolitischen) Schwarzen kulturellen Nationalismus, der sich im Laufe der 1960er-Jahren als Reaktion auf Ausschlüsse und Diskriminierungen herausbildet und der die ›Schwarze Erfahrung‹ vereinheitlicht. Demgegenüber vertreten beide solche Ansätze, die zwar betonen, dass und inwiefern Kreativität und Möglichkeiten geistig-praktischen Schaffens aus der Schwarzen Erfahrung ausgegrenzt wurden bzw. Schwarze Erfahrung ausgegrenzten, die sich aber zugleich mit Schwarzer Kunst beschäftigen.

III.

Wenn Fanon etwa in *Aspekte der Algerischen Revolution* (1969) »neue Einstellungen, neue Verhaltensweisen«[442] entstehen sieht, dann ist von Kunst und kultureller Produktion (als deren Auslöser) weit und breit nichts zu lesen. Vielmehr sind es die sozialen und politischen Umwälzungen im Kontext der antikolonialen Bewegung, die zu neuen Einstellungsmustern führen, letztlich als »Erfordernisse des Kampfes«[443]. Bei anderen TheoretikerInnen des Antikolonialismus ist das ganz ähnlich.

Auch beim Schriftsteller und marxistischen Theoretiker C.L.R. James (1901–1989) finden sich zunächst wenige Hinweise auf kulturelle Praktiken im engeren Sinne, etwa wenn es in seinem Hauptwerk *Die schwarzen Jakobiner*[444] um den Aufstand bzw. die Revolution in Haiti 1804 geht. Auch wenn er sich in einem Strategiepapier 1948 »The revolutionary

441 Ebd., S. 31.

442 Frantz Fanon: *Aspekte der Algerischen Revolution*. Frankfurt am Main: Suhrkamp 1969, S. 44.

443 Ebd.

444 C.L.R. James: *Die schwarzen Jakobiner. Toussaint L'Ouverture und die Unabhängigkeitsrevolution in Haiti*. Köln: Verlag Pahl-Rugenstein 1984.

answer to the Negro problem in the United States« widmet, spielt Kunst keine Rolle.[445] Hier verweist James, der sich als Trotzkist verstand, zwar darauf, dass die Frage der rassistischen Unterdrückung wegen ihrer Eigenlogik nicht allein durch die proletarische Revolution zu lösen sei. Es geht um den spezifischen Blick auf die Unterdrückung durch Zuschreibung zu einer Gruppe durch ›Hautfarbe‹. Aber Kunst und kulturelle Praktiken tauchen hier nicht auf. Andrew Smith weist allerdings darauf hin, dass es gerade James war, der sich in anderen Büchern »the wider meaning and uses of the games people play, the films they watch and the music they dance to«[446] gewidmet habe. Und Paul Buhle, der ebenfalls betont, dass James sich der Kultur »already present in daily life«[447] zugewandt habe, nennt seine C.L.R. James-Biography sogar *The Artist as Revolutionary* – wobei er mehr auf die Person James als Literat abhebt als auf dessen konzeptionelle Berücksichtigung von Kunst im revolutionären Prozess.

Bei Du Bois ist es noch ganz klar die Musik, in die Hoffnungen auf emanzipatorische Veränderungen gesetzt werden. Hinter all der Klage der Sorrow Songs sei eine Hoffnung zu spüren, die sich manchmal als »Glaube an das Leben«[448] und manchmal als »Versprechen grenzenloser Gerechtigkeit«[449] äußere. Immer beinhalte sie jedenfalls die Überzeugung: »Irgendwann, irgendwo werden Menschen andere Menschen nach ihrer Seele beurteilen und nicht nach der Hautfarbe.«[450] Um diese Hoffnung aufrechtzuerhalten und sie ihrem Ziel näher zu bringen, setzte Du Bois grundsätzlich auf Bildungsprozesse. Bildung – mit oder ohne Kunst – stellte und stellt eine der Grundlagen für emanzipatorische Prozesse dar. Belinda Kazeem-Kaminski spricht daher von einer »Notwendigkeit der

445 C.L.R. James: »The revolutionary answer to the Negro problem in the United States« [1948], http://isreview.org/issue/85/revolutionary-answer-negro-problem-united-states.

446 Andrew Smith: *C.L.R. James and the Study of Culture*. Houndmills/New York: Palgrave Macmillan 2000, S. 21.

447 Paul Buhle: *C.L.R. James. The Artist as Revolutionary*. London/New York: Verso 1988, S. 101.

448 W.E.B du Bois 2003, a.a.O., S. 263.

449 Ebd.

450 Ebd.

Humanisierung des Menschen«[451], der Du Bois durch Bildung hatte gerecht werden wollen. Hier schließen letztlich auch die pädagogischen Vorstellungen von bell hooks an, die Bildung als zentrales Mittel konzipiert, »um diskriminierende Strukturen zu überwinden.«[452] Es geht dabei um das Aufdecken ausschließender Strukturen wie auch um ermächtigende Praxis. Wenn bell hooks über die Entwicklung von »organized artistic communities«[453] spricht, die zentral für eine demokratische Kultur sei, zielt sie genau auf dieses Moment der Ermächtigung (Empowerment) auch im künstlerischen Bereich.

Empowerment durch Kunst (oder kulturelle Produktion im weiteren Sinne) wird im Rahmen Schwarzer Kulturtheorie bis in die Geschichte der Sklaverei zurückverfolgt. In Simon Gikandis Buch *Slavery and the Culture of Taste* geht es zwar eigentlich um die Rolle, die Kunst für die Legitimierung der Sklaverei (und der SklavenhalterInnen selbst) in den USA und in der Karibik spielt. Gikandi geht aber auch auf die gelebte Erfahrung der Schwarzen ein – und bezieht sich dabei auf Fanon.[454] Diese Erfahrung des Schwarzseins habe zur Herausbildung einer »Counterculture« unter den Versklavten geführt: »If I may adopt Fanon's formulation further, the challenge facing the slave in the plantation complex was not how to assume the attitude of the master, but to initiate a ›cycle of freedom‹ that went beyond the historical and instrumental condition of enslavement.«[455] Auf der Grundlage von Herrschaft entwickelten sich demnach zahlreiche Formen widerständiger Praktiken, von denen manche künstlerische waren. Auch Paul Gilroy spricht schließlich vom Black Atlantic als »Couterculture of Modernity«[456]. Die Herrschaft ist

451 Belinda Kazeem-Kaminski: *Engaged Pedagogy. Antidiskriminatorisches Lehren und Lernen bei bell hooks*. Wien: Zaglossus 2016, S. 75.

452 Ebd., S. 103.

453 hooks 1995b, a.a.O., S. 142.

454 Gikandi bezieht sich hier auf das fünfte Kapitel von *Black Skin, White Masks*, in dem Fanon u.a. über das Schwarzsein schreibt: »And already I am being disected under white eyes, the only real eyes. I am *fixed*.« Fanon 1967, a.a.O., S. 116.

455 Simon Gikandi: *Slavery and the Culture of Taste*. Princeton und Oxford: Princeton University Text 2011, S. 269.

456 Gilroy 1993, a.a.O., S. 1 ff.

zwar in die Körper der Beherrschten eingeschrieben und prägt sie, aber sie determiniert nicht. Die unterdrückten Existenzweisen können (müssen aber nicht) an der Gewalt zugrunde gehen, können (müssen aber nicht) auch Strategien des Überlebens entwickeln: So ist das Fanon'sche Diktum vom Blues zu verstehen, der ohne Rassismus nicht entstanden wäre. Wie bei Fanon und bei Stuart Hall, betont Sérgio Costa, steht auch bei Gilroy damit »der Körper im Mittelpunkt von Herrschaftsverhältnissen und ist zugleich ein Instrument ›subalterner‹ Widerstandsstrategien.«[457] Künstlerische Praktiken werden – wie schon bei Gramsci und wie auch im Feminismus – als Terrain beschrieben, auf dem sich Alternativen zur bestehenden symbolischen Ordnung entwickeln können.

So wurde auch im Rahmen der US-BürgerInnenrechtsbewegung der 1960er-Jahre stark auf kulturelle Produktion und Kunst gesetzt. Eines der zentralen Anliegen Schwarzer BürgerInnenrechtsaktivistInnen war es, schreibt der Historiker Robin D.G. Kelley am Beispiel des US-amerikanischen Sängers und Aktivisten Paul Robeson (1898–1976), »to make art and spirituality primary to social life«[458]. Bei der Kritik an der westlichen Zivilisation und der Hoffnung auf politische und kulturelle Gleichheit wurde auf Kunst, allgemeiner auf kulturelle Produktion gesetzt. In seiner kurzen Geschichte der Verknüpfung von Schwarzer Befreiungsbewegung und der US-amerikanischen Linken macht Kelley diese Schwerpunktsetzung plausibel. Zunächst waren es die Diskriminierungs- und Unterdrückungsverhältnisse – und weniger die der Ausbeutung –, die zu politischen Identitätsmomenten wurden. Schwarze begriffen sich und ihre Stellung in der Welt angesichts des »overwhelming racism«[459] weniger als Klassensubjekte, sondern sahen sich vielmehr »through co-

457 Sérgio Costa: »Essentialismuskritik, transnationaler Antirasismus, Körperpolitik. Paul Gilroy und der ›Black Atlantic‹.« In: Julia Reuter/Alexandra Karentzos (Hg.): *Schlüsselwerke der Postcolonial Studies*. Wiesbaden: Springer/VS 2012, S. 153-163, hier S. 159.

458 Robin D.G. Kelley: »Reds, Whites, and Blue People.« In: Greg Tate (Hg.): *Everything But The Burden. What White People Are Taking From Black Culture*. New York City: Broadway Books 2003, S. 44-67, hier S. 59.

459 Ebd., S. 51.

lored glasses«[460]. Der aus Jamaika in die USA migrierte schwule Dichter Claude McKay (1890–1948), ein der künstlerischen Bewegung der Harlem Renaissance nahestehender Kosmopolit – er lebte in Moskau, Berlin, Paris, Südfrankreich und Marokko –, forderte die Linke daher auf, den Schwarzen Nationalismus nicht wegen seines fehlenden Klassenbewusstseins zu kritisieren. Stattdessen wäre es angebracht, deren Versuche zu Selbstorganisierung und Selbstbestimmung zu unterstützen. Für McKay allerdings war die prinzipielleVerknüpfung von Schwarzer Befreiung und Klassenkampf noch selbstverständlich. Er sprach 1922 auf dem Vierten Kongress der Dritten Internationale in Moskau und lebte ein halbes Jahr in der postrevolutionären Sowjetunion. Die Selbstverständlichkeit dieser Verknüpfung schwand aber im Laufe der späten 1960er-Jahre.

Die Bündnispolitiken zwischen AkteurInnen der Black Liberation und den linksradikalen Bewegungen unterlagen ebenso Konjunkturen wie die gegenseitigen theoretischen Bezugnahmen. Während der frühen Phase der US-BürgerInnenrechtsbewegung waren gemeinsame Aktionen mit weißen Linken zunächst selbstverständlich. Erst in der zweiten Hälfte der 1960er-Jahre schwand das Vertrauen auf Bündnisse mit weißen Linken, trotz der geteilten politischen Haltungen gegen den Krieg in Vietnam und gegen den US-amerikanischen Liberalismus, »viele verloren den Glauben an den Traum der Neuen Linken von einer gemischten Bewegung der Unterprivilegierten, unabhängig von ihrer Hautfarbe.«[461] Der Slogan ›Black Power‹ entstand und wurde von Schwarzen AktvistInnen wie Stokeley Carmichael forciert, segregationistische Positionen – etwa kultureller Nationalismus und Afrozentrismus – gewannen innerhalb der Black-Liberation-Bewegung an Einfluss und drängten die weniger identitätspolitisch geprägten Ausrichtungen der früheren BürgerInnenrechtsbewegung zurück. Diese separatistischen Positionen begannen um 1968 auch in der Kunstwelt an Bedeutung zu gewinnen, es entstand das Black Arts Movement um den Theatermacher Larry Neal (1937–1981). Darin

460 Ebd., S. 51.

461 Clayborne Carson: *Zeiten des Kampfes. Das Student Nonviolent Coordinating Comitee (SNCC) und das Erwachen des afro-amerikanischen Widerstands in den sechziger Jahren*. Nettersheim: Verlag Graswurzelrevolution 2004, S. 355.

ging es um den Aufbau und die Etablierung Schwarzer Kunstinstitutionen und um die Entwicklung originär Schwarzer Formsprachen. Es ging aber um mehr als »the need for separate cultural spaces and separate spheres of symbolic articulation«[462], wie Amy Abugo Ongiri rückblickend betont. Nicht nur die Ablehnung weißer und westlicher Kultur stand bei der Suche nach einer ›Schwarzen Ästhetik‹ im Mittelpunkt, sondern es ging auch darum, nicht-korrupte, nicht-kooptierbare moralische Werte und Wertmuster auszubilden.

Die auf einer vermeintlich gemeinsamen Erfahrung gründende Identitätspolitik ließ auch KünstlerInnen an den Kämpfen um Repräsentation teilhaben – verstanden im dreifachen Sinne als Kämpfe um vermehrte Darstellung Schwarzer Lebensweisen im öffentlichen Raum, Kämpfe um die Vorstellungswelten (und gegen die Stereotype), die mit solchen Darstellungen verbunden sind, und Kämpfe um angemessene Vertretung in institutionellen Gefügen wie Parlamenten oder auch Ausstellungen. Identitätspolitik war also nicht gleichbedeutend mit separatistischen Positionen, sondern konnte auch auf Repräsentation (und damit auf Integration in die bestehenden Institutionen) abzielen.

Das Problem dieser Identitätspolitik bestand und besteht vor allem darin, dass die vorausgesetzte geteilte Erfahrung nicht einmal als negative Erfahrung von Diskriminierung eine einheitliche ist: Schwarze Frauen werden anders diskriminiert als Schwarze Männer, sexuelles Begehren und Klassenverhältnisse differenzieren die Erfahrung des Schwarzseins zusätzlich – was feministische Schwarze Theoretikerinnen und Aktivistinnen spätestens seit den frühen 1980er-Jahren immer wieder hervorhoben. Stuart Hall beschreibt daher in den späten 1980er-Jahren eine Verschiebung in jenen Politiken, die er als »Übergang vom Kampf um die Repräsentationsverhältnisse zu einer Politik der Repräsentation selbst«[463] bezeichnet. Vor dem Hintergrund poststrukturalistischer Theorieansätze betont er in seinem Aufsatz »Neue Ethnizitäten«, dass Repräsentation

462 Amy Abugo Ongiri: *Spectacular Blackness. The Cultural Politics of the Black Power Movement and the Search for a Black Aesthetic.* Charlottesville und London: University of Virginia Press 2010, S. 15.

463 Stuart Hall: »Neue Ethnizitäten.« In: Ders.: *Rassismus und kulturelle Identität.* Ausgewählte Schriften 2. Hamburg: Argument Verlag 1994, S. 15-25, hier S. 17.

immer eine konstitutive Rolle für Identitätsprozesse hat. Repräsentation ist solchen Prozessen nicht als Darstellung von etwas bereits Vorhandenem nachgereiht. Die Politik der Repräsentation ist sich dessen bewusst geworden und beinhaltet daher die »langsame Erkenntnis von der tiefen Ambivalenz der Identifikation und des Begehrens«[464]. Die ethnisierte Erfahrung ist immer prägend, aber niemals eindeutig in ihren Effekten. Das betrifft auch die Kunst: »Schwarze Künstler und Kulturproduzenten haben heute nicht an einer, sondern an zwei Fronten zu kämpfen«[465], schreibt Hall, nämlich sowohl gegen Rassismus als auch an der Repräsentation einer Multidimensionalität von Erfahrung.

Die Vieldimensionalität betrifft also die Durchkreuzungen der kollektiven ethnisierten Erfahrung von (mindestens) Klassen- und Geschlechterverhältnissen. Zwar ist die Vieldimensionalität konstitutiv, aber nicht determinierend. Die vielfältigen Durchkreuzungen sind auch der Ausgangspunkt für permanente Verhandlung und Neuzusammensetzung von Identitäten – von Hall prozesshaft als Positionierungen beschrieben. In diesem Sinne sieht auch Paul Gilroy im double consciousness nicht bloß eine Entfremdungserfahrung, sondern auch – ähnlich wie Gloria Anzaldúa – eine Inwertsetzung. Die »founding experience of blacks in the West«[466] sei schließlich immer auch der doppelte Wert ihrer künstlerischen Praktiken (in diesem Fall Songs), nämlich (mindestens) Schwarz *und* amerikanisch zu sein. Die positive Wertung und Inwertsetzung hybrider, vieldimensionaler Praktiken gibt es allerdings nicht erst, seitdem poststrukturalistische Denkweisen die neuen sozialen Bewegungen der 1980er-Jahre erreichten. Gary Edward Holcomb macht bereits bei Claude McKay eine »sexualized anarchist counterhegemony«[467] aus, die auf die revolutionäre Rhetorik der künstlerischen Avantgarden zurückgehe. Schwarze kulturelle Produktion speist sich demnach keineswegs allein aus »Schwarzen kulturellen Traditionen«. Die anarchistische, gegenhe-

464 Ebd., S. 19.

465 Ebd., S. 17.

466 Gilroy 1993, a.a.O., S. 91.

467 Gary Edward Holcomb: *Claude McKay: Code Name Sasha. Queer Black Marxism and the Harlem Renaissance*. Gainsville u.a.: University Press of Florida 2007, S. 13.

gemoniale Tradition ist sowohl für die Schwarzen Lebensweisen als auch für die künstlerischen Avantgarden zentral gewesen: »the idiom of the avant-garde is itself a corollary of queer speech genealogies.«[468]

Die Hoffnung auf Kunst ist aufs Engste mit der Aufwertung der Schwarzen Erfahrung verknüpft, die zugleich als eine beschrieben wird, die durchzogen ist von verschiedensten Entwicklungen – und damit letztlich nicht essenziell Schwarz ist. Aber dies zu adressieren, ist nicht einfach. Die positive Inwertsetzung ist immer ein risikoreicher Prozess, in dem sowohl die Anerkennung der ›eigenen Leute‹ als auch jene der Dominanzkultur auf dem Spiel steht. »Whenever black artists work in ways that are transgressive«, schreibt bell hooks über uneindeutige, nicht direkt dem politischen Kampf zuordnenbare Kunstpraxis, »we are seen as suspect, by our group and by the dominant culture.«[469]

468 Ebd.

469 bell hooks: »An Aesthetic of Blackness: Strange and Oppositional.« [1990] In. Dies.: *Yearning. Race, Gender, and Cultural Politics*. New York and London: Routledge 2015, S. 103-113, hier S. 111.

08. »a recognition of related practices« Kunst und materialistische Praxistheorie

I.

Die Malerei von Édouard Manet (1832–1883) verletzt die Hierarchie der Gattungen seiner Zeit, sie bricht mit den gängigen und institutionell abgesicherten Erwartungen des bürgerlichen Blicks auf die Kunst. Manet setzt sich von den seinerzeit gültigen, akademischen Vorstellungen von guter Kunst ab – technische Meisterschaft, konsistente Narration, abgeschlossene Bildfindung – und schafft es, mit seinen Regelverletzungen hinsichtlich Format und Farbauftrag, Thema und Präsentation der Bilder ganze Wahrnehmungsmuster einer Klasse durcheinanderzubringen. So jedenfalls interpretiert der Soziologe Pierre Bourdieu (1930–2002) Manets revolutionäre Wirkung. Und dennoch seien gerade diese Effekte alles andere als Ausdruck und Kraft der rebellischen Gesinnung einer Einzelperson. Im Gegenteil, sein ganzes Schaffen sei eingebunden in habituelle Verhaltensweisen, »jeder Pinselstrich [ist] strukturiert«[470] und auch die Rezeptions- und Wirkungsweisen gingen nicht auf individuelle Praktiken, sondern auf einen kollektiv erzeugten Kontext zurück. Ein »intermediärer Raum«[471] sei dafür ausschlaggebend, hergestellt in Kämpfen zwischen KünstlerInnen und Akademie, Journalismus und Kunstkritik, Galerien, Museen, SammlerInnen und Markt, ein Raum, den Bourdieu als künstlerisches »Feld«[472] bezeichnet. Dieses Feld stelle letztlich die künstlerische Arbeit und vor allem dessen Bedeutung her.

Die Frage der Bedeutungsproduktion bezieht sich aber nicht nur auf das, was mit künstlerischen Arbeiten gemeint ist, was sie sind und was sie sein könnten. Die Frage danach, wie und auf welche Weise Menschen Sinn und

470 Pierre Bourdieu: *Manet. Eine symbolische Revolution. Vorlesungen am Collège de France 1998–2000*. Berlin: Suhrkamp Verlag 2015, S. 167.

471 Ebd., S. 480.

472 Ebd., S. 501 ff.

Bedeutung herstellen, welche Bedeutungsgebungen sich wie und warum durchsetzen, ist die Frage nach Kultur überhaupt. Wie nun die spezifische Kunst und die allgemeine Kultur miteinander vermittelt sind, welche Einflüsse die eine auf die andere hat, beschäftigt alle linken Auseinandersetzungen mit Kunst, auch die materialistischen Praxistheorien. Bourdieus Sichtweise hatte ihre Vorläufer. Dazu gehören etwa der italienische Parteistratege und Kulturtheoretiker Antonio Gramsci (1891–1937) und der britische Literaturwissenschaftler und Kulturtheoretiker Raymond Williams (1921–1988). Und der Soziologe Stuart Hall (1932–2014), einer der maßgeblichen TheoretikerInnen der britischen Cultural Studies, entwickelt in etwa zeitgleich mit Bourdieu ähnliche Problematisierungen von Kunst und Kultur (wobei sich Hall noch mehr auf Williams und vor allem mehr auf Gramsci bezieht als Bourdieu). Während sich Williams und Hall explizit auf Gramsci stützen, sind die Anleihen Bourdieus an diese marxistische Tradition eher sporadisch und implizit: Es handelt sich bei den materialistischen Praxistheorien also nicht um eine etablierte Selbstbezeichnung wie etwa bei der Kritischen Theorie oder den SituationistInnen, sondern um eine nachträgliche Gruppierung anhand inhaltlicher Kriterien: Die relative Autonomie des Kulturellen (vom Ökonomischen), auf die Gramsci als erster innerhalb der materialistischen Theoriebildung systematisch gepocht hat, verbindet die genannten Ansätze ebenso wie das Augenmerk auf Praxis und die Betonung von Relationen (anstatt von Substanzen) zum Verständnis sozialer Prozesse. Beim Begriff der Praxis geht es vor allem darum, die nicht intendierten, nicht sinngeleiteten und nicht auf rationale, individuelle Gründe zurückführbaren Aspekte des Handelns hervorzuheben – Praxis ergibt sich aus anderer Praxis (in Relationen) und ist in soziale Prozesse eingebettet (und keine Aktion losgelöster AkteurInnen).[473] Materialistisch ist die Praxistheorie

473 Die unterschiedlichen Praxistheorien haben in der Regel gemeinsam, dass sie zwischen Subjektivismus und Objektivismus angesiedelt sind bzw. vermitteln und darüber hinaus, »dass sie sich gegen solche Theorien abgrenzen, die Kultur allein auf der Ebene der Diskurse oder der Zeichenprozesse ansiedeln. Gegenüber diesen ›mentalistischen‹ und ›textualistischen‹ Ansätzen tendieren praxistheoretische Zugänge zu der Annahme, dass bestimmte Wissensformen direkt im Körper verankert sind.« Sophia Prinz und Ulf Wuggenig: »Kunst und Praxistheorie.« In: *Bildpunkt. Zeitschrift der IG Bildende Kunst*, Wien, Herbst 2009, S. 4-6, hier S. 5.

insofern, als sie sich von idealistischen Perspektiven auf das Soziale – nach Stuart Hall – durch drei Prämissen unterscheidet: Erstens nennt Hall die historische Prämisse, die besagt, dass es keine universellen und/oder ewigen historischen (sozialen) Formen gibt. »All historical forms, epochs, and modes of production are historically specific and are subject to the specificity of historical determination«[474]; zweitens die strukturelle Prämisse, die besagt, dass der primäre Gegenstand (sozialwissenschaftlicher) Analyse die Gesetze, Tendenzen und Strukturen von bestimmten Produktionsweisen sind. Und drittens die materialistische Prämisse, die besagt, dass menschliche Gesellschaften nur als Ergebnis der Kombination von sozialer Organisierung (Praxis) und ihrer Abhängigkeit von den Mitteln zu verstehen sind, mit denen sie ihr Überleben in der Natur gewährleisten.

Aus der ökonomischen Produktionsweise sind kulturelle Ausdrucksformen nicht abzuleiten, das ist einer der Ausgangspunkte der materialistischen Praxistheorien. Wie sie stattdessen zu verstehen und einzuordnen sind, wird damit zu einer Schlüsselfrage für diese Theorieansätze. Denn ein Zusammenhang zwischen Ökonomie und Kultur, zwischen den ökonomischen und den kulturellen Produktionsverhältnissen ist in jedem Fall zu konstatieren, es fragt sich nur, wie er zu konzipieren und zu verstehen ist.

Antonio Gramsci betont, dass nicht die ökonomische Basis »direkt die politische Aktion bestimmt, sondern die Interpretation, die man sich von dieser macht, und von den sogenannten Gesetzen, die die Entwicklung lenken. Diese Gesetze haben nichts gemein mit den Naturgesetzen, obwohl auch diese in Wirklichkeit keine objektiv gegebenen Daten sind, sondern nur Konstruktionen unseres Denkens, nützliche Schemata, brauchbar für die Bequemlichkeit von Studium und Lehre.«[475] Diese Schemata werden in der Wissenschaft, wie hier von Gramsci angesprochen, ebenso erzeugt wie in der Politik und im Alltagsleben. Die Interpretationen der

474 Stuart Hall: *Cultural Studies 1983. A Theoretical History*. Durham and London: Duke University Press 2016, S. 75.

475 Antonio Gramsci: »Utopie« [1918]. In: Ders.: *Zur Politik, Geschichte und Kultur*. Ausgewählte Schriften. Frankfurt am Main: Röderberg Verlag 1980, S. 15-23, hier S. 21.

ökonomischen Basis wie der sozialen Welt sind zwar Konstruktionen, deshalb aber nicht beliebig neu herzustellen. Solche Konstruktionen werden ständig und permanent vorgenommen, die Frage allerdings, welche dann gültig, d.h. die geltenden sind, wird in gesellschaftlichen Kämpfen beantwortet, auf denen die Konstruktionen / Interpretationen jeweils historisch bereits gründen.[476] Diese Kämpfe werden auf den drei Ebenen von Politik, Wissenschaft und Alltag um gesellschaftliche Hegemonien geführt. Hegemonie bedeutet u. a. die Möglichkeit, unhinterfragten Konsens herzustellen und damit die Herrschaft gesellschaftlicher Klassen und Milieus und ihrer Bündnispartner durchzusetzen. Hegemonie legt den Rahmen gesellschaftlicher Auseinandersetzung fest und basiert auf Zustimmung der sozial, politisch und kulturell Untergeordneten.

Erst die im Westen nach dem Ersten Weltkrieg nicht (oder nicht erfolgreich) stattgefundenen Revolutionen haben Gramsci dazu gebracht, sein Konzept der Hegemonie zu entwickeln. Denn es galt, die Frage zu beantworten, warum die Revolution ausgerechnet in Russland und nicht in den am weitesten entwickelten, kapitalistischen Gesellschaften ausgebrochen war.[477] (Die Antwort bestand eben darin, dass es der bürgerlichen Klasse gelungen war, ihre Hegemonie mittels Konsens – und nicht primär über die Ausübung von Repression und Gewalt – zu sichern.) Mit dem Hegemoniebegriff widmete sich Gramsci analytisch aber auch über die konkrete historische Situation hinaus dem, was bei Bourdieu später die symbolische Herrschaft ausmacht: konsensuale Formen der Herrschaft, die durch Denk- und Wahrnehmungsschemata installiert und reproduziert werden. Hegemonie ist eine Form kultureller, auf Denk-, Gefühls-

476 Das Verständnis von Praxis in der materialistischen Praxistheorie reduziert sich durchaus nicht auf Praxis als einen idealistisch-subjektivistischen »eigenständigen Erzeuger allen Seins«, der jeden Gegensatz zwischen Subjekt und Objekt, Geist und Materie auslösche, anstatt ihn zu überbrücken, wie Franz Kaminski, Heiner Karuscheit und Klaus Winter es Gramsci – und Lukács – vorgeworfen haben, Franz Kaminski / Heiner Karuscheit / Klaus Winter 1982, a.a.O., S. 158.

477 Gramsci bringt mit dem Hegemonie-Begriff, wie Benjamin Opratko schreibt, zwei bis dato relativ getrennt voneinander behandelte Probleme marxistischer Theorie und Praxis zusammen: erstens die »Frage der Reproduktion und Regulation kapitalistischer Gesellschaftsformationen« und zweitens die nach der »strategischen Orientierung der ArbeiterInnenbewegung«, Benjamin Opratko: *Hegemonie. Politische Theorie nach Antonio Gramsci*. Münster: Verlag Westfälisches Dampfboot 2012, S. 25.

und Wahrnehmungsweisen abzielender Herrschaft und als solche auch für Fragen der Kunstproduktion relevant.

Raymond Williams hat in verschiedenen historischen Studien versucht, die Auswirkungen ökonomischer Transformationen wie der Industrialisierung auf die Denk-, Gefühls- und Wahrnehmungsweisen der Menschen zu verstehen. Er prägte dafür in seinem Buch *Marxism and Literature* den Begriff der ›Empfindungsstruktur‹ (structure of feeling). Anders als Begriffe wie ›Ideologie‹ und ›Weltsicht‹ zielt die Empfindungsstruktur auf »meanings and values as they are actively lived and felt«[478]. Mit dem Gelebten und Gefühlten geht es Williams nicht um einen Gegensatz zum Verstehen und Begreifen, sondern um die Dimension der Praxis und wie sie sowohl geprägt als auch reproduziert wird. Die Empfindungsstruktur zielt auf je individuelle und kollektive Erfahrung ab, »die im Alltag geprägt wird«[479]. Williams beschreibt die Empfindungsstrukturen auch als »social experience *in solution*«[480], also als eine Umgangsweise mit Erfahrung. Solche Umgangsweisen finden überall und immer statt, sie äußern sich in verschiedensten sozialen Praktiken. Allerdings kommt ihnen in Bezug auf Kunst und Literatur besondere Relevanz zu, insofern sich hier häufig als erstes neue Empfindungsstrukturen andeuten und entwickeln. Als Literaturwissenschaftler räumt Williams den Künsten also eine besondere Rolle dabei ein, wenn es darum geht, solche Empfindungsstrukturen aufzuspüren und zu verändern: »he constantly privileges the artistic and the aestehtic«[481], schreibt Stuart Hall.

Mit dieser Privilegierung folgt er letztlich selbst dem, was er als Literaturwissenschaftler beschrieben hat. In *Culture and Society* (1958) nämlich hat Williams eingangs den historischen Bedeutungswandel von

478 Raymond Williams: *Marxism and Literature*. Oxford: Oxford University Press 1977, S. 132.

479 Ingo Lauggas: »Empfindungsstrukturen und Alltagsverstand. Implikationen der materialistischen Kulturbegriffe von Antonio Gramsci und Raymond Williams.« In: Andreas Merkens und Victor Rego Diaz (Hg.): *Mit Gramsci arbeiten. Texte zur politisch-praktischen Aneignung Antonio Gramscis*. Hamburg: Argument Verlag 2007, S. 85-97, hier S. 90.

480 Williams 1977, a.a.O., S. 133.

481 Hall 2016, a.a.O. S. 28.

Kunst thematisiert. Bezeichnet worden seien mit dem Begriff alle möglichen menschlichen Fähigkeiten, bevor es erst im 19. Jahrhundert zu einer Einschränkung auf besondere, imaginative und kreative Fähigkeiten gekommen sei – nämlich bildende Kunst und Literatur. Zudem ist Kunst nach Williams an Wahrheit geknüpft worden, »*Art* came to stand for a special kind of truth, ›imaginative truth‹«[482]. KünstlerInnen sollten diese zum Ausdruck bringen, die ebenfalls neu begründete Ästhetik sie herausfiltern und beurteilen.[483] Kunst ist demnach also eine Praxis mit historisch gewachsenen, besonderen Aufgaben, die wiederum zu spezifischen Aufgaben (in der Rezeption) führt.

Im Prinzip aber versteht Williams Literatur und Kunst als soziale Praktiken, die nicht von anderen sozialen Praktiken zu trennen sind. Sie mögen vielleicht über »quite specific features as practices«[484] verfügen, seien aber vom allgemeinen sozialen Prozess nicht getrennt zu behandeln. Einerseits betont Williams damit eine seit Marx von allen linken Theorien in Bezug auf Kunst vertretene Selbstverständlichkeit. Jede Erklärung von Veränderungen in den Formen (der Kunstwerke selbst) und in den Beziehungen der KünstlerInnen zur Macht inklusive ihrer ideologischen Konsequenzen müsse »bei der Tatsache beginnen, dass im späten 19. Jahrhundert in den kulturellen Produktionsmechanismen die bis dato größten Umwälzungen stattfanden. Fotografie, Kino, Radio, Fernsehen, Wiedergabe- und Aufnahmetechnik machen in der Phase, die man Modernismus nennt, ihre entscheidenden Fortschritte«[485]. Kunst ist

482 Raymond Williams: *Culture and Society 1780-1950.* [1958] London: Vintage Books / Penguin 2017, S. 4.

483 Das Herausarbeiten des Wandels der Ideen über Kunst, KünstlerInnen und ihren Platz in der Gesellschaft hebt auch Bourdieu an Williams hervor, vgl. Pierre Bourdieu: »Künstlerische Konzeption und intellektuelles Kräftefeld.« In Ders.: *Zur Soziologie der symbolischen Formen.* Frankfurt am Main 1974a, S. 75-124, hier S. 81 ff.

484 Raymond Williams: »Base and Superstructure in Marxist Cultural Theory.« [1973] In: Ders.: *Culture and Materialism.* London / New York: Verso 2005, S. 31-49, hier S. 44. Eine bestimmte Eigenlogik, »special and distinct laws«, gesteht Williams künstlerischen Praktiken allerdings an dieser Stelle nicht zu.

485 Raymond Williams: »Wann war der Modernismus?« In: Charles Harrison und Paul Wood (Hg.): *Kunsttheorie im 20. Jahrhundert. Künstlerschriften, Kunstkritik,*

demnach nur vor dem Hintergrund ökonomischen und soziopolitischen Wandels zu begreifen. Andererseits aber, und darin besteht die Besonderheit, betont er den Praxischarakter des Sozialen schlechthin. Kunst – hier explizit Literatur, bildende Kunst und Musik – ist dann auch nicht ›der Gesellschaft‹ oder ›den Strukturen‹ (bzw. als Teil des Überbaus der ›Basis‹) gegenüberzustellen. »If we are looking for the relations between literature and society, we cannot either separate out this one practice from a formed body of other practices, nor when we have identified a particular practice can we give it a uniform, static and ahistorical relation to some abstract formation.«[486] Künstlerische Arbeiten sind dann nicht bloß Repräsentationen von Basis-Elementen, also Widerspiegelungen bestimmter Aspekte der herrschenden Produktionsverhältnisse. Kunst ist immer als ein aktiver Prozess zu verstehen, der in der Praxis zwar Bestehendes reproduzieren, aber immer auch Neues entwickeln kann. Das neu Entstehende zu verstehen und – auf nicht-metaphysische, nicht-subjektivistische Art und Weise – zu theoretisieren, ist für Williams auch die wichtigste Aufgabe materialistischer Kulturtheorie. Praxis ist dabei immer als verwoben in andere Praxis zu denken. Es geht daher um »a recognition of related practices«[487]. Williams etabliert mit dem Fokus auf dynamische soziale Beziehungen eine relationale Herangehensweise in den Kultur- und Sozialwissenschaften.

In diesem Aufsatz zum Verständnis von Basis und Überbau – wie auch an anderen Stellen seines Werkes – greift Williams damit zentrale theoretische Annahmen Gramscis auf. Und er nimmt auch das Anliegen von Pierre Bourdieus Feldtheorie vorweg, das (laut Ulf Wuggenig) darin besteht, jenseits etablierter Dichtotomien (wie Individuum / Gesellschaft) »dem relationalen Denken Geltung zu verschaffen«[488]. Für Williams besteht Gramscis Errungenschaft u.a. darin, mit dem Begriff der Hegemonie

Kunstphilosophie, Manifeste, Statements, Interviews. Ostfildern: Verlag Gerd Hatje 1998a, S. 1387-1390, hier S. 1388 f.

486 Williams 2005, a.a.O., S. 45.

487 Ebd., S. 48.

488 Ulf Wuggenig: »Das Arbiträre und das Universelle. Über Pierre Bourdieus Soziologie der Kunst.« In: Pierre Bourdieu: *Kunst und Kultur. Kunst und künstlerisches Feld.* Schriften zur Kultursoziologie 4. Konstanz: UVK 2011, S. 480-546, hier S. 511.

eine Ebene der Vermittlung zwischen Basis und Überbau eingeführt zu haben (die vielleicht sogar den Gegensatz zwischen beiden letztlich aufhebt). Denn Hegemonie »constitutes the substance and limit of common sense for most people under its sway«[489]. Hegemonie bestimmt damit (laut Gramsci nach Williams) die soziale Erfahrung einerseits mehr als eine einfache Vorstellung von Ideologie es zu beschreiben vermag und andererseits auf viel komplexere und vor allem dynamischere Art und Weise, als es die Vorstellung einer Widerspiegelung von Strukturen zu denken erlaubt.

Auch Bourdieu hebt hervor, dass soziale Verhältnisse nicht unabhängig von den Interpretationen und Bedeutungsgebungen jener zu verstehen sind, die sie ausmachen. Deshalb betont Bourdieu, dass »Kräfteverhältnisse [...] untrennbar von Sinn- und Kommunikationsverhältnissen«[490] sind. In diesen spielt auch die Kunst als Teil verschiedener kultureller Produktionsformen eine große Rolle. Gesellschaftliche Kräfteverhältnisse lassen sich nach Bourdieu am besten (bzw. eigentlich nur dann) entschlüsseln, wenn zunächst den relativen Eigenlogiken von Bereichen wie Kunst, Ökonomie oder Sport nachgegangen wird. Bourdieu nennt solche, nach eigenen Logiken funktionierenden Bereiche innerhalb des sozialen Raumes ›Felder‹. Mit dem Feldbegriff fügt Bourdieu, im Unterschied zu allen marxistischen Ansätzen, eine analytische Ebene zwischen ›Gesellschaft‹ und ›Individuum‹ in die Sozialtheorie ein.[491] Das Feld ist die Vermittlungsebene zwischen Struktur und Praxis. Im Feld finden sich die spezifischen Institutionen, Routinen und Prägungen, die gesellschaftliche Berei-

489 Williams 2005, a.a.O., S. 37.

490 Pierre Bourdieu: *Über den Staat. Vorlesungen am Collège de France 1989–1992.* Berlin: Suhrkamp Verlag 2014, S. 291.

491 Während Bourdieu die Wesensanalysen der philosophischen Ästhetik ohnehin als unzureichend und letztlich Entscheidendes verstellend ablehnt, grenzt er sich auch gegenüber allen anderen soziologischen bzw. sozialhistorischen Ansätzen ab. Er wirft ihnen vor, die Charakteristika der Kunstwerke unmittelbar von der sozialen Position der ProduzentInnen herleiten zu wollen und damit letztlich als Widerspiegelung zu begreifen. Unterschlagen würden diese soziologischen Ansätze dabei die Effekte der spezifischen Regeln eines relativ autonomen Feldes, also den »vom Feld der Kulturproduktion ausgehenden Effekt der *Brechung*.« Bourdieu 2001a, a.a.O., S. 367.

che voneinander unterscheiden. Alle TeilnehmerInnen eines Feldes teilen bestimmte Grundannahmen und Dogmen, allen voran den Glauben, dass das jeweilige Tun – etwa Kunst machen oder sich mit Kunst beschäftigen – sinnvoll ist. Der Feldbegriff reflektiert die kapitalistische Arbeitsteilung und ermöglicht es, die geteilten Bereiche in ihrer jeweiligen Spezifik zu untersuchen. Bezogen auf die Kunst spricht Bourdieu – ausführlich in *Die Regeln der Kunst* (1992, dt. 2001) – von der Autonomisierung des künstlerischen Feldes, eines gesellschaftlichen Bereichs mit eigenen Produktions- und Rezeptionsregeln. Diese Autonomisierung habe die Erfindung der gesellschaftlichen Figur des Künstlers und die »Erfindung der reinen Ästhetik«[492] gleichermaßen hervorgebracht. Bourdieu bricht – wie Williams auch – mit der ganzen philosophischen Tradition und der Frage nach dem Wesen des Kunstwerks. Nicht nach einer Essenz gelte es zu fragen, sondern nach historisch entstandenen und sich verändernden Beziehungen, die »ontologische Frage [muss] durch die historische Frage nach der Genese des Universums [...] [ersetzt werden], innerhalb dessen sich der Wert des Kunstwerks, d.h. das Feld der Kunst unablässig durch eine wirklich permanente Schöpfung produziert und reproduziert.«[493]

Es gibt, lässt sich die soziologische Herangehensweise von Williams bis Bourdieu auf den Punkt bringen, keine Kunst außerhalb der sozialen Erwartungen an ihre Produktion und Rezeption und ihre Umsetzung in mehr oder weniger ritualisierten sozialen Praktiken. Bourdieu wendet sich damit gegen die philosophische Ästhetik im Anschluss an Immanuel Kant und betrachtet die künstlerische Produktion, wie Williams, als soziale Praxis. Die (individuellen wie kollektiven) Effekte von Kunst sind nach Bourdieu radikal abhängig von den nach sozialen Klassen disponierten Formen des Geschmacks. Die Vorstellung einer Autonomie des Kunstwerks selbst lehnt Bourdieu ab, relativ autonom ist stattdessen das Feld. Künstlerische Entwicklungen vollziehen sich nach bestimmten eigenen Regeln: in Abgrenzung zu vorherigen künstlerischen Arbeiten, sowie zwischen (klassenbasierten habituellen) Dispositionen, Positionen (im sozialen Raum) und Positionierungen einerseits und nach bestimmten feldinternen Logiken des Kampfes um Legitimität und Anerkennung

492 Ebd., S. 184.

493 Bourdieu 2011, a.a.O., S. 296.

andererseits (etwa zwischen Aufstrebenden und Etablierten, avantgardistischen und institutionellen Positionen). »Niemand ist stärker an die spezifische Vergangenheit des Feldes gebunden«, schreibt Bourdieu, »und zwar bis in die subversive Absicht hinein, die ihrerseits an einen Zustand des Feldes gebunden bleibt, als die Avantgardekünstler«[494]. Denn der gelingende Bruch mit der Konvention setzt die möglichst genaue Kenntnis (der feldspezifischen Geschichte) der Konventionen und, damit verbunden, ihre implizite Anerkennung voraus.

Die Praktiken innerhalb eines Feldes vollziehen sich nach bestimmten Logiken, sind aber auch nicht vollkommen unabhängig von anderen Praktiken im sozialen Raum. Vor allem hinsichtlich der Durchsetzung neuer Entwicklungen betont Bourdieu die Außeneinflüsse. Die Kämpfe im Feld ereignen sich zwar nach den feldinternen Logiken, »hängen in ihrem Ausgang aber stets von der Entsprechung ab, die sie mit externen Kämpfen (solchen innerhalb des Macht-Feldes oder des sozialen Feldes in seiner Gesamtheit) verbinden können«[495]. Erfolge innerhalb eines Feldes gehorchen bestimmten Logiken, sind aber zugleich abhängig von Entwicklungen außerhalb des spezifischen Produktionsbereiches. Der hegemonietheoretische Zugang von Gramsci und Williams und der feldtheoretische Zugang zur Frage sozialer Transformationen, den Bourdieu einschlägt, ergänzen sich also durchaus: Felder und Hegemonien konstituieren sich in umkämpften Kräfteverhältnissen, wobei sie sich in ihrer Konstitution wechselseitig stützen (oder unterlaufen). Wie Néstor García Canclini in einer frühen Auseinandersetzung mit Gramsci und Bourdieu aufgezeigt hat, interagieren die »hegemonialen Güter und Botschaften mit den perzeptiven Kodes und den alltäglichen Habitus der subalternen Klassen.«[496] Auch wenn das Kunstfeld ein sehr elitäres ist und der Zugang zur Kunst von den »Bildungsverhältnissen« (Marx) der Menschen abhängt, ihre Effekte reichen bis weit über die geschmacksversierten KunstkennerInnen hinaus, sie wirken auch auf die Wahrnehmungsweisen

494 Ebd., S. 306.

495 Bourdieu 2001a, a.a.O., S. 400.

496 Néstor García Canclini: »Gramsci con Bourdieu. Hegemonía, consumo y nuevas formas de organización popular.« In: *Nueva Sociedad*, Nr. 71, Marzo-Abril de 1984, S. 69-78, hier S. 74. [Übers. J.K.]

anderer, sozialstrukturell unterer Gruppen, der subalternen Klassen. Deshalb heißt schließlich, wie Oliver Marchart es in einer Zusammenschau von Hegemonie- und Feldtheorie auf den Punkt bringt, »Kunstanalyse zu betreiben, [...] Machtanalyse [zu] betreiben«[497]. Denn infrage steht eben, wie diese Interaktionen zwischen Herrschenden und Beherrschten, wie also die Machtverhältnisse in und mit und durch Kunst reproduziert oder verändert werden.

II.

Gramsci geht wie später Bourdieu von einer besonderen Eigenlogik der künstlerischen Bedeutungsproduktion aus – anders als Williams, der die Vorstellung von kunsteigenen Logiken und Gesetzen ablehnt. Gramsci hat sie schon früh gegen die offiziellen Kulturpolitiken der kommunistischen Parteien seiner Zeit verteidigt, die Kunst schließlich in Politik aufgehen ließen. Diese daraus entstehende »Gefahr einer kulturpolitischen Paralyse«[498] hat Gramsci immer ausdrücklich zu umgehen versucht.[499] Aber nicht nur politisch, auch und zunächst analytisch wendet sich Gramsci gewissermaßen dem Eigensinn der Kunst zu. In seiner Rekonstruktion der »Ästhetischen Theorie« Gramscis formuliert Ingo Lauggas dessen Schlüsselfrage so: »Wie kann ein Werk sozial verwurzelt und von politischer Bedeutung sein *trotz* des Umstandes, dass *zunächst* und isoliert davon sein ästhetischer Wert im Mittelpunkt steht?«[500] Das ist schließlich auch die Frage, die Williams und Bourdieu sich stellen. Es

497 Oliver Marchart: *Hegemonie im Kunstfeld. Die documenta-Ausstellungen dX, D11, d12 und die Politik der Biennalisierung*. Köln: Verlag der Buchhandlung Walther König 2008, S. 94.

498 Uwe Hirschfeld: »Eine Art und Weise des Ausbrechens aus der ›Erdenwelt‹. Einige Aspekte der politischen Kulturtheorie.« In: Uwe Hirschfeld und Werner Rügemer (Hg.): *Utopie und Zivilgesellschaft. Rekonstruktionen, Thesen und Informationen zu Antonio Gramsci*. Berlin 1990, S. 11-21, hier S. 13.

499 Oliver Marchart weist auch in Bezug auf heutige kulturelle Praktiken und den Versuch, sie im Kontext von (gegen-)hegemonialen Interventionen zu politisieren, auf diese Gefahr hin. Er plädiert daher für eine »makropolitische Koppelung«, damit die Politisierung nicht in eine »Kulturalisierung der Politik umschlägt«. Marchart 1998, a.a.O.

500 Ingo Lauggas: *Hegemonie, Kunst und Literatur. Ästhetik und Politik bei Gramsci und Williams*. Wien: Löcker Verlag 2013, S. 73.

geht in der materialistisch-kulturtheoretischen Analyse also darum, das »Ernstnehmen der ästhetischen Eigenlogik kultureller Artefakte«[501] mit der Frage nach allgemeinen hegemonialen Verschiebungen im sozialen Raum zu verknüpfen.

Dem Kunstwerk selbst kommt bei Gramsci, auch wenn er prinzipiell an seine transformatorische Kraft glaubt, keine große Bedeutung für die Sozialtheorie zu. Es sind vielmehr die kulturellen Produktionen im Allgemeinen, unter denen die künstlerische Arbeit nur eine von vielen ist, denen Gramscis Interesse gilt. Als einer der ersten marxistischen TheoretikerInnen wendet er sich auch der Populärkultur und der Folklore zu. Diese versprechen ihm nicht nur analytisch Aufschluss zu geben über den Alltagsverstand der Menschen. Er sieht in populärkulturellen Produktionen (wie beispielsweise in Zeitschriften abgedruckten Groschenromanen) auch mögliche Indikatoren für differente, sich »im Gegensatz zu den ›offiziellen‹ Weltauffassungen«[502] befindende bzw. ausbildende Auffassungen von Welt und Leben der unteren sozialen Schichten. Die Möglichkeit dieses Unterschieds und die Betonung des ›Alltagsverstands‹ hebt Gramsci deutlich vom marxistischen Funktionalismus ab. Dem Kunstwerk aber kommt letztlich sozialtheoretisch kein anderer Status zu als dem Groschenroman. Beide haben das Potenzial, ermächtigend und widerständig oder aber herrschaftsstabilisierend zu wirken.

Die Frage, was ein Kunstwerk / eine künstlerische Arbeit ausmacht und welche Effekte der Wahrnehmung es bzw. sie auslöst, ist nach Williams in den westlichen Gegenwartsgesellschaften (hier der späten 1970er-Jahre) überhaupt nicht außerhalb dieser Konventionen und Organisationen des Sozialen zu beantworten. Williams hat eine Kunstbetrachtung eingeleitet, die sich jenseits der Werkästhetik positioniert (also gegen jene Positionen innerhalb der marxistischen Tradition, die diese – von Georg Lukács und bis Thomas Metscher – vertreten). Kunstproduktion und -rezeption wird als aktives Verhältnis begriffen, das Konventionen unterworfen ist, die selbst Formen sich verändernder sozialer Organisationen und

501 Ebd., S. 191.

502 Antonio Gramsci: *Gefängnishefte*, Bd. 9, Hefte 22 bis 29. Hamburg: Argument Verlag 1999, S. 2215.

Beziehungen sind.[503] Diesen Standpunkt führt er auch in *The Sociology of Culture* (1981) ausführlich aus (auch in Abgrenzung gegen Lukács) und konstatiert ziemlich deutlich gegenüber nicht-soziologischen Herangehensweisen an die Kunst, dass eine Betrachtung der »works of arts themselves«[504] keine Option sei. Künstlerische Arbeiten lassen sich nicht mehr über Qualität, Form oder Performance (als Kunstwerke) kategorisieren und von Nicht-Kunst unterscheiden. Über die Jahrhunderte habe sich ein »system of social signals«[505] entwickelt, die etwas als Kunst anzeigen. Die wichtigsten solcher Signale sind *Ort* und *Gelegenheit* – Räume wie Galerien und Theater, Anlässe wie Ausstellungen und Aufführungen. Diese Problematik, dass Kunst nicht mehr aus sich selbst heraus erkennbar ist, mache vor allem klar, dass »the move away from the ›sociological‹ is precisely the move we cannot make«[506]. Damit, also indem er den Produktions- und Rezeptionsprozess nicht außerhalb anderer sozialer Praktiken denkt, richtet sich Williams auch gegen die metaphysische und transzendentale Ästhetik im Anschluss an Kant und leitet eine soziologische Wende in der materialistischen Kunstbetrachtung ein.

Der soziologischen Wende in der Analyse von Kunst ist zweifelsohne auch Bourdieu verpflichtet, er hat sie maßgeblich mitgestaltet. Bourdieu hat dabei zunächst voll und ganz jene Effekte von Kunstproduktion und -rezeption im Blick, die die sozialen und politischen Verhältnisse reproduzieren. Schon in seinem Hauptwerk *Die feinen Unterschiede* (1979, dt. 1982) heißt es, dass »von allen Produkten, die der Wahl der Konsumenten unterliegen, [...] die legitimen Kunstwerke die am stärksten *klassifizierenden* und *Klasse verleihenden* [sind]«[507]. Wertmaßstäbe und

503 »The relationship between the making of a work of art and its reception is always active, and subject to conventions, which in thmeselves are forms of (changing) social organization and relationship, and this is radically different from the production and consumption of an object.« Williams 2005, a.a.O., S. 47.

504 Raymond Williams: *The Sociology of Culture*. Chicago: University of Chicago Press 1995, S. 119.

505 Ebd., S. 130.

506 Ebd., S. 126.

507 Pierre Bourdieu: *Die feinen Unterschiede. Zur Kritik der gesellschaftlichen Urteilskraft*. Frankfurt am Main: Suhrkamp Verlag 1987, S. 36.

Praxismodelle der herrschenden sozialen Schichten werden demnach in den Geschmacksvorlieben gegenüber künstlerischen Arbeiten ebenso wie in den impliziten Verhaltensregeln in den kulturellen Institutionen nicht nur für diese reproduziert, sondern als legitime Maßstäbe und Modelle für die gesamte Gesellschaft installiert. Das, also dieses qualitative Merkmal, macht Kunst bzw. das künstlerische Feld überhaupt gesellschaftlich so bedeutend, schließlich ist es rein quantitativ, gemessen an anderen Feldern, sehr klein. Der Konsum kultureller Güter, für den der Kunstkonsum das Paradebeispiel ist, bestätigt, erneuert und erweitert damit in der Tendenz immer die existierenden Subjektivierungsweisen und Herrschaftsformen. Kunstproduktion und Kunstkonsum sind demnach auch nie neutral in ihren sozialen Effekten. Die »Schaffung neuer Geschmacks- und Stilhierarchien«[508] ist immer in symbolische Gewalt verstrickt, wie Angela McRobbie in Auseinandersetzung mit Bourdieu hervorhebt. Das bedeutet, dass auch Kunstproduktion ebenso wie die Kunstrezeption radikal gesellschaftlich zu verorten sind: Es gibt keine allgemeine ästhetische Erfahrung im Sinne Kants. »Die Wahrnehmungskategorien«, schreibt Bourdieu, »resultieren wesentlich aus der Inkorporierung der objektiven Strukturen des sozialen Raums.«[509] Dementsprechend ist auch der Umgang mit Kunst von den Positionierungen im sozialen Raum abhängig und in das Ethos der sozialen Klassen verwoben. Der symbolische Wert eines Kunstwerks kann überhaupt nur von der- oder demjenigen wahrgenommen werden, die oder der »die Mittel besitzt, es sich anzueignen, d.h. es zu entschlüsseln.«[510] Und diese Mittel hängen von dem ab, was Marx die ›Bildungsverhältnisse‹ genannt hatte. Die ästhetische Erfahrung wird (als Voraussetzung für den Kunstkonsum) universalisiert, ist aber in Wirklichkeit eine privilegierte und partikulare Erfahrung, die sich historisch erst etablieren musste. Diese partikulare Erfahrung des von allen Notwendigkeiten befreiten Blicks ist »in den Rang einer transhistorischen Norm

508 McRobbie 2010, a.a.O., S. 169.

509 Pierre Bourdieu: »Sozialer Raum und ›Klassen‹.« [1985] In: Ders.: *Sozialer Raum und ›Klassen‹/Leçon sur la leçon. Zwei Vorlesungen*. Frankfurt am Main: Suhrkamp Verlag 2016, 4. Aufl., S. 7-46, hier S. 17.

510 Pierre Bourdieu: »Elemente zu einer soziologischen Theorie der Kunstwahrnehmung.« In: Ders.: *Zur Soziologie der symbolischen Formen*. Frankfurt am Main: Suhrkamp Verlag 1974b, S. 159-201, hier S. 169.

jeder künstlerischen Wahrnehmung« erhoben worden.[511] Gerade aber die Annahme, es gäbe einen allgemeinen Zugang zur Kunst, verschleiert die besondere symbolische Gewalt der Voraussetzungen dieses Zugangs und erschwert ihn dadurch weiterhin.[512]

Das künstlerische Feld bedient somit nicht nur bestehende Hierarchien. Es ist darüber hinaus als in der Hierarchie sozialer Felder mit besonderer Legitimität ausgestattetes Feld auch ein besonders wirksamer Generator neuer Hierarchien. Beverly Skeggs bringt diese Bourdieu'sche Einsicht so auf den Punkt: »Hence a refusal to play the game or the lack of knowledge to participate in middle-class taste culture is read back onto the working class as individualized moral fault, a pathology, a problem of bad choice, bad culture, a failure to be enterprising or to be reflective. This is why these dominant bourgeois models of the self are so dangerous«[513]. Insofern kommt der Kunst, obwohl vergleichsweise wenige Menschen mit ihr zu tun haben, im Hinblick auf soziale Reproduktion und Tranformation auch ein hoher Stellenwert zu. Die Auseinandersetzung um Kunst ist ein wichtiger Teil von Klassifikationskämpfen, d.h. von Kämpfen um die Denk- und Wahrnehmungsweisen. Der Kampf um Klassifikation ist,

511 Bourdieu 2011, a.a.O., S. 291.

512 Bourdieu vermittelt mit dem Begriff der symbolischen Gewalt (und jenem des symbolischen Kapitals) auch zwischen materialistischen und semiologischen Ansätzen in der Sozialtheorie. Nicht zuletzt deshalb wird Bourdieu hier auch der materialistischen Praxistheorie zugerechnet, auch wenn er nicht zum Kanon materialistischer Kulturtheorien gehört – in dem ›materialistisch‹ meist mit ›marxistisch‹ gleichgesetzt wird. Für diese Zurechnung nennt auch Bourdieu selbst Gründe: Es sei ihm, sagt Bourdieu explizit im Gespräch mit Loïc Wacquant (hier bezogen auf seine Verwendung des Begriffs der ›Interessen‹) darum gegangen, »das materialistische Denken in die Sphäre der Kultur hineinzutragen, aus der es historisch ausgetrieben wurde, als der moderne Kunstbegriff erfunden wurde und das Feld der kulturellen Produktion seine Autonomie erlangte.« Pierre Bourdieu und Loïc D. Wacquant: »Die Ziele der reflexiven Soziologie.« In: Dies.: *Reflexive Anthropologie*. Frankfurt am Main: Suhrkamp Verlag 2006, S. 95-249, hier S. 148.

513 Beverly Skeggs: »Exchange, value and affect: Bourdieu and ›the self‹.« In: Lisa Adkins und Beverly Skeggs (Hg.): *Feminism After Bourdieu*. Oxford / Malden, MA: Blackwell Publishing 2004, S. 75-95, hier S. 91.

wie Michael Burawoy es in Bezug auf Gramsci und Bourdieu formuliert, »a struggle over terms and forms of representation«.[514]

In der Frage der Reproduktion der gesellschaftlichen Herrschaftsverhältnisse mittels Kultur knüpft Bourdieu einerseits an Louis Althusser an, insofern die (ideologische) Reproduktion der kapitalistischen Produktionsweise auch schon dessen zentrales Augenmerk war und in der Frage nach der Materialisierung von Ideologie in den Staatsapparaten theoretisiert wurde. Andererseits wendet sich Bourdieu aber mit dem Feldbegriff auch gegen Althussers ahistorisches und undynamisches Verständnis von (Staats-)Apparaten. Im Gegensatz zum Apparat ist das Feld dynamisch und in permanentem geschichtlichem Wandel begriffen. Ähnlich greift Stuart Hall Althusser auf, um dessen Ansatz zu erweitern. Die ideologische – und die habituelle, wie mit Bourdieu ergänzt werden müsste – Reproduktion könne »ebenso wenig durch die persönlichen Vorlieben von Individuen oder durch offenen Zwang (soziale Kontrolle) erklärt werden, wie die ökonomische Reproduktion durch direkt Gewalt erklärt werden kann.«[515] Es müsse daher untersucht werden, so Hall, wie die nicht unter Kontrolle der Staatsapparate stehenden, zivilgesellschaftlichen Bereiche organisiert (und wie in ihnen Herrschaft organisiert) würde – etwas, das Althusser jedoch »nicht einmal ansatzweise zu fassen«[516] versuche. Hall scheint sich, ohne ihn explizit zu erwähnen, auf Bourdieu'sche Kategorien und Vorstellungen zu beziehen, wenn er etwa schreibt, das »Feld des Ideologischen hat seine eigenen Mechanismen; es ist ein ›relativ autonomes‹ Feld der Setzung, Regulierung und sozialen Auseinandersetzung.«[517] Weil solche Regulierungen und Auseinandersetzungen sich in der Praxis vollziehen, sind sie – hält Hall wieder Althusser entgegen – weder in ihrem Ziel noch in ihrem Ausgang determiniert.

514 Michael Burawoy: »Cultural Domination. Gramsci meets Bourdieu.« In: Ders. und Karl von Holdt: *Coversations with Bourdieu. The Johannisburg Moment.* Johannesburg: Wits University Press 2012, S. 51-73, hier S. 58.

515 Stuart Hall: »Bedeutung, Repräsentation, Ideologie. Althusser und die poststrukturalistischen Debatten.« [1985] In: Ders.: *Ideologie – Identität – Repräsentation. Ausgewählte Schriften 4.* Hamburg: Argument Verlag 2004a, S.34-65, hier S. 47.

516 Ebd.

517 Ebd., S. 64.

In seiner Auseinandersetzung mit Kunst- und Bildfragen, vor allem in Bezug auf die »komplexe und ambivalente Praxis«[518] der Repräsentation, bezieht sich Hall allerdings mehr auf den theoretischen Ansatz Michel Foucaults (als auf Bourdieu). In Foucaults Ablehnung des Ideologiebegriffes und der Hinwendung zu einem unauflöslich ineinander verwobenen Verhältnis von Macht und Wissen sieht Hall auch eine Weiterführung der Ideen Gramscis (vor allem im Hinblick auf die von Gramsci zurückgewiesene, reduktionistische Annahme, die Ökonomie würde die Ideologie stets determinieren).[519] Das kulturelle Feld ist für Hall eine Art Arena, in der sich die Denk- und Wahrnehmungsweisen der Menschen gut beobachten und begreifen lassen. Wenn man verstehen wolle, wie etwa das Denken in und das Wahrnehmen von ethnischen oder geschlechtlichen Differenzen funktioniere, ließe sich in der Kunst Anschauungsmaterial dafür finden: »if you want to learn more, or see how difference operates inside people's heads, you have to go to art, you have to go to culture – to where people imagine, where they fantasise, where they symbolize.«[520]

III.

Gramsci glaubt durchaus an die transformatorische Kraft von Kunstwerken – auch wenn er diese Kraft prinzipiell nicht höher als die von Groschenromanen einschätzt. In der Beschreibung Gramscis sind die einzelnen künstlerischen Produktionen nur innerhalb eines Kontexts, also innerhalb eines ganzen Ensembles von ähnlichen und vergleichbaren Arbeiten dermaßen wirkungs- bzw. effektvoll. Das Beispiel, das Gramsci anführt, ist die Französische Revolution, der bereits die Aufklärung –

518 Stuart Hall: »Das Spektakel des ›Anderen‹.« [1997] In: Ders.: *Ideologie – Identität – Repräsentation. Ausgewählte Schriften 4*. Hamburg: Argument Verlag 2004b, S. 108-165, hier S. 165.

519 Vgl. Stuart Hall: »The Work of Representation.« [1997] In: Stuart Hall, Jessica Evans und Sean Nixon (Hg.): *Representation*. London: Sage Publications 2013, 2. Aufl., S. 1-47, hier S. 33.

520 Stuart Hall: »Living with Difference. Stuart Hall in conversation with Bill Schwarz.« In: *Soundings*, Nr. 37, Winter 2007, S. 148-158, hier S. 152.

»selbst eine großartige Revolution«[521] – vorangegangen war. Diese stellt den Kontext für die einzelnen Werke dar: »Jede neue Komödie Voltaires, jedes neue Pamphlet war wie ein Funke, der längs der von Staat zu Staat, von Land zu Land gespannten Drähte übersprang und Zustimmende und Ablehnende überall und zu gleicher Zeit fand. Die Bajonette der napoleonischen Armeen fanden bereits den Weg von einem unsichtbaren Heer von Büchern und Broschüren geebnet, die von Paris seit der ersten Hälfte des 18. Jahrhunderts ausgeschwärmt waren und Menschen und Institutionen für die notwendigen Erneuerungen vorbereitet hatten.«[522] Kunstwerke können demnach also einen politischen Weg ebnen, sind aber nicht selbst dieser Weg. Auch ist nicht jedes Kunstwerk per se ein Einsatz im Kampf um kulturelle Hegemonie. Um als Intervention zu fungieren, muss es im Kontext verschiedener ähnlicher Arbeiten auftreten. Diese werden dann besonders wirksam, wenn künstlerische Fragestellungen – wie beispielsweise die Kritik bestimmter Repräsentationsformen – mit außerhalb des Kunstfeldes stattfindenden kulturellen und / oder politischen Entwicklungen korrelieren. Gramsci tritt dabei aber keinesfalls für die Vereindeutigung von künstlerischen Arbeiten und deren Auflösung in politische Propaganda ein.

Um solche Korrelationen zwischen Kunst und übriger sozialer Praxis herzustellen, eignet sich nach Gramsci die Kunstkritik sehr gut. Die Kunstkritik, schreibt Gramsci, die seiner »Philosophie der Praxis« entspreche, müsse die Kritik der Handlungsformen und Weltauffassungen mit der Kritik der einzelnen Kunstwerke verknüpfen. In ihr, so schreibt er über eine solche Literaturkritik, müssten »der Kampf für eine neue Kultur, das heißt für einen neuen Humanismus, die Kritik der Gewohnheit, der Gefühle und der Auffassung von der Welt mit der ästhetischen oder rein künstlerischen Kritik im leidenschaftlichen Überschwang, sei es auch in Gestalt des Sarkasmus, miteinander verschmelzen«[523]. Der Kampf für eine neue Kultur, verstanden im Sinne einer politisch-moralischen

521 Antonio Gramsci: »Sozialismus und Kultur.« [1916] In: Ders.: *Philosophie der Praxis. Eine Auswahl.* Herausgegeben von Christian Riechers. Frankfurt am Main: Fischer Verlag 1967, S. 20-23, hier S. 22.

522 Ebd.

523 Gramsci 1999, a.a.O., S. 2108.

Gestaltung des Alltags, war für Gramsci der Erneuerung der Kunst deutlich vorgereiht. Er ging schließlich davon aus, dass sich die neue Kunst aus der erneuerten Kultur ohnehin ergeben würde – und konnte so seine Position gegen die (sozialistisch-realistische) Instrumentalisierung von künstlerischem Schaffen begründen.

Prinzipiell gehen die materialistischen Praxistheorien jedenfalls, mit Williams gesprochen, davon aus, dass »*in der Realität keine Produktionsweise und daher keine dominante gesellschaftliche Ordnung und daher auch keine dominante Kultur jemals die gesamte menschliche Praxis, Energie und Willenskraft umfasst oder gar erschöpft.*«[524] Alternative, oppositionelle Positionierungen sind also auch (und vielleicht gerade) aus der Kunst heraus denkbar. Sie scheinen hier aus Williams' Sicht sogar wahrscheinlicher als in anderen Bereichen des Sozialen, wenn er Kunstwerke als »formative process«[525] beschreibt, in den zwar Konventionen einfließen, aber immer auch gebrochen werden.

Die Produktionsweise bestimme keineswegs sämtliche sozialen Widersprüche, betont auch Stuart Hall. Dementsprechend müssen hegemoniale Politiken als solche begriffen werden, »in which different struggles take the leading position on a range of different fronts.«[526] Weil Kultur im engeren Sinne der Kunstproduktion und -rezeption zwar »its own specifity, modality, and relative autonomy«[527] gegenüber anderen Ebenen sozialer Formation aufweist, zugleich aber niemals »outside of the structuring field of the central contradictions that give shape, patterns, and configuration to a social formation«[528] steht, ist auch das künstlerische Feld eine solche Front. Wie die Kämpfe an dieser Front jeweils entschieden werden, hängt von verschiedenen Faktoren ab. Künstlerische Arbeiten sind Teil von kulturellen Produktionen und welche Effekte sie außerhalb

524 Raymond Williams: »Dominant, residuell, ermergent.« [1977] In: Charles Harrison und Paul Wood (Hg.): *Kunsttheorie im 20. Jahrhundert. Künstlerschriften, Kunstkritik, Kunstphilosophie, Manifeste, Statements, Interviews*. Ostfildern: Verlag Gerd Hatje 1998b, S. 1212-1217, hier S. 1216.

525 Williams 1977, a.a.O., S. 129.

526 Hall 2016, a.a.O., S. 185.

527 Ebd., S. 180.

528 Ebd.

ihres eigenen Feldes auf die Lebensweisen der Menschen zeitigen, wird von der – bildungsbiografisch und milieuspezifisch unterschiedlichen – Lebensweise vorgeprägt.[529] Darin besteht auch der gemeinsame deskriptive kulturtheoretische Nenner zwischen Gramsci und Bourdieu. Hinsichtlich der normativen oder auf emanzipatorische Hoffnungen gerichteten Aspekte unterscheiden sie sich zwar, allerdings nicht so sehr, wie Miachael Burawoy meint: Burawoy betont Gramscis Optimismus in Bezug auf kollektive Praxis, die neues Klassenbewusstsein hervorbringe, während er Bourdieu nachsagt, die Effekte kollektiver Praxis nur in »class *un*consciousness and acceptance of the world as it is«[530] zu sehen.

Burawoy hat deshalb nicht ganz recht, weil Bourdieu, der der Produktion und Rezeption von Kunst zunächst zwar vor allem reproduzierende Effekte bescheinigt, letztlich doch emanzipatorisches Potenzial in kollektiver Praxis sieht – so auch in der Kunst. Schon in *Die Regeln der Kunst* setzt er dem als Raum der Elitenreproduktion geschilderten Feld der Kunst schließlich ein (als »*normative Stellungnahme*«[531] gekennzeichnetes) Verständnis ebendieses Raumes entgegen, das Kunst und Kultur (im engeren Sinne) als »*Instrument einer Freiheit, die Freiheit voraussetzt*«[532], in Anschlag bringen will. Bourdieu will dieses Instrument der Freiheit nicht nur geschützt, sondern auch genutzt sehen, und zwar dagegen, dass »die gegenüber den ökonomischen Zwängen hart erkämpfte Unabhängigkeit der Produktion und Verbreitung von Kultur durch das Eindringen der Marktlogik auf allen Ebenen der Herstellung und Zirkulation kultureller Güter in ihren Grundlagen bedroht ist«[533]. Die Beschreibung der Kunst als Mittel zur Freiheit und Raum der Freiheit zugleich steht selbstverständlich in einer langen linken Tradition, führt aber zu einer unaufgelösten Spannung zwischen diesen – emanzipatorischen und reproduktiven / regressiven – Polen in seinem eigenen Werk. Selbst wenn durch jede Äußerung aus dem Feld heraus das kollektive

529 Vgl. Hirschfeld 1990, a.a.O., S. 13. Hirschfeld koppelt in diesem (einzigen) Punkt Gramsci an Bourdieu.

530 Burawoy 2012, a.a.O., S. 62.

531 Bourdieu 2001a, a.a.O., S. 523.

532 Ebd., S. 524.

533 Pierre Bourdieu: »Kultur in Gefahr.« In: Ders.: *Gegenfeuer 2. Für eine europäische soziale Bewegung*. Konstanz: UVK Verlagsgesellschaft 2001b, S. 82-99, hier S. 83.

Unbewusste dieses Feldes spricht und es immer wieder erneuert, so hält Bourdieu doch gegenhegemoniale Positionierungen für möglich. Und zwar auch in künstlerischen Arbeiten selbst. In den eingangs erwähnten Vorlesungen zur sozialen Bedeutung von Werk und Werdegang des Malers Édouard Manet spricht Bourdieu von einer durch Manet ausgelösten »symbolischen Revolution«[534]. Manet habe in seinen Bildern nicht nur die in ästhetischen Fragen Ton angebende Akademie, die Kunstkritik, die KünstlerkollegInnen und das Laienpublikum vor den Kopf gestoßen. In einer Art »Strategie des Doppelschlags«[535] habe er vielmehr die kunstinternen Maßstäbe und zugleich die (kunstexternen) Wertvorstellungen der Bourgeoisie erfolgreich attackiert. Er habe Sichtweisen im weitesten Sinne verändert und damit eine symbolische Ordnung erschüttert. Dabei ist das Symbolische bei Bourdieu nicht als Gegensatz zum Realen oder nur als ein anderes Wort für Wirkungslosigkeit konzipiert. Im Gegenteil: Es geht dabei um das Denk- und Wahrnehmbare überhaupt. Eine symbolische Ordnung bestehe aus dem Selbstverständlichen und Unhinterfragten, sie mache die »Übereinstimmung zwischen Wahrnehmungsstruktur und Sozialstruktur«[536] aus. Insofern die Malerei Manets diese Übereinstimmung infrage stellt, sei in ihr auch ein Angriff auf die symbolische Gewalt zu sehen. Denn die symbolische Gewalt stütze und garantiere die – nie komplette, aber doch relativ stabile – Unhinterfragbarkeit jener Kongruenz und damit die Stabilität der sozialen Verhältnisse insgesamt.

Die Bourdieu'sche »Theorie der Praxis«[537] sieht vor, in den »erworbenen, mit seiner sozialen Eingliederung usw. verbundenen Dispositionen«[538] nach den Gründen für die Haltungen des Künstlers (und der Künstlerin) zu suchen. Analytisch gehört dabei zur Kunstkritik letztlich eine Rekonstruktion des je historisch-konkreten Feldes. Im Aufdecken der Zusammenhänge besteht aus Bourdieu'scher Sicht immer auch der erste Schritt zu möglicher Veränderung. Letztlich hat Bourdieu mit seiner Manet-Interpretation auch ein Modell dafür geliefert, dass und

534 Bourdieu 2015, a.a.O., S. 19.

535 Ebd., S. 49.

536 Ebd., S. 44.

537 Bourdieu 2015, a.a.O., S. 101.

538 Ebd.

wie zunächst marginalisierte Positionen schließlich zu legitimen werden können.[539]

Politisch bleiben die Hoffnungen aber bescheiden, weil schließlich »das Kunstwerk als Funke, der über das Feld hinausgehende Effekte entflammt, einer Vielzahl von Voraussetzungen inner- wie außerhalb des Feldes bedarf.«[540] Der Weg von der Anomie zur geltenden Norm, den der Kreis der ImpressionistInnen um Manet laut Bourdieu gehen konnte, bleibt den meisten eben doch verwehrt. Es gelingt nur den wenigsten, ihre Normbrüche zur neuen Norm zu institutionalisieren.

Während Bourdieu selbst die Beharrungskräfte des Sozialen stärker betont als die Möglichkeiten emanzipatorischer Transformation, hat etwa García Canclini im Anschluss an dessen Kunstsoziologie die Potenziale der Verknüpfung von Kunstpraktiken und sozialen Bewegungen hervorgehoben. Für die künstlerischen Avantgarden der 1960er-Jahre in Lateinamerika sei es oft naheliegender gewesen, sich bzw. ihre ästhetischen Experimente mit den sozialen Bewegungen zu assoziieren, als mit den kanonischen Arbeiten in Galerien und Museen.[541] Um diese Assoziation dauerhaft und breitenwirksam herzustellen, reiche es allerdings nicht aus, so García Canclini, die Kunst zu soziologisieren, »man muss sie sozialisieren«[542]. Wer anstrebe, symbolische Praktiken als transformatorische zu etablieren, müsse einen Platz innerhalb der popularen Bewegungen und im Kampf gegen Unterdrückung (nicht nur als KunstarbeiterInnen sondern als ArbeiterInnen insgesamt) finden.

Auch wenn die einzelne künstlerische Arbeit keine großen sozialen Effekte zeitigen sollte – wovon mit Gramsci, Williams, Bourdieu und Hall

539 Judith Butler hat insofern auch unrecht, wenn sie Bourdieu nachsagt, eine »konservative Erklärung des Sprechakts« zu vertreten. In dieser würden die »Konventionen, die die performative Äußerung autorisieren, bereits bestehen«, weshalb Bourdieu Brüche mit Konventionen nicht erklären könne – aber genau diese erklärt Bourdieu ausführlich am Beispiel Manets, der mit den herrschenden Konventionen bricht und neue etabliert, Judith Butler: *Haß spricht. Zur Politik des Performativen*. Frankfurt am Main: Suhrkamp Verlag 2006, S. 222 f.

540 Jens Kastner: *Die ästhetische Disposition. Eine Einführung in die Kunsttheorie Pierre Bourdieus*. Wien: Verlag Turia + Kant 2009, S. 178 f.

541 Vgl. Néstor García Canclini: *La producción simbólica. Teoría y método en sociología del arte*. México D.F.: Siglo XXI 1979, S. 99.

542 Ebd., S. 151. [Übers. J.K.]

auszugehen ist –, so speist sie sich doch in die kulturellen Kämpfe ein. Die Effekte dieser Einspeisung aber sind ungewiss. »In die Auseinandersetzung um kulturelle Hegemonie einzutreten«, schreibt Wolfgang Fritz Haug im Anschluss an Gramsci, »heißt natürlich nicht, sie jederzeit und auf allen Feldern für sich entscheiden zu können. Unter allen Umständen aber geht diese Anstrengung als Kraft in die konkreten Kräfteverhältnisse ein.«[543]

543 Wolfang Fritz Haug: *Die kulturelle Unterscheidung. Elemente einer Philosophie des Kulturellen*. Hamburg: Argument Verlag 2011, S. 132.

09. »veränderte Setzung« Kunst in der poststrukturalistischen Theorie

I.

Man könne sagen, schreibt Michel Foucault, dass Édouard Manet »alles, was in der abendländischen Malerei seit dem Quattrocento grundlegend war, umgestürzt hat.«[544] Foucaults Begeisterung für Manet – dessen Einschätzung als Revolutionär er mit Bourdieu teilt – rührt erstens von dessen Erweiterung des Bildraums her. Manet habe das Bild als Objekt erfunden, die »Einbeziehung der Materialität der Leinwand in das, was dargestellt wird«[545], und das sei der Kern der großen, von Manet bewirkten Veränderung. Zweitens hat Manet aus Sicht Foucaults die Frage der Repräsentation neu aufgeworfen, ihre Unmöglichkeit ins Bild gebracht, »das Aufscheinen des Unsichtbaren selber«[546] ermöglicht. Die Frage nach der Repräsentation – im dreifachen Sinne von Darstellung, Vorstellung und Stellvertretung – ist nicht nur zentral für die Arbeiten Foucaults, sondern in ihr berühren und durchkreuzen sich auch die Bereiche des Ästhetischen und des Politischen.

Um Repräsentation geht es auch in einem viel bekannteren und auch grundlegenderen Text als dem schmalen Band zu Manet, auch darin bezieht sich Foucault auf die Malerei: In der Einleitung zu *Die Ordnung der Dinge* bespricht Foucault ausführlich »Las Meninas« von Diego Velázquez (1599–1660). Foucault liest das Bild als reflexiven Kommentar zur Malerei und als Thematisierung von Repräsentation und Subjektivität: Das Subjekt tritt in dreifacher Form auf, als Autor (Maler), als RezipientIn und als Gegenstand (des Gemäldes). Im Mittelpunkt des Bildes befindet sich die Infantin des spanischen Hofes, an dem Velázquez angestellt war, mit vier weiteren Personen und einem Hund, aber diese Gruppe

544 Michel Foucault: *Die Malerei von Manet*. Berlin: Merve Verlag 1999, S. 10.

545 Ebd.

546 Ebd., S. 42.

ist nicht das Thema der Abbildung. Links neben ihr steht der Maler vor seiner Staffelei, die mit der Rückseite zum / zur BetrachterIn gewendet ist. Auch wenn nicht zu sehen ist, was der Maler malt, es ist auf jeden Fall nicht die neben ihm stehende Gruppe um das Mädchen, sondern etwas, das sich außerhalb des Bildraumes befindet. Was es ist, lässt sich im Spiegelbild deutlich erahnen, das in der Mitte des Bildes im hinteren Bereich des abgebildeten Innenraumes hängt: Dort ist das Königspaar zu erkennen. Die Infantin, der Maler und ein rechts hinter der Gruppe im Türrahmen stehender Betrachter der Gruppe blicken aus dem Bild hinaus: »Das Bild in seiner Gänze blickt auf eine Szene, für die es seinerseits eine Szene ist.«[547] Der reale Maler, der das Bild malt, das Königspaar, das vom gemalten Maler porträtiert wird, und der / die BetrachterIn, sie alle befinden sich am gleichen Punkt außerhalb des Bildes. Dies ist der Punkt, ein gewissermaßen souveräner Ausgangs- oder Blickpunkt, von dem aus »die Repräsentation möglich wird.«[548] Die Realität wird ins Innere des Bildes projiziert und zerbricht dort wieder in die drei abgebildeten Gestalten (Maler, Königspaar und einen Betrachter der Szene, der im rechten Hintergrund im Türrahmen steht). Foucault interpretiert das Gemälde als eine Art Meta-Repräsentation, in der das Spiel des Repräsentierens selbst zum Thema gemacht wird. Dabei verbürgen sich in diesem Bild wechselseitig eine »tiefe Unsicherheit dessen, was man sieht, und die Unsichtbarkeit dessen, der schaut«[549]. Diese Unsicherheiten hinsichtlich des Sichtbaren und der Möglichkeiten des Sehens hebt auch Stuart Hall hervor. »The meaning of the picture is produced [...]«, kommentiert Hall die Interpretation Foucaults, »through this complex inter-play between presence (what you see, the visible) and absence (what you can't see, what has displaced it within the frame). Representation works as much through what is not shown, as through what is.«[550] Hall unterstreicht auch die Bedeutung dieser Auslegung für Foucaults Subjekttheorie. Die Bedeutung des Gemäldes ergebe sich erst durch den Standpunkt der Betrachtenden,

547 Michel Foucault: *Die Ordnung der Dinge. Eine Archäologie der Humanwissenschaften*. Frankfurt am Main: Suhrkamp Verlag 1974, S. 42.

548 Ebd., S. 44.

549 Ebd., S. 45.

550 Vgl. Hall 2013, a.a.O., S. 43.

durch die Aktivität des Betrachtens. Damit knüpft Foucault einerseits an die weithin geteilte Auffassung kritischer Kunsttheorie seit den 1960er-Jahren an, die den Betrachtenden bzw. der Rezeption eine konstitutive Rolle und Bedeutung für die künstlerische Arbeit einräumt. Selbst die leninistische Widerspiegelungstheorie ist noch so weit ausgelegt worden, dass der Rezeption darin eine entscheidende Funktion zukommt, indem die Widerspiegelung als etwas begriffen wird, das nicht bloß den reproduktiven Akt der Abbildung bestehender Wirklichkeiten umfasst, sondern des »vermittelnden Glieds«[551] des Kunstrezipienten / der Kunstrezipientin zwischen Kunstwerk und übriger Wirklichkeit bedarf.

Andererseits aber bricht Foucault mit der marxistischen Vorstellung von Abbild und Widerspiegelung, also mit dem ideologiekritischen Repräsentationsverständnis. Die Lukács'sche Vorstellung einer »Objektivität der Außenwelt«[552], die unabhängig vom menschlichen Bewusstsein existiert und auf Grundlage derer wiederum die Trennung von Wesen (das jener Außenwelt zugehört) und Erscheinung (die das Wesen in irgendeiner, mittels Bewusstsein zu ermittelnden Weise abbildet, also repräsentiert) verstanden werden kann, wird von Foucault und der gesamten poststrukturalistischen Theorie zurückgewiesen. Es gibt kein Wesen hinter der Erscheinung. Die Welt und das Subjekt stehen sich nicht als fertige Einheiten gegenüber (auch nicht als historisch produzierte Einheiten). Sie entstehen in dem, was Foucault den Diskurs nennt: in bestimmten alltäglichen wie institutionellen Regeln, in denen die Wirklichkeit untersucht, beschrieben und verhandelt wird. Das Bild von Velázquez weist der Betrachterin / dem Betrachter eine Position zu, die sie / ihn als Subjekt, als sich das Bild und die Wirklichkeit aktiv Aneignende / n, erst erzeugt. »In this sense«, schreibt Hall, »the discourse produces a *subject-position* for the spectator-subject.«[553] Der moderne Mensch ist somit nach Foucault immer schon gleichermaßen unterworfen wie unterwerfend, angeeignet und aneignend: »Unterworfener Souverän, betrachteter Betrachter«[554].

551 Thomas Metscher: »Ästhetische Erkenntnis und realistische Kunst.« [1975] In: Ders.: *Kunst und sozialer Prozess. Studien zu einer Theorie der ästhetischen Erkenntnis.* Köln: Pahl-Rugenstein Verlag 1977, S. 221-257, hier S. 231.

552 Lukács 1977a, a.a.O., S. 63.

553 Hall 1997, a.a.O., S. 44.

554 Foucault 1974, a.a.O., S. 377.

Indem er das Bild von Velázquez einsetzt, um den Übergang zur modernen Denk- und Wahrnehmungsweise – episteme als veränderliche »Ordnung, auf deren Hintergrund wir denken«[555] in den Worten Foucaults – zu beschreiben, weist er der Kunst implizit eine starke Rolle in den historisch sich verändernden Wahrheitsregimen zu. Denn Velázquez' Bild entstand immerhin rund hundertfünfzig Jahre bevor die Klassik mit ihrer episteme der Repräsentation infrage gestellt und durch die Moderne abgelöst wurde. In der Kunst werden also nach Foucault schon Sichtweisen vorweggenommen, die sich erst später gesamtgesellschaftlich durchsetzen.

Repräsentation nicht als Epochenbegriff, aber als Technik und Strategie tritt auch in den Arbeiten von Julia Kristeva (*1941) als Grundproblem politischer Organisierung wie auch künstlerischen Schaffens auf. In ihrer 1974 im französischen Original erschienenen, wegweisenden Studie *Die Revolution der poetischen Sprache* formuliert Kristeva ein Verständnis von Text als Praxis, das sich von hegelianischen und dialektisch-materialistischen Praxis-Konzepten abgrenzt. Die Kunst – hier vor allem die Poesie von Lautréamont (1846–1870) und Stéphane Mallarmé (1842–1898) – spielt in dieser Abgrenzung eine nicht unwesentliche Rolle. Wenn der Abstand zwischen gesellschaftlicher Praxis und ihrer Repräsentation sich vergrößert, wenn die herrschende Ideologie die Wünsche, Begehren und Ansprüche nicht mehr abbilden kann (oder will), wird der Text umso wichtiger. Kristeva macht dies an den Revolten und Revolutionsversuchen im 19. Jahrhundert von 1848 bis zur Pariser Commune fest. Sie verweist darauf, dass Unzufriedenheit und Verwerfung in Zeiten ihrer Nicht-Repräsentierbarkeit auf die »Avantgarde-Texte angewiesen«[556] seien. Grundsätzlich erläutert sie: »Der Kapitalismus gesteht dem Subjekt zwar Anspruch auf Revolte zu, wobei er sich auf jeden Fall das Recht ihrer Unterdrückung vorbehält, doch die ideologischen Systeme, die er ihm anbietet, beherrschen, vereinigen, konsolidieren die Revolte und drängen

555 Ebd., S. 25. Foucault benutzt den Begriff der episteme (aus dem Griechischen für Wissen und Erkenntnis) in *Die Ordnung der Dinge,* um die Bedingungen der Möglichkeit des Wissens in bestimmten, von ihm untersuchten Epochen zu beschreiben.

556 Julia Kristeva: *Die Revolution der poetischen Sprache*. Frankfurt am Main 1978, S. 207.

sie in den Spielraum des Subjekts oder des Staates zurück.«[557] Radikale Bildungen und signifikante Differenzierungen werden in den Text verlagert, sie werden die »verborgene Antriebskraft von ›Kunst‹«.[558] Aber damit verschiebt sich die Revolte nicht etwa in ein künstlerisches Werk, also von den sozialen Kämpfen hin auf ein bloßes Blatt Papier. Sie greift stattdessen konstituierend in das Subjekt ein, und zwar als Irritation und Bruch. Wie die Geschichte nach Marx die Geschichte von Kämpfen und Brüchen in den Produktionsverhältnissen ist, so ist der avantgardistische Text eine Unterbrechung in der Subjektivierung. Kristeva geht davon aus, dass es kein der Geschichte vorgelagertes Subjekt gibt, sondern dass dieses in Form von Sinngebung erst hervorgebracht wird. Insofern wirkt der Avantgarde-Text, der bestehende Sinnstrukturen unterläuft und / oder infrage stellt, auch auf das moderne Subjekt ein. »Das Subjekt *ist* nie«, schreibt Kristeva, »das *Subjekt* ist der *Prozeß der Sinngebung* und stellt sich bloß als *sinngebende* Praxis dar.«[559] Die Kunst verändert daher auch Wirklichkeit, »der moderne *Text* lässt sich auf dem Wege über ›Kunst‹ jenseits der ›Kunst‹ nieder.«[560] Es sind dies auch die allgemeineren Effekte, die Kristeva dem Semiotischen als dem »Ausdruck der Phantasien und Wünsche, die außerhalb des patriarchalen Systems liegen«[561], auf das Symbolische nachsagt, verstanden nach Jacques Lacan als Vorgabe von Sprachmustern, Verhaltensnormen und Rollenzuteilungen.

Kristeva war Redaktionsmitglied der Zeitschrift *Tel Quel* (»wie es ist«), die von 1960 bis 1982 auch als Ganze den Anspruch Kristevas verfochten hat, sprachliche Transformationen und gesellschaftlichen Wandel als miteinander verknüpft zu betrachten. Sie formuliert hier auch Grundlagen der poststrukturalistischen Theorie. Denn für poststrukturalistische Ansätze ist die Ausgangsthese kennzeichnend, dass Sprache die Wirklichkeit nicht nur abbildet, sondern durch Differenzierungen und Kategorisierungen erst herstellt. Es gibt demnach keine außersprachliche

557 Ebd.

558 Ebd.

559 Ebd., S. 210.

560 Ebd., S. 207.

561 Ursula I. Meyer: *Einführung in die feministische Philosophie*. München: dtv 1997, S. 187.

Realität und auch keine objektive Wahrheit, die sich auf notwendige soziale Tatsachen berufen könnte. Wahrheit und Werden, also die permanente Transformation der Wirklichkeit durch Sprache, sind aneinander gebunden. Kristeva formuliert das so: »Wahrheit ist Anderes-Werden (*altération*), veränderte Setzung, imaginär«[562].

Um das Werden als Anders-Werden kreist auch das Denken von Gilles Deleuze (1925–1995). Er hat es auch auf die bildende Kunst bezogen, anhand unzähliger kleiner Beispiele und großer Bücher (etwa über den Maler Francis Bacon), die sich alle geradezu programmatisch bestehenden Kategorien und chronologischen Abfolgen versperren, sodass jeder Versuch einer Zusammenfassung – mehr noch als bei allen anderen ohnehin – wie ein illegitimer Gewaltakt erscheinen muss. Allerdings beginnt auch Deleuze Sätze mit »Jede Kunst hat …«, und an solchen allgemeinen Bestimmungen lässt sich ansetzen. »Jede Kunst hat ihre eigenen Techniken von verzahnten Wiederholungen«, schreibt Deleuze in *Differenz und Wiederholung* (1968), »deren kritische und revolutionäre Gewalt den höchsten Punkt erreichen kann, um uns von den öden Wiederholungen der Gewohnheit zu den tiefen Wiederholungen des Gedächtnisses und dann zu den letzten Wiederholungen des Todes zu führen, in denen unsere Freiheit auf dem Spiel steht.«[563]

Erstens wird Wiederholung hier zu einer zentralen Praxis von Kunst erklärt. Exemplifiziert an der Pop Art, in der bei Andy Warhol das Abbild vom Abbild des Abbildes immer weitergetrieben und zu einem Trugbild gemacht würde, richtet sich diese Setzung klar gegen Repräsentation. (Gegen die Vorstellung eines Wesens hinter der Erscheinung zu sein bedeutet für Deleuze auch, die Möglichkeit einer letztgültigen Stellvertretung infrage zu stellen.) Denn das Trugbild ist für Deleuze nichts Schlechtes, im Gegenteil, es entwirft und schafft eine Differenz zum Gegebenen, die es zu bejahen und weiterzutreiben gilt. Das Problem des ästhetischen Scheins (mit ihren Polen Wahrheit und Ideologie) löst Deleuze hier gewissermaßen in der und als Wiederholung auf. Die alltäglichsten und

562 Kristeva 1978, a.a.O., S. 213.

563 Gilles Deleuze: *Differenz und Wiederholung*. [1968] München: Wilhelm Fink Verlag 1997, 2. korr. Aufl., S. 365.

stereotypisiertesten Wiederholungen würden sich zwar auch im Kunstwerk wiederfinden, aber sie werden »dabei stets im Verhältnis zu anderen Wiederholungen verschoben, und zwar unter der Bedingung, daß man ihr eine Differenz für diese anderen Wiederholungen abzulocken vermag. Denn das einzige ästhetische Problem«, schreibt Deleuze dann in der Diktion der künstlerischen Avantgarden, »besteht darin, die Kunst ins tägliche Leben eindringen zu lassen.«[564]

Zweitens versieht Deleuze die Kunst also auch mit einem normativen Anspruch auf Befreiung. In der Kunst steckt demnach ein emanzipatorisches Potenzial – indem sie sich gegen Gewohnheiten richtet und für die Freiheit stark macht. Dieses Potenzial wird einerseits beschrieben, andererseits aber auch selbst gefördert: Diesen normativen Aspekt führt Deleuze dann vor allem gemeinsam mit Félix Guattari (1930–1992) im letzten Kapitel von *Was ist Philosophie?* (1991) aus. Auch hier gibt es einerseits eine Vielzahl kleiner Anspielungen – »Welcher Schrecken sucht den Kopf van Goghs heim, gefangen in einem Sonnenblumen-Werden?«[565] – und andererseits verallgemeinernde Aussagen zur Kunst. Offen normativ, die emanzipatorischen Potenziale nicht nur beschreibend, sondern bekräftigend ist es, wenn Deleuze und Guattari allgemeine Ansprüche an die Kunst formulieren: »Das Ziel der Kunst besteht darin, mit den Mitteln des Materials das Perzept den Perzeptionen eines Objekts und den Zuständen eines perzipierenden Subjekts zu entreißen, den Affekt den Affektionen als Übergang eines Zustands in einen anderen zu entreißen.«[566] Es geht also (und soll gehen) um die Abkehr vom Gewöhnlichen, den gängigen Arten und Weisen, wahrzunehmen und zu fühlen bzw. sich affizieren zu lassen. Mit dieser Zielvorgabe wird die Kunst auch zu einem besonderen Gegenstand für die Philosophie von Deleuze und Guattari. Das Denken in und als Fließen und Übergang findet in der Kunst gleichermaßen Beispiel und Hoffnungsträgerin. »Man ist nicht in der Welt«, schreiben Deleuze und Guattari hier programmatisch, »man wird mit der Welt, man wird mit ihrer Betrachtung. Alles ist Schauen,

564 Ebd., S. 364.

565 Gilles Deleuze und Félix Guattari: *Was ist Philosophie?* [1991] Frankfurt am Main: Suhrkamp Verlag 2000, S. 200.

566 Ebd., S. 196.

Werden.«[567] Bei seiner Hinwendung zu Themen der Malerei (und des Films) geht es Deleuze, wie Michaela Ott schreibt, immer um die »Suche nach Denkweisen, die mit Bewegung und Affekt, mit afigurativen Bildlösungen und zeitlichen Selbstvollzügen verbunden sind.«[568]

In ihrem Plädoyer für eine »kleine Literatur« am Beispiel des Werks Franz Kafkas hatten Deleuze und Guattari bereits die kollektive Dimension der Literaturproduktion betont und den Dualismus zwischen produzierenden Schreibenden und rezipierenden Lesenden zu überwinden versucht. Es gibt demnach kein Subjekt, sondern »*nur kollektive Aussageverkettungen*«[569], die in der Literatur – oder Kunst – zum Ausdruck kommen. Neben der kollektiven Aussageverkettung gibt es noch zwei weitere Merkmale, die eine »kleine Literatur« ausmachen: die Deterritorialisierung der Sprache (eine Art Ablösung des Schreibens vom hegemonialen Gebrauch einer Nationalsprache) und die Koppelung des Individuellen an das Politische, in dem sich Mikro- und Makroperspektive verknüpfen und etwa psychische Zustände ökonomisch relevant werden.

Im Fluss der nicht repräsentierbaren Vollzüge droht allerdings die allein theoretische bzw. begriffliche Auflösung verschiedener Verfahrensweisen von Praxis. Anders gesagt: Zwischen den Interpretationen von Praxis und der materiellen Praxis selbst wird häufig nicht mehr unterschieden. Etwas anders zu sehen (als gewöhnlich) wird zuweilen nicht unterschieden davon, etwas anders zu machen. Das eine führt zwar oft zum anderen, ist aber nicht damit identisch (d.h. sollte nicht als identisch betrachtet werden). Jacques Rancière nennt diese Gleichsetzung von ›anders sehen‹ und ›anders machen‹ die »Furcht vor der Beziehung von Ästhetik und Politik«[570] bei Deleuze. Rancière (*1940), der mit seinen Schriften zur Ästhetik starken Einfluss im internationalen Kunstdiskurs der letzten Jahre ausübte, teilt allerdings auch viele der Herangehensweisen mit Deleuze. Auch mit Foucault und Kristeva verbinden ihn etwa die Fragen

567 Ebd., S. 199.

568 Michaela Ott: *Deleuze zur Einführung*. Hamburg: Junius Verlag 2005, S. 125.

569 Gilles Deleuze und Félix Guattari: *Kafka. Für eine kleine Literatur*. Frankfurt am Main: Suhrkamp Verlag 1976, S. 26.

570 Jacques Rancière: »Gespräch mit Jacques Rancière (Frank Rudi und Jan Völker).« In: Ders.: *Ist Kunst widerständig?* Berlin: Merve Verlag 2008a, S. 37-90, hier S. 84.

veränderter und verändernder Setzungen und nach dem neuen Kontext, in dem dies möglich wird und geschieht. Rancière beschreibt bildende Kunst vor dem Hintergrund verschiedener (historisch zu verortender) Regime der Künste. Er unterscheidet ein im Anschluss an Platon etabliertes »ethisches Regime der Künste«, in der die Kunst der Frage des Ursprungs und dem Gebrauch von Bildern unterworfen ist, von einem in Anschluss an Aristoteles entstandenen poetischen oder »repräsentativen Regime der Künste«, in dem es um Nachahmung (mimesis / poiesis) und ihre Bewertung geht. Abgelöst worden seien beide Kunstregime vom »ästhetischen Regime der Künste«. Darin würden die Dinge und Tätigkeiten, die der Kunst zugerechnet werden, »durch ihre Zugehörigkeit zu einem spezifischen Regime des Sinnlichen identifiziert.«[571] Künstlerische Praktiken sind in diesem Verständnis immer schon Teil dessen, was Rancière die »Aufteilung des Sinnlichen« nennt. Das Sinnliche in diesem weiten Verständnis betrifft in etwa das, was Foucault als episteme kennzeichnet: den Bereich des Denk- und Wahrnehmbaren zu bzw. in einer bestimmten Zeit. Die Verschiebung bestehender Aufteilungen des Sinnlichen ist dementsprechend auch eine Voraussetzung für politische Veränderungen. So betont Rancière, das marxistische Projekt einer Revolution der Produktions- und Zirkulationsweisen sei abhängig von »einer ästhetischen Metapolitik«[572]. Das Sinnliche selbst ist damit die konfliktlive Grundlage von Politik, auch jener Politik der Kunst. Konfliktiv ist das Sinnliche insofern, als es selbst per definitionem »der Streit über die Verfassung der *Aisthesis* [ist], über die Aufteilung des Sinnlichen«[573]. In diesem Sinne ist das Sinnliche auch politisch. Die Politik tritt als solche in Erscheinung, wenn die bestehende Aufteilung des Sinnlichen infrage gestellt wird und wenn etwa »diejenigen, die kein Recht dazu haben, als sprechende Wesen

571 Jacques Rancière: »Die Aufteilung des Sinnlichen. Ästhetik und Politik.« In: Ders.: *Die Aufteilung des Sinnlichen. Die Politik der Kunst und ihre Paradoxien*. Berlin: b_books 2006a, S. 21-74, hier S. 39.

572 Jacques Rancière: »Die Politik der Kunst und ihre Paradoxien.« In: Ders.: *Die Aufteilung des Sinnlichen. Die Politik der Kunst und ihre Paradoxien*. Berlin: b_books 2006b, S. 75-100, hier S. 85.

573 Jacques Rancière: *Das Unvernehmen. Politik und Philosophie*. Frankfurt am Main: Suhrkamp Verlag 2002, S. 38.

gezählt zu werden, sich dazuzählen«[574]. Diese Bestimmung allerdings macht Politik selbst zu einem emanzipatorischen Anliegen, Rancière vertritt also einen stark normativen Politikbegriff.[575] Es stellt sich die Frage, unter welchen Voraussetzungen es den nicht Gezählten, also illegitimen AktuerInnen gelingt, sich in das Sinnliche einzuschreiben und dessen Aufteilung damit zu verschieben. Aber Rancière beantwortet sie nicht, er »umgeht die Frage der Legitimierung und Anerkennung von Infragestellungen.«[576]

Diese Frage stellt sich aber auch für die Kunst. Welche Rolle kann Kunst überhaupt einnehmen in den verschiedenen Neuaufteilungen? Hier unterscheidet Rancière analytisch zwei bekannte Formen der Widerständigkeit der Kunst, die auch in der Geschichte der ästhetischen und der Kunsttheorie immer wieder als Gegensatzpaar auftauchen: einerseits die avantgardistische »Politik des Leben-Werdens von Kunst und der Politik der widerständischen Form«[577] andererseits. Die erste Widerständigkeit ist die der Boheme, die letztere zieht sich vom L'art pour l'art bis zu den Positionen von Adorno und Marcuse. Die Spannung zwischen beiden Paaren des Gegensatzes ist schließlich die »eigene Politik«[578] der Ästhetik, die Rancière nicht aufgelöst wissen will (weder die Spannung noch damit die Politik).

574 Ebd.

575 Dieser normative Politikbegriff, der letztlich Politik und Emanzipation gleichsetzt, ist zweifellos ein Effekt von Rancières Abgrenzung zu seinem Lehrer und ehemaligen Mentor Louis Althusser und dessen Verständnis von Politik. Rancière sagt dem Althusser'schen Projekt nach, einen philosophischen Kampf gegen den Linksradikalismus zu führen und als eine Art ›Theorie-Polizei‹ zu fungieren, die die Theorie und die (kommunistische) Partei immer über die spontanen Äußerungen der Menschen – paradigmatisch im Mai 1968 – stellt, Jacques Rancière: *Die Lektion Althusser*. Hamburg: Laika Verlag 2014, S. 71.

576 Jens Kastner: *Der Streit um den ästhetischen Blick. Kunst und Politik zwischen Pierre Bourdieu und Jacques Rancière*. Wien / Berlin: Turia + Kant 2012, S. 73.

577 Jacques Rancière: »Die Ästhetik der Politik.« In: Ders.: *Das Unbehagen in der Ästhetik*. Wien: Passagen Verlag 2007a, S. 29-56, hier S. 55.

578 Jacques Rancière: »Probleme und Transformationen kritischer Kunst« In: Ders.: *Das Unbehagen in der Ästhetik*. Wien: Passagen Verlag 2007b, S. 57-73, hier S. 58.

II.

Weder die Malerei noch das, was in ihr über Repräsentation und Subjekt gesagt wird, existiert außerhalb bestehender Regeln – ob als Regime oder symbolische Ordnung benannt. Im Gespräch mit Noam Chomsky sagt Foucault über seine eigenen theoretischen Neuerungen: »Bezogen auf Sprache oder Wissen kann man nur etwas Neues hervorbringen, indem man eine bestimmte Anzahl von Regeln ins Spiel bringt, die die Akzeptierbarkeit oder die Grammatikalität solcher Aussagen beziehungsweise, in Bezug aufs Wissen, den wissenschaftlichen Charakter der Aussage definiert.«[579] Eine Aussage, die ohne Weiteres auch auf Velázquez und auf künstlerische Praxis generell zu übertragen ist. Auf die Kunst lässt sich auch anwenden, was Foucault allgemein im Zusammenhang mit der Regelhaftigkeit anderer diskursiver Formationen, etwa der Philosophie oder wissenschaftlicher Disziplinen, schreibt: dass Sätze »komplexen und schwierigen Erfordernissen entsprechen [müssen], um der Gesamtheit einer Disziplin angehören zu können«[580], und dass solche Sätze oder Aussagen auch auf ein Publikum zugeschnitten sind. Es geht um ein Publikum als »eine Wirklichkeit«, wie Foucault im Hinblick auf Kants Arbeit an seiner Schrift »Beantwortung der Frage: Was ist Aufklärung?« (1784) bemerkt, »die durch die Existenz jener Institutionen, nämlich der wissenschaftlichen Gesellschaft, der Akademien, der Zeitschriften begründet und gestaltet wurde«[581]. Auch die künstlerischen Produktionsprozesse sind ohne die Regeln und Institutionen, in denen sie stattfinden – die sie aber zugleich immer selbst mit hervorbringen – nicht zu denken. Ähnlich hatte auch Bourdieu in *Zur Soziologie der symbolischen Formen* (1970) schon darauf hingewiesen, dass die KünstlerInnen, und Intellektuelle im Allgemeinen, in ihrem Selbstbild wie kaum eine andere gesellschaftliche Gruppe von dem Bild abhängen, das andere sich von ihnen machen. Die

579 Michel Foucault/Noam Chomsky: *Macht und Gerechtigkeit*. Gespräch mit Fons Elders. [1974]. Freiburg: orange press 2004, S. 25.

580 Michel Foucault: *Die Ordnung des Diskurses*. Frankfurt am Main: Fischer Verlag 2001, 8. Aufl., S. 24.

581 Foucault 2012, a.a.O., S. 23.

Gesellschaft interveniere so gesehen »noch im Herzen des künstlerischen Projekts«[582].

Dass die regulierenden Institutionen und die Kontexte im Produktionsprozess präsent sind, bedeutet jedoch nicht, dass diese Präsenz überall gleichermaßen wirkt. Der »moderne Zweifel an der Repräsentierbarkeit von Welt«[583] äußert sich, wie Sophia Prinz in ihrer Analyse von Foucaults Texten zur Kunst aufzeigt, in der Malerei anders als in den visuellen Praktiken der empirischen Wissenschaften: »Während letztere die Oberflächen durchschneiden, um in den ›Tiefen‹ der Körper und Objekte nach der Wahrheit zu suchen, beginnt die Malerei sich selbst als ein undurchsichtiges, materielles Ding oder ›objektive Transzendentalie‹ zu entwerfen«[584]. Künstlerische Verfahren sind weder mit wissenschaftlichen identisch, noch gehen Fragen der Sichtbarkeit und der Sagbarkeit ineinander auf. Kunst ist als eigenes, regelgeleitetes Konglomerat von Praktiken innerhalb von Gesellschaft zu verstehen, als, wie Peter Weibel Foucault paraphrasiert, »Ensemble von geregelten Verfahren zur Produktion, Zirkulation und Wirkungsweise von Aussagen. Dieses Ensemble von Verfahren ist an Machtsysteme gebunden, die sie produzieren und stützen, codieren und legitimieren.«[585]

Auch Deleuze und Guattari haben ein Konzept von solchen bestimmten, geregelten Verfahrensweisen. Guattari beschreibt in einem Interview, dass »die Kunst sich als autonome Disziplin entwickelt hat, als Feld der Ausbreitung einer gewissen Spezialisierung der Subjektivität.«[586] Subjektivitäten werden überall produziert, aber im Bereich der Kunst auf besondere, spezialisierte Art und Weise. Subjektivitäten sind nicht nur

582 Bourdieu 1974a, a.a.O., S. 86.

583 Sophia Prinz: *Die Praxis des Sehens. Über das Zusammenspiel von Körpern, Artefakten und visueller Ordnung*. Bielefeld: transcript Verlag 2014, S. 103.

584 Ebd.

585 Peter Weibel: »Die Diskurse von Kunst und Macht: Foucault.« In: Peter Gente (Hg.): *Foucault und die Künste*. Frankfurt am Main: Suhrkamp Verlag 2004, S. 141-147, hier S. 145.

586 Félix Guattari: »Schluss: Über zeitgenössische Kunst. Ein Interview von Olivier Zahm.« In: Ders.: *Schriften zur Kunst*. Berlin: Merve Verlag 2016a, S. 194-213, hier S. 196.

Individuen, sondern, wie Guattari erläutert, »das Resultat kollektiver Wirkungszusammenhänge«[587], die aus technologischen, maschinischen und ökonomischen Faktoren bestehen. Guattari und auch Deleuze adressieren hier letztlich auch das Verhältnis von Gegebenem und Neuem, von Struktur und Praxis und der Rolle, die Kunst in der Vermittlung zwischen beiden einnehmen kann.

Bei Deleuze sind die Regeln und die Bedingungen, in bzw. unter denen künstlerische Praxis sich vollzieht und gegen die sie sich abgrenzt, mit dem Begriff des Virtuellen beschrieben. Das Virtuelle ist Vorgängiges und Unpersönliches, die Bedingung von möglichen Erfahrungen, die aktualisiert werden müssen. Die Aktualisierung steht dem Virtuellen zwar gegenüber. Aber Deleuze geht von einer Immanenz aus, in der das Aktuelle »die Ergänzung oder das Produkt, der Gegenstand der Aktualisierung [ist], deren Subjekt aber nur das Virtuelle ist.«[588] Das Virtuelle strukturiert auch die Aktualisierungen. »Die Struktur ist die Realität des Virtuellen.«[589] Die Kunst bezieht sich notgedrungen auch auf das Virtuelle. »Wenn sich das Kunstwerk auf eine Virtualität beruft, in die es eingelassen ist, so macht es keinerlei verworrene Bestimmung geltend, sondern die vollständig bestimmte Struktur, die durch seine genetischen differentiellen Elemente, durch seine ›virtuellen‹, ›embryonierten‹ Elemente gebildet wird.«[590] Auch Deleuze insistiert also darauf, dass Kunst nie im gesellschaftsfreien Raum, sondern vor dem Hintergrund bestimmter Bedingungen geschieht bzw. gemacht wird.

Aber, wie bereits gesehen, geht Deleuze nicht davon aus, dass die Bildung der Struktur und die wiederholende Bezugnahme auf sie unbedingt (oder auch nur der Tendenz nach) zu deren Reproduktion führt. Im Gegenteil, gerade in der Kunst – aber auch in der Philosophie – findet Wiederholung als Produktion von Differenzen statt. Die Strukturen sind nicht eingrenzend, sondern wenn die KünstlerInnen die bestehenden Perzepte, Affekte und Meinungen angreifen (und durch Perzeptionen,

587 Ebd., S. 195.

588 Gilles Deleuze: »Das Aktuelle und das Virtuelle.« In: Peter Gente und Peter Weibel (Hg.): *Deleuze und die Künste*. Frankfurt am Main: Suhrkamp Verlag 2007, S. 249-253, hier S. 250.

589 Deleuze 1997, a.a.O., S. 264.

590 Ebd., S. 265.

Affektionen und Empfindungen ersetzen), tun sie dies nicht in Bezug auf bestehende Erwartungen oder gar auf die Ansprüche bestimmter Leute, sondern, wie Deleuze und Guattari schreiben, »mit Blick, so ist zu hoffen, auf jenes Volk, das noch fehlt«[591]. In der hier formulierten Hoffnung allerdings kommt auch zum Ausdruck, dass ein Andienen selbst der Kunst an die bestehenden, dominanten Gewohnheiten und Institutionen prinzipiell möglich ist. Schließlich ist das stets drohende Szenario, dass Befreiung nicht stattfindet, einer der grundlegenden Ausgangspunkte der Philosophie von Deleuze und Guattari (und der Grund für ihren Fokus auf Wunschproduktion) überhaupt: »Nicht fehlendes Klassenbewußtsein und ideologische Verblendung«, fassen Ralf Krause und Marc Rölli zusammen, »erklären die fortdauernde Unterdrückung. Vielmehr ist mit [Wilhelm] Reich zu fragen, warum man gegen seine (objektiven) Interessen wünschen kann«[592]. Wenn sie ihren Fokus auch auf Veränderung setzen, so ist die drohende Reproduktion (der sozialen Verhältnisse) doch Ausgangspunkt für Deleuze und Guattari.

Gewohnheiten und Institutionen, Ensemble von Verfahren, die relative Stabilität von Regeln und diskursiver Formationen – solche und ähnliche Beschreibungen für die Grundlagen individueller und / oder kollektiver Kunstproduktion finden sich in vielen poststrukturalistischen Ansätzen, so auch bei Jacques Rancière. An verschiedenen Stellen hatte sich Rancière zwar vehement gegen soziologische Beschreibungen gerichtet und etwa die Soziologie Bourdieus – fälschlicherweise – als eine Wissenschaft bezeichnet, die die von ihr beschriebenen Kräfteverhältnisse »für unveränderbar erklärt«[593]. Hinsichtlich der Kunst greift er aber selbst zu soziologisch anmutenden Kategorisierungen: »Mit wie viel Emphase manche auch immer das Kunstereignis und die schöpferische Arbeit der Künstler dem Gewebe an Institutionen, Praktiken, Affektionsweisen und Denkschemata entgegenhalten mögen«, schreibt Rancière, »es ist doch

591 Deleuze und Guattari 2000, a.a.O., S. 208.

592 Ralf Krause und Marc Rölli: *Mikropolitik. Eine Einführung in die politische Philosophie von Gilles Deleuze und Félix Guattari.* Wien / Berlin: Verlag Turia + Kant 2010, S. 67.

593 Jacques Rancière: *Der Philosoph und seine Armen.* [1983] Wien: Passagen Verlag 2010, S. 245.

dieses Gewebe, das es ermöglicht, dass eine Form, ein Farbglanz, die Beschleunigung eines Rhythmus, eine Stille zwischen Wörtern, eine Bewegung oder ein Flackern auf einer Oberfläche als Ereignisse empfunden und mit der Vorstellung von künstlerischem Schaffen in Verbindung gebracht werden.«[594] Die Sichtweisen und Blicke, selbst die Empfindungen sind disponiert, sicherlich unendlich in den Variationen, und doch vorgegeben im Sinne von geprägt durch ein Gewebe, ein Ensemble von Verfahren, durch das, was Bourdieu das ›künstlerische Feld‹ nennt. Wie bei Bourdieu, so bleiben auch bei Rancière die Effekte, die aus dem Gewebe heraus erzeugt werden, nicht auf dieses beschränkt. Im Gegenteil, Rancière hat in zahlreichen Veröffentlichungen zu Fragen der Ästhetik im Allgemeinen und der (bildenden) Kunst im Besonderen immer wieder seine Hoffnungen auf die verändernden Potenziale der Kunst formuliert. So betont er etwa in dem Interview *Ist die Kunst widerständig?* (2008): Was »die politische Emanzipation auf stärkste Weise an die Erprobung neuer Kräfte des eigentlich Sinnlichen im ästhetischen Regime der Kunst gebunden«[595] habe, sei die Unterbrechung zwischen der Angleichung von sinnlichen an symbolische Körper: Rancière bezieht diese Brüche dabei immer wieder auf konkrete Arbeiter (in ihrer sinnlichen Körperlichkeit), die sich weder über die Arbeit noch über die Arbeiter-Organisationen (mit ihrem symbolischen Körper) identifizieren. Dieser Bruch mit Klassifizierungen und Identifizierungen, zu dem die Kunst nach Rancière offenbar beizutragen im Stande ist, mache das Wesentliche für die Emanzipation aus.

III.

Foucault hat eine Geschichte der Regierungstechniken geschrieben, auch Regierungskünste genannt, in der er das Aufkommen einer neuen Machttechnik als »gouvernementale Rationalität«[596] beschreibt, in der es um die Regierung der Körper und der Denkweisen geht, »also nicht so sehr um die Erhaltung des Staates in seiner allgemeinen Ordnung,

594 Jacques Rancière: *Aisthesis. Vierzehn Szenen.* Wien: Passagen Verlag 2013, S. 12.

595 Rancière 2008a, a.a.O., S. 66.

596 Michel Foucault: *Geschichte der Gouvernementalität I. Sicherheit, Territorium, Bevölkerung.* Vorlesungen am Collège de France 1977-1978. Frankfurt am Main: Suhrkamp Verlag 2004, S. 429.

sondern [um] die Erhaltung eines bestimmten Kräfteverhältnisses«[597]. Dabei beschäftigt er sich auch mit Fragen des Widerstands bzw. mit dem, was er »Gegen-Verhalten«[598] nennt. Konkret benennt er drei Formen solchen Gegen-Verhaltens gegen die Gouvernementalität, die sowohl historisch-spezifisch als auch verallgemeinerbar zu verstehen sind: Desertion, Klandestinität und medizinischer Dissens. Künstlerische Praktiken im engeren Sinne spielen hier keine Rolle. An den Rändern der politischen Institutionen aber ergeben sich nach Foucault »Verhaltenskonflikte«[599], die auch die institutionalisierte Macht infrage stellen. Das Monopol, sich in die Wirklichkeit einzutragen, muss man diesen Institutionen »Schritt für Schritt jeden Tag aufs Neue entreißen«[600], so Foucault bei einem Kongress 1981. »Die drei Fragen an das Gegen-Verhalten – woher es kommt, wie es aussieht und wogegen es sich richtet – scheinen sich in dieser Formulierung Foucaults zu verdichten: es entsteht und äußert sich zugleich in der *Alltäglichkeit der Kämpfe um Definitionsmacht*, also um die Zuweisung von Positionen legitimen Sprechens.«[601]

Regierung und Subjektivierung, Führung und Selbstführung sind immer ineinander verzahnt. Es handelt sich jeweils um soziale Beziehungen, die immer dynamisch sind. Die Geschichte der Regierungskünste ist, wie Thomas Lemke betont, deshalb auch »nicht zu trennen von der Geschichte ihrer Kritik.«[602] Die Kritik ist der Macht und den Regierungstechniken nicht äußerlich, sie sind gleichursprünglich und ineinander verwoben. Foucaults berühmte Charakterisierung von Kritik als »Kunst, nicht dermaßen regiert zu werden«[603], grenzt sich von einem fundamentalen

597 Ebd.

598 Ebd., S. 287.

599 Ebd., S. 286.

600 Michel Foucault: »Den Regierungen gegenüber: die Rechte des Menschen (Wortmeldung).« In: Ders.: *Dits et Ecrits*. Schriften, Band IV. Frankfurt am Main: Suhrkamp Verlag 2005, S. 873-875, hier S. 874 f.

601 Jens Kastner: »(Was heißt) Gegen-Verhalten im Neoliberalismus?« In: Daniel Hechler und Axel Philipps (Hg.): *Widerstand denken. Michel Foucault und die Grenzen der Macht*. Bielefeld: transcript Verlag 2008, S. 39-56, hier S. 51.

602 Thomas Lemke: »Räume der Regierung. Kunst und Kritik der Menschenführung.« In: Peter Gente (Hg.): *Foucault und die Künste*. Frankfurt am Main: Suhrkamp Verlag 2004, S. 162-180, hier S. 176.

603 Michel Foucault: *Was ist Kritik?* Berlin: Merve Verlag 1992, S. 12.

(d.h. anthropologisch fundierten) Anarchismus, der ein Gegenüber der Macht annimmt, ebenso ab wie von kulturpessimistischen Annahmen der Unmöglichkeit von Kritik. Das »dermaßen« bezieht sich immer auf eine Relation, also nicht von bestimmten Leuten, nicht um einen bestimmten Preis, nicht auf eine bestimmte Art und Weise regiert werden zu wollen.

Foucault verwendet den Begriff der Kunst in vielfältiger Weise, von den Regierungskünsten bis zur Lebenskunst umfasst er immer bestimmte Techniken, ein Know How, ein Verbessern und Erweitern.[604] Die bildende Kunst ist hier nur ein Aspekt aller Künste, der mit Foucault zumindest zuzutrauen ist, dass sie nicht nur aufzeigen kann, dass die »Stärke der Macht [...] von der Manifestation des Wahren nicht unabhängig«[605] ist, sondern die diese immanente Verbindung von Macht und Wahrheit (im Wahrheitsregime) auch zu durchkreuzen, zu kritisieren und zu stören in der Lage ist. Der Ausgang aber ist nicht nur temporär, sondern stets ungewiss. Foucault ist hinsichtlich der Effekte von Kunst vorsichtig, sie verlieren niemals ihre Ambivalenz. Sein Konzept ist insofern offener als jene von Kristeva und von Rancière, aber auch als jenes von Deleuze und Guattari.

Problematisch an Kristevas Verknüpfung von sprachlicher und sozialer Wirklichkeit ist nicht die dynamische Dimensionierung, die Subjekten und Geschichte dabei erfahren (bzw. eingeschrieben bekommen). Mit dieser Dynamisierung und Ent-Essenzialisierung betritt poststrukturalistische Theorie vor allem einen Weg, der schon von Marx geebnet worden war. Denn mit Marx, schreibt Roberto Nigro zu Recht, »wandelt sich die Frage nach dem Subjekt von einer Frage nach seiner transzendentalen Stellung in eine Frage nach seiner Position als Effekt oder Resultat sozialer Prozesse. Marx' Theorie ist Bedingung der Möglichkeit poststruktura-

---

604 Foucault spricht auch von der »Kunst des Selbst« in Bezug auf die Lebensführung, was ihm häufig als Abkehr von politischen Fragen ausgelegt wurde. Foucault hat allerdings keinen Zweifel daran gelassen hat, dass diese Kunst nur im Zusammenhang mit den Verfahren der Gouvernementalität zu begreifen – und schließlich zu gestalten – ist, Foucalt 2012, a.a.O., S. 66.

605 Michel Foucault: *Die Regierung der Lebenden. Vorlesungen am Collège de France 1979–1980*. Berlin: Suhrkamp Verlag 2014, S. 24.

listischer Analysen«[606]. Problematisch ist eher, dass jedes Werden bei Kristeva auf Anders-Werden festgelegt wird. Und das Andere scheint zudem ein Besseres zu sein, zumindest gibt es keine negativen Urteile gegenüber den Bruch- und Irritationskräften der Avantgardetexte. Wiederholung und Rückschritt sind somit kaum denkbar, auch regressive, reaktionäre Brüche sind im Konzept nicht enthalten und können kaum gedacht werden. Der moderne Text, der sich mittels Kunst jenseits der Kunst niederlässt, kann dies insofern nur erfolgreich tun, ein Scheitern wird ihm nicht zugestanden.

Bei Deleuze und Guattari ist es ähnlich. Malen sei machen, schreibt Guattari angesichts der Gemälde von Gérard Fromanger und – in Anspielung auf die Sprechakttheorie von John L. Austin, in der Sprechen eine Form von Handeln ist – »dann ist der Künstler derjenige, der den Blick ›macht‹ und durch diesen Blick neue Formen der Existenz hervorbringt.«[607] Kunstproduktion erschafft demnach nicht nur die Kunstrezeption, sondern gleich auch die Existenz des/der RezipientIn. Und diese Existenz ist eine andere, als sie vor der Begegnung mit Kunst war. Gegen Normativitäten des Sozialen gerichtet, gegen das Reproduktive und Konservative, gegen die Zumutungen des Kapitalismus konstatiert Guattari dementsprechend: »Kunst ist in etwa der Bereich, der widersteht.«[608]

In Bezug auf Deleuze' Schriften zur zeitgenössischen Kunst gibt Dagmar Danko dessen Haltung sehr eindeutig wieder: »Kunstwerke sind Widerstandsakte.«[609] Sie sind dies aber nicht durch die Verbreitung und Vermittlung von Inhalten, durch Kommunikation, sondern durch sensuelle Informationen und Erfahrungen. In ihrem Kafka-Buch hatten Deleuze/Guattari die literarische Produktion als »literarische Maschine« beschrieben, die den Boden bereite »für eine kommende revolutionäre

606 Roberto Nigro: *Wahrheitsregime*. Zürich: Diaphanes Verlag 2015, S. 41.

607 Félix Guattari: »Die Nacht/der Tag.« In: Ders.: *Schriften zur Kunst*. Berlin: Merve Verlag 2016b, S. 16-25, hier S. 18.

608 Guattari 2016b, a.a.O., S. 196.

609 Dagmar Danko: *Zwischen Überhöhung und Kritik. Wie Kulturtheoretiker zeitgenössische Kunst interpretieren*. Bielefeld: transcript Verlag 2011, S. 148.

Maschine«[610]. In *Was ist Philosophie?* wird zwar im gleichen Impetus argumentiert, die KünstlerInnen werden aber – anders als bei der Maschine – doch wieder als individuelle SchöpferInnen adressiert, die neue und emanzipatorische Empfindungsweisen und Denkhorizonte aufzeigen und damit hervorbringen. KünstlerInnen gingen über »die perzeptiven Zustände und affektiven Übergänge des Erlebten hinaus«[611], und dieses Hinausgehen zeige sich fast notwendigerweise, oder zumindest sehr wahrscheinlich, als emanzipatorische Flucht aus dem Bestehenden. »Immer geht es darum«, schreiben Deleuze und Guattari, »das Leben dort, wo es gefangen ist, zu befreien – oder es doch in einem unsicheren Kampf zu versuchen.«[612] Mit der Erwähnung von Kämpfen deutet Deleuze Beharrungskräfte und Regression immerhin an. Denn wogegen sollten sich die unsicheren Kämpfe sonst richten, wenn nicht gegen die Kräfte, die den Status quo beibehalten oder gar Fortschritte bzw. emanzipatorische Errungenschaften zurückdrehen wollten? Auch wenn Kunst als emanzipatorisch beschrieben wird, ist der Erfolg ihrer Praktiken und Setzungen also nicht unbedingt garantiert. Allerdings gibt es auch deleuzianische Positionen, die die Möglichkeit des Fehlschlags durchaus in Betracht ziehen. So verweist etwa Gerald Raunig unter Bezugnahme auf Deleuze auf das »beständige Element des Scheiterns«[613], dem (aktivistische) Kunst und (künstlerischer) Aktivismus sowohl durch die repressiven Staatsapparate als auch durch »strukturelle Konservatismem von Geschichtsschreibung und Kunstbetrieb«[614] ausgesetzt sind.

Gleichsam festgelegt auf positive Effekte ist der Ansatz Jacques Rancières. Die Unterbrechung der bestehenden »Aufteilung des Sinnlichen«, die Rancière der Kunst zutraut, ist auch hier immer eine gute und emanzipatorische. Zwar kritisiert Rancière bestimmte künstlerische Methoden, die wie etwa jene von Martha Rosler mit gesellschaftskritischem

610 Deleuze und Guattari 1976, a.a.O., S. 26.

611 Deleuze und Guattari 2000, a.a.O., S. 201.

612 Ebd.

613 Raunig 2005, a.a.O., S. 16.

614 Ebd.

Anspruch auftreten, als Teil einer »Melancholie von links«[615]. Diese Melancholie bestehe darin, Missstände nur aufzeigen zu können, dabei aber bloß die eigene Machtlosigkeit, sie zu ändern, zu reproduzieren. Die seiner Ansicht nach richtige Herangehensweise kann aber nicht scheitern: Sie bestehe nicht darin, auf das »Verständnis eines umfassenden Unterwerfungsprozesses«[616] abzuzielen, sondern vollziehe sich in der Praxis, in der Kollektivierung der in Dissense »investierten Fähigkeit«[617]. Nur diese kollektive Dissens-Praxis ist dann richtige Kritik, die sich als zugleich ästhetische Erfahrung und politischer Akt verwirklicht. Wenn die »ästhetische Erfahrung die Politik betrifft, dann deswegen, weil sie auch als Erfahrung des Dissenses definiert ist, im Gegensatz zur mimetischen oder ethischen Anpassung der Kunsterzeugnisse an gesellschaftliche Zwecke.«[618] Politik ist also als Dissens definiert, alle konsensuellen Formen der sozialen und symbolischen Ordnung (bzw. ihrer Bestätigung) beschreibt Rancière demgegenüber als »Polizei«. Unvorhergesehene ästhetische Aneignungen, Blicke jenseits bestehender Klassifizierungen und Identifikationen sind dann immer schon neue und emanzipatorische Zusammensetzungen des Sinnlichen, die »nicht mehr der polizeilichen Aufteilung der Plätze«[619] unterworfen sind. Regressive, rechte Politiken in der ästhetischen Aneignung sind dann definitionsgemäß ausgeschlossen und unmöglich.

Einerseits muss diese Festlegung auf Emanzipation sozialtheoretisch unbefriedigend bleiben. Es gibt theoretisch eigentlich keine Grundlage für eine solch eindeutige Festlegung und in der Praxis lassen Beispiele nicht lange auf sich warten, anhand derer sich aufzeigen lässt, dass künstlerisches Schaffen nicht nur als singuläre Akte, sondern auch systematisch in reproduktive soziale Formierungen von Gesellschaft involviert sind. Für

615 Jacques Rancière: »Die unglücklichen Abenteuer des kritischen Denkens.« In: Ders.: *Der emanzipierte Zuschauer*. Wien: Passagen Verlag 2008b, S. 35-61, hier S. 49.

616 Ebd., S. 61.

617 Ebd.

618 Jacques Rancière: »Die Paradoxa der politischen Kunst.« In: Ders.: *Der emanzipierte Zuschauer*. Wien: Passagen Verlag 2008c, S. 63-99, hier S. 74.

619 Ebd., S. 76.

die hohen Zugangshürden zur Kunstproduktion und -rezpetion, also für die Reproduktion eines elitären gesellschaftlichen Kosmos, der in vielen linken Theorieansätzen problematisiert wurde, hat Rancière keinen Blick, d.h. er schließt sie programmatisch aus. Die Möglichkeit von reaktionärer Kunst und Kunst (Produktion wie Rezeption) als reproduktive Praxis nicht einmal zu reflektieren, muss als Manko des Ansatzes kritisiert werden.

Dennoch enthält die Festlegung auf emanzipatorische Effekte andererseits, politisch gelesen, auch ein forderndes, beanspruchendes Moment. Diese Festlegung der Kunst auf emanzipatorische Praxis steht im Zusammenhang mit einem anti-institutionellen Politikmodell, dessen Teil auch das Schreiben über Politik selbst ist. Wenn Rancière im Kontext seiner demokratitheoretischen Auseinandersetzung schreibt, die Demokratie sei »nur der Konstanz ihrer eigenen Handlungen anvertraut«[620], ist das nicht nur eine Feststellung, sondern auch eine Aufforderung, nicht an Institutionalisierungen zu glauben, sondern immer aktiv im Einsatz zu bleiben. Ähnlich hatten auch Deleuze und Guattari geschrieben, der Erfolg der Revolution beruhe »nur in ihr selbst, eben in den Schwingungen, den Umklammerungen, den Öffnungen, die sie den Menschen im Moment ihres Vollzugs gab und die in sich ein immer im Werden begriffenes Moment bilden«[621]. Emanzipation lässt sich demnach nur in der Praxis und nicht in institutionalisierter Form verwirklichen – ein deutlich in der anarchistischen Tradition stehender und gegen die sozialdemokratischen und kommunistischen Politiken der Staatseroberung gerichteter Apell.

620 Jacques Rancière: *Der Hass der Demokratie*. Berlin: August Verlag 2012, 2. Aufl., S. 115.

621 Deleuze und Guattari 2000, a.a.O., S. 2009.

10. »a lot like communism«
Kunst im Postoperaismus

I.

Das byzantinische Bilderverbot (726 n.u.Z.) hat dazu gedient, die lateinische Machtverteilung (zwischen Kaiser, Adel und Volksversammlungen) zu torpedieren. Es war ein Angriff »gegen jeden demokratischen Geist oder den Widerstand des Volkes«[622]. Denn die Bilder der Heiligen hatten den normalen Leuten eine Möglichkeit geboten, »am Heiligen teilzuhaben und das Göttliche nachzuahmen.«[623] In durchaus emanzipatorischer Hinsicht diente damit die »ästhetische Repräsentation [...] als Vehikel für eine Art politischer Repräsentation.« Michael Hardt und Antonio Negri interpretieren die historische Situation des Ikonoklasmus hier im Rahmen ihrer Analyse gegenwärtiger Macht- und Herrschaftsverhältnisse, für die sie die Begriffe von Empire und Multitude geprägt haben.

Eine große Rolle spielen künstlerische Praktiken oder das Kunstfeld in der postoperaistischen Trilogie *Empire*, *Multitude* und *Common Wealth* absolut nicht. Die Veränderung der kapitalistischen Arbeitsverhältnisse und die Kämpfe gegen die Arbeit waren die zentralen Themen operaistischer Theorie. In feministisch-operaistischen Perspektiven rückte dabei auch die von der kapitalistischen Arbeitsteilung hervorgebrachte, geschlechterspezifische Arbeitsteilung in den analytischen Blick und führte zur politischen Perspektive des Kampfes gegen die »hidden social labor«[624], als welche die Hausarbeit von Frauen gesehen wurde. Der Postoperaismus integrierte später poststrukturalistische Ansätze – etwa von Michel Foucault geprägte Begriffe und Konzepte wie Subjektivierung

622 Michael Hardt und Antonio Negri: *Multitude. Krieg und Demokratie im Empire.* Frankfurt am Main / New York: Campus Verlag 2004, S. 357.

623 Ebd., S. 358.

624 Mariarosa Dalla Costa und Selma James: »Women and the Subversion of the Community.« In: Dies.: *The Power of Women and the Subversion of the Community.* Bristol: Falling Wall Press 1972, 21-56, hier S. 49.

und Biopolitik – in die marxistischen Analysen des Operaismus. Der Begriff der Biopolitik, bei Foucault noch verwendet, um neue Formen der Herrschaft zu fassen, wird bei Hardt und Negri dabei positiv gewendet: Die biopolitische Produktion »schafft durch kooperative Formen der Arbeit selbst gesellschaftliche Beziehungen«[625]. Um das kulturelle Feld bzw. um Kunst kümmerte man sich zunächst relativ wenig, welche Rolle Kulturschaffende (im engeren Sinne) in der Konstituierung neuer sozialer Beziehungen einnehmen, wurde kaum thematisiert.[626]

Dennoch spielen postoperaistische Ansätze in der Kunsttheorie der Gegenwart keine unbedeutende Rolle. Das hat verschiedene Gründe: Zum einen hat die zeitdiagnostische Dimension ihres Ansatzes – bei aller Umstrittenheit in der normativen Ausrichtung oder hinsichtlich theoretischer Begriffe – und die Rede von postfordistischen Produktionsverhältnissen großen Anklang in der Linken gefunden. Die kapitalistische Produktionsweise betrifft demnach nicht mehr nur die Fabrik und den an die industrielle Arbeit gekoppelten Privathaushalt. Im Kontext der globalen Expansion des Kapitals ist es zu grundlegenden Verschiebungen in den Produktions-, Macht- und Herrschaftsverhältnissen gekommen. Die »kapitalistische Antwort auf die ›Krise des Wohlfahrtsstaats‹« besteht, so Martin Birkner und Robert Foltin, in der »Produktion von Leben«[627]. Information und Kommunikation spielen in dieser Produktion eine immer größere Rolle, die menschliche Arbeitskraft wird nicht nur im Hinblick auf körperliche Arbeit ausgebeutet, sondern die ganze Person rückt in den Fokus der Verwertungslogik. Die »großen Industrie- und Finanzmächte produzieren entsprechend nicht nur Waren, sondern auch Subjektivitäten.«[628] Nicht zuletzt durch die größere Rolle der Kommunikationsprozesse dabei übertrifft der symbolische Wert der Ware häufig

625 Hardt und Negri 2004, a.a.O., S. 113 f.

626 Vgl. z. B. Steve Wright: *Den Himmel stürmen. Eine Theoriegeschichte des Operaismus*. Hamburg/Berlin: Assoziation A 2005.

627 Martin Birkner und Robert Foltin: *(Post-)Operaismus. Von der Arbeiterautonomie zur Multitude. Geschichte und Gegenwart, Theorie und Praxis. Eine Einführung*. Stuttgart: Schmetterling Verlag 2006, S. 92.

628 Michael Hardt und Antonio Negri: *Empire. Die neue Weltordnung*. Frankfurt am Main/New York 2002, S. 46.

den Gebrauchswert. Diese These hat die postoperaistische Theorie auch für die Auseinandersetzung mit Kunst – früher einmal als Monopolistin oder zumindest als zentrale Produzentin symbolischer Bedeutungen konzipiert – interessant gemacht.

Zum anderen geben die postoperaistischen Ansätze Begrifflichkeiten an die Hand, die besonders plausibel dafür erscheinen, die gegenwärtige Rezeption bzw. Konsumtion kultureller Güter zu fassen. Dabei knüpfen sie selbstverständlich an marxistische Debatten an, was sich insbesondere in der proklamierten Bedeutungsverschiebung der Arbeit äußert: Die Arbeit sei im Postfordismus vornehmlich ›immateriell‹ geworden – informationell, kommunikativ und affektiv. Durch die verstärkte oder gar hegemoniale Rolle der informellen Arbeit gewinnen kulturelle Praktiken im weiteren Sinne an Bedeutung, wie Pascal Gielen ausführt: »Design, aesthetics ... outer signs or symbols are now a major motor of the economy because they help to keep up the thirst for consumption.«[629] Und die Arbeit gestaltet sich insgesamt so, wie sie für KünstlerInnen vielleicht immer schon war: grenzenlos, flexibel, allgegenwärtig, mobil, ohne Unterschied zur Freizeit. Antonio Negri hat sich Ende der 1980er-Jahre in gesammelten Briefen kunsttheoretischen Fragen aus postoperaistischer Sicht gewidmet, erschienen als *Art & Multitude* (mit einem ergänzten Text zu Kunst und immaterieller Arbeit von 2008). Darin beschreibt er Kunst(produktion) als spezifische Form der Arbeit, die zugleich Singularitäten und neue Zeichen erfinde: »Art, as we have said, is labour, living labour, and therefore invention of singularity, of singular figures and objects, linguistic expression, invention of signs.«[630] Wie andere marxistische TheoretikerInnen auch – Marx, Lukács, Marcuse etc. – beschäftigt sich Negri mit der Kunst als Effekt gesellschaftlicher Arbeitsteilung.[631] Er plädiert dabei einerseits für Historisierungen: Man müsse die spezifische »artistic activity« auf die Produktionsverhältnisse im Allgemeinen und die sich verändernde »organziation of labour« beziehen.[632] Solche

629 Pascal Gielen: *The Murmuring of the Artistic Multitude: Global Art, Memory and Post-Fordism*. Amsterdam: Antennae 2010, S. 18.

630 Antonio Negri: *Art & Multitude. Nine letters on Art, followed by Metamorphoses: Art and immaterial labour*. Cambridge / Malden, MA: Polity Press 2011, S. xii.

631 Ebd., S. 39.

632 Ebd., S. 41 ff. und S. 102 ff.

Historisierungen nimmt er dann selbst auch vor und bezieht etwa die realistische Malerei auf die revolutionären Klassenkämpfe (1848 bis 1871), den Impressionismus auf die Intensivierung der Arbeitsteilung (1871 bis 1914), den Expressionismus auf die Ausweitung der abstrakten Arbeit (1917 bis 1929) und die permanente Neuerfindung auf die Krise des Kapitals (1929 bis 1968), um schließlich die »*cognitive labour power*« der Gegenwart zu betonen.[633] Andererseits nimmt er aber auch Ontologisierungen vor – an die wiederum Politisierungen geknüpft werden, aber dazu unten mehr. Wie jede Arbeit im Postoperaismus, wird auch Kunst als kollektive Arbeit beschrieben – »art is collective work«[634]. Und weil Kunst sich insbesondere mit der Herstellung von Singularitäten und Zeichen befasst, scheint sie in besonderem Maße eine kollektive Arbeit zu sein, aus der schließlich eine »construction of a new language«[635] folge. Diese Sprache wiederum wird – ähnlich wie schon bei Marcuse und wie noch bei Rancière – als emanzipatorisch gedacht, als gegen die herrschende Verfasstheit von sprachlichen und anderen bestehenden Ordnungen gerichtet.

Mehr noch als Hardt und Negri hat sich ein anderer postoperaistischer Theoretiker dem Verhältnis von Kunstpraktiken zur Veränderung der Arbeit im Postfordismus gewidmet: Paolo Virno. Der Philosoph Virno beschreibt Veränderungen, die die grundsätzlichen Lebensbedingungen unter postfordistischen Verhältnissen ausmachen. Die zeitgenössische Multitude – verstanden nicht als spezifisches, sondern als universelles Subjekt – zeichne sich aus durch ein »Ineinanderfließen von Politik und Arbeit«[636] aus, zugleich sei der allgemeine Intellekt »zum Stütz-

633 Negri nimmt diese Periodisierung bereits 1988 vor und ergänzt sie im Text von 2008 um die letzte Phase, vgl. Antonio Negri 2011, a.a.O., S. 41 ff. und S. 102 ff. Das Problem an dieser Einteilung ist weniger die Grobheit, die solche Periodisierungen notwendigerweise mit sich bringen, als vielmehr die Unvermitteltheit zwischen den verschiedenen Sphären der gesellschaftlichen Arbeitsteilung. Anders formuliert, Negris Verhältnissetzung ist ein Ableitungsnarrativ, das die spezifischen Entwicklungen zwischen Kunstproduktion und anderer Produktion nicht wirklich fassen kann.

634 Ebd., S. 33.

635 Ebd., S. 40.

636 Virno 2005, a.a.O., S. 63.

pfeiler der gesellschaftlichen Produktion«[637] geworden. Der allgemeine Intellekt, bei Marx in den *Grundrissen* als *general intellect* erwähnt, ist ein Schlüsselbegriff innerhalb der poststrukturalistischen Theorie: Er beschreibt das allgemein vorhandene Wissen, auf die jede Produktion angewiesen ist und das ihr notwendig voraus geht. In ihm scheint sich, so wird es im Postoperaismus interpretiert, die »sich ausweitende Inwertsetzung gesellschaftlicher Bereiche«[638] schon anzukündigen. In der Gegenwart geht es nach Virno nun um die Ausweitung bzw. Universalisierungen künstlerisch-avantgardistischer Ansprüche bzw. Lebensentwürfe. Virno betont, dass die gesamte Erwerbsarbeit etwas vom »ausführenden Künstler«[639] habe. Mit dem Begriff der Virtuosität beschreibt er dabei ein Phänomen, für das die performativen Künste gewissermaßen die Blaupause geschaffen haben: »Der / die VirtuosIn bedarf der Gegenwart eines Publikums, gerade weil sie kein Werk schafft, das in der Welt zirkulieren könnte, sobald sie ihre Tätigkeit aussetzt.«[640] Virtuosität definiert Virno als »die besonderen Fähigkeiten einer ausführenden KünstlerIn.«[641] Er benutzt diesen Begriff, um seine These vom veränderten Verhältnis von Arbeit, Handeln und Intellekt zu erläutern. »I see virtuosity«, sagt Virno in einem Interview, »as a model for post-Fordist work in general.«[642] Das Verhältnis von Arbeit (poiesis), politischem Handeln (praxis) und Intellekt (Leben des Geistes), nach Virno (mit Bezug auf Aristoteles) die drei Bereiche der menschlichen Erfahrung, ist in die Krise geraten. Diese Krise, so Virnos These, ist der Hintergrund der zeitgenössischen Multitude.

637 Ebd., S. 86.

638 Ingo Stützle: »Marx' innerer Monolog. Vor 150 Jahren schrieb Karl Marx die ›Grundrisse‹.« In: *Z. Zeitschrift für marxistische Erneuerung*, Nr. 73, März 2008, http://www.zeitschrift-marxistische-erneuerung.de/article/601.marx-innerer-monolog.html [zuletzt aufgerufen am 10.11.2017].

639 Virno 2005, a.a.O., S. 94.

640 Ebd., S. 66.

641 Ebd., S. 65.

642 Paolo Virno: »The Dismesure of Art. An Interview with Paolo Virno.« Von Sonja Laevert und Pascal Bielen. In: Pascal Gielen / Paul De Bruyne (Hg.): *Being Artists in Post-Fordist Times*. Rotterdam: NAi Publishers 2009, S. 17-44, hier S. 18.

In der Krise sieht Virno auch eine emanzipatorische Chance. Im (gesellschaftlichen) Bedeutungsgewinn »menschlicher Vermögen«[643], wie Sprache, Gedächtnis, ethnische und ästhetische Haltungen, liegt demnach auch die Möglichkeit für die »Überwindung der Arbeitsgesellschaft«[644] in neuen Lebensformen bzw. Existenzweisen. Als Trägerinnen solcher Neuentwürfe scheinen immer wieder sowohl künstlerische Avantgarden als auch soziale Bewegungen auf: Sie beide stellten alte gesellschaftliche Standards infrage. Diese Gemeinsamkeit ist, dermaßen basal formuliert, naheliegend.

Die Frage, die sich Virno aber nicht stellt – geschweige denn beantwortet –, ist die nach den Gelingensbedingungen der Infragestellung: Wann und unter welchen Bedingungen wird die Infragestellung der Maßstäbe wirksam? Wann, wie und inwiefern werden bestehende Maßstäbe nicht nur infrage gestellt, sondern auch delegitimiert? Unter welchen Bedingungen und auf welche Arten und Weisen werden möglicherweise dann an die Stelle der alten, delegitimierten neue, legitime Maßstäbe gesetzt? Diese Fragen nach der Genealogie, die soziale Kämpfe und die Verschiebung gesellschaftlicher Kräfteverhältnisse in den Blick nehmen müsste, ist die große Leerstelle bei Virno und schließlich nicht nur bei ihm, sondern, wie wir sehen werden, bei einem großen Teil der postoperaistischen Theorie.

II.

Der Stellenwert, den die postoperaistischen AutorInnen der ›Kunst‹ einräumen, ist kein geringer: Obwohl kein zentrales Thema ihrer Theorie, taucht die Kunst auf analytischer Ebene als zentrale Wegbereiterin der Transformation der Arbeit auf. Auf politischer Ebene wird sie zu einer der entscheidenden Trägerinnen von Emanzipationspotenzialen. Dies hat vor allem damit zu tun, dass in der postoperaistischen Analyse in der Gegenwart »Kultur und Gesellschaftsbeziehungen unmittelbar in den

643 Virno 2005, a.a.O., S. 145.

644 Ebd., S. 143.

Bereich ökonomischen Werts und ökonomischer Produktion geraten«[645] – was laut Hardt und Negri im Übrigen Antonio Gramsci schon geahnt habe. Damit einher geht die konstatierte Ausweitung der immateriellen Arbeit, für die künstlerische Tätigkeit bzw. Praxis gewissermaßen als Vorbild oder Modell gedient hat und dient. Nach Maurizio Lazzarato findet sich immaterielle Arbeit am »Kreuzungspunkt eines neuen Verhältnisses von Produktion und Konsumtion«[646]. Immaterielle Arbeit hat eine informationelle und eine kulturelle Seite: Einerseits muss Wissen und Information in die Herstellung von Waren und Dienstleistungen einfließen. Andererseits betrifft immaterielle Arbeit auch Tätigkeiten, die früher als außerhalb des Produktionsprozesses betrachtet wurden und die auf »Moden, Geschmack und Konsumgewohnheiten Einfluß nehmen«[647]. Michael Hardt ergänzt noch eine weitere Dimension, ihm zufolge setzt sich die immaterielle Arbeit im Wesentlichen aus drei Aspekten zusammen: Erstens der Information und Kommunikation, die die materielle, industrielle Produktion transformiert haben und letztlich auch (materielle) Güter zu Dienstleitungen machen. Zweitens nennt er »analytische und symbolische Anforderungen«[648], die kreative und intelligente Praxis ebenso umfassen wie routinisierte Abläufe. Und drittens umfasse die immaterielle Arbeit die »Produktion und Handhabung von Affekten«[649], womit Hardt »zwischenmenschlichen Kontakt und zwischenmenschliche Nähe«[650] meint. Postoperaistische Ansätze gehen von einer »Hegemonie der immateriellen Arbeit«[651] aus – eine der wohl umstrittendsten These der gesamten Strömung, obwohl sie weder

645 Michael Hardt und Antonio Negri: *Common Wealth. Das Ende des Eigentums.* Frankfurt am Main / New York: Campus Verlag 2009, S. 373.

646 Maurizio Lazzarato: »Immaterielle Arbeit. Gesellschaftliche Tätigkeit unter den Bedingungen des Postfordismus.« In: Toni Negri / Maurizio Lazzarato / Paolo Virno: *Umherschweifende Produzenten. Immaterielle Arbeit und Subversion.* Berlin: ID Verlag 1998, S. 39-52, hier S. 48.

647 Ebd., S. 40.

648 Michael Hardt: »Affektive Arbeit.« In: Thomas Atzert / Jost Müller (Hg.): *Immaterielle Arbeit und imperiale Souveränität. Analysen und Diskussionen zu Empire.* Münster: Verlag Westfälisches Dampfboot 2004, S. 175-188, hier S. 184.

649 Ebd.

650 Ebd.

651 Birkner und Foltin 2006, a.a.O., S. 103.

bedeutet, dass es in der fordistischen Fabrikarbeit keine affektiven und kommunikativen Aspekte gab, noch dass es neben der immateriellen nicht auch sehr viel schweißtreibende, körperliche Arbeit gibt.

Der historische Ausgangspunkt für die Durchsetzung der Bedeutung immaterieller Arbeit liegt laut Lazzarato im »Kampf gegen die Arbeit«[652] in den 1960er-Jahren. Die darauffolgenden zwanzig Jahre hätten zu einem Paradox geführt: einerseits zu einer Niederlage der fordistischen Arbeitskämpfe, andererseits zur Anerkennung der lebendigen und zunehmend intellektualisierten Arbeit: »Ein kollektiver Lernprozeß rückt ins Herz der Produktivität«.[653] Die neuen Kommandotechniken brauchten demnach neue Subjekte – nämlich solche, die wissen wollen und Wissen einbringen wollen – und manuelle Arbeit bezieht »intellektuelle« Tätigkeiten mit ein: Es entsteht ein neuer Imperativ, der nicht nur fordert: »Seid Subjekte«, sondern: »Seid Subjekte der Kommunikation«. Das bedeutet nach Lazzarato auch, dass das Kommando in den Subjekten und in der Kommunikation selbst verankert wird.[654] In einem neueren Text verknüpft Lazzarato den kollektiven Kampf der ArbeiterInnenbewegung gegen die Arbeit mit der individuellen Verweigerungshaltung von Marcel Duchamp. Nach seinen aufsehenerregenden ready mades in den 1910er-Jahren hatte Duchamp sich dem Kunstbetrieb weitgehend verweigert und auch die Identifizierung als Künstler abgelehnt. Diese Verweigerung Duchamps nennt Lazzarato das »faule Handeln«[655]. Er sieht darin zugleich eine sozioökonomische Kritik an der Kommerzialisierung des Kunstsystems und eine philosophische Kategorie, die Handeln, Zeit und Subjektivität neu ordnet. Das »faule Handeln« ist grundsätzlich gegen jenes rational kalkulierte Verhalten gerichtet, »für das der Zweck, nämlich das Geld, alles ist und der Prozess nichts.«[656] Lazzarato setzt die individuelle Haltung Duchamps mit der kollektiven Tradition der Weigerung

---

652 Lazzarato 1998, a.a.O., S. 40.

653 Ebd., S. 42.

654 Vgl. ebd., S. 43.

655 Maurizio Lazzaro: *Marcel Duchamp und die Verweigerung der Arbeit.* Wien, Linz, Berlin, London, Zürich, Málaga: transversal texts 2017, S. 22.

656 Ebd., S. 53.

in Beziehung (»Die Verweigerung der Arbeit ist vielleicht die wichtigste politische Kategorie des italienischen Operaismus.«[657]). Dieser Tradition nach ist Befreiung nicht im Kampf *um* die Arbeit – ihre Verbesserung, ihre Verkürzung etc. – zu erreichen, sondern nur im Kampf *gegen* sie. Ohne den Unterschied zwischen individueller und kollektiver Verweigerung weiter zu vertiefen, weist Lazzarato vor allem darauf hin, dass beide sich nicht nur gegen konkrete Tätigkeiten, sondern gegen allgemeine Subjektivierungsformen richten. Denn auch das künstlerische Tun ist, wenn auch nicht direkter Kontrolle, so doch »Machtdispositiven ausgesetzt, die nicht allein den Rahmen ihrer Produktion definieren, sondern die auf ihre Subjektivität formend wirken.«[658]

Diese Verknüpfung von Subjektivität und Arbeit als einen Zusammenhang von umkämpften Prozessen auszuweisen, ist grundlegend für die postoperaistische Theorie. Gesellschaftliche Verhältnisse werden demnach im Kampf um und gegen die Arbeit permanent konstituiert. »Immaterielle Arbeit produziert in erster Linie *ein gesellschaftliches Verhältnis* – ein Verhältnis, das Innovation, Produktion und Konsum einschließt –, und der (ökonomische) Wert, der dieser Tätigkeit zukommt, hängt einzig und allein davon ab, ob es ihr gelingt, diese Relation zu erzeugen.«[659] Während Lazzarato angesichts der neuen Subjektivierungsformen hinsichtlich emanzipatorischer Möglichkeiten eher vorsichtig bis skeptisch argumentiert, ist die Kommodifizierung des kreativen Lebens für Virno ebenso wenig Grund zur Verzweiflung wie für Michael Hardt und Antonio Negri und andere PostoperaistInnen. Neue Subjektivierungsweisen werden immer in Kämpfen entwickelt, der unterdrückerischen Biomacht steht immer eine produktiv und potenziell emanzipatorische Biopolitik gegenüber. Dazu gehören auch künstlerische Praktiken. Die »biopolitische Produktion« stellt immer auch die herrschenden Produktionsweisen infrage. Im Hinblick auf die – durch Kunstavantgarden und soziale Bewegungen – infrage gestellten Maßstäbe sei Kunst, so Virno, »a lot like communism.«[660] Wie aber kann Kunst dem aktuellen Kapitalismus ein

657 Ebd., S. 9.

658 Ebd., S. 26.

659 Lazzarato 1998, a.a.O., S. 48.

660 Virno 2009, a.a.O., S. 18.

Modell sein und zugleich dem Kommunismus ähneln? Grob vereinfacht gesagt, nehmen die PostoperaistInnen das Marx'sche Diktum besonders ernst, dass sich die Formen einer neuen Gesellschaft immer schon in der alten herausbilden müssen und eine neue Gesellschaftsformation (in Marx' Worten) erst dann entstehen kann, wenn ihre »materiellen Existenzbedingungen [...] im Schoß der alten Gesellschaft selbst ausgebrütet worden sind.«[661] Zum Ausbrüten neuer Existenzbedingungen braucht es notwendigerweise eine Entwicklung der Produktivkräfte, zu der auch – grundsätzlich, aber heute in verstärktem Maße – kreative Prozesse gehören. Virno bringt es auf den Punkt: »The exceptional situation is rather the result of creative processes.«[662] Aus postoperaistischer Sicht führt diese gesteigerte Bedeutung der Kreativität nicht zwangsläufig zu einer gewiefteren, subtileren und letztlich umfassenderen Verwertung. Sie kann nach Virno auch zur Entstehung einer neuen öffentlichen Sphäre jenseits der repräsentativen Staatsform führen. Oder sie befeuert jene Art politischer Repräsentation, die Hardt und Negri durch den Ikonoklasmus unterdrückt sahen.

An diese optimistische Lesart der Effekte künstlerischer Praxis knüpft auch Stevphen Shukaitis an. Shukaitis unterzieht künstlerische Bewegungen einer, wie er es nennt, strategischen Neulektüre, die er zugleich als »oppositional analysis«[663] begreift: Strategie bezieht sich dabei nicht nur auf den Gegenstand, also die künstlerische Praxis, sondern auch auf dessen Verstehen als »an understanding of the force dynamics in motion«[664]. Und die Methode bringt zunächst Überzeugendes hervor. Selbst viel besprochene Praktiken erscheinen so in neuem Licht. Er nennt drei Beispiele: Erstens die situationistischen Techniken des Umherschweifens, der Entwendung und der Psychogeografie. Sie sind dann nicht allein politisch-interventionistische Ästhetik, sondern Shukaitis stellt sie als das Artikulieren von »strategies of collective subjectivation«[665] dar.

661 Marx 1961, a.a.O., S. 9.

662 Virno 2009, a.a.O., S. 41.

663 Shukaitis 2016, a.a.O., S. 6.

664 Ebd., S. 149.

665 Ebd., S. 26.

Zweitens die Überidentifizierung, die als zentrale künstlerische Technik im Rahmen der Neuen Slowenischen Kunst in den 1980er-Jahren als wichtiges Mittel praktiziert wurde, um Bedeutungskreisläufe zu irritieren und symbolische Widersprüche eskalieren zu lassen. Sie erscheint bei Shukaitis auch als Strategie, das kollektive Imaginäre neu zu gestalten. Überidentifizierung ist »rearticulating the imagination«[666]. Und drittens werden die verschiedenen Ansätze, Kunststreiks zu organisieren, von Shukaitis im Zusammenhang mit allgemeiner Verweigerung von Arbeit – einem zentralen Motiv in der (post-)operaitischen Theorie überhaupt – interpretiert. Shukaitis gräbt die Avantgarde-Geschichte letztlich noch einmal um. Dabei belebt er weniger die Zombies der gescheiterten Versuche, Kunst in Leben zu überführen, als dass er die temporäre und kritische Aktualität dieser Projekte auslotet. Immer wieder gibt es Verweise auf Occupy Wall Street und andere Bewegungen des 21. Jahrhunderts. Das funktioniert deshalb so gut, weil die strategische Lektüre sowohl künstlerische Praktiken als auch die Praxis sozialer Bewegungen als »compositional practices«[667] identifiziert, als Praktiken der sozialen Zusammensetzung. Mit diesem Begriff der Zusammensetzung rekurriert Shukaitis auf die operaistische Tradition und deren Versuche ab den frühen 1960er-Jahren, die Zersplitterungen und Diversifizierungen der ArbeiterInnenklasse zu verstehen. Die Neuformierung der Klasse wird als neue Zusammensetzung begriffen. Seit sich ab den 1990er-Jahren die Arbeit aus der Fabrik hinaus ins soziale Leben insgesamt ausgeweitet hat – (post)operaistisch gesprochen: in die *fabbrica diffusa*, die erweiterte Fabrik –, ist nicht mehr nur die Zusammensetzung der Klasse, sondern des Sozialen insgesamt zu befragen. Da an ihr auch Kunst und Bewegungen beteiligt sind, ist die Frage selbstverständlich sinnvoll, inwiefern und wie Kunstpraktiken auf die soziale Welt insgesamt einwirken. Schließlich erscheint also das Agieren aus dem Kunstfeld heraus viel stärker an soziale Bewegungen und allgemeine soziale Kämpfe überhaupt gebunden, als die traditionelle Kunstgeschichte es wahrnehmen konnte. Zusammenfassend lässt sich sagen, dass der Stellenwert von Kunst in der postoperaistischen

666 Ebd., S. 118.

667 Ebd., S. xiv.

Tradition und in den aktuellen Arbeiten, die in dieser Tradition stehen, also als sehr hoch eingestuft wird.

Diese Einschätzung bzw. diese These ist allerdings auch die Konsequenz eines gleichsam uneingestandenen, theoretischen Problems. Das Problem besteht darin, dass die Mittel der Beschreibung gesellschaftlicher Verhältnisse häufig zugleich als Mittel der Veränderung dieser Verhältnisse betrachtet werden. Dieses Problem lässt sich am Gebrauch des Begriffs der Klassenzusammensetzung erläutern. Mit dem Begriff der (Klassen-) Zusammensetzung werden in der operaistischen Tradition deskriptive und normative Ebenen programmatisch vermischt. Das lässt sich schon bei OperaistInnen wie Mario Tronti problematisieren (auf den Shukaitis sich immer wieder positiv bezieht).[668] Diese Vermischung findet sich bei allen AutorInnen, die mit (post-)operaistischen Methoden den Kunstbetrieb beschreiben – wie etwa Antonio Negri, Brian Holmes oder Pascal Gielen. Schon im Operaismus wird die Zusammensetzung der Klasse zugleich als analytische Kategorie einerseits und als politisches Hoffnungsmoment andererseits gesetzt. Dies soll historisch neue Formen der Konstitution von Klasse beschreiben und zugleich dazu beitragen, dass die ArbeiterInnenklasse sich als kämpfende Klasse formiert. Letztere Auffassung – besonders ausgeprägt etwa beim Politikwissenschaftler John Holloway – liest Zusammensetzung immer schon so, als würden sich tatsächlich Leute zusammensetzen, sich für den emanzipatorischen Kampf gegen die Arbeit

668 Mario Tronti (*1931) schreibt in seinem Buch *Arbeiter und Kapital* programmatisch: »[Man kann] nicht verstehen, was die Arbeiterklasse *ist*, wenn man nicht sieht, *wie sie kämpft*.« Mario Tronti: *Arbeiter und Kapital*. [1966] Gießen: Verlag Neue Kritik 1974, S. 164. Einerseits wird damit eine praxistheoretische Perspektive angelegt, die eben an konkreten Praktiken ansetzt und nicht an abstrakten Strukturen oder gar einer Substanz. Andererseits werden damit aber zugleich zwei (normative) Unterstellungen gemacht, nämlich wird erstens vorausgesetzt, *dass* die Arbeiterklasse kämpft und zweitens, dass sie dies – liest man dies vor dem Hintergrund des Primats der Kämpfe insgesamt – in emanzipatorischer Hinsicht tut. Die Betonung der Bedeutung von Praxis, die praxeologische Perspektive, ist gegenüber dem Fokus auf Weltanschauungen und Bewusstsein sicherlich eine Erweiterung, hinsichtlich ihrer normativen Ausrichtung aber ist sie problematisch. Denn schließlich garantiert in Wirklichkeit nichts, dass die Kämpfe, seien sie auch die zentrale Dynamik gesellschaftlicher Entwicklung, nicht auch trennen, statt zu verbinden.

entscheiden und dann auch kämpfen.[669] Eine Zusammensetzung, die nicht progressiv ist und die keine emanzipatorischen Effekte hat, ist dann kaum denkbar. Dieses Problem scheint schließlich auch in der postoperaistischen Bewertung von künstlerischen Praktiken wieder auf.

Sie führt letztlich in einen normativen Zirkel, dem bereits Trotzki nicht entkommen konnte und der vielleicht am deutlichsten von Holloway auf den Punkt gebracht wird: In einem Text mit dem Titel »Über Poesie und Revolution« (2008) schreibt er, »ich möchte argumentieren, dass revolutionäre Theorie und Praxis künstlerisch sein muss, da sie ansonsten nicht revolutionär wären, und dass auch die Kunst revolutionär sein muss oder sonst keine Kunst wäre.«[670] Nicht-revolutionäre Kunst ist demnach keine richtige Kunst. Holloway, der nicht zum Kreis der PostoperaistInnen gehört, aber viele Grundannahmen mit ihnen teilt – neben dem Bezug auf den Begriff der Klassenzusammensetzung auch der Fokus auf Kämpfe und die Betonung, dass die neue Gesellschaft schon in der alten, kapitali-

---

669 Letztlich ist das auch die große Schwäche des Ansatzes von Holloway: Nicht verstehen zu können oder wollen, dass Klassenzusammensetzung nicht bedeuten muss, dass die Leute sich zusammenfinden und emanzipatorische Kämpfe führen, sondern eben auch bedeuten kann, dass eine Fragmentierung stattfindet und / oder Kämpfe reaktionäre Formen und Inhalte annehmen können. Holloway fasst den Begriff aber offenbar ganz und gar normativ auf, und nicht als analytischen Begriff, der untersuchen soll, wie die Klasse sich – technisch und politisch – zusammensetzt, also einfach wie sie beschaffen ist, sondern der immer schon behauptet, dass ihr eine Tendenz zur einheitlichen – technischen wie politischen – Zusammensetzung innewohnt. »Die relative Mehrwertproduktion enthält in sich die Kraft zu ihrer eigenen Zerstörung, was sich sowohl im tendenziellen Fall der Profitrate als auch in der zunehmenden Klassenzusammensetzung der Arbeiterklasse ausdrückt. In Phasen schneller Akkumulation wird die Arbeiterklasse tendenziell organisatorisch stärker und kämpferischer, und die Profitrate fällt tendenziell.« Würde der Begriff der Klassenzusammensetzung auch analytisch gebraucht wie bei den meisten OperaistInnen und (Post-)OperaistInnen, wäre die Rede von einer »zunehmenden Klassenzusammensetzung« sinnlos. Sie ergibt nur Sinn, wenn man ›Zusammensetzung‹ immer schon als ›Sich-Zusammentun und Kämpfen‹ liest und nicht als offene Frage nach der möglichen Verbindung von einzelnen Teilen, John Holloway: »Krise, Fetischismus, Klassenzusammensetzung.« In: *Wildcat-Zirkular*, Nr. 34/35, März 1997, S. 66-92. http://www.wildcat-www.de/zirkular/34/z34holl2.htm.

670 John Holloway: »Über Poesie und Revolution.« In: Jens Kastner und Elisabeth Bettina Spörr (Hg.): *nicht alles tun. Ziviler Ungehorsam an den Schnittstellen von Kunst, radikaler Politik und Technologie*. Münster: Unrast Verlag 2008, S. 25-33, hier S. 25.

stischen Welt angelegt ist –, räumt zwar ein, dass nicht alle KünstlerInnen diesem Bild auch entsprechen. Nicht alle stellen demnach ihre Kunst als nützlich-kreative Arbeit der abstrakten Arbeit des Kapitals entgegen. »Nicht alle, aber viele«[671]. Der dieser Annahme zugrundeliegende Gedanke ist die (auf Marx zurückgehende) Trennung zwischen (entfremdeter) Arbeit und (kreativem) Tun, die eine der zentralen Ausgangspunkte des Holloway'schen Ansatzes ist. Er hat ihn in den viel diskutierten Büchern *Die Welt verändern, ohne die Macht zu übernehmen* (2002) und *Kapitalismus aufbrechen* (2010) ausgeführt (in denen Kunst keine Rolle spielt). Es bestehe ein »Antagonismus zwischen entfremdeter Arbeit und bewusster Lebenstätigkeit.«[672] Mit diesem Gegensatz verbunden ist ein dichotomisches Verständnis von Macht und Herrschaft, in dem sich Kreativität auf der einen und Entfremdung bzw. Verdinglichung auf der anderen Seite als einander bedingend, aber unvereinbar gegenüberstehen: »Kreative Macht existiert in der Form ihrer Negation als instrumentelle Macht.«[673] Die Kunst steht hier als kreative Tätigkeit zumindest einer starken Tendenz nach auf der Seite der kreativen und damit auch potenziell antikapitalistischen Macht.

III.

Unabhängig davon, ob man die These von der Dominanz immaterieller Arbeit teilt, scheint doch unübersehbar, dass die Produktionsverhältnisse (in den westlichen Gegenwartsgesellschaften) sich in den letzten hundert Jahren stark gewandelt haben. Kommunikation und Konsum nehmen darin einen vergrößerten Stellenwert ein. In diesem Kontext ist die KünstlerInnen-Existenz mit ihrem flexiblen, mobilen, Arbeit und Freizeit vereinenden Lebensmodell von der Randexistenz zum Rollenmodell geworden, zumindest in Form ideologischer Anrufungen. Die Kunst ist, wenn auch nicht Motor, so aber doch integraler Bestandteil der Erneuerungen kapitalistischer Gesellschaftsformation. Die Affektexpertise, die

671 Ebd., S. 28.

672 John Holloway: *Kapitalismus aufbrechen*. Münster: Verlag Westfälisches Dampfboot 2010, S. 93.

673 John Holloway: *Die Welt verändern, ohne die Macht zu übernehmen*. Münster: Verlag Westfälisches Dampfboot 2002, S. 96.

der Kunst nachgesagt wird, prädestiniert sie geradezu dafür, als affirmative Frischzellenkur für die Kontrolle und Kommodifizierungen zu fungieren. Soziale Beziehungen werden in kleinsten Segmenten allerlei Regulierungen unterworfen, symbolische Hierarchien saugen die im Kunstfeld mit produzierten kreativen Inputs geradezu auf und gestalten so die alle menschlichen Regungen »organizing grammar«[674] mit. Solche Prozesse der permanenten Bedeutungsproduktion nennt der postoperaistisch inspirierte Kunst- und Kulturkritiker Brian Holmes Überkodierung (Overcoding). Aber es gibt Hoffnung, wie der Titel seines Buches – *Escape the Overcode* (2009) – bereits sagt, man kann der Hierarchisierung und der Verwertung entfliehen. Das bedeutet nicht einfach wegzulaufen, sondern Holmes zielt auf ein Unterlaufen, ein Infrage-Stellen, auf ein praktisches Umwandeln und Subvertieren. Wenn es um die Hoffnungen auf Emanzipation geht, die im Postoperaismus in Bezug auf die Kunst formuliert werden, scheinen die Arbeiten von Holmes geradezu paradigmatisch.

Holmes diskutiert viele Beispiele aus der Geschichte der zeitgenössischen Kunst, ausführlich und sehr anschaulich beschreibt er künstlerische Arbeiten aus den 1990er- und 2000er-Jahren. Besondere Bedeutung misst er dabei den netzaktivistischen und jenen Initiativen und Praktiken zu, die neue »ethisch-ästhetische Kartographien« entwickeln: Damit können ganz wörtlich Karten (wie die Psychogeographien der SituationistInnen oder jene des Bureau d'Etudes) gemeint sein, es geht im übertragenen Sinne aber insgesamt um die möglichst selbstbestimmte Verortung von Körpern im Raum. Gemeinsam ist all den von Holmes besprochenen künstlerischen Praktiken, dass sie mit sozialen Mobilisierungen einhergehen, von ihnen inspiriert oder überhaupt erst angestoßen wurden. Was er für die Kunst ab den 1990er-Jahren konstatiert, dürfte letztlich die gesamte Moderne betreffen: »political mobilizations help make another world possible for artistic process, outside the constituted circuits of production and distribution.«[675]

674 Brian Holmes: *Escape the Overcode. Activist Art in the Control Society*. Van Abbemuseum Public Research #2 / What, How & For Whom, Eindhoven/Zagreb/Istanbul 2009, S. 29.

675 Ebd., S. 66.

Die Hoffnungen, die auf die emanzipatorischen Potenziale der Kunst gesetzt werden, sind auch bei Paolo Virno relativ groß, auch wenn die »Matrix des Postfordismus«[676] in der Kulturindustrie zu suchen sei – weil man es dort mit der Produktion von Kommunikation durch Kommunikation zu tun habe. Allein die postoperaistische Hypothese, dass die Logiken der Kunstwelt nicht länger zu den Randbereichen des Sozialen zählen, sondern »that the social logic of the artistic world has reached the heart of society«[677], macht die KünstlerInnen letztlich auch zu ExpertInnen der Praxis in diesem neu formierten Herzen der Gesellschaft. Denn hier – in der flexiblen, mobilen, prekären Welt –kennen sie sich aus. Das Murmeln und Rauschen, »The Murmuring of the Artistic Multitude« (Pascal Gielen), ist damit als solches schon weltverändernd.

KünstlerInnen wollen die Welt anders konstruieren und anders machen, als sie ist. Das ist die normative Unterstellung, die etwa Negri explizit macht, wenn er über das heutige »artistic paradox« schreibt, es bestehe »in the wish to produce the world (bodies, movements) *differently* – and yet *from within* a world which admits of no other world other than the one which actually exists, and which knows that the ›outside‹ to be constructed can only be *the other within an absolute insidedness.*«[678] Die andere Art der Produktion bzw. die Produktion des Anderen wird als künstlerisches Projekt vorausgesetzt. Der Gedanke, dass auch künstlerische Produktion die Verhältnisse reproduzieren kann, aus denen sie entsteht, wird hier von vornherein ausgeschlossen. Immer ist sie als Teil jenes Gelächters gedacht, das die Multitude der Arroganz der Mächtigen entgegenhält und das Hardt und Negri am Ende ihres Buches *Common Wealth* ein Gelächter »der schöpferischen Kraft und der Freude«[679] nennen.

Auch bei Holloway ist die Verknüpfung von kreativ-nützlichem Tun als Gegensatz zur entfremdeten Arbeit normativ eindeutig an antikapita-

676 Virno 2005, a.a.O., S. 73.

677 Gielen 2010, a.a.O., S. 31.

678 Negri 2011, a.a.O., S. 108.

679 Negri/Hardt 2009, a.a.O., S. 389.

listische Praxis gebunden. Die »Welt des Kommunismus«[680] beginne dort, wo wir in »eine nicht auf abstrakter Arbeit sondern auf nützlich-kreativem Tun, eine nicht auf Tauschwert sondern Gebrauchswert basierende Welt«[681] eintreten. KünstlerInnen scheinen durch das zentrale Charakteristikum ihrer Tätigkeit prädestiniert dazu, zu dieser Praxis nicht nur beizutragen, sondern sie geradezu zu verkörpern. Mit der anarchistischen Theorie teilt Holloway dabei den politisch-moralischen Unmittelbarkeitsanspruch: Die »Welt des Kommunismus« ist demnach nicht (nur) eine zukünftige, sondern eine, die sich in aktuellen Praktiken findet (und finden sollte). Es ist eine Welt, »die bereits hier und jetzt existiert, in den Rissen, als Bewegung«[682]. Mit Guy Debord teilt Holloway die Auffassung, dass die emanzipatorischen Kämpfe nicht die Form vergangener Klassenkämpfe annehmen können/sollten, dass also die proletarische Revolution (bei Debord) nicht nach dem Muster der bürgerlichen Revolutionen ablaufen könne. Demnach muss sich die »Methode des Aufbrechens«[683] kapitalistischer Verhältnisse von diesen Verhältnissen grundlegend unterscheiden. »Die Asymmetrie [dieses Kampfes, J.K.] ist von äußerster Bedeutung, denn wir kämpfen nicht nur gegen eine Gruppe von Menschen, sondern gegen eine Art und Weise, Dinge zu tun, gegen eine Form, die Welt zu organisieren.«[684] Mit der Asymmetrie scheint Holloway ein Kriterium auch für emanzipatorische Praxis in der Kunst zu benennen. Zugleich setzt er allerdings, wie oben bereits ausgeführt, das überwiegende Erfüllen dieses Kriteriums – »nicht alle, aber viele« – prinzipiell voraus.[685]

680 Holloway 2008, a.a.O., S. 28.

681 Ebd.

682 Ebd.

683 Holloway 2010, a.a.O., S. 15.

684 Holloway 2008, a.a.O., S. 26.

685 Das bedeutet aber im Umkehrschluss nicht, dass Holloway davon ausginge, KünstlerInnen seien für anderes, aufbrechendes Handeln eher geeignet als andere Menschen. Er wendet sich vehement gegen jede Form von Avantgardismus und betont, dass die Rebellion, das Aufbrechen des Kapitalismus, von »ganz normalen Leuten« ausgeht (und ausgehend gedacht werden sollte). Diese normalen Leute bringt er dann allerdings doch wieder mit der Kunst zusammen, indem er ihnen ein kunstgleiches Abweichen vom aufgezwungen, von kapitalistischen Normen und entfremdeter Arbeit geprägten Leben unterstellt: »An der Oberfläche

In der postoperaistischen Argumentation kommt die Frage nach Kriterien für Scheitern oder Erfolg, für reaktionäre oder revolutionäre künstlerische Praktiken kaum auf. Das gilt sowohl für das künstlerische Tun als auch für dessen Verweigerung. Maurizio Lazzarato behauptet zwar, Duchamp bringe »Bedingungen und Effekte, die einen politischen Bruch charakterisieren«[686] zur Sprache, aber genau dies tun weder Duchamp noch Lazzarato (in seiner Interpretation Duchamps). Es klingt zwar – aus emanzipatorischer Sicht – verlockend, wenn Lazzarato konstatiert: »Das faule Handeln ist eine Operation der Entklassifizierung, die es erlaubt, sich aus den Unterwerfungen zu lösen, insbesondere aus der Identifikation mit dem Beruf.«[687] Aber weder die soziobiografischen oder klassenmäßigen Voraussetzungen noch die Kontexte werden näher erläutert, durch die und in denen solche Brüche überhaupt möglich und wenn, dann auch noch erfolgreich sind.[688]

Während Lazzarato aber mehr auf das »faule Handeln« setzt und die Verweigerung propagiert, ist bei vielen anderen innerhalb der postoperaistischen Theorie die positive Bezugnahme auf Kunstpraxis ungebrochen. Hier gibt es letztlich eine Zirkularität in der postoperaistischen Argumentation, in der Kunst nicht von den normativen, positiven Aufladungen des Klassenbegriffs Multitude zu trennen ist. Die Multitude als im Kampf entstehende Klassenformation, als gemeinsam handelnde Menge, ist immer Schöpferin »ihres ständigen Anders-Werdens, eines ununterbrochenen Prozesses kollektiver Selbstveränderung.«[689] Auch Kunst ist

---

haben sie [die ganz normalen Leute, J.K.] eine Identität, aber unter dem Aspekt der Identität schlummert die Kraft der Nicht-Identität. Dies ist die Welt der Kunst und der Literatur, die Welt der Psychoanalyse und der Poesie und nicht der Prosa, die Welt des Konjunktivs und nicht des Indikativs.« John Holloway: »Ganz normale Leute, Rebellinnen und Rebellen.« In: Ders.: *Die zwei Zeiten der Revolution. Würde, Macht und die Politik der Zapatistas.* Wien: Verlag Turia + Kant 2005, S. 75-84, hier S. 77.

686 Lazzarato 2017, a.a.O., S. 51.

687 Ebd., S. 41.

688 Die eigene De-Klassifizierung wie auch das faule Handeln konnte sich Duchamp eben nur vor dem Hintergrund seines anerkannten Status als Künstler leisten und die Wirkung seines Nicht-Handelns erklärt sich einzig und allein aus diesem zuvor erarbeiteten Ansehen. Sein Beispiel lässt sich also gerade nicht verallgemeinern.

689 Hardt und Negri 2009, a.a.O., 187.

in diese Konstitution anderen Werdens involviert: Kunst als Teil jeder Produktion ist Teil von Kommunikationsprozessen, die wiederum das Gemeinsame konstruieren: »All production is consequently an event of communication; and the common is constructed through multitudinarian events.«[690] Alle Kunst sei kollektive Produktion, Produktion sei immer ein »event of communication«[691] und solche Ereignisse stellten das Gemeinsame her, weshalb sie auch Ereignis der Multitude (»multitudinarian events«) seien. Damit ist auch jede Kunst »imagination that has become action«[692]. Und schließlich fallen Kunst und Multitude in eins: »Art, in this sense, is multitude.«[693]

Auch bei Holmes lassen sich für diesen Optimismus einige fragliche Grundannahmen ausmachen – die letztlich für die meisten postoperaistischen Ansätze, die über die kommunikativen Fähigkeiten, lebendige Arbeit und Netzwerkstrukturen zu ihrer Beschäftigung mit Kunst gelangt sind, gelten: Kunst bedürfe keines objektiven Urteils mehr, sie habe ihren besonderen, aus der Menge der Bedeutungen und Werte produzierenden Bereiche herausragenden Status verloren. Sie ist damit Teil der allgemeinen Ökonomie der Zeichen, als solche aber wirksamer denn je. Und, empirisch noch fragwürdiger, die Erfahrungen der Kooperation fänden in sozialen Bewegungen »across the devides of class, geographical origins, gender, educational backgrounds and ethnicity«[694] statt. Daraus folgt eine maßlose Überschätzung des eigenen Milieus – »we who work with communication, in the so-called creative industries«[695] –, das Kunstfeld wird zum Gesellschaft transformierenden Super-Biotop. Die Frage, in welcher quantitativen und qualitativen Beziehung die »self-organizing swarms« zu den »hierarchies of power«[696] stehen, die sie bekämpfen, wie wahrscheinlich und wie wirklich also andere Welten auch außerhalb der Kunstfelder sind, bleibt ziemlich ausgeblendet.

690 Negri 2011, a.a.O., S. 117.

691 Ebd.

692 Ebd., S. xii.

693 Ebd.

694 Holmes 2009, a.a.O., S. 38.

695 Ebd., S. 35.

696 Ebd., S. 54.

Auch Shukaitis lässt das Scheitern der von ihm beschriebenen Bewegungen letztlich nicht zu. Muss nicht auch in Erwägung gezogen werden, dass Kunstpraxis ihre Feldgrenzen nicht überschreitet? Und dass sie nicht einmal im Imaginären des nach wie vor elitären Museumspublikums Spuren hinterlässt? Oder wenn, dann die falschen (regressive, nichtemanzipatorische)? Die Versuche, in die allgemeinen Subjektivierungsweisen einzugreifen, die Shukaitis plausibel als gemeinsames Anliegen von postoperaistischer Theorie und situationistischer Praxis hervorhebt, sehen sich ja mit einer ganzen Reihe struktureller Hürden konfrontiert. Sie müssen deshalb auch als unterschiedlich erfolgreich konzipierbar sein. Die Schnittstellen zwischen sozialen Bewegungen und Kunstpraktiken können für die Frage des Gelingens solcher Interventionen durchaus als Indikator dienen. Aber das Ergebnis der Untersuchung sollte nicht, wie etwa auch bei Holmes, vorher schon feststehen: »What we look for in art is a different way to live, a fresh chance at coexistence«[697].

697 Ebd., S. 14.

11. »die perfide Struktur kultureller Herrschaft« Kunst in der post- und dekolonialistischen Theorie

I.

Die zwei wissbegierigen Protagonisten Bouvard und Pécuchet aus Gustave Flauberts gleichnamigen (unvollendeten) Roman gehen davon aus, dass das europäische Denken von Asien aus verjüngt wird. Sie selbst tragen zu dieser Erneuerung allerdings wenig bei, scheitern sie doch an ihrem enzyklopädischen Anspruch und enden schließlich als Kopisten. Die von Flaubert karikierte Wissbegierde des westeuropäischen Bürgertums im 19. Jahrhundert schloss romantische Verweise und hoffnungsvolle Bezüge auf andere Weltregionen keinesfalls aus. Der Literaturwissenschaftler Edward Said (1935–2003) schrieb, die Geschichte von Bouvard und Pécuchet skizziere in »hoch verdichteter Form die spezifisch modernen Strukturen der Orientalistik«[698]. Said zeigte dies in seinem wegweisenden Buch *Orientalismus* (1978) auf, das als einer der Gründungstexte der Postcolonial Studies gilt. Die Postcolonial Studies sind mittlerweile akademisches Fach und Forschungsrichtung, die, vor dem Hintergrund des politischen Antikolonialismus, mit einem sehr weiten Spektrum sowohl marxistischer als auch poststrukturalistischer Methoden die Auswirkungen und Effekte der verschiedenen Kolonialismen untersuchen.

Was hier bei Said auf den Punkt gebracht wird, ist einerseits die zentrale These des Buches, dass künstlerisches und wissenschaftliches Schaffen, insbesondere Literatur, in die gesellschaftlichen Macht- und Herrschaftsstrukturen eingelassen ist, indem es Bilder produziert. Das Bild von ›Asien‹ etwa als Funktion eines zu verjüngenden Europas. Und diese Bilder sind in die koloniale Politik der europäischen Nationalstaaten – prägend und geprägt – eingelassen. Das Bürgertum gewinnt in Europa ab der zweiten

698 Edward Said: *Orientalismus.* [1978] Frankfurt am Main: Fischer Verlag 2009, S. 141.

Hälfte des 19. Jahrhunderts nicht nur die ökonomische Macht, sondern bestimmt auch die Modi der Wissensproduktion. Der Orientalismus, von dem Said spricht, ist ein »Orientalismus als Diskurs«[699] im Sinne Michel Foucaults, der »den Orient gesellschaftlich, politisch, militärisch, ideologisch, wissenschaftlich und künstlerisch«[700] vereinnahmt hat. Said ging es darum aufzuzeigen, dass künstlerische Produktion nicht nur Beiwerk von militärischen und politischen Eroberungen, sondern konstitutiv in sie verwoben ist. Es handelt sich demnach bei Literatur und Wissenschaft nicht um ein »bloß dekoratives ›Überbauphänomen‹«[701]. Vielmehr lässt sich nach Said an ihrem Beispiel »die perfide Struktur kultureller Herrschaft«[702] aufzeigen. Die Perfidie kultureller Herrschaft besteht u.a. in der Gefahr für die (ehemals) kolonisierten Bevölkerungsgruppen, die vom ›Westen‹ produzierten Bilder (über sie selbst) zu übernehmen. (Auch wenn Said ihn nicht erwähnt: Die Parallele zur von W.E.B. DuBois aufgezeigten Problematik des »double consciousness« ist offensichtlich.) In der bildenden Kunst – auf die, wie Said bloß in Klammern schreibt, er nicht näher eingehen könne –, wurden die Vorstellungen über den Orient schließlich, so Said, auf Gesichtsausdrücke übertragen. Als Beispiele nennt Said etwa die »orientalische[n] Genregemälde von Delacroix und buchstäblich Dutzenden anderer französischer, aber auch britischer Künstler«[703]: Der Orient wurde personifiziert, wurde zu einer Figur: »Sinnlichkeit, Verheißung, Angst, Feinsinn, idyllische Lust, starke Energie: Als ein Topos der vorromantischen, vorindustriellen europäischen Phantasien des späten 18. Jahrhunderts war der Orient in der Tat ein schillerndes Wesen«[704]. Auch für die Kunst gilt also, was Said allgemein für den Orientalismus schreibt: Er sei ein »*Niederschlag* geopolitischen Bewusstseins in ästhetischen, philosophischen, ökonomischen, soziologischen, historischen und philologischen Texten.«[705]

699 Ebd., S. 11.

700 Ebd., S. 11 f.

701 Ebd., S. 36.

702 Ebd.

703 Ebd., S. 143.

704 Ebd.

705 Ebd., S. 21.

Mit dem Bezug auf Flaubert scheint Said andererseits aber noch auf etwas ganz anderes als auf die Produktion und Reproduktion kolonialer Herrschaft abzuheben. Letztlich sagt er auch: Literatur kann durch ironische Brechung über diese Bildproduktion aufklären, sie kann damit schließlich auch deren Beihilfe zur kolonialen Unternehmung unterbinden – oder zumindest doch stören. Damit ist auch im Rahmen der postkolonialistischen Theorie eine Emanzipationshoffnung formuliert, die direkt an Kunstproduktion und -rezeption geknüpft ist. Das Buch *Orientalismus* hat schließlich nicht nur, wie Martin Schmitz betont, »die Themen des Eurozentrismus, Kolonialismus und Rassismus in den Diskurs der angloamerikanischen Literaturtheorie«[706] eingeführt und dadurch mit den disziplinären Konventionen gebrochen. Es hat darüber hinaus als politische Intervention gewirkt, die anschlussfähig an die Positionen der Antikriegs- und Bürgerrechtsbewegung, der linken Imperialismustheorie und der palästinensischen Befreiungsbewegung gewesen sind.[707]

Auch der brasilianische Soziologe Boaventura de Sousa Santos argumentiert in diese Richtung: Der modernen Kunst als auch der modernen Wissenschaft liege eine »imaginative Struktur der richtigen

706 Markus Schmitz: *Kulturkritik ohne Zentrum. Edward W. Said und die Kontrapunkte kritischer Dekolonisation*. Bielefeld: transcript Verlag 2008, S. 374.

707 Saids Werk hat unterschiedliche Reaktionen erfahren, wobei die Ablehnung durch die Orientalistik und die begeisterte Aufnahme im Kontext des arabischen Nationalismus die erwartbarsten waren. Gegen beide Rezeptionsweisen verwehrt sich Said im Nachwort seines Buches. Auch wenn er betont, ein »parteiliches Buch und keine Theoriemaschine« (Said 2009, a.a.O., S. 389) geschrieben zu haben, und von sich weist, die Orientalistik als eine Übel wollende, perverse Zunft beschrieben zu haben, hält er doch daran fest, deren »ureigendste Tradition der Komplizenschaft mit den Großmächten« (ebd., S. 391) geschildert zu haben. Umgekehrt bedeutet diese Schilderung aber keine Parteinahme für eine sich als homogen konzipierende, antikoloniale Bewegung wie den arabischen Nationalismus. Gegen diesen hebt Said ausdrücklich hervor, dass sein Buch ein Plädoyer für »ein nichtessentialistisches, herrschaftsfreies Denken« (ebd., S. 385) gewesen sei: Das ›schlechte‹ koloniale Bild der AraberInnen sollte gerade nicht durch ein ›gutes‹ und für authentisch gehaltenes ersetzt werden. In diesem Sinne, und gegen essenzialistische Dualismen gerichtet, heißt es bereits in der Einleitung, man mache im Sinne der Überwindung der »herkömmlichen Herrschaftsweise« (Raymond Williams) einen Schritt in die richtige Richtung, sollten als Effekt seines Buches »›Orient‹ und ›Okzident‹ ganz auf der Strecke blieben [...].« (ebd., S. 39).

Perspektive«[708] zugrunde. Damit ist gemeint, dass seit der Renaissance in beiden Bereichen naturgetreue Vorstellungen und Abbilder der Welt geschaffen worden sind. Im Unterschied zur Wissenschaft aber waren sich die KünstlerInnen der von ihnen geschaffenen »Illusion der Realität«[709] immer bewusst. Die WissenschaftlerInnen hingegen glauben an die Realität ihrer Illusion. Insofern birgt die Kunst – auch die moderne ›westliche‹ – die Möglichkeit in sich, die Konstruktionen der sozialen Welt als solche erkennbar zu machen. Es lässt sich also festhalten: Künstlerische Produktion und die Fragen an ihre sozialen Effekte befinden sich im Zentrum der postkolonialen Theorie – und fristen letztlich, hinsichtlich der bildenden Kunst, doch auch hier ein peripheres Dasein.

Auch Gayatri Chakravorty Spivak (*1942) und Homi K. Bhabha (*1949), die neben Said wohl wichtigsten VertreterInnen der Postcolonial Studies, sind LiteraturwissenschaftlerInnen. Auch Spivak und Bhabha arbeiten, wie Said, mit an Foucault angelehnten, diskurstheoretischen Mitteln vor einem – bei Spivak mehr als bei Bahbha und Said – stark vom Marxismus geprägten Hintergrund. Auch in ihren theoretischen Entwürfen nehmen kulturelle Produktionen naturgemäß die zentrale Rolle ein, bildende Kunst taucht dabei immer wieder auf, ohne jedoch theoretisch oder politisch zentralen Stellenwert zugeschrieben zu bekommen.

Homi K. Bhabha benutzt gleich in der Einleitung seines Hauptwerkes *Die Verortung der Kultur* (2000 [1994]) Beispiele aus der Gegenwartskunst, um seine Theorie zu veranschaulichen. Anhand der Installation »Sites of Genealogy« der Künstlerin Renée Green beschreibt Bhabha sein Konzept von Hybridität. Es handelt sich dabei um den Versuch, individuelle und kollektive Identifizierungen zu beschreiben. Hybridität zielt dabei auf dynamische Mischformen, die sich in widersprüchlichen Bezugnahmen innerhalb solcher Identifizierungen äußern. Bhabha betont den performativen Charakter kultureller Bindung und macht gleich zu Beginn seines Buches klar, die Repräsentation von Differenz dürfe »nicht vorschnell als Widerspiegelung *vor-gegebener* ethnischer oder kultureller

708 Boaventura de Sousa Santos: *Epistemologien des Südens. Gegen die Hegemonie des westlichen Denkens*. Münster: Unrast Verlag 2018, S. 217.

709 Ebd.

Merkmale gelesen werden, die in der Tradition festgeschrieben sind.«[710] Sich vom Vorgegebenen zu lösen und lösen zu können, sich nicht festschreiben zu lassen und Festschreibungen überhaupt zurückzuweisen, dafür steht nach Bahbha auch die Arbeit von Renée Green. Als Installation nutzt Green Ausstellungsraum und Treppenhaus gleichermaßen, füllt Vitrinen und behängt Wände mit Bezügen zur afroamerikanischen Literatur. Bhabha sieht darin Folgendes: »Dieser zwischenräumliche Übergang zwischen festen Identifikationen eröffnet die Möglichkeit einer kulturellen Hybridität, in der es einen Platz für Differenz ohne eine übernommene oder verwobene Hierarchie gibt.«[711] Die künstlerische Arbeit veranschaulicht demnach nicht nur zwischenräumliche Übergänge, sie bietet sie selbst an. Sie zeigt Hierarchien nicht nur auf, sie untergräbt sie selbst und lädt die RezipientInnen dazu an, es ebenfalls zu tun. Dass eine solche Arbeit im Rahmen des nordamerikanisch-westeuropäisch geprägten Kunstfeldes platziert ist und nur vor diesem Hintergrund funktioniert – mit Renée Green wird eine Künstlerin als Beispiel gewählt, die auch 1994, als Bhabhas Buch im Original erschien, schon etabliert war –, wird überhaupt nicht thematisiert. Bhabha knüpft mit seiner Interpretation der künstlerischen Arbeit zweifelsohne an die poststrukturalistische und dekonstruktivistische Lesart künstlerischer Arbeiten an, in denen die neue Setzung die vorgegebenen Strukturen mehr oder weniger irrelevant werden lässt.

Um die Überwindung feststehender und festsetzender Identitäten geht es auch in Spivaks Schriften zur ästhetischen Erziehung. Spivak hat die wichtigsten ihrer zwischen 1989 und 2012 geschriebenen Aufsätze unter dem an Friedrich Schiller angelehnten Titel *An Aesthetic Education in the Era of Globalization* (2012) veröffentlicht. Diese Schiller-Anlehnung ist bereits Teil dessen, was Spivak als ›double bind‹ bezeichnet: Es geht um das Aufgreifen der westlich-modernen Tradition und um ihre Überwindung, um Lernen und Verlernen zugleich, oder, in Spivaks Worten,

710 Homi K. Bhabha: *Die Verortung der Kultur*. Tübingen: Stauffenburg Verlag 2000, S. 3.

711 Ebd., S. 5.

um »learning to live with contradictory instructions«[712]. Sie knüpft in diesem Korpus von Aufsätzen an ihre Grundlagentexte zur Postkolonialität und zu subalterner Handlungsfähigkeit an, deren berühmtester wohl *Can the Subaltern Speak?* (2008 [1988]) ist. Darin verwendet sie den von Antonio Gramsci geprägten Begriff der Subalternen, um die systematische Ausgrenzung von marginalisierten Bevölkerungsgruppen durch den Kolonialismus zu beschreiben. Sie greift damit darüber hinaus auch in die marxistische Debatte um Ideologie und Ideologiekritik ein. Spivak richtet sich dabei gegen drei Versionen von »Ideologietheorie«, die alle davon ausgingen, dass hinter der Ideologie so etwas wie »eine reine Form des Bewusstseins tatsächlich«[713] existiere. Diese drei Ansätze sind der internationalistische Marxismus, Foucaults und Deleuze' Kritik daran und die South Asian Subaltern Studies Group um den Historiker Ranajit Guha (wobei mindestens hinsichtlich Foucault und Deleuze durchaus Zweifel angebracht sind, ob sie tatsächlich an so etwas wie das reine Bewusstsein geglaubt haben). Spivak meint, eine »entwickelte Ideologietheorie«[714] sei hilfreich, um die koloniale Situation und die Frage nach den Möglichkeiten des Sprechens der Subalternen zu erörtern. Sie bezieht sich dabei positiv auf (den schon erwähnten Althusser-Schüler) Pierre Macherey, der für die »Interpretation der Ideologie«[715] die Formel anbiete »Wichtig in einem Werk ist das, was es nicht sagt«. Dabei geht es nicht um Verschweigen, sondern um Nicht-Sagen-Können. Diese strukturelle Unmöglichkeit der Artikulation ist letztlich das zentrale Kennzeichen von Subalternität. Spivak nennt diese Verunmöglichung auch die »epistemische Gewalt des Imperialismus«[716], die Sprechen bzw. Gehört-Werden ermöglicht bzw. verhindert. Bei all dem spielt die bildende Kunst keine Rolle. In *An Aesthetic Education in the Era of Globalization* allerdings geht es immer wieder darum, wie der epistemischen Gewalt zu begegnen ist und wie es verhindert werden kann, Zeitdiagnose mittels dualistischer Kategorien

712 Gayatri Chakravorty Spivak: »Introduction.« In: Dies.: *An Aesthetic Education in the Era of Globalization*. Cambridge, MA / London: Harvard University Press 2012a, S. 1-34, hier S. 3.

713 Spivak 2008, a.a.O., S. 53.

714 Ebd., S. 54.

715 Ebd.

716 Ebd., S. 56.

– in Spivaks Worten in »nice polarities as modernity / tradition, colonial / postcolonial«[717] – zu betreiben. In einem Aufsatz mit dem Titel »Harlem« skizziert Spivak dabei auch einige (nicht sehr systematische) Gedanken in Bezug auf zeitgenössische Kunst, insbesondere die Fotos, die die Künstlerin Alice Attie von dem New Yorker Stadtteil gemacht hat. Künstlerische Arbeiten werden darin als Bestandteil jener Praktiken begriffen, die kulturelle Identität herstellen und stets verändern. »Culture as the site of explanation is always shifting. The cultural worker's conceptualization of identity becomes part of the historical record that restrains the speed of that shift or drift.«[718] Spivak verlässt die Position der distanzierten Beobachterin und macht sich zur Komplizin der Künstlerin, die sie offenbar auch persönlich kennt. Beider Ansichten sind nicht mehr zu unterscheiden, was die Kunst auslöst und was die Künstlerin auslösen will und was die Theoretikerin an diesen ausgelösten Effekten gut und richtig findet, fällt ineins. Im Hinblick auf kulturelle Identitäten zeigt sich dies in Formulierungen wie der folgenden: »Alice and I attempt teleiopoiesis, a reaching toward the distant other by the patient power of the imagination, a curious kind of identity politics, where one crosses identity, as a result of migration or exile.«[719] (Der Begriff teleiopoiesis wird von Jacques Derrida als Verknüpfung von Nähe und Distanz in Bezug auf sein Konzept der Freundschaft gebraucht.) Inhaltlich erscheinen kulturelle Identitäten hier veränderlich und durchkreuzbar: Das gilt sowohl auf der beschreibenden Ebene, als auch für den politischen Anspruch der Autorin selbst. Was diesen Anspruch betrifft, grenzt sie sich recht deutlich von klassischer (essenzialistischer) Identitätspolitik ab: »Identitarianism is a denial of the imagination.«[720]. Als Einschränkung von Vorstellungskräften wird Identitätspolitik (identitarianism) auch nicht als Mittel gegen die epistemische Gewalt in Anschlag gebracht.

Die epistemische Gewalt ist ein strukturierendes Merkmal nicht nur des Kolonialimus, sondern auch der Kolonialität bzw. der postkolonialen

717 Gayatri Chakravorty Spivak 2012a, a.a.O., S. 2.

718 Gayatri Chakravorty Spivak: »Harlem.« In: Dies.: *An Aesthetic Education in the Era of Globalization*. Cambridge, MA / London: Harvard University Press 2012b, S. 399-428, hier S. 400.

719 Ebd., S. 404.

720 Ebd., S. 406.

Gesellschaften. Das deutlichste Beispiel für epistemische Gewalt sei »das aus der Distanz orchestrierte, weitläufige und heterogene Projekt, das koloniale Subjekt als Anderes zu konstituieren«[721]. Als eine zeitgenössische Form epistemischer Gewalt beschreibt Spivak etwa einen »every day social Darwinism«[722], den u.a. auch die Bilder von Attie aufzeigen würden. Wie diese festschreibende epistemische Gewalt aber mit den sich auflösenden und zu überkreuzenden Identitäten zu vermitteln ist, bleibt völlig offen. Wann und unter welchen Bedingungen sich Identitäten verhindern, durchstreichen oder neu gestalten lassen, wenn die epistemische Gewalt nach wie vor präsent und auch in neueren Formen offenkundig ist, wird nicht ausgeführt.

In den Texten dekolonialistischer TheoretikerInnen geht es zwar auch immer um die koloniale Prägung der Denk- und Wahrnehmungsweisen, um Kultur im allgemeinen Sinne und um den Eurozentrismus – in den Worten des peruanischen Soziologen Aníbal Quijano (1928–2018) – als »eine Erkenntnisweise«[723]. Mit Kunst beschäftigen sie sich allerdings kaum.

Die Unterschiede zwischen post- und dekolonialistischen Perspektiven sind verschiedentlich betont und polemisch verteidigt worden. Ich gehe davon aus, dass die Gemeinsamkeiten überwiegen und die Unterschiede vor allem auf die geografischen und damit auch auf die historischen Foki beschränkt sind: Während der postkolonialistische Diskurs vor allem um die britischen und französischen Kolonialismen und deren Folgen und Effekte kreist, haben die dekolonialistischen Ansätze in erster Linie Lateinamerika im Blick. Historisch setzen dekolonialistische Ansätze daher 1492 an, während in der postkolonialistischen Debatte die Schwerpunkte im 19. und in der ersten Hälfte des 20. Jahrhunderts liegen. Beide Ansätze teilen hingegen wesentliche Zugänge: »eine Form der Dekonstruktion der kolonialen Prosa (Demontage der kolonialen Geschichtserzählungen), die Kritik der mentalen Rahmenbedingungen, symbolischen Formen und

721 Spivak 2008, a.a.O., S. 42.

722 Spivak 2012b, a.a.O., S. 418.

723 Aníbal Quijano: *Kolonialität der Macht, Eurozentrismus und Lateinamerika.* Wien/Berlin: Verlag Turia + Kant 2016, S. 63.

Repräsentationen, die dem kolonialen Projekt zugrunde liegen, sowie die Kritik des europäischen Humanismus durch den Nachweis der kolonialen Kehrseite als dessen konstitutiver Mitbedingung. Darüber hinaus verbindet dekoloniales und postkoloniales Denken eine eingehende Kritik von Identität und Subjektivität.«[724] Dementsprechend ist mit María do Mar Castro Varela »für eine Supplementierung«[725] zu plädieren, also ein sich ergänzendes und bereicherndes Verwenden der de- und postkolonialistischen Ansätze.[726]

Den Eurozentrismus als Erkenntnisweise zu analysieren und politisch anzugreifen, führte in der dekolonialistsichen Theorie jedenfalls nicht oder nur sehr am Rande zu einer Beschäftigung mit Kunst. Das gilt für die Arbeiten von Quijano ebenso wie für diejenigen der in Ecuador lehrenden Politikwissenschaftlerin Catherine Walsh, des Berkeley-Professors Ramón Grosfoguel oder für die Texte des argentinischen Literaturwissenschaftlers Walter D. Mignolo (*1941), die zum engeren Kreis der dekolonialistischen Ansätze gerechnet werden. Quijano gilt mit seinem Konzept der »Kolonialität der Macht« als zentraler Referenzautor. Die Kolonialität bezeichnet das Fortwirken des Kolonialismus nach dem Ende der politisch-militärischen Besatzung. Quijano betont die kulturelle Dimension der Kolonialität: Das koloniale Erbe lagert sich gewissermaßen in die Sinn- und Bedeutungsgebungen der Menschen ein. Quijano spricht von einer »sozialen Klassifikation«[727], die nicht nur grundlegend für die

724 Jens Kastner und Tom Waibel: »Dekoloniale Optionen. Argumentationen, Begriffe und Kontexte dekolonialer Theoriebildung.« In: Walter D. Mignolo: *Epistemischer Ungehorsam. Rhetorik der Moderne, Logik der Kolonialität und Grammatik der Dekolonialität*. Wien: Verlag Turia + Kant 2012, S. 7-42, hier S. 21.

725 María do Mar Castro Varela: »Postkolonial, dekolonial oder doch antikolonial? Ein Plädoyer für supplementierendes Denken.« In: Rebecca Steger, Marie Ludwig, Julia Brychcy, Elisabeth Pütz und Kyra Sell (Hg.): *Subalternativen. Postkoloniale Kritik und dekolonialer Widerstand in Lateinamerika*. Münster: edition assemblage 2017, S. 65-78, hier S. 65.

726 Eine erste wichtige Zusammenschau der später dekolonialistisch genannten Ansätze erschien noch 2008 unter dem Label ›postkolonial‹: Mabel Moraña, Enrique Dussel und Carlos A. Jáuregui (Hg.): *Coloniality at Large. Latin America and the Postcolonial Debate*. Durham & London: Duke University Press 2008.

727 Aníbal Quijano: »Colonialidad del Poder y Classificación Social. « In: *Journal of World-Systems Research*, VI, 2, Summer / Fall 2000, S. 342-386, hier S. 356.

Einteilung von Menschen in ethnische Kategorien, sondern auch für die sozialen Produktionsverhältnisse schlechthin ist. Für diese kulturellen, das Soziale als Ganzes betreffenden Klassifizierungsprozesse hatte die auf ökonomische und politische Abhängigkeiten fokussierte, linke Theorie häufig keinen Blick. So kritisiert neben Quijano und anderen auch Ramón Grosfoguel zu Recht die Kultur-Blindheit der Dependenztheorie. Die Ansätze, die in den 1960er- und 1970er-Jahren unter der Bezeichnung Dependenztheorie(n) zusammengefasst wurden, übersahen oder unterschätzten durch ihre soziologische Fokussierung auf ökonomische und politische Abhängigkeiten (Dependenzen) zwischen Lateinamerika und Europa bzw. Nordamerika tatsächlich häufig »cultural and ideological dynamics«[728] in diesen Abhängigkeitsbeziehungen. Sie einzuklagen, bedeutet für Grosfoguel vor allem, auf Wissensökonomien einerseits und ethnische Hierarchien andererseits hinzuweisen. Nicht auf Kunst und kulturelle Produktion im engeren Sinne.

Bei Mignolo bleiben die wenigen Anmerkungen zur Kunst eher sporadisch und allgemein, wenn er etwa in *Epistemischer Ungehorsam* schreibt, im »Verlauf der letzten drei Jahrhunderte trat das Erhabene in den Hintergrund und das Schöne totalisierte eine Ästhetik, die auf den okzidentalen Begriff der *Kunst* beschränkt blieb. Die Kolonialität der Macht verweist als Ganzes auf eine komplexe Matrix der Macht, auf ein Muster der Macht, das auf drei Pfeilern ruht: Erkennen (Epistemologie), Verstehen oder Begreifen (Hermeneutik) und Wahrnehmen (*aisthesis*).«[729] Die Rolle der Kunst bei der Aufrechterhaltung oder Störung dieser Matrix wird im Buch aber nicht weiter behandelt. Dem Aspekt der Aisthesis widmet Mignolo an anderer Stelle ein paar Ausführungen. Seinen Aufsatz »Aisthesis Decolonial« (2010) beginnt er interessanterweise mit der Bemerkung, kein Spezialist zu sein und Kunst nur zu betrachten wie andere Leute auch, die

728 Ramón Grosfoguel: »Developmentalism, Modernity, and Dependency Theory in Latin America.« In: Mabel Moraña, Enrique Dussel und Carlos A. Jáuregui (Hg.): *Coloniality at Large. Latin America and the Postcolonial Debate*. Durham & London: Duke University Press 2008, S. 307-334, hier S. 328.

729 Walter D. Mignolo: *Epistemischer Ungehorsam. Rhetorik der Moderne, Logik der Kolonialität und Grammatik der Dekolonialität*. Wien/Berlin: Verlag Turia + Kant 2012, S. 50.

»ins Museum gehen und sich für Kunst interessieren«[730]. Nichtsdestotrotz vertritt er – wie in *Epistemischer Ungehorsam* – die grundlegende These, dass die Verknüpfung von Ästhetik und Schönheit eine westliche Erfindung sei, die die Grundlage für das geschaffen habe, was wir überhaupt als bildende Kunst wahrnehmen.[731] Mignolo beschreibt Unterdrückung und Negation als die wesentlichen Logiken der Kolonialität. In Bezug auf kreative Praktiken bestehen diese Logiken darin, die Vernichtung und Verhinderung sowie die Ausgrenzung all dessen zu betreiben, was nicht dem westlichen Kunstverständnis entsprach. Künstlerische Arbeiten können, indem sie diese Logiken adressieren, nicht nur auf sie hinweisen, sondern ihnen auch etwas entgegensetzen. Das versucht Mignolo anhand dreier sehr unterschiedlicher künstlerischer Arbeiten (von Fred Wilson, Pedro Lasch und Tanja Ostojic) aufzuzeigen. Vor allem die Arbeit »Mining the Museum« (1992) von Fred Wilson, die Gegenstände einer »völkerkundlichen« Sammlung mit Artefakten kombiniert, die auf die Geschichte der Sklaverei verweisen, sei ein »konstanter Prozess der Dekolonisierung des *Aisthesis*, der Formen des Fühlens und des Wissens (Theoretisierens) über dieses Fühlen.«[732] Künstlerische Arbeiten verweisen also nicht nur auf die Unterdrückung und die Negation, die der Kolonialität innewohnen. Sie durchbrechen sie auch selbst. Kunst leitet demnach nicht nur Dekolonisierung an oder ein, sondern ist selbst dekolonialisierend. Das heißt, sie kann (muss aber nicht) dekolonisierende Effekte haben, insofern sie die koloniale Matrix thematisiert, hier etwa in Form der Verknüpfung von Schönheit und Denk- und Wahrnehmungsweisen (Aisthesis).

Mignolo macht – wie Bhabha und Spivak auch – Arbeiten aus dem Bereich des ›westlichen‹, nordamerikanisch-europäisch geprägten Kunstfeldes zu Anlassfällen seiner Auseinandersetzung. Einen anderen Weg

730 Walter D. Mignolo: »Aisthesis Decolonial. Artículo de reflexión.« In: *Calle14*, Vol. 4, Nr. 4, Januar-Juni 2010, S. 10-25, hier S. 13 [Übers. J.K.].

731 Dass die Verknüpfung von ›Ästhetik‹ und ›Schönheit‹ allerdings auch im ›Westen‹ spätestens seit den 1960er-Jahren als Effekte der Kritik an ihr zusammengebrochen ist, darauf geht Mignolo nicht ein. Mit Norbert Schneider wäre wohl daran zu erinnern: »Längst sind die Ästhetiker nicht mehr nur noch auf die sogenannte ›hohe‹ Kunst fixiert.« Schneider 2010, a.a.O., S.18.

732 Mignolo 2010, a.a.O., S. 19.

wählt die bolivianische Soziologin Silvia Rivera Cusicanqui (*1949), die zwar das Adjektiv ›dekolonial‹ für ihre Arbeit als akademisches Label ablehnt, selbst aber ebenfalls dekolonialistische Ansprüche in Forschung und Theorie verfolgt. In *Sociología de la imagen. Miradas ch'ixi desde la historia andina* (2015) (»Soziologie des Bildes. Ch'ixi-Blicke aus der Geschichte der Anden«) entwirft sie eine dekolonisierende Perspektive auf Bildproduktionen. »Miradas ch'ixi« sind zwar gemischte, mestizische Blicke, die aber von den Kämpfen der indigenen Gemeinschaften ausgehen. Basierend auf Methoden der Oral History beansprucht sie damit auch, mit konventionellen (›westlichen‹) wissenschaftlichen Standards zu brechen. Sie versteht ihre Soziologie des Bildes als partizipatives Projekt, das »alle Praktiken der Repräsentation zu ihrem Aufmerksamkeitsfokus macht.«[733] Sie konzentriert sich damit eben nicht nur auf »bildende Kunst«. Der kolonialen Trennung in Kunsthandwerk und Kunst, der kolonialen Verknüpfung von Schönheit und Ästhetik und der Ausbildung eines spezialisierten Produktionssystems der Kunst als Effekt einer »rassialisierten Schichtung«[734], von der der Kunsttheoretiker Juan Acha vor dem Hintergrund der kolonialen Erfahrung gesprochen hatte, wird damit auf besondere Weise Rechnung getragen.

II.

Der Stellenwert, der der Kunst in der post- und dekolonialistischen Sozialtheorie eingeräumt wird, ist gemessen an den eher randständigen Beschäftigungen mit ihr insgesamt sehr hoch.

Edward Said und Gayatri Spivak betonen wesentlich stärker die gewaltsamen Strukturierungen des Sozialen, innerhalb derer sich auch die künstlerische Produktion und Rezeption bewegt, als Homi Bhabha es tut. Bhabha hebt stärker auf die Möglichkeiten ab, die die sozialen und kulturellen Zwischenräume bieten. Dennoch ist auch Bhabha sich der Gewalt

733 Silvia Rivera Cusicanqui: »La sociología de la imagen como praxis decolonizadora.« In: Dies.: *Sociología de la imagen. Miradas ch'ixi desde la historia andina.* Buenos Aires: Nociones Comunes / Tinta Limón 2015a, S. 13-31, hier S. 21 [Übers. J.K.].

734 Juan Acha: *Las Culturas Estéticas de América Latina. México* D.F.: UNAM 1993, S. 210.

der Geschichte bewusst. Kunst ist nicht nur der Möglichkeitsraum, in dem sich hybride und nicht festschreibende Praktiken entwickeln (wie er am Beispiel Renée Green gezeigt hat). Sie ist auch ein Umweg, der die Wege des Lebens überhaupt begehbar hält. So schreibt Bhabha etwa über die Literatur Toni Morrisons und die darin geschilderte Gewalt des Rassismus in den USA: »Wenn die historische Sichtbarkeit verblaßt ist, wenn die Gegenwart der Zeitzeugenschaft ihre Macht des Festhaltens verliert, dann offerieren uns die De-platzierungen der Erinnerung und die Umwege der Kunst das Bild unseres psychischen Überlebens.«[735] Es bedarf also offenbar solcher Bilder, um das psychische Überleben angesichts systematischer Gewalt zu sichern, und die Kunst (und die Literatur) ist in der Lage, sie zu schaffen. Dazu ist sie, die Kunst, gezwungen, auch auf ›fremde‹ Bilder zurückzugreifen: einerseits auf Bilder, die nicht unbedingt der Kunstgeschichte entstammen, sondern die auch Bilder im weiteren Sinne von allgemeinen Vorstellungen sind und andererseits Bilder, die andere geschaffen haben, also orientalistische, stigmatisierende Bilder. Letztlich zielt Bhabhas Konzeption von Hybridität auf dieses notwendige Aufgreifen. Hybridität ist nämlich keineswegs einfach nur die Gegenstrategie zur vermeintlich eindeutigen kulturellen Identifizierung des Rassismus. Sie ist selbst in Machtverhältnisse verstrickt. Bhabha beschreibt Hybridität als »das Zeichen für die Produktivität der kolonialen Macht, ihrer flottierenden Kräfte und Fixpunkte; sie ist der Name für die strategische Umkehrung des Prozesses der Beherrschung durch Verleugnung (das heißt, der Produktion diskriminatorischer Identitäten, durch die die ›reine‹ und ursprüngliche Identität der Autorität sichergestellt wird.)«[736] Hybridisierung ist eine Gegenstrategie, aber eine, die in die kolonialen Machtverhältnisse eingewoben ist. Wann und wie dann eine »strategische Umkehrung« des Blickes und der Bilder der Macht möglich wird und welche Rolle die künstlerische Produktion und Rezeption dabei spielt oder spielen kann, führt Bhabha nicht aus.

Diese Perspektive auf die Wechselseitigkeit und die Dynamik in der (post-)kolonialen Herrschaft hebt Bhabha aber u.a. von Edward Saids

735 Bhabha 2000, a.a.O., S. 28.

736 Bhabha 2000, a.a.O., S. 165.

Ansatz ab. Diesem wurde schließlich vorgeworfen, selbst homogenisierend zu sein. Er vernachlässige, kritisieren beispielsweise María do Mar Castro Varela und Nikita Dhawan, die Prozesshaftigkeit »hegemonialer Systeme«, in denen »Machtverhältnisse kontinuierlich restrukturiert, herausgefordert und wieder stabilisiert werden.«[737] Daher könne er weder beschreiben, wie der Orientalismus-Diskurs überhaupt begann, noch habe er die Widersprüche und gegenhegemonialen Strömungen (auch im ›Westen‹) im Blick. Unklar ist Robert J.C. Young zufolge auch die Antwort auf die Frage, was die ausgewählten Texte im Hinblick auf ihre geografische wie historische Breite tatsächlich repräsentierten. Darüber hinaus kritisiert auch Young (mit Bhabha) den »determining and univocal notion of discourse«[738], den Said verwende. Auch dieser Vorwurf zielt auf die ausgeblendeten, gegenhegemonialen Strömungen.

Eine recht einheitliche Verwendung des ›Westens‹ als diskursive Formation ist auch Mignolo vorzuwerfen. Das führt schließlich zu extremen Widersprüchen in seinem eigenen Werk. Während er für die epistemologische Dekolonisierung den Bruch mit ›europäischem‹ Denken fordert – und er bezieht dabei explizit »auch das marxistische und neomarxistische Denken«[739] mit ein –, bezieht er sich zugleich positiv und konstitutiv auf theoretische Ansätze (wie etwa diejenigen von José Carlos Mariátegui und Frantz Fanon), die zweifelsohne in einer ›europäischen‹ Denktradition stehen, nämlich dem Marxismus. Die Forderung nach einer klaren Loslösung von und dem Bruch mit europäischem Denken, die Mignolo in *Epistemischer Ungehorsam* aufstellt,[740] kann letztlich nur durch das

737 María do Mar Castro Varela und Nikita Dhawan: *Postkoloniale Theorie. Eine kritische Einführung*. Bielefeld: transcript Verlag 2005, S. 40.

738 Robert J.C. Young: *Postcolonialism. An Historical Introduction*. Malden, MA/Oxford/Victoria: Blackwell Publishers 2001, S. 392.

739 Mignolo 2012, a.a.O., S. 67.

740 Vgl. ebd., S. 54, hier sprich Mignolo im Zusammenhang mit dem dekolonialistischen Projekt von einer »*epistemischen* Entkoppelung im Bereich des Sozialen«. Das Konzept der Entkoppelung oder der Loslösung (»delinking«) geht auf den ägyptisch-französischen Ökonomen Samir Amin (1931–2018) zurück. Amin plädiert für ökonomische Unabhängigkeit der Länder des Globalen Südens, betont allerdings auch, dass delinking »is in no way synonymous with a refusal to participate in world scientific and ideological currents«, Samir Amin: *Delinking.*

»Ausblenden von Widersprüchen und durch die Vereinheitlichung von Diversität«[741] aufrechterhalten werden.

Auch im Hinblick auf Kunst führt die Tendenz, den ›Westen‹ als allzu einheitliches Phänomen zu begreifen, zu theoretischen Lücken und Unklarheiten. Sicherlich ist der Hinweis auf die Verknüpfung von ›Ästhetik‹ und ›Schönheit‹ bei Kant als Grundlage des heutigen Kunstfeldes nicht falsch, allerdings blendet er doch auch all diejenigen Angriffe aus, die im ›Westen‹ – letztlich sehr erfolgreich – auf und gegen diese Verbindung unternommen wurden. Das Ästhetische wird in der zeitgenössischen Kunst ebenso wie in der Kunsttheorie vom Schönen weitgehend losgelöst behandelt. Die westliche Prägung des globalen Kunstfeldes besteht allerdings dennoch. Für den historischen Beginn dieser Dominanz war die Ästhetik vielleicht grundlegend, für ihre Aufrechterhaltung ist sie es offenbar nicht. Dieser Dominanz in ihren zeitgenössischen Formen nachzugehen, wäre folglich die Aufgabe dekolonialistischer Theorie in Bezug auf Kunstproduktion und -rezeption. Eine Aufgabe, der sich die Kunsttheorie in Lateinamerika im Übrigen längst gewidmet hat, etwa der peruanisch-mexikanische Soziologe Juan Acha, der den »imperialismo cultural«[742], oder etwa der argentinisch-mexikanische Kulturtheoretiker Néstor García Canclini, der die »globale Verteilung der symbolischen Macht«[743] untersucht hat. Auf diese Untersuchungen bezieht sich die dekolonialistische Sozialtheorie allerdings nicht.

Demzufolge ist über den Status der Kunst wenig zu erfahren: Obwohl die Kunst in das aus »Glaubenssätzen gesponnene Netz«[744] verstrickt ist, als das Mignolo die koloniale Matrix bezeichnet, ist über ihre Rolle hinsichtlich der Aufrechterhaltung oder der Zerstörung dieses Netzes nicht viel zu erfahren. Mignolo geht in *Epistemischer Ungehorsam* nur an

---

Towards a Policentric World. [1985] London / New Jersey: Zed Books Ltd. 1990, S. 67.

741 Kastner / Waibel 2012, a.a.O., S. 34.

742 Juan Acha: »Hacia un Pensamiento Visual Independiente.« In: Juan Acha, Adolfo Colombres und Ticio Escobar: *Hacia una Teoria Americana del Arte.* Buenos Aires: Ediciones del Sol 2004, S. 33-83, hier S. 56.

743 Néstor García Canclini: *La sociedad sin relato. Antropología y Estética de la Inminencia.* Madrid: Katz Editores 2010, S. 81 [Übers. J.K.].

744 Mignolo 2012, a.a.O., S. 50.

einer weiteren Stelle auf Kunst ein, an der es um die Entstehung der kolonialen Matrix geht. Dabei wird die »Neuheit« und die ständige Suche nach »Neuem« als »Motor der Geschichte« beschrieben, und »zwar als Erzählung vom kreativen Impuls in der Kunst wie in der Warenwelt.«[745] Warenwelt und Kunst scheinen hier ein und derselben (westlich-modernen) Logik zu gehorchen bzw. diese Logik unterschiedslos zu reproduzieren. Mag das auf die Suche nach »Neuem« ganz allgemein zutreffen, werden die Unterschiede zwischen Warenökonomie und der Ökonomie symbolischer Güter nicht thematisiert. Das lässt nicht nur analytisch große Lücken, sondern es lässt auch die Frage offen, wie dieser Gedanke der Reproduktion (der kolonialen Moderne) mit den von Mignolo ebenfalls beschriebenen Potenzialen künstlerischer Arbeiten, dekolonisierende Effekte zu zeitigen, zusammenhängt bzw. zu vermitteln ist.

Dass der Ort, an dem ein Denken und eine Praxis entsteht, entscheidend für deren Ausrichtung ist, wie im dekolonialistischen Diskurs etwa von dem Philosophen Enrique Dussel (*1934) betont wird, wirft auch hinsichtlich der Kunst entscheidende Fragen auf. Denn wenn die moderne und zeitgenössische Kunst als Terrain begriffen wird, das im Wesentlichen das Produkt bzw. der Effekt ›westlicher‹ geostrategischer und ästhetopolitischer Maßnahmen und Entwicklungen ist, wie kann dann aus diesem heraus der Leugnung des »kolonialen Charakter[s] der okzidentalen Machtausübung«[746] vermieden werden, die Dussel der gesamten Tradition der Kritischen Theorie vorwirft? Und wie kann ein Kampf um Anerkennung dessen geführt werden, das vom kolonialen Charakter der Macht verneint wurde (und wird)? Die post- und dekonolonialistischen Ansätze oszillieren in dieser Frage der Konsequenz aus dem kolonialen Muster der Macht zwischen zwei Strategien: auf der einen Seite die Betonung des Hybriden, die es auch ohne Weiteres denkbar erscheinen lässt, dass die Lektüre von *Bouvard und Pécuchet* oder die Beschäftigung mit Arbeiten von Renée Green dekolonialistische Effekte hat. Auf der anderen Seite steht die Betonung des Anderen, mit Dussel gesprochen,

745 Ebd., S. 138.

746 Enrique Dussel: *Der Gegendiskurs der Moderne. Kölner Vorlesungen*. Wien / Berlin: Verlag Turia + Kant 2013, S. 96.

eine »Bejahung des Anderen *als anderer*, nicht *als gleicher*«[747], die es im Prinzip ausschließt, von Praktiken innerhalb des Zentrums der kolonialen Macht irgendetwas anderes zu erwarten als die Reproduktion dieser Macht. Insofern ist Mignolos Position widersprüchlich, weil sie mit der Forderung nach Loslösung vom ›westlichen Denken‹ auf der Seite der Bejahung des Anderen steht, zugleich aber in ›westlichen‹ Institutionen ausgestellter und in ›westlichen‹ Denkweisen rezipierter zeitgenössischer Kunst emanzipatorische Effekte zutraut.

III.

Edward Said knüpft in seiner Auseinandersetzung mit der Rolle und Funktion von Intellektuellen an seine positiven Andeutungen zu Flaubert an. Hatte er Flauberts Ironie implizit als Möglichkeit beschrieben, dem in der Kunst verhandelten Komplizentum mit kolonialer Herrschaft zu entgehen oder es zu durchbrechen, so fragt er in *Götter, die keine sind* (1997) allgemeiner nach dem emanzipatorischen Potenzial intellektuellen Schaffens. Said beschreibt die Intellektuellen als Exilierte im explizit metaphorischen Sinne: Sie leben zwar in Nationalstaaten, sprechen nationale Sprachen und richten bestimmte Forderungen an nationale Regierungen, und dennoch haben sie mehr als andere die Möglichkeit, die Dinge von außen zu betrachten, die Möglichkeit zur Distanznahme. »Für den Intellektuellen heißt Exil in dieser metaphysischen Bedeutung«, schreibt Said, »Unbeständigkeit, Bewegung, nie zur Ruhe kommen und andere aus ihrer Ruhe aufstören.«[748] Said verknüpft hier also den soziopolitischen Ort, die dynamische Position des oder der Intellektuellen im sozialen Raum mit einer Aufgabe: die eigene Ruhelosigkeit dazu zu nutzen, andere aus der Ruhe zu bringen.

Der Gedanke an das Aufrütteln durch Kunst findet sich auch bei de Sousa Santos, wenn er dafür plädiert, die Möglichkeiten, die die künstlerische »Illusion der Realität« schafft, auch auf andere Bereiche des Wissens zu übertragen. Es gelte, diese »sowohl spielerische als auch erschütternde

747 Ebd., S. 123.

748 Edward Said: »Intellektuelles Exil: Vertriebene und Grenzgänger.« In: Ders.: *Götter, die keine sind. Der Ort des Intellektuellen*. Berlin: Berlin Verlag 1997, S. 53-72, hier S. 60.

neugierige Perspektive«[749] in eine neue Epistemologie – bei de Sousa Santos »Epistemologie des Südens« genannt – zu übertragen.

Die Möglichkeit zur Distanznahme und die Forderung, aus der sozialen Position heraus eine politische Positionierung zu machen, findet sich schließlich auch bei Spivak, Bhabha und Mignolo. Ähnlich wie die Hybridität bei Bhabha, die zwar ein »Zeichen für die Produktivität der Macht« ist, aber dennoch befreiende Effekte hat, ist es auch bei Mignolo die koloniale Moderne, die eine Situation hervorbringt, aus der befreiende Perspektiven erwachsen: Er nennt sie in Anlehnung an einen Begriff von Glória Anzaldúa »border thinking«, »Grenzdenken«. »One of the unavoidable consequences of modern / colonial expansionism is that the condition for *border thinking* were created«[750]. Soziale Positionierungen, die, etwa durch migrantische Erfahrung oder geschlechtliche Abweichungen von der heterosexuellen Norm, nicht eindeutig bestimmt sind, ermöglichen demnach auch eine neue, andere Form des Denkens. Dieses Denken wird als eines konzipiert, das die unterschiedlichen Unterdrückungsgeschichten verknüpfen und damit zugleich die Loslösung von der kolonialen (Denk-)Tradition bewerkstelligen kann. »Kritisches Grenzdenken«, schreibt Mignolo, ist »eine Methode zur Verbindung der Pluriversalität (der unterschiedlichen in der imperialen Moderne gefangenen Kolonialgeschichten) mit dem universalen Projekt der Entkoppelung vom imperialen Horizont (der Rhetorik der Moderne und der Logik der Kolonialität).«[751] Bei Mignolos Verwendung des Konzepts des Grenzdenkens tauchen allerdings keinerlei Bezüge zu künstlerischen Praktiken auf. Anzaldúa selbst hingegen hatte zumindest noch poetische Schreibweisen (wie ihre eigene) als eine Art künstlerischer Praxis begriffen, die das Grenzdenken zum Ausdruck bringen oder überhaupt erst immer wieder erschaffen kann.

749 De Sousa Santos 2018, a.a.O., S. 242.

750 Walter D. Mignolo: *The Idea of Latin America*. Malden, MA / Oxford / Carlton: Blackwell Publishing 2005, S. 9.

751 Mignolo 2012, a.a.O., S. 202.

Spivak stellt mit dem Konzept der teleiopoiesis ja auch eine Distanznahme in Aussicht (die zugleich eine Nähe ist). Der Kunst wird dabei nachgesagt, beim Durchkreuzen von zugeschriebenen Identitäten behilflich zu sein. Diese Position der möglichen Distanzierung wird durch die Behauptung bekräftigt, Identitätspolitik sei eine Verneinung der Vorstellungskräfte (»a denial of the imagination«). Statt sich mit der eigenen (untergeordneten) sozialen Position zu identifizieren, muss es nach Spivak darum gehen, sie nicht hinzunehmen, sie sogar zu bekämpfen. »Ich dachte über die Möglichkeit einer Infrastruktur nach«, schreibt sie an anderer Stelle, »die es hier wie dort den Subalternen erlauben würde, ihre Subalternität nicht als Normalität zu akzeptieren.«[752] Es geht ihr um die Ermächtigung dazu, die Akzeptanz der eigenen Subalternität zu verlernen. Dies ist auch der Moment, in dem »aesthetic education kicks in«[753]. Die der Norm entsprechende, kollektive Selbstwahrnehmung soll verlernt, eine neue gelernt werden. In dieser ästhetischen Erziehung spielt Kunst im engeren Sinne allerdings keine Rolle. Die Fotografien Alice Atties bleiben ein sporadisches, nicht systematisches Beispiel.

Auch bei Bhabha lässt sich der Raum zwischen verschiedenen identitären Zuschreibungen, auf den er immer wieder hinweist, als eine Distanzierung verstehen: als Plädoyer für eine Uneindeutigkeit hinsichtlich der Positioniertheit, die politisch aber dennoch klar Stellung bezieht: »Politische Machtaneignung und die Erweiterung des multikulturellen Anliegens hängen davon ab«, schreibt Bhabha, »daß man Fragen nach Solidarität und Gemeinschaft aus der Zwischen-Perspektive stellt.«[754] Für eine solche Zwischenperspektive scheint künstlerische (und vor allem literarische) Praxis mehr prädestiniert als andere Praktiken.

---

752 Gayatri Chakravorty Spivak: »Wer hört die Subalterne? Rück- und Ausblick.« In: *Luxemburg. Gesellschaftsanalyse und linke Praxis*, Berlin, 3/2014, S. 6-15, hier S. 14.

753 Gayatri Chakravorty Spivak: »Scattered Speculations on the Subaltern and the Popular.« In: Dies.: *An Aesthetic Education in the Era of Globalization.* Cambridge, MA/London: Harvard University Press 2012c, S. 429-442, hier S. 437.

754 Bhabha 2000, a.a.O., S. 4.

Diesen Ansätzen, die auf Zwischenräume und Hybriditäten ihre politischen Hofnungen setzen, stehen, wie weiter oben bereits angedeutet, insbesondere in der dekolonialistischen Theorie auch solche gegenüber, die nicht auf Hybridisierung, sondern stattdessen auf die Wiederaneignung der ausgegrenzten ›Andersheit‹ setzen. Zu diesen Stimmen gehört Enrique Dussel sowie insbesondere auch die in Quito lehrende Politikwissenschaftlerin Catherine Walsh, die ein ›anderes‹ Wissen, auf der ihre epistemologische wie politische Perspektive beruht, als grundsätzlich unterschieden von einer im Rahmen des modernen Wissenschaftsverständnisses entstandenen Wissensproduktion abgrenzt. Vor dem Hintergrund ihrer Auseinandersetzungen mit der Politik der von Indigenen getragenen sozialen Bewegungen in Ecuador und Bolivien bezieht sie sich auf eine nicht näher bestimmte »indigene Erfahrung«[755] und plädiert mit Bezug auf Dussel – für eine »(Wieder)Anerkennung und Stärkung des Eigenen«[756] – das ›Eigene‹ hier ganz ohne Anführungsstriche.[757] Dass sie kein Wort über die westlich geprägte bildende Kunst verliert, ist in diesem Sinne nur konsequent.

Auch Silvia Rivera Cusicanqui gehört zu denjenigen TheoretikerInnen, die die ›Andersheit‹ der Indigenen zum Ausgangs- und Angelpunkt ihrer Forschung und sich auf die Suche nach einer ›eigenen episteme‹ machen. Mit Arbeiten über die indigenen Gemeinschaften der Aymara und Quechua bekannt geworden – *Oprimidos pero no Derrotados: la Lucha Campesina Entre los Aymaras y Quechuas en Bolivia* (1984) (Unterdrückt, aber nicht besiegt: Die Kämpfe der Aymara und Quachua in Bolivien) –, hat Rivera Cusicanqui in ihrer Soziologie des Bildes die Perspektive der Indigenen stark betont. Und sie erklärt diese Betonung zugleich als Bruch mit der (›westlichen‹) wissenschaftlichen Tradition: »Allein die

755 Catherine Walsh: »Introducción. (Re)Pensamiento Crítico y (De)Colonialidad.« In: Dies. (Hg.): *Pensamiento Crítico y Matriz (De)Colonial. Reflexiones Latinoamericanas*. Quito: Universidad Andina Simón Bolívar 2005, S. 13-35, hier S. 26. [Übers. J.K.]

756 Ebd., S. 27.

757 Dieses ›Eigene‹ wird zudem auch inhaltlich noch auf Subversion festgelegt, vgl. dazu Jens Kastner: »Andere Positionierungen? Analytische und politische Perspektiven dekolonialistischer Sozial- und Kulturtheorie in und aus Lateinamerika.« In: *Österreichische Zeitschrift für Soziologie*, 41. Jg., Heft 3/2016, S. 271-294.

Tatsache, in den Mobilisierungen der Aymara der vergangenen Jahrhunderte eine Initiative, eine Führungsrolle und ein eigenes politisches Projekt zu sehen, schien nicht weniger als undenkbar für die heutigen Sozialwissenschaften«.[758] Sie wendet sich zwar explizit gegen Essenzialismus und ordnet sich selbst in die politische Tradition des Anarchismus ein.[759] Zugleich aber möchte sie die »indigene Alterität« als »neuen Universalismus« verstanden wissen, der »dem kolonialen Chaos und der Zerstörung der Welt und des Lebens entgegensteht.«[760] Sie möchte ihren Begriff von Andersheit an die Kämpfe und Lebensweisen von Indigenen in Lateinamerika gebunden wissen. Dabei hält – oder schreibt – sie grundsätzlich fest, dass »indigene Gesellschaften selbstverwaltet und antiautoritär sind«[761] und keine Herrscherschichten kennen würden. In ihnen sei die Macht »gewissermaßen dekolonisiert«[762]. Neben dieser dann doch essenzialisierenden Beschreibung des »indigenen Anderen« ist auch die Behauptung nicht ganz plausibel, einer ausgegrenzten Gruppe politische Initiative und sozialwissenschaftliches Gewicht zuzusprechen, breche mit der westlichen Tradition. Denn eine solche Behauptung muss aus dieser Tradition schließlich all die Versuche ausblenden, die es in der ArbeiterInnenbewegungsgeschichte, in der feministischen Theorie und Geschichte und nicht zuletzt auch in der (marxistisch, also letztlich auch ›westlich‹ geprägten) lateinamerikanischen politischen Philosophie und Sozialanthropologie gegeben hat, solche marginalisierten Positionen

758 Rivera Cusicanqui 2015a, a.a.O., S. 15 [Übers. J.K.]. Das trifft für den Mainstream der Sozialwissenschaften sicherlich zu, blendet aber die vielen Versuche innerhalb der Linken aus – von den britischen Cultural Studies über die militanten Untersuchungen im Rahmen des (Post-)Operaismus bis hin zu Pierre Bourdieu –, die Subalternen, Marginalisierten, Ausgebeuteten und Diskriminierten selbst zu Wort kommen und zu ProtagonistInnen ihrer Geschichte werden zu lassen. Nur durch diese Ausblendung lässt sich wohl die starke Abgrenzung zur ›westlichen‹ Wissenschaft halten.

759 Vgl. ebd. S. 18 und S. 19.

760 Rivera Cusicanqui: »La universalidad de lo ch'ixi.« In: Dies.: *Sociología de la imagen. Miradas ch'ixi desde la historia andina*. Buenos Aires: Nociones Comunes/Tinta Limón 2015b, S. 175-185, hier S. 185 [Übers. J.K.].

761 Silvia Rivera Cusicanqui: »Interview mit Silvia Rivera Cusicanqui.« In: Sebastian Kalicha und Gabriel Kuhn (Hg.): *Von Jakarta bis Johannesburg. Anarchismus weltweit*. Münster: Unrast Verlag 2010, S. 358-361, hier S. 358.

762 Ebd.

nicht nur in den Blick zu nehmen, sondern ihnen auch zu ihrem Recht zu verhelfen. (Man kann etwa den dependenztheoretischen Ansätzen viel vorwerfen, aber sicher nicht, dass sie sich nicht für die Perspektive der Marginalisierten stark gemacht hätten.)

Ein grundlegendes Paradox prägt die Auseinandersetzung mit bildender Kunst in der post- und dekolonialistischen Theorie. An den wenigen Stellen, an denen die Kunst explizit Thema ist, wird ihr Enormes zugetraut: die Möglichkeit, mittels ihrer Rezeption kollektive Identitäten zu durchkreuzen oder gleich eine Kraft zur Dekolonisierung. Die Kunst, so die verbreitete Annahme, kann Denk- und Wahrnehmungsweisen verändern, die von der kolonialen Matrix bzw. der Epistemologie und Erfahrung der westlichen Moderne geprägt sind. In den systematischen, sozialtheoretischen Überlegungen, also in den jeweiligen Hauptwerken der post- und dekolonialistischen Theorie, taucht Kunst aber kaum auf. Das betrifft sowohl die Hybridisierungsfraktion als auch die Strömung, die die Bejahung des Anderen favorisiert (mit Ausnahme von Rivera Cusicanqui). Darin besteht das Paradox oder zumindest eine Merkwürdigkeit: Wenn die Kunst als ein probates Mittel zur Dekolonisierung beschrieben wird, warum wird ihr dann keine zentrale Rolle in der Sozialtheorie eingeräumt? Das zu tun, wäre schließlich eine logische Folgerung aus dem zugesprochenen Stellenwert.[763] Vielleicht gilt diese Merkwürdigkeit für die meisten linken theoretischen Bezugnahmen auf Kunst, aber in den Texten zu den Auswirkungen und Effekte des Kolonialismus fällt sie besonders ins Auge.

763 Rivera Cusicanqui versucht hier vielleicht noch am konsequentesten, diesem Befund gerecht zu werden, lässt dabei aber das vom Westen geprägte Kunstfeld weitgehend und aus programmatischen Gründen außer Acht, was bei ihr zu einer tendenziellen Überbewertung jenseits davon stattfindender Praktiken führt.

12. Zum Schluss: »Subjekte für den Gegenstand …« … und die drei Brüche in der linken Auseinandersetzung mit Kunst

Die Auseinandersetzung mit Kunst innerhalb linker Theorie ist unüberschaubar weitreichend, vielfältig, kontrovers und kaum auf den Punkt zu bringen. Das ist bereits klar, bevor es darum gehen kann, sich einen Überblick zu verschaffen. Und letztlich ist die Unübersichtlichkeit und Vielschichtigkeit die konstitutive Voraussetzung für jeden Versuch einer Überblicksdarstellung. Dennoch lassen sich verschiedene Problemlagen und Diskussionsstränge herausarbeiten, die dem Überblick eine gewisse Klammer verleihen und ihn zusammenhalten. Solche Probleme und Diskussionsverläufe zeigen sich nicht unbedingt als direkte Thematik in den Schriften konkreter AutorInnen, sondern durchziehen sie wie rote Fäden. So gibt es auch verschiedene Fragestellungen, die diese kurze und abschließende Zusammenschau von Positionen zum Thema die Linke und die Kunst rechtfertigen. Sie lassen sich grob nach den eingangs vorgeschlagenen Fragen diskutieren, die auch die jeweiligen Kapitel gliedern: I. Welche Art von Kunstverständnis liegt vor? II. Welcher Stellenwert wird der Kunst im Hinblick auf Gesellschaft als ganze zugeschrieben? Wie wird er analysiert? III. Welche Hoffnungen auf und Erwartungen an die Kunst werden (im Hinblick auf eine emanzipatorische gesellschaftliche Transformation) gestellt?

I.

Das linke Interesse an Kunst hat damit zu tun, dass es bei der Produktion, Rezeption und Distribution nicht nur um sie selbst, nicht nur um Kunst, sondern auch um die Menschen geht. Das ist banal und doch nicht unwichtig zu betonen. Denn es geht nicht nur um die Menschen, die mit Kunst zu tun haben, um die ›Subjekte für den Gegenstand‹ (Marx), sondern, zumindest potenziell, um alle. Kunst ist als Teil allgemeiner kultureller Praxis, wie vermittelt auch immer, über ihre Produktion und Rezeption mit der Subjektwerdung schlechthin verknüpft. Schon Marx schreibt, als hätte er Diedrich Diederichsens Buch *Eigenblutdoping* – dazu weiter unten mehr – über das Leben mit der Kunst als Selbstoptimierung gelesen (oder vorweggenommen): »Das Individuum produziert einen Gegenstand und kehrt durch dessen Konsumtion wieder in sich zurück, aber als produktives Individuum und sich selbst reproduzierendes. Die Konsumtion erscheint so als Moment der Produktion.«[764] Den Konsum als Moment der Produktion zu begreifen, macht die Auseinandersetzung mit Kunst für Linke so interessant. Es eröffnet nämlich die Möglichkeiten für Interventionen zugunsten anderer, neuer, emanzipatorischer (Re-) Produktionen von Individuen. Von diesem Gedanken getragen ist bereits Trotzkis Hoffnung auf das Zusammenbrechen der Trennwand zwischen Kunst und Industrie. Und davon getragen ist auch noch Butlers Faszination für Drag-Performances, die die Normativität des Sozialen untergraben und damit auch öffnen für neue Subjektivierungsentwürfe.

Dass sich diese Hoffnungen häufig nicht erfüllen oder strukturell unerfüllbar oder historisch gescheitert sind, ist dann ebenfalls Teil der Auseinandersetzung mit Kunst innerhalb linker Theorie. Immerhin wurde der besondere Produktions- und Rezeptionsbereich als solcher wahrgenommen und in seinen Vorteilen wie Nachteilen untersucht: Die Vorteile bestehen, noch einmal zusammenfassend, darin, in und durch Kunstproduktion und -rezeption eine relative Freiheit praktizieren und/oder ermöglichen zu können, die andere gesellschaftliche Bereiche und Praktiken nicht bieten. Die prinzipiellen Nachteile werden vor allem in der tendenziell immer verlängerten bzw. erneuerten Reproduktion der kapitalistischen Arbeitsteilung gesehen.

Bei diesen Untersuchungen stand lange Zeit doch zunächst das Kunstwerk selbst im Vordergrund, das widerspiegelnde von Lenin und Lukács wie auch das ›authentische Kunstwerk‹, von dem Adorno und Marcuse noch redeten, während andere es bereits für erledigt gehalten haben. Die Ansätze von Engels bis Althusser, die das künstlerische Werk in den Ka-

764 Marx 1983, a.a.O., S. 29.

tegorien einer Widerspiegelung dachten, verloren an Einfluss. Ein erster Bruch innerhalb der linken Theorie zeichnete sich ab, der dazu führte, dem Kunstwerk letztlich wesentlich mehr zuzutrauen, als die soziale Realität widerzuspiegeln. Vor allem die Kritische Theorie wandte sich auch gegen die komplexen Modelle der Widerspiegelung von Lukács bis Macherey, um im Kunstwerk nicht in erster Linie ein Werkzeug im Umgang mit der (bürgerlichen) Ideologie zu sehen, sondern ihm selbst emanzipatorisches Potenzial zuzuschreiben. Auch und gerade angesichts der alles vereinnahmenden Kulturindustrie fungierte das Kunstwerk als Gegenstand, dem das potenziell ganz Andere zu beinhalten bzw. zu verkörpern zugetraut wurde.

Es gab dann aber, wenn man so will aus dem Inneren der Kritischen Theorie heraus, einen zweiten, noch weitreichenderen Bruch im linken Bezug auf Kunst – wobei Bruch vielleicht ein missverständliches Wort ist, da es sich dabei nicht um ein plötzliches, ruckartiges Ereignis mit klarem Vorher und Nachher, sondern um einen Prozess von rund vierzig Jahren handelt. Er vollzieht sich vom Werk Walter Benjamins ausgehend über die Positionen Raymond Williams' und Peter Bürgers bis zu Pierre Bourdieu. Es ist die Spaltung in marxistische Ästhetik auf der einen und materialistische Kunstsoziologie auf der anderen Seite (mit all ihren disziplinenübergreifenden Grauzonen dazwischen). Spätestens seit der Möglichkeit technischer Reproduzierbarkeit war für viele nicht mehr einzusehen, wieso der eine Gegenstand sich gegen die Rezeption sperren, das absolut Negative des Bestehenden beinhalten und ein Versprechen auf die Zukunft bewahren sollte und der andere nicht – obwohl in Form, Farbe, Dichte, Breite, Bearbeitung etc. nicht unterscheidbar (Duchamps Pissoir vs. gewöhnliches Pissoir). Ohne die Genese, ohne Signale wie Ort und Gelegenheit (Raymond Williams), ohne die Institution Kunst (Peter Bürger), ohne die Logiken des Feldes (Bourdieu) lässt sich überhaupt nicht mehr feststellen, warum das eine bearbeitete Material als Kunstwerk wertgeschätzt, die durchschnittlichen acht Sekunden lang im Museum betrachtet und/oder teuer verkauft wird und warum das andere bearbeitete Material nur ein Gebrauchsgegenstand ist, wie er gewöhnlicher nicht sein könnte. Dieser zweite Bruch ist daher auch mit einer Abkehr vom Fokus auf ›ästhetische Erfahrung‹ verbunden: Es ist – aus der Sicht derjenigen, die diesem Bruch folgen, also vor allem kunstsoziologischer

Ansätze – nicht plausibel zu machen, warum etwa ein Bild wie »Der Kuss« von Gustav Klimt, das im Wiener Belvedere hängt, etwas anderes beim Betrachten auslösen sollte als das Bild »Der Kuss« von Gustav Klimt, das bei Ikea für 29,99 Euro zu erstehen ist. Und zugleich wird erklärungsbedürftig, warum »Der Kuss« von Ikea noch länger einen anderen – gesellschafts- oder auch wissenschaftstheoretischen – Status haben sollte als jedes andere Produkt aus diesem Geschäft. Warum sollte das Billy Regal nicht können, was ein Pissoir kann?

Während von Walter Benjamin ausgehend und mit der materialistischen Praxistheorie (und anderen) diese Abkehr vom Vertrauen auf das Werk (›Gegenstand für das Subjekt‹) und die ›ästhetische Erfahrung‹ vollzogen wurde, blieb die andere Hälfte der Marx'schen Erinnerung an die Kunstproduktion, das ›Subjekt für den Gegenstand‹, als Versprechen noch lange Zeit intakt – und bleibt es bis heute. Wenn dieser Gegenstand, das Werk bzw. die künstlerische Arbeit, auch nicht mehr an sich als wirkungsvoll begriffen wird, die Kunstproduktion selbst (jetzt inklusive ihrer institutionellen und sonstigen Kontexte) war und ist nach wie vor eine Hoffnungsträgerin für emanzipatorischen sozialen Wandel, weil darin andere, von der kapitalistischen Normalkonstitution abweichende Subjektivierungen für möglich gehalten wurden und werden. Im Feminismus wird das Eintreten in den Kunstbereich auch als möglicher Ausweg aus der patriarchalen Unterordnung von Frauen beschrieben. Im Postoperaismus feiert man die kollektive Dimension der Kunstproduktion als protokommunistisch.

Die Figur des Künstlers (und später auch der Künstlerin, spätestens seit ihrer Verkörperung durch Simone de Beauvoir) diente lange Zeit als Modell für eine von den Zwängen des kapitalistischen Arbeitsalltags weitgehend befreiten Gestaltung des Daseins. Zwar wurde auch hier ein Spannungsverhältnis zwischen bohemistischen Lebensentwürfen und proletarischen Realitäten wahrgenommen – der Anarchist Proudhon verhöhnte die Unsittlichkeit der Künstlerinnen, der Marxist-Leninist Lifschitz hatte für die (bohemistische) Umwertung der Werte nur Spott übrig. Die beiden idealtypischen Lebensrealitäten wurden entweder schlicht für vereinbar erklärt, wie etwa in Erich Mühsams Betonung, dass der Platz des Künstlers immer an der Seite des Proletariats sei. Oder es wurde auf den bohemistischen Pol gesetzt, wie etwa bei Marcuse, der die Bob-Dylan-Songs der singenden Protestbewegungen der 1960er-Jahre der als integriert betrachteten ArbeiterInnenklasse definitiv normativ vorzieht.

Aber dieses Boheme-Modell hat sich im Laufe des späten 20. Jahrhunderts verwandelt und politisch beinahe in das Gegenteil dessen verkehrt, was Linke zuvor in ihm gesehen hatten. Dieser Wandel beruht auf politischen Entwicklungen wie der Bildungsexpansion in den westlichen Gesellschaften ab den 1960er-Jahren und der ökonomisch-politischen Wende seit den späten 1970er-Jahren, die als neoliberale Hegemonie beschrieben wurde. Einsetzend in Chile ab Mitte der 1970er-Jahre, in den USA und Großbritannien ab 1980, setzt sich ein Wirtschafts- und Sozialmodell global durch, in dem proklamiert wird, die regulierende Rolle des Staates in Wirtschaft und Gesellschaft aufzugeben und durch die Aktivierung individueller Subjekte sowie die Wirkkräfte des freien Marktes zu ersetzen. In Wirklichkeit nach wie vor regulierende Politiken der Deregulierung der Arbeitsmärkte, der Privatisierung steuerfinanzierter, staatlicher Betriebe, eine Austeritätspolitik und die Liberalisierung des Außenhandels werden durchgesetzt. Auch wenn die treibenden Kräfte dieser Durchsetzung sicherlich nicht die künstlerischen Milieus sind, besteht ihre Rolle doch darin, als Vorbilder für ein individualistisches Sozialmodell zu fungieren, das an die Stelle des sozialstaatlichen Modells kollektiven Ausgleichs von Ressourcen tritt. Dabei ist nicht mehr die zwanglose Devianz, das Verrückte und Außergewöhnliche das Modellhafte des KünstlerInnentums für die Gegenwartsgesellschaften. Sondern, wie Diederichsen im gerade genannten Buch schreibt, der Künstler (die Künstlerin) ist das Modell »des Für-sich-Arbeitenden, und damit ist er, das haben in den letzten Jahrzehnten sowohl die linken Postfordismus-Kritiker als auch die Kunstabteilungen der Unternehmer-Organisationen und der großen Konzerne erkannt, das Modell eines freien Unternehmers.«[765] Die erwähnten KritikerInnen des Postfordismus – ein zeitdiagnostisches Label, das vor allem von VertreterInnen der Regulationstheorie ebenso wie von PostoperaistInnen benutzt wird – ziehen aber gar nicht so verfallsgeschichtliche

765 Diedrich Diederichsen: *Eigenblutdoping. Selbstverwertung, Künstlerromantik, Partizipation*. Köln: Verlag Kiepenheuer & Witsch 2008, S. 182.

Schlüsse, wie sie in der Geschichte anklingen, in der die Beschäftigung mit Kunst bei der zwanglosen Außenseiterin beginnt und beim nonkonform-konformistischen Unternehmer-Modell endet. Im Postoperaismus wird in der Kunst der prinzipielle Wunsch verortet, die Welt anders zu produzieren und die kollektive Dimension dieser Produktion gibt ganz grundsätzlich Anlass zur Hoffnung.

Es gibt noch einen dritten Bruch, der sich nach der Ablehnung der Widerspiegelungstheorien und nach der Abkehr vom Einzelwerk und damit einhergehenden Schwerpunktverlagerung von der marxistischen Philosophie und Ästhetik hin zur materialistischen Kunstsoziologie vollzieht. Dieser dritte Bruch ist wie die beiden anderen kein Ereignis, sondern eine in theoretischen wie soziopolitischen Dimensionen fußende Entwicklung. Und er ist auch nicht unumkehrbar und unhintergehbar, d.h. linke ästhetiktheoretische und philosophische Auseinandersetzungen existieren auch weiterhin neben eher kunstsoziologischen. In diesem dritten Bruch wird nun nicht nur die Institution und das Feld als konstitutive Bedingung für das betont, was Kunst jeweils ist, sondern der soziale Status all dessen wird herausgestellt, was darin und dabei stattfindet. Kurz, Kunst wird als Privileg begriffen, als ein gesellschaftlicher Bereich, der schon in seiner Abgrenzung von Handwerk und Design eine privilegierte Situation – nämlich diejenige, die von direkten und unmittelbaren Zwecken befreite Praxis erlaubt – zum Standard erhob. Ein Standard allerdings, den tatsächlich nur wenige auch praktizieren konnten. Denn um sich mit dem beschäftigen zu können, was sich seit der Renaissance als bildende Kunst herausgebildet hat, bedarf es einiger Voraussetzungen. Sowohl die Produktion als auch die Rezeption von bildender Kunst sind sozial stark limitiert. Das gilt für den konkreten Zugang zu Ausbildungsstätten, der Frauen bis ins späte 19. Jahrhundert verwehrt war, ebenso wie für die allgemein erforderliche Bildung, die zum Kunstmachen und Kunstrezipieren benötigt wird, die Schwarzen und Armen (auf unterschiedliche Weise und sehr verschieden ausgeprägt) bis weit ins 20. Jahrhundert systematisch vorenthalten bleibt. Es geht aber nicht bloß um die Rahmenbedingungen künstlerischer Praxis. Die Kunst selbst – also ihr jeweiliger Gegenstand, ihre Produktions- und Konsumtionsprozesse, ihre Praxis schlechthin – wird als durch Privilegien bestimmt ausgemacht. Es ist der Feminismus, der auf die Unterscheidung in weibliches Handwerk und männliche Kunst hinweist und auf die systematisch geschlechterpolitischen (um nicht zu sagen patriarchalen) Elemente des ganzen Kunstbereichs: von der Prägung der Praktiken (›weibliches Vermitteln‹ vs. ›männliches Produzieren‹) bis zum Männeranteil in Ausstellungen. Und es sind die Black-Liberation-Theorien, die auf die Folgen von Rassismen aufmerksam machen, die sich in konkreten Ausschlüssen und in weniger direkten Blickregimen auswirkten. Zudem zeigten die Studien von Pierre Bourdieu die stark von sozialen Klassen geprägten (und diese reproduzierenden) Aspekte von Kunst auf, die ebenfalls nicht nur Rahmen- oder Randbedingungen in den Blick nahmen. Sie zielten auf die (schon von de Beauvoir kritisierte) ›ästhetische Haltung‹ ab, also auf die kollektiv erzeugte, individuell verkörperte Voraussetzung jeder Beschäftigung mit Kunst. Schließlich kritisierten die post- und dekolonialistischen Ansätze die fundamentale Orientierung an den Entwicklungen und Maßstäben einer westlichen Moderne, die nur auf Kosten und ohne Teilhabe des größten Teils der Weltbevölkerung hatte entstehen können. Zum »Schaden der ungeheuren Mehrzahl« hätte die moderne Kunst ihre Errungenschaften verbreitet, darauf hatte schon Bakunin hingewiesen – was diesen dritten Bruch letztlich als Riss ausweist, der sich von Beginn der linken Auseinandersetzung mit Kunst bis heute durch die Debatten zieht.

Diese gesellschaftstheoretische Aufmerksamkeit für die Kunst als Privileg wurde aus dem Kunstfeld selbst heraus flankiert: Seit den frühen 1960er-Jahren entstanden und etablierten sich Kunstpraktiken, die auf den Elitismus reagierten. Die Pop Art setzte auf wenig kodierte Zeichen aus dem Alltagsleben und öffnete das Kunstfeld für ökonomische Maßstäbe als Gütekriterium; Performances und Happenings zogen in die bildende Kunst ein und betonten die konstitutive Rolle des Publikums; konzeptuelle Künste hoben die Bedeutung der Prozesse von Produktion und Rezeption hervor und untergruben den Status des Einzelwerkes; kollektive und kollektivistische Kunstpraktiken entstanden, die sich gegen den systematischen Individualismus des Kunstsystems wandten; und neben einer durch die sozialen Bewegungen getragenen Kritik an gesellschaftlichen Institutionen wie der bürgerlichen Kleinfamilie entwickelte sich auch innerhalb der Kunstfelder spezifische Formen der Institutionskritik.

II.

Dass sich mit der kapitalistischen Arbeitsteilung und den sich ausdifferenzierenden kulturellen und sozialen Strukturen von Gesellschaft ein relativ eigenständiger Bereich herausgebildet hat, in dem ›Kunst‹ stattfindet (produziert und rezipiert, verkauft und besprochen, gepflegt, vermittelt und bekämpft wird), darüber sind sich eigentlich alle linken theoretischen Entwürfe einig. (Allerdings wird diese Einigkeit sicherlich infrage gestellt und damit auch durchkreuzt, indem poststrukturalistische Ansätze betonen, dass das Konstatieren eines solchen Bereichs selbst eine machtvolle Wissensproduktion ist und daher in dessen Produktion mit eingebunden ist, dass also das Beschreiben immer auch ein Festschreiben ist.)

Dass die Herausbildung eines spezifischen Bereichs einhergeht mit speziellen Praktiken, für deren angemessene Ausführung es schon einer Art SpezialistInnentum bedarf, das wird ebenfalls in vielen Ansätzen erwähnt. Es ist ein konstitutiver Bestandteil der Entwicklung der Moderne, wie Habermas schreibt, dass der »Abstand zwischen den Expertenkulturen und dem breiten Publikum«[766] wächst. Weil und insofern sie sich von gewöhnlichen, alltäglichen Praktiken abheben, werden die Kunstpraktiken auch als abgehoben kritisiert. Im Anarchismus geschieht dies in besonderer Dringlichkeit, aber diese Kritik am Spezialismus findet sich auch bei Lukács und im Feminismus und in den Theorien der Black Liberation. Die Kritik an der Abgewandtheit der Kunst vom Alltag taucht also nicht erst in den 1960er-Jahren auf, sondern durchzieht die linken Debatten um Kunst (wie auch die der künstlerischen Avantgarden selbst) von Anfang an. So wies etwa auch Adolf Sánchez Vázquez im Rahmen der marxistischen Kunsttheorie schon auf die Problematik hin, dass eine bestimmte Form der Kunstproduktion in der bürgerlichen Gesellschaft immer nur das Spezialgebiet einiger weniger sein kann. Er ging davon aus, dass die Entfernung zwischen KunstproduzentInnen und Massenpublikum daher rühre, dass die / der KünstlerIn »in his endeavor to assert his independence and subjectivity in a reified world, has ended up by destroying the bridges which could have made communication

766 Habermas 1990, a.a.O., S. 41.

possible.«[767] Zwar macht Sánchez Vázquez hier die Verdinglichung der kapitalistischen Welt für die unmögliche Kommunikation zwischen KünstlerInnen und Massen verantwortlich. Es ließe sich aber auch einen Schritt kürzertreten und zunächst von den spezifischen Feldeffekten sprechen, die für diese unüberbrückbare Distanz verantwortlich sind. Unabhängigkeit und Subjektivität sind schließlich nicht nur die Anliegen der Künstler-Autorin bzw. des Künstler-Autors, sondern auch die feldspezifischen Anforderungen an die künstlerische Arbeit selbst. Es ist gerade die Eigenlogik des Feldes bzw. die Eigensinnigkeit der Kunst, die logischerweise umso anspruchsvoller ist, je genauer sie sich auf die Geschichte dieser Eigenlogik und Eigensinnigkeit bezieht. Genau damit verschließt sie sich wiederum den Massen bzw. der großen Mehrheit der Bevölkerung, weil diese in der Regel nicht mit kunstgeschichtlichen und ästhetiktheoretischen Mitteln ausgestattet sind bzw. ist, um diese Genese nachzuvollziehen und damit die künstlerischen Arbeiten angemessen zu lesen.

Was den Stellenwert angeht, den linke Theorie nun der Kunst im gesellschaftlichen Ganzen einräumt, könnte folglich angenommen werden, dass dieser als immer kleiner werdend eingeschätzt wird, weil die Kunst bei zunehmender Spezialisierung eben nur immer kleiner – oder zumindest nicht größer – werdende Segmente gesellschaftlicher Gruppen ansprechen kann. Aber das ist nicht der Fall. Der Stellenwert der Kunst für gesellschaftliche Transformation wie auch Reproduktion wird in linker Theorie, da wo die Kunst auftaucht, gemeinhin sehr hoch angesetzt. Das kann sich einmal auf *allgemeine* Merkmale menschlicher Praxis wie Kreativität, Ausdrucksfähigkeit, Kommunikation, etc. gründen, die in der Kunst zu kulminieren scheinen und ihr deshalb eine große gesellschaftliche Relevanz zukommen lassen. Das kann sich aber auch auf die *partikulare* Rolle der kulturellen Eliten gründen, deren Wahrnehmung und Rezeption von Kunst als besonders wirkmächtig eingeschätzt wird (in transformativer und in reproduktiver Hinsicht), sodass auch in dieser Betrachtungsweise

767 Adolfo Sánchez Vázquez: »A Dilemma: ›Minority or Mass Art‹.« In: Ders.: *Art and Society. Essays in Marxist Aesthetics*. [1965] London: Merlin Press 1973c, S. 259-265, hier S. 261.

der Kunst eine große Rolle eingeräumt wird, auch wenn und gerade weil sie nicht massentauglich ist.

So werden auch die impliziten Anforderungen der Spezialisierung in der linken Theorie nicht durchgängig kritisiert, sondern auch als schützenswerte Eigenheit, nämlich als die der Kunst eigene Freiheit begrüßt. Von Proudhons Vorgabe angefangen, das Kunstwerk solle »nicht unstimmig« sein, bis zu Adornos Diktum, die Vorstellung einer Aufhebung der Kunst sei ein »totalitäres Verdikt«, wird in allen theoretischen Entwürfen auf eine bestimmte Eigensinnigkeit der künstlerischen Arbeit beharrt. Sie gilt als Errungenschaft und als Unterscheidungskriterium der Kunst zu anderen Gegenständen und Praktiken zugleich – trotz ihrer Ab- und Ausschließung. Der Stellenwert, der der Kunst eingeräumt wird, ist weder direkt an der analytischen Ausrichtung noch an der normativen Haltung ihr gegenüber abzulesen. Anders gesagt: Ob die Wirkmacht der Kunst groß oder klein eingeschätzt wird, hängt offenbar weder daran, ob ihr eher herrschaftsstabilisierendes oder befreiendes Potenzial zugetraut wird, noch daran, welche künstlerische Strategie – realistisch oder autonom oder, auch wenn es paradox ist, beides (wie schon bei Proudhon) – bevorzugt wird. (Ich spreche von ›künstlerischer Strategie‹, wohl wissend, dass von Lenin bis Adorno und Rancière häufig behauptet wird, ein charakteristisches Merkmal von Kunst und gerade keine Soll-Bestimmung von Kunst zu beschreiben.)

Die Anlassfälle, an denen der Stellenwert der Kunst diskutiert wird, sind in der linken Theorie – anders als in anderen Beschäftigungen mit Kunst – selbstverständlich oft die Fragen nach Transformation oder Reproduktion. Auf die ideologische, herrschaftstabilisierende Funktion der Kunst wurde einerseits mit dem Versuch reagiert, formale Kriterien festzulegen, die dieser Funktionserfüllung entgegenarbeiten. Das geschah vor allem in den Reihen der marxistisch-leninistischen Kunsttheorie als Realismus-Diktat. Demgegenüber wurde andererseits das authentische Kunstwerk beschworen, dem zugetraut bzw. zugeschrieben wurde, sich der Formfestlegung und zugleich der Reproduktion des gesellschaftlichen Scheins entziehen zu können. Die Spannung zwischen beiden Positionen ist wohl eine der wichtigsten innerhalb der Debatte um das Politische der

Kunst. Der Kunstkritiker und Kurator Helmut Draxler hat sie sehr schön als das Spannungsverhältnis zwischen Autonomieanspruch und Ideologieverdacht der Kunst beschrieben. »Erst der Autonomieanspruch der Moderne bringt künstlerische Artefakte und Aussagen aller Art ins Zwielicht, nämlich gleichzeitig frei und bedingt, ultimativ gemeinschaftliche Sinnressource und interessegeleiteter Selbstverwirklichungszweck zu sein. Autonomieanspruch und Ideologieverdacht motivieren sich wechselseitig und bestimmen damit die diskursiven Dynamiken bis heute.«[768] Selbst jede realistische Darstellung, in welcher Realismusvariante auch immer, ist letztlich darauf angewiesen, ihren Kunststatus unter Beweis zu stellen, um überhaupt als solche rezipiert werden zu können (und nicht als Journalismus, Modestrecke oder Amateurhandwerk). Jede Kunstproduktion und -rezeption bleibt damit notwendig elitär und eben eine spezifische Sache von SpezialistInnen. Sie wirkt damit immer auch Klassen reproduzierend. Letztlich muss das auch nach Pop Art und der Popularisierung der Zeichen, nach Kontextkunst und partizipativer Kunst und nach fünfzig Jahren Kunstvermittlung noch konstatiert werden. Juan Acha hatte am Beispiel der BesucherInnenzahlen einer vielbesuchten Picasso-Ausstellung in Mexiko-Stadt 1983, die maximal drei bis sechs Prozent der Gesamtbevölkerung des Landes zu Gesicht bekommen hatten, betont, es sei in Bezug auf Kunst unpassend, »von Popularität zu sprechen«[769]. Im Hinblick auf die Gegenwartskunst hat der früh verstorbene Kunst- und Musikkritiker Martin Büsser in einem kurzen Text von 2008 zwei zentrale Punkte deutlich gemacht. Zum einen merkt er auf analytischer Ebene an, was auch Acha oder Pierre Bourdieu schon betont hatten: Es könne trotz eines größeren Zulaufs, den das Kunstfeld generell in den letzten Jahrzehnten etwa bei Blockbuster-Ausstellungen und Kunstevents wie der Documenta zu verzeichnen hat, nicht davon die Rede sein, die Kunst sei in der Mitte der Gesellschaft angekommen oder auch nur einigermaßen populär. Gemessen an der Popularität von Sportereignissen oder Quiz-

768 Helmut Draxler: »Flucht nach vorn. Autonomieanspruch und Ideologieverdacht in der politischen Kunst.« In: *Texte zur Kunst*, Heft 80, 20. Jg., Dezember 2010, S. 35-41, hier S. 36.

769 Acha 1988, a.a.O., S. 243. [Übers. J.K.]

Shows könne von der Popularität von Gegenwartskunst keine Rede sein: »Sie geht gegen Null!«[770]

Zum anderen und zugleich warnt Büsser aber davor, aus dieser mangelnden Massentauglichkeit politisch bloß pessimistische Schlüsse zu ziehen. »Wer Kunst generell als elitär, wirkungslos oder undurchschaubar aburteilt, gibt damit meist nur die eigene Bequemlichkeit zu erkennen.«[771] Es gelte, sich die Mühe zu machen, genauer hinzusehen. Das tun gesellschaftstheoretische Ansätze oft nicht und verbleiben in einer essenzialistischen Rede von ›der Kunst‹. Über den Stellenwert der Kunst bei der Reproduktion von sozialen, politischen und kulturellen Strukturen ist daher auch häufig sehr wenig zu erfahren.

Ob künstlerisches Arbeiten also schlechthin und notwendigerweise den gesellschaftlichen Eliten dient, also generell Herrschaft erhaltend und Transformationen verhindernd wirkt, ist keineswegs ausgemacht (und auch nicht so allgemein zu beantworten). Diese Frage wird tatsächlich auch sehr uneindeutig beantwortet. Oder anders formuliert: Würde linke Sozialtheorie die Kunst von vornherein dem reproduktiven, gesellschaftliche Strukturen erhaltenden Pol zuschreiben, hätte es vielleicht nicht so viele Auseinandersetzungen mit ihr gegeben. Und schon gar nicht so viele empathische Bezugnahmen. Dazu später noch ein paar Worte.

Um es noch einmal auf den Punkt zu bringen: Der Elitismus der Kunst ist nicht notwendigerweise Ausweis ihrer konservativen, bewahrenden gesellschaftlichen Funktion, ebenso wenig wie die Massentauglichkeit ein Kriterium für emanzipatorische Effekte ist. So sehen es jedenfalls die meisten linken TheoretikerInnen, die in diesem Buch vorkommen. Ob mittels Kunst aber nun die emanzipatorische Transformation besonders gut oder eher schlecht vorangetrieben werden kann, ob sie als Ort für diskursive Verschiebungen, Klassenkämpfe, neue Identitätskonstruktionen oder schlicht revolutionäre Politik besser oder schlechter eignet als Praktiken

770 Martin Büsser: »State of the art.« [2008] In: Ders.: *Dopplung und Deutung. Kritische Kommentare zur zeitgenössischen Kunst.* Mainz: Ventil Verlag 2012, S. 138-141, hier S. 138.

771 Ebd., S. 141.

in anderen Feldern, Bereichen, Systemen, darüber lässt sich recht wenig in Erfahrung bringen.

Die poststrukturalistischen und postoperaistischen Ansätze spitzen diesen Gedanken, dass die Kunstproduktion und -rezeption der sozialen Segregation nicht unbedingt zuarbeiten muss, schließlich zu. Sie tun dies, indem sie die (emanzipatorische) Setzung des Anderen betonen und forcieren, das Anders-Werden für grundlegend halten und dieses Andere in der Regel als besser, schöner, freier und gerechter als das Vorherige bewerten. Allerdings ist der Hintergrund dieser Zuspitzung auch die Annahme, wie oben schon angedeutet, dass der Bereich der Kunst als eigener Bereich gar nicht mehr (oder vielleicht noch nie) prinzipiell zu unterscheiden ist von anderen Bereichen, in denen Praktiken reguliert und Verfahren von Aussagen produziert werden. Kunst als Ausübung kreativer Tätigkeiten, als Ausstellen und Kritisieren, als Betrachten und Kaufen von Bildern und Skulpturen etc. ist gar nicht zu trennen von anderen Formen von Diskurs und Praxis. Es wird, anders gesagt, von sehr fließenden Übergängen zwischen neuen Produktionen in der Kunst und der Herstellung anderer sozialer Wirklichkeiten ausgegangen. Anzunehmen, dass letztlich kein Unterschied (oder bloß etwas fließend Prozessuales) besteht zwischen der Darstellung, dem Aufzeigen, dem Evozieren von Erfahrungen in und durch Kunst auf der einen und der Produktion neuer sozialer Beziehungen auf der anderen Seite geht letztlich auf die Kritik an der Repräsentation zurück. Die Repräsentationskritik stellte infrage, dass Dar- und Vorstellungsweisen der sozialen Wirklichkeit dieser nachgereiht seien, sie also nur abbilden (oder widerspiegeln), anstatt – wie im Poststrukturalismus hervorgehoben – fundamental in ihre Produktion verwoben und verstrickt zu sein. Allerdings muss aus der Kritik der Repräsentation nicht notwendigerweise gefolgert werden, dass es keinen Unterschied mehr zwischen der »Revolution der poetischen Sprache« (Kristeva) und einer Revolution der sozialen Beziehungen und politischen Institutionen mehr gibt. Und umgekehrt muss die Betonung materieller Produktionsweisen nicht zwangsweise mit der Ansicht einhergehen, Repräsentationen seien diesen nachgeordnet. Eine solche Vermittlung zwischen materieller Produktion und sozialer Konstruktion ist, wie gezeigt, in der materialistischen Praxistheorie geleistet worden. Und auch Foucault betont in seinen frühen Schriften aus den 1960er-Jahren, es gelte, zwischen Worten und Bildern das »wechselseitige Funktionieren der Systeme in der Realität einer Kultur«[772] zu untersuchen. Es wird also noch von unterschiedlichen Systemen, von Strukturen der Sprache und Strukturen der Bilder ausgegangen, die der Ordnung der Dinge auf unterschiedliche Weise ihre Form aufprägen. Und die Ordnung der Dinge ist nicht einfach so durch eine Veränderung im Bereich des Sichtbaren und / oder des Sagbaren bereits transformiert.

III.

Insgesamt sind die Hoffnungen auf emanzipatorische Effekte durch und mit Kunst innerhalb linker Theorie erstaunlich groß. Erstaunlich ist das nicht nur angesichts der weithin geteilten Perspektive ihres Spezialismus. Erstaunlich ist das auch insofern, als die Kunst alles andere als ein zentrales Thema in den sozial- und kulturtheoretischen Entwürfen ist. Wenn sie aber vorkommt, wird ihr sehr viel zugetraut. Selbst der Hinweis auf die gesellschaftliche Arbeitsteilung dämpft diese Erwartungen nicht durchgängig. Zwar wird von Trotzki bis Adorno und von Marcuse über Claudia von Werlhof bis zu Antonio Negri darauf hingewiesen, dass die Aufhebung der kapitalistischen Arbeitsteilung das letztlich doch vorrangige Problem sei, dass zur Lösung dieses Problems die Kunst aber durchaus beitragen könne. Und dieser Beitrag wird nicht gerade gering eingeschätzt. Im Feminismus wird ebenfalls auf die Arbeitsteilung hingewiesen und der Bereich der Kunst wird dabei zunächst noch als vergleichsweise unentfremdeter, selbstbestimmter Bereich für Frauen positiv gewertet. Dann aber zeichnet sich schnell schon die Kritik ab, die an der systematischen Geringschätzung (der maßgeblich von Frauen geleisteten) Instandhaltungs-, Sorge- und Reproduktionsarbeit (bis in die Prekarisierungsdebatten der Gegenwart) geleistet wird.

Grundsätzlich wird der Kunst eine große Interventionsfähigkeit bescheinigt, für die ihr im Grunde kaum die Erfüllung spezifischer

772 Michel Foucault: »Worte und Bilder.« In: Ders.: *Dits et Ecrits*. Schriften, Band 1, 1954–1969. Frankfurt a.M.: Suhrkamp Verlag 2001, S. 794-797, hier S. 797.

Kriterien abverlangt werden. Weil es keine kulturelle Praxis geben kann, die nicht auf die anderen kulturellen Praktiken – aktuelle wie vergangene – zurückwirkt, ist Kunst immer schon und selbstverständlich intervenierend, und wenn auch bloß durch (tatsächliche oder zugeschriebene) Negation des Bestehenden in der Kritischen Theorie und / oder gemeinsames Handeln in der postoperaistischen Theorie. Auch wenn sicherlich permanente Wechselwirkungen zwischen kulturellen Praktiken aller Art bestehen, ist diese allgemeine Feststellung aber doch problematisch. Sie klammert erstens die Fragen nach den konkreten, spezifischen Effekten aus: Welche künstlerische Arbeit wie und wodurch und auf welche Weise welche Wirkung auf wen hat, das lässt sich dann kaum mehr beantworten. Und diese Antworten tauchen ja tatsächlich in den häufig sehr allgemeinen Reden über ›die Kunst‹ in der Linken nicht auf.

Problematisch ist die Feststellung einer allgemeinen Interventionsfähigkeit der Kunst zweitens auch dahingehend, dass letztlich von Lenin und Lukács über den Anarchismus bis zu Rancière und Negri – mehr oder weniger stillschweigend – davon ausgegangen wird, dass jede Intervention der Kunst eine emanzipatorische ist, dass die Parteilichkeit immer das Partei ergreifen für den Sozialismus bzw. für eine bessere, andere, gerechtere Welt ist. Diese fortschrittsoptimistische Vision müsste nicht zuletzt angesichts der theoretischen Beiträge vonseiten des Feminismus, der Black-Liberation-Theorie und Pierre Bourdieus, die allesamt auf die privilegienbasierte Produktion und Rezeption von Kunst und damit auf deren regressive, reproduktive, konservative und Herrschaft stützende Elemente hingewiesen haben, infrage gestellt werden. Das wird sie zwar hin und wieder, aber keineswegs durchgängig.

Drittens, und damit einhergehend, wird auch der Widerspruch, der sich aus der eigenlogischen Entwicklung der modernen Kunst im Verhältnis zur Politik ergeben hat, häufig nicht weiter thematisiert. Was schon bei Proudhon und Herbert Read, dann bei Trotzki / Breton als kaum vereinbar aufscheint – die Kunst als unabhängig und zugleich als revolutionär zu bestimmen –, wird in seiner Unvereinbarkeit einfach weggedrängt oder geleugnet. Die grundlegendste Leugnung dieses Spannungsverhältnisses findet sich wohl gegenwärtig bei Jacques Rancière, der kurzerhand behauptet, es gebe »keinen Konflikt zwischen der Reinheit der Kunst und ihrer Politisierung.«[773] Die »ästhetische Autonomie« sei »nicht diese Autonomie des künstlerischen ›Machens‹« gewesen, die der Modernismus gefeiert habe, sondern es handele sich um »die Autonomie einer Form sinnlicher Erfahrung. Diese Erfahrung erscheint als Keim einer neuen Menschheit, einer neuen individuellen und kollektiven Form des Lebens.«[774] Diese Erfahrung ist zugleich ästhetisch und politisch, weil Rancière zuvor die Politik als Frage der Ästhetik definiert hat: Politik bestehe darin, »die Aufteilung des Sinnlichen neu zu gestalten.«[775] Praktiken, die diese Aufteilung nicht neu gestalten, schließt Rancière definitorisch aus dem Bereich der Politik aus (und nennt sie »Polizei«). Einer Vermittlung zwischen künstlerisch-ästhetischer und politischer Praxis bedarf es folglich nicht mehr. Damit wird das Problem allerdings eher geleugnet als gelöst.

Mit dieser Position, die sich ja auch gegen inhaltlich-politisch ausgerichtete künstlerische Arbeiten richtet, ist Rancière letztlich gar nicht so weit entfernt von den Positionen der Zweckfreiheit, die sich gegen die allzu explizite Stellungnahme der Kunst in der Linken bis heute gehalten hat. Hier wird der Autonomieanspruch nach wie vor großgeschrieben, d.h. nicht nur für den kulturellen Bereich als Feld, System oder eigene Welt mit eigenen Regeln behauptet, sondern für die künstlerische Arbeit selbst. Es hat zwar seit Walter Benjamin den beschriebenen Bruch gegeben, der davon ausgeht, dass künstlerische Arbeiten ohne ihren institutionellen, diskursiven, inner- und außerkünstlerischen Kontext überhaupt nicht anzugehen sind. Aber dennoch gibt es nach wie vor diese Fraktion der philosophischen Ästhetik (im Gegensatz hier zu materialistisch-kunstsoziologischen Ansätzen). Bei genauerer Betrachtung dieser Position der Zweckfreiheit – oder, mit Draxler, des Autonomieanspruchs – innerhalb linker Theorie entpuppt sich das Beharren auf die Freiheit der Kunst von allen Zwecken nicht selten bloß als ein geheim gehaltener Eingriffswunsch. Zwar war der Inhaltismus oder gar das Gebot des Realismus vielen linken TheoretikerInnnen von Anfang an unerträglich. Und doch

773 Rancière 2007, a.a.O., S. 43.

774 Ebd.

775 Ebd., S. 35.

war die Freiheit der Kunst, auf die Adorno und Marcuse insistierten, immer auch als eine Art Vorstufe soziopolitischer Freiheit konzipiert. Das politische Beharren auf Zweckfreiheit (in Form und Inhalt der künstlerischen Arbeit selbst), bleibt damit auf der Meta-Ebene an einen Zweck gebunden: die Zweckfreiheit als Negation (von Verdinglichung, Entfremdung, Leistungsimperativ oder was auch immer) soll schließlich dem Zweck einer wirklichen Emanzipation dienen.

Mit dem zweiten Bruch innerhalb der linken Auseinandersetzung mit Kunst lässt die Euphorie etwas nach, es wird nach den konkreten Effekten bestimmter Praktiken gefragt und es werden die Institutionen der Kunst und die Kunst als Institution in ihren Eigenlogiken theoretisch und praktisch angegangen. Aber selbst Bourdieu, der das Kunstfeld als eines beschrieben hatte, das bestehende Klassendispositionen vertieft und das für die Reproduktion der Klassengesellschaften keinen geringen Stellenwert einnimmt, beschwört mehrfach Kunst als potenzielles Instrument der Freiheit. KünstlerInnen können, sagt Bourdieu am Beispiel Hans Haackes, »die Kräfte der literarischen und künstlerischen Phantasie in den Dienst der symbolischen Kämpfe gegen die symbolische Gewalt stellen.«[776]

Die Praktiken der Kunst dürften letztlich, wenn sie auch nicht anders denn als besondere und spezifische zu denken sind, in ihren Effekten nicht losgelöst von allem anderen gedacht werden. Sie sind kein geschützter Bereich, aus dem heraus sich diskursive Angriffe auf die Kulturindustrie vorbereiten oder in dem sich libertäre Zellen gegen das große Spektakel herausbilden könnten. Ihre symbolische Macht ist Teil der symbolischen Gewaltverhältnisse insgesamt, was sie zu deren Stütze machen, sie aber prinzipiell auch umwälzen kann. Das Spektakel ist dann auch kein »Apparat« (Ohrt), sondern ein soziales Verhältnis: »Das Spektakel«, schreibt Paolo Virno, »wird sozusagen von den Produktivkräften der Gesellschaft selbst veranstaltet, insofern diese in immer größerem Ausmaß mit den sprachlich-kommunikativen Fähigkeiten und dem *General Intel-*

776 Pierre Bourdieu und Hans Haacke: »Für die Unabhängigkeit der Phantasie und des Denkens. Ein Gespräch.« In: Dies.: *Freier Austausch. Für die Unabhängigkeit der Phantasie und des Denkens*. Frankfurt a.M.: S.Fischer Verlag 1995, S. 9-116, hier S. 27.

lect zusammenfallen.«[777] Das muss nicht als Vereinnahmungsdiagnose gelesen werden, sondern kann auch als Versuch verstanden werden, die allzu starre Gegenüberstellung von gesellschaftlichen Blöcken in der Beschreibung zu vermeiden. Letztlich liefert Virno hier auch eine positive Lesart der Marx'schen Auffassung, dass die Menschen ihre eigene Geschichte selbst machen, wenn auch »nicht aus freien Stücken, nicht unter selbstgewählten, sondern unter unmittelbar vorgefundenen, gegebenen und überlieferten Umständen.«[778] Es bleibt ja schließlich auch nichts anderes, als auf die sprachlich-kommunikativen Fähigkeiten zu vertrauen. Aber das ist auch nicht nichts.

777 Virno 2005, a.a.O., S. 80.

778 Karl Marx: »Der achtzehnte Brumaire des Louis Bonaparte.« [1851 / 1852]. In: Ders. und Friedrich Engels: *Marx-Engels-Werke*, Band 8. Berlin: Dietz Verlag 1960, S. 111-207, hier S. 115.

Literatur

Acha, Juan: *La apreciación artistica y sus efectos*. Mexico D.F.: Editores Trillas 1988.

Acha, Juan: *Las Culturas Estéticas de América Latina. México* D.F.: UNAM 1993.

Acha, Juan: »Hacia un Pensamiento Visual Independiente«. In: Juan Acha, Adolfo Colombres und Ticio Escobar: *Hacia una Teoria Americana del Arte*. Buenos Aires: Ediciones del Sol 2004, S. 33-83.

Adorno, Theodor W.: »Résumé über Kulturindustrie.« [1963] In: Ders.: *Ohne Leitbild. Parva Aesthetica*. Frankfurt am Main: Suhrkamp Verlag 1970a, S. 60-70.

Adorno, Theordor W.: »Thesen zur Kunstsoziologie«. In: Ders.: *Ohne Leitbild. Parva Aesthetica*. Frankfurt am Main: Suhrkamp Verlag 1970b, S. 94-103.

Adorno, Theodor W.: »Die Kunst und die Künste« [1967] In: Ders.: *Ohne Leitbild. Parva Aesthetica*. Frankfurt am Main: Suhrkamp Verlag 1970c, S. 168-192.

Adorno, Theodor W.: *Ästhetische Theorie*. [1970] Herausgegeben von Gretel Adorno und Rolf Tiedemann. Frankfurt am Main: Suhrkamp Verlag 1973.

Adorno, Theodor W.: »Ist Kunst heiter?« [1967] In: Ders.: *Noten zur Literatur. Gesammelte Schriften II*. Frankfurt am Main: Suhrkamp Verlag 1997a, S. 599-606.

Adorno, Theodor W.: »Balzac-Lektüre.« In: Ders.: *Noten zur Literatur. Gesammelte Schriften II,* Frankfurt am Main: Suhrkamp Verlag 1997b, S. 139-157.

Adorno, Theodor W.: *Negative Dialektik*. Frankfurt am Main: Suhrkamp Verlag 1997c, 9. Aufl.

Adorno, Theodor W.: *Ästhetik (1958/59)*. Frankfurt am Main: Suhrkamp Verlag 2009.

Alhusser, Louis: »Ideologie und ideologische Staatsapparate.« In: Ders.: *Ideologie und ideologische Staatsapparate. Aufsätze zur marxistischen Theorie*. Hamburg: VSA 1977, S. 108-153.

Althusser, Louis: »Cremonini, Painter oft he Abstract.« [1966] In: Ders.: *Lenin and Philosophy and other Essays*. New York: Monthly Review Press 2001a, S. 157-166.

Althusser, Louis: »A Letter on Art in Reply to André Daspre.« [1966] In: Ders.: *Lenin and Philosophy and other Essays*. New York: Monthly Review Press 2001b, S. 151-155.

Amin, Samir: *Delinking. Towards a Policentric World*. [1985] London/New Jersey: Zed Books Ltd. 1990.

Anderson, Perry: *Über den westlichen Marxismus*. Frankfurt am Main: Syndikat Verlag.

Anzaldúa, Gloria: *Borderlands/La Frontera. The New Mestiza*. [1987] San Francisco: Aunt Lute Books 2012.

Bakunin, Michail: *Die Reaktion in Deutschland.* Hamburg: Edition Nautilus 1984.

Bakunin, Michael: »Die vollständige Bildung.« [1869] In: Ders.: *Staat, Erziehung, Revolution. Ausgewählte Texte (1869–1871).* Herausgegeben von Philippe Kellermann. Lich / Hessen: Edition AV 2015, S. 321-350.

Baraka, Amiri: *Blues People. Von der Sklavenmusik zum Bebop.* [1963] Freiburg: orange press 2003.

Baumeister, Biene und Zwi Negator: *Situationistische Revolutionstheorie. Eine Aneignung. Vol. I: Enchiridion.* Stuttgart: Schmetterling Verlag 2005.

Baxmeyer, Martin: *Das ewige Spanien der Anarchie. Die anarchistische Literatur des Bürgerkriegs (1936–1939) und ihr Spanienbild.* Berlin: Edition Tranvia / Verlag Walther Frey 2012.

Beauvoir, Simone de: *Das andere Geschlecht. Sitte und Sexus der Frau.* Reinbek bei Hamburg: Rowohlt Verlag 1968.

Beauvoir, Simone de: »Für eine Moral der Doppelsinnigkeit.« In: Dies.: *Soll man de Sade verbrennen? Drei Essays zur Moral des Existenzialismus.* [1955] Reinbek bei Hamburg: Rowohlt Verlag 1983, S. 77-192.

Benjamin, Walter: »Der Sürrealismus – Die letzte Momentaufnahme der europäischen Intelligenz.« [1929] In: Ders.: *Gesammelte Schriften*, Bd. II / 1, herausgegeben von Rolf Tiedemann und Hermann Schweppenhäuser. Frankfurt am Main: Suhrkamp Verlag 1977a, S. 295-310.

Benjamin, Walter: »Über den Begriff der Geschichte.« In: Ders.: *Gesammelte Schriften.* Bd. II / 1, herausgegeben von Rolf Tiedemann und Hermann Schweppenhäuser. Frankfurt am Main: Suhrkamp Verlag 1977b, S. S. 691-704.

Benjamin, Walter: »Das Kunstwerk im Zeitalter seiner technischen Reproduzierbarkeit.« [1936] In: Ders.: *Das Kunstwerk im Zeitalter seiner technischen Reproduzierbarkeit. Drei Studien zur Kunstsoziologie.* Frankfurt am Main: Suhrkamp Verlag 1977c, S. 7-44.

Bhabha, Homi K.: *Die Verortung der Kultur.* Tübingen: Stauffenburg Verlag 2000.

Biewer, Frank: »Karl Marx (1818–1883) und Friedrich Engels (1820–1895).« In: Christian Steuerwald (Hg.): *Klassiker der Soziologie der Künste. Prominente und bedeutende Ansätze.* Wiesbaden: Springer Verlag 2017, S. 21-44.

Birkner, Martin und Robert Foltin: *(Post-)Operaismus. Von der Arbeiterautonomie zur Multitude. Geschichte und Gegenwart, Theorie und Praxis. Eine Einführung.* Stuttgart: Schmetterling Verlag 2006.

Bourdieu, Pierre: »Künstlerische Konzeption und intellektuelles Kräftefeld«. In Ders.: *Zur Soziologie der symbolischen Formen.* Frankfurt am Main 1974a, S. 75-124.

Bourdieu, Pierre: »Elemente zu einer soziologischen Theorie der Kunstwahrnehmung.« In: Ders.: *Zur Soziologie der symbolischen Formen.* Frankfurt am Main: Suhrkamp Verlag 1974b, S. 159-201.

Bourdieu, Pierre: *Die feinen Unterschiede. Zur Kritik der gesellschaftlichen Urteilskraft.* Frankfurt am Main: Suhrkamp Verlag 1987.

Bourdieu, Pierre: *Die Regeln der Kunst. Genese und Struktur des literarischen Feldes.* Frankfurt am Main: Suhrkamp Verlag 2001a.

Bourdieu, Pierre: »Kultur in Gefahr.« In: Ders.: *Gegenfeuer 2. Für eine europäische soziale Bewegung.* Konstanz: UVK Verlagsgesellschaft 2001b, S. 82-99.

Bourdieu, Pierre: »Die historische Genese der reinen Ästhetik.« In: Ders.: *Kunst und Kultur. Kunst und künstlerisches Feld. Schriften zur Kultursoziologie 4.* Hgg. von Franz Schultheis und Stephan Egger. Konstanz: UVK 2011, S. 289-307.

Bourdieu, Pierre: *Über den Staat. Vorlesungen am Collège de France 1989–1992.* Berlin: Suhrkamp Verlag 2014.

Bourdieu, Pierre: *Manet. Eine symbolische Revolution. Vorlesungen am Collège de France 1998-2000.* Berlin: Suhrkamp Verlag 2015.

Pierre Bourdieu: »Sozialer Raum und ›Klassen‹«. [1985] In: Ders.: *Sozialer Raum und ›Klassen‹/Leçon sur la leçon. Zwei Vorlesungen.* Frankfurt am Main: Suhrkamp Verlag 2016, 4. Aufl., S. 7-46.

Bourdieu, Pierre und Hans Haacke: »Für die Unabhängigkeit der Phantasie und des Denkens. Ein Gespräch.« In: Dies.: *Freier Austausch. Für die Unabhängigkeit der Phantasie und des Denkens.* Frankfurt a.M.: S.Fischer Verlag 1995, S. 9-116.

Bourdieu, Pierre und Loïc D. Wacquant: »Die Ziele der reflexiven Soziologie.« In: Dies.: *Reflexive Anthropologie.* Frankfurt am Main: Suhrkamp Verlag 2006, S. 95-249.

Bourriaud, Nicolas: *Radikant.* Berlin: Merve Verlag 2009.

Brecht, Bertolt: »Über die Notwendigkeit von Kunst in unserer Zeit.« In: Ders.: *Ausgewählte Werke in sechs Bänden.* Bd. 6: Schriften, Frankfurt am Main: Suhrkamp Verlag 1997, S. 125-126.

Breitling, Giesela: »Bildersturm. Fünf Räsonnements über Kunst, Geschlecht und Schönheit.« In: *beiträge zur feministischen theorie und praxis,* Heft 55, Köln 2000, S. 9-18.

Breton, André und Diego Rivera: »Manifest für eine unabhängige revolutionäre Kunst« [1938]. http://www.marxismus-online.eu/kunst/bretonriviera.html.

Broude, Norma und May D. Garrard: »Introduction: Feminism and Art History.« In: Dies.: *Feminism and Art History. Questioning the Litany.* New York: Harper & Row Publishers 1982, S. 1-17.

Bryan-Wilson, Julia: *Art Workers. Radical Practice in the Vietnam War Era.* Berkeley: University of California Press 2009.

Buchloh, Benjamin H.D.: »Periodizing Critics.« In: Hal Foster (Hg.): *Discussions in Contemporary Culture.* Number One. Seattle: Bay Press 1987, S. 65-70.

Buchloh, Benjamin H.D.: *Neo-Avantgarde and Culture Industry. Essays on European and American Art from 1955 to 1975.* Massachusetts: MIT Press 2000, S. xxii.

Buchmann, Sabeth: »Introduction: From Conceptualism to Feminism.« In: Cornelia Butler and other authors (Hg.): *From Conceptualism to Feminism. Lucy Lippard's Numbers Shows 1969-74*. London: Afterall 2012, S. 8-15.

Buhle, Paul: *C.L.R. James. The Artist as Revolutionary*. London / New York: Verso 1988.

Burawoy, Michael: »Cultural Domination. Gramsci meets Bourdieu. « In: Michael Burawoy und Karl von Holdt: *Coversations with Bourdieu. The Johannisnurg Moment*. Johannesburg: Wits University Press 2012, S. 51-73.

Bürger, Peter: *Theorie der Avantgarde*. Frankfurt am Main: Suhrkamp Verlag 1974.

Büsser, Martin: »State of the art.« [2008] In: Ders.: *Dopplung und Deutung. Kritische Kommentare zur zeitgenössischen Kunst*. Mainz: Ventil Verlag 2012, S. 138-141.

Butler, Judith: *Das Unbehagen der Geschlechter*. Frankfurt am Main: Suhrkamp Verlag 1991.

Butler, Judith: *Körper von Gewicht. Die diskursiven Grenzen des Geschlechts*. Berlin: Berlin Verlag 1995.

Butler, Judith: *Haß spricht. Zur Politik des Performativen*. Frankfurt am Main: Suhrkamp Verlag 2006.

Butler, Judith: *Die Macht der Geschlechternormen und die Grenzen des Menschlichen*. Frankfurt am Main: Suhrkamp Verlag 2009.

Butler, Judith: *Raster des Krieges. Warum wir nicht jedes Leid beklagen*. Frankfurt am Main / New York: Campus 2010.

Carson, Clayborne: *Zeiten des Kampfes. Das Student Nonviolent Coordinating Comitee (SNCC) und das Erwachen des afro-amerikanischen Widerstands in den sechziger Jahren*. Nettersheim: Verlag Graswurzelrevolution 2004.

Carter, Warren: »Introduction. Towards a History of the Marxist History of Art.« In: Warren Carter / Barnaby Haran / Fredric J. Schwarz (Hg.): *Renew Marxist Art History*. London: Art Books Publishing 2013, S. 14-28.

Castro Varela, María do Mar und Nikita Dhawan: *Postkoloniale Theorie. Eine kritische Einführung*. Bielefeld: transcript Verlag 2005.

Castro Varela, María do Mar: »Postkolonial, dekolonial oder doch antikolonial? Ein Plädoyer für supplementierendes Denken.« In: Rebecca Steger, Marie Ludwig, Julia Brychcy, Elisabeth Pütz und Kyra Sell (Hg.): *Subalternativen. Postkoloniale Kritik und dekolonialer Widerstand in Lateinamerika*. Münster: edition assemblage 2017, S. 65-78.

Cherki, Alice: *Frantz Fanon. Ein Porträt*. Hamburg: Edition Nautilus 2001.

Colectivo Situaciones: »Vielfalt und Gegenmacht in den Erfahrungen der Piqueteros.« In: Dies.: *¡Que se vayan todos! Krise und Widerstand in Argentinien*. Berlin / Hamburg / Göttingen: Assoziation A 2003, S. 69-94.

Costa, Sérgio: »Essentialismuskritik, transnationaler Antirasismus, Körperpolitik. Paul Gilroy und der ›Black Atlantic‹«. In: Julia Reuter / Alexandra Karentzos (Hg.): *Schlüsselwerke der Postcolonial Studies*. Wiesbaden: Springer / VS 2012, S. 153-163.

Dalla Costa, Mariarosa und Selma James: »Women and the Subversion of the Community.« In: Dies.: *The Power of Women and the Subversion of the Community*. Bristol: Falling Wall Press 1972, 21-56.

Danko, Dagmar: *Zwischen Überhöhung und Kritik. Wie Kulturtheoretiker zeitgenössische Kunst interpretieren*. Bielefeld: transcript Verlag 2011.

Dannemann, Rüdiger: *Georg Lukács zur Einführung*. Hamburg: Junius Verlag 1997.

Day, Gail: »Realism, Totality ant the Militan *Citoyen*. Or, what does Lukács have to do with Contemporary Art?« In: Warren Carter / Barnaby Haran / Fredreric J. Schwartz (Hg.): *ReNew Marxist Art History*. London: Art Books Publishing Ltd. 2013, S. 478-493.

Debord, Guy: »Thesen über die kulturelle Revolution«. In: Situationistische Internationale, Nr. 1, 1958, hier zit. n. http://www.si-revue.de/thesen-über-die-kulturelle-revolution.

Debord, Guy: *Rapport zur Konstruktion von Situationen*. [1957] Hamburg: Edition Nautilus 1980.

Debord, Guy: »Theorie des Umherschweifens.« [1958] In: Roberto Ohrt (Hg.): *Der Beginn einer Epoche. Texte der Situationisten*. Hamburg: Edition Nautilus 1995, S. 64-67.

Debord, Guy: *Die Gesellschaft des Spektakels*. [1967] Berlin: Edition Tiamat 2013, 2. Aufl.

Deleuze, Gilles: *Differenz und Wiederholung*. [1968] München: Wilhelm Fink Verlag 1997, 2. korr. Aufl.

Deleuze, Gilles: »Das Aktuelle und das Virtuelle.« In: Peter Gente und Peter Weibel (Hg.): *Deleuze und die Künste*. Frankfurt am Main: Suhrkamp Verlag 2007, S. 249-253.

Deleuze, Gilles und Félix Guattari: *Kafka. Für eine kleine Literatur*. Frankfurt am Main: Suhrkamp Verlag 1976.

Deleuze, Gilles und Félix Guattari: *Was ist Philosophie?* [1991] Frankfurt am Main: Suhrkamp Verlag 2000.

Demirovic, Alex: *Der nonkonformistische Intellektuelle. Die Entwicklung der Kritischen Theorie zur Frankfurter Schule*. Frankfurt am Main: Suhrkamp Verlag 1999.

Diederichsen, Diedrich: *Eigenblutdoping. Selbstverwertung, Künstlerromantik, Partizipation*. Köln: Verlag Kiepenheuer & Witsch 2008.

Diederichsen, Diedrich: *Körpertreffer. Zur Ästhetik der nachpopulären Künste*. Berlin: Suhrkamp Verlag 2017.

Draxler, Helmut: »Flucht nach vorn. Autonomieanspruch und Ideologieverdacht in der politischen Kunst.« In: *Texte zur Kunst*, Heft 80, 20. Jg., Dezember 2010, S. 35-41.

DuBois, W.E.B.: *Die Seelen der Schwarzen*. [1903] Freiburg: orange press 2003.

Dussel, Enrique: *Der Gegendiskurs der Moderne. Kölner Vorlesungen*. Wien / Berlin: Verlag Turia + Kant 2013.

Engels, Friedrich: »Rascher Fortschritt des Kommunismus in Deutschland.« [1845] In: Karl Marx / Friedrich Engels: *Marx-Engels-Werke*, Band 2. Berlin: Dietz Verlag 1962, S. 509-521.

Engels, Friedrich: »Engels an Minna Kautsky« [1885]. In: Karl Marx / Friedrich Engels: *Marx-Engels-Werke*, Band 36. Berlin: Dietz Verlag 1979, S. 392-394.

EXPORT, Valie: »Aspects of Feminist Actionism.« [1989] In: Hilary Robinson (Hg.): *Feminism – Art – Theory. An Anthology 1968–2014*. Malden, MA / Oxford 2015, S. 345-360.

Fanon, Frantz: *Black Skin, White Masks*. [1952] New York: Grove Press 1967.

Fanon, Frantz: *Aspekte der Algerischen Revolution*. Frankfurt am Main: Suhrkamp 1969.

Fanon, Frantz: *Die Verdammten dieser Erde*. [1961] Frankfurt am Main: Suhrkamp Verlag 1981.

Fanon, Frantz: »Rassismus und Kultur.« [1956] In: Ders.: *Das kolonisierte Ding wird Mensch*. Ausgewählte Schriften. Leipzig: Verlag Philipp Reclam jun. 1986, S. 134-148.

Foucault, Michel: *Die Ordnung der Dinge. Eine Archäologie der Humanwissenschaften*. Frankfurt am Main: Suhrkamp Verlag 1974.

Foucault, Michel: *Was ist Kritik?* Berlin: Nerve Verlag 1992.

Foucault, Michel: *Die Malerei von Manet*. Berlin: Merve Verlag 1999.

Foucault, Michel: *Die Ordnung des Diskurses*. Frankfurt am Main: Fischer Verlag 2001, 8. Aufl.

Foucault, Michel: »Worte und Bilder.« In: Ders.: *Dits et Ecrits*. Schriften, Band 1, 1954-1969. Frankfurt a.M.: Suhrkamp Verlag 2001, S. 794-797.

Foucault, Michel: *Geschichte der Gouvernementalität I. Sicherheit, Territorium, Bevölkerung*. Vorlesungen am Collège de France 1977-1978. Frankfurt am Main: Suhrkamp Verlag 2004.

Foucault, Michel: »Den Regierungen gegenüber: die Rechte des Menschen (Wortmeldung)«. In: Ders.: *Dits et Ecrits*. Schriften, Band IV. Frankfurt am Main: Suhrkamp Verlag 2005, S. 873-875.

Foucault, Michel: *Die Regierung des Selbst und der anderen*. Vorlesungen am Collège de France 1982 / 83. Frankfurt am Main: Suhrkamp Verlag 2012.

Foucault, Michel: *Die Regierung der Lebenden*. Vorlesungen am Collège de France 1979-1980. Berlin: Suhrkamp Verlag 2014.

Foucault, Michel und Noam Chomsky: *Macht und Gerechtigkeit*. Gespräch mit Fons Elders. [1974]. Freiburg: orange press 2004.

Fraser, Nancy: »Soziale Gerechtigkeit im Zeitalter der Identitätspolitik. Umverteilung, Anerkennung und Beteiligung.« In: Dies. und Axel Honneth: *Umverteilung oder Anerkennung? Eine politisch-philosophische Kontroverse*. Frankfurt am Main: Suhrkamp Verlag 2003, S. 13-128.

Friedan, Betty: *Der Weiblichkeitswahn oder Die Selbstbefreiung der Frau. Ein Emanzipationskonzept*. Reinbek bei Hamburg: Rowohlt Verlag 1970.

García Canclini, Néstor: *La producción simbólica. Teoría y método en sociología del arte*. México D.F.: Siglo XXI 1979.

García Canclini, Néstor: »Gramsci con Bourdieu. Hegemonía, consumo y nuevas formas de organización popular.« In: *Nueva Sociedad*, Nr. 71, Marzo-Abril de 1984, S. 69-78.

García Canclini, Néstor: *La sociedad sin relato. Antropología y Estética de la Inminencia*. Madrid: Katz Editores 2010.

Gates jr., Henry Louis: »Dunkel wie durch einen Schleier. Vorwort.« In: W.E.B du Bois: *Die Seelen der Schwarzen*. [1903] Freiburg: orange press 2003, S. 7-28.

Gielen, Pascal: *The Murmuring of the Artistic Multitude: Global Art, Memory and Post-Fordism*. Amsterdam: Antennae 2010.

Gikandi, Simon: *Slavery and the Culture of Taste*. Princeton und Oxford: Princeton University Text 2011.

Gilcher-Holtey, Ingrid: *»Die Phantasie an die Macht«. Mai 68 in Frankreich*. Frankfurt am Main: Suhrkamp Verlag 1995.

Gilroy, Paul: *The Black Atlantic. Modernity and Double Consciousness*. Cambridge, MA: Harvard University Press 1993.

Gramsci, Antonio: »Sozialismus und Kultur.« [1916] In: Ders.: *Philosophie der Praxis. Eine Auswahl*. Herausgegeben von Christian Riechers. Frankfurt am Main: Fischer Verlag 1967, S. 20-23.

Gramsci, Antonio: »Utopie« [1918]. In: Ders.: *Zur Politik, Geschichte und Kultur*. Ausgewählte Schriften. Frankfurt am Main: Röderberg Verlag 1980, S. 15-23.

Gramsci, Antonio: *Gefängnishefte*, Bd. 9, Hefte 22 bis 29. Hamburg: Argument Verlag 1999.

Graw, Isabelle: *Die bessere Hälfte. Künstlerinnen im 20. und 21. Jahrhundert*. Köln: Dumont Verlag.

Graw, Isabelle: *Der große Preis. Kunst zwischen Markt und Celebrity Culture*. Köln: Dumont 2008.

Grawitz, Madeleine: *Bakunin. Ein Leben für die Freiheit*. Hamburg: Edition Nautilus 1999.

Greenberg, Clement: »Modernistische Malerei« [1960]. In: Ders.: *Die Essenz der Moderne. Ausgewählte Essays und Kritiken*. Hamburg: Philo Fine Arts 2009, S. 265-278.

Grosfoguel, Ramón: »Developmentalism, Modernity, and Dependency Theory in Latin America.« In: Mabel Moraña, Enrique Dussel und Carlos A. Jáuregui (Hg.): *Coloniality at Large. Latin America and the Postcolonial Debate*. Durham & London: Duke University Press 2008, S. 307-334.

Guattari, Félix: »Schluss: Über zeitgenössische Kunst. Ein Interview von Olivier Zahm.« In: Ders.: *Schriften zur Kunst*. Berlin: Merve Verlag 2016a, S. 194-213.

Guattari, Félix: »Die Nacht/der Tag.« In: Ders.: *Schriften zur Kunst*. Berlin: Merve Verlag 2016b, S. 16-25.

Habermas, Jürgen: »Die Moderne – ein unvollendetes Projekt.« [1980] In: Ders.: *Die Moderne – ein unvollendetes Projekt. Philosophisch-politische Aufsätze 1977–1990*. Leipzig: Reclam Verlag 1990.

Halberstam, J. Jack: *Gaga Feminism. Sex, Gender, and the End of the Normal*. Boston: Beacon Press 2012.

Halfbrodt, Michael: »Kritik der Trennungen. Eine historisch-soziologische Skizze zum Verhältnis von Anarchismus und Kunst.« In: Graswurzelrevolution (Hg.): *Gewaltfreier Anarchismus. Herausforderungen und Perspektiven zur Jahrhundertwende*. Heidelberg: Verlag Graswurzelrevolution 1999, S. 125-152.

Hall, Stuart: »Neue Ethnizitäten«. In: Ders.: *Rassismus und kulturelle Identität.* Ausgewählte Schriften 2. Hamburg: Argument Verlag 1994, S. 15-25.

Hall, Stuart: »Bedeutung, Repräsentation, Ideologie. Althusser und die poststrukturalistischen Debatten.« [1985] In: Ders.: *Ideologie – Identität – Repräsentation. Ausgewählte Schriften 4*. Hamburg: Argument Verlag 2004a, S. 34-65.

Hall, Stuart: »Das Spektakel des ›Anderen‹.« [1997] In: Ders.: *Ideologie – Identität – Repräsentation. Ausgewählte Schriften 4*. Hamburg: Argument Verlag 2004b, S. 108-165.

Hall, Stuart: »Living with Difference. Stuart Hall in conversation with Bill Schwarz. « In: *Soundings*, Nr. 37., Winter 2007, S. 148-158.

Hall, Stuart: »The Work of Representation.« [1997] In: Stuart Hall, Jessica Evans und Sean Nixon (Hg.): *Representation*. London: Sage Publications 2013, 2. Aufl., S. 1-47.

Hall, Stuart: *Cultural Studies 1983. A Theoretical History*. Durham and London: Duke University Press 2016.

Hardt, Michael: »Affektive Arbeit.« In: Thomas Atzert/Jost Müller (Hg.): *Immaterielle Arbeit und imperiale Souveränität. Analysen und Diskussionen zu Empire*. Münster: Verlag Westfälisches Dampfboot 2004, S. 175-188.

Hardt, Michael und Antonio Negri: *Empire. Die neue Weltordnung*. Frankfurt am Main/New York 2002.

Hardt, Michael und Antonio Negri: *Multitude. Krieg und Demokratie im Empire.* Frankfurt am Main / New York: Campus Verlag 2004.

Hardt, Michael und Antonio Negri: *Common Wealth. Das Ende des Eigentums.* Frankfurt am Main / New York: Campus Verlag 2009.

Hark, Sabine: *Dissidente Partizipation. Eine Diskursgeschichte des Feminismus.* Frankfurt am Main: Suhrkamp Verlag 2005.

Hassler, Katrin: *Kunst und Gender. Zur Bedeutung von Geschlecht für die Einnahme von Spitzenpositionen im Kunstfeld.* Bielefeld: transcript Verlag 2017.

Hastings-King, Stephen: »Über den Durchgang einiger Personen durch eine ziemlich kurze Zeiteinheit: Die Situationistische Internationale, Socialisme ou Barbarie und die Krise des marxistischen Imaginären.« In: Roberto Ohrt (Hg.): *Das große Spiel. Die Situationisten zwischen Kunst und Politik.* Hamburg: Edition Nautilus 1999, S. 61-110.

Haug, Frigga: *Rosa Luxemburg und die Kunst der Politik.* Hamburg: Argument Verlag 2007.

Haug, Wolfang Fritz: *Die kulturelle Unterscheidung. Elemente einer Philosophie des Kulturellen.* Hamburg: Argument Verlag 2011.

Hauser, Arnold: *Soziologie der Kunst.* München: dtv 1974.

Hemingway, Andrew (Hg.): *Marxism and the History of Art. From Williams to the New Left.* London: Pluto Press 2006.

Herding, Klaus: »Einführung in Proudhons Kunsttheorie.« In: Pierre-Joseph Proudhon: *Von den Grundlagen und der sozialen Bestimmung der Kunst.* [1865] Berlin: Spiess Wissenschaftsverlag 1988, S. 13-64

Híjar Serrano, Alberto: »Presentación«. In: Ders. (Hg.): *Frentes, Coaliciones y Talleres. Grupos Visuales en México e el Siglo XX.* México D.F.: Consejo Nacional para la Cultura y las Artes 2007, S. 9-26.

Hobsbawm, Eric: *Das Zeitalter der Extreme. Weltgeschichte des 20. Jahrhunderts.* München: Carl Hanser Verlag 1995.

Hirschfeld, Uwe: »Eine Art und Weise des Ausbrechens aus der ›Erdenwelt‹. Einige Aspekte der politischen Kulturtheorie«. In: Uwe Hirschfeld und Werner Rügemer (Hg.): *Utopie und Zivilgesellschaft. Rekonstruktionen, Thesen und Informationen zu Antonio Gramsci.* Berlin 1990, S. 11-21.

Holcomb, Gary Edward: *Claude McKay: Code Name Sasha. Queer Black Marxism and the Harlem Renaissance.* Gainsville u.a.: University Press of Florida 2007.

Holloway, John: »Krise, Fetischismus, Klassenzusammensetzung.« In: *Wildcat-Zirkular*, Nr. 34 / 35, März 1997, S. 66-92. http://www.wildcat-www.de/zirkular/34/z34holl2.htm.

Holloway, John: *Die Welt verändern, ohne die Macht zu übernehmen.* Münster: Verlag Westfälisches Dampfboot 2002.

Holloway, John: »Ganz normale Leute, Rebellinnen und Rebellen.« In: Ders.: *Die zwei Zeiten der Revolution. Würde, Macht und die Politik der Zapatistas.* Wien: Verlag Turia + Kant 2005, S. 75-84.

Holloway, John: »Über Poesie und Revolution«. In: Jens Kastner und Elisabeth Bettina Spörr (Hg.): *nicht alles tun. Ziviler Ungehorsam an den Schnittstellen von Kunst, radikaler Politik und Technologie.* Münster: Unrast Verlag 2008, S. 25-33.

Holloway, John: *Kapitalismus aufbrechen.* Münster: Verlag Westfälisches Dampfboot 2010.

Holmes, Brian: *Escape the Overcode. Activist Art in the Control Society.* Van Abbemuseum Public Research #2/What, How & For Whom, Eindhoven/Zagreb/Istanbul 2009.

hooks, bell: »Critical Genealogies: Writing Black Art.« In: Dies.: *Art On My Mind. Visual Politics.* New York: The New York Press 1995a, S.108-118.

hooks, bell: »Workers for Artistic Freedom.« In: Dies.: *Art On My Mind. Visual Politics.* New York: The New York Press 1995b, S. 138-144.

hooks, bell: »An Aesthetic of Blackness: Strange and Oppositional.« [1990] In. Dies.: *Yearning. Race, Gender, and Cultural Politics.* New York and London: Routledge 2015, S. 103-113.

Horkheimer, Max: »Autorität und Familie.« [1936] In: Ders.: *Gesammelte Schriften*, Band 3. Frankfurt am Main: Fischer Verlag 1988, S. 336-417.

Horkheimer, Max: »Traditionelle und kritische Theorie.« [1937] In: Ders.: *Traditionelle und kritische Theorie. Fünf Aufsätze.* Frankfurt am Main: S. Fischer Verlag 1992, S. 205-269.

Horkheimer, Max und Theodor W. Adorno: *Dialektik der Aufklärung. Philosophische Fragmente* [1947]. Frankfurt am Main: Fischer Verlag 1990.

James, C.L.R.: »The revolutionary answer to the Negro problem in the United States« [1948], http://isreview.org/issue/85/revolutionary-answer-negro-problem-united-states.

James, C.L.R.: *Die schwarzen Jakobiner. Toussaint L'Ouverture und die Unabhängigkeitsrevolution in Haiti.* Köln: Verlag Pahl-Rugenstein1984.

Jameson, Fredric: »Reflexionen über die Brecht-Lukács-Debatte.« [1977] In: Charles Harrison und Paul Wood (Hg.): *Kunsttheorie im 20. Jahrhundert. Künstlerschriften, Kunstkritik, Kunstphilosophie, Manifeste, Statements, Interviews.* Ostfildern: Verlag Gerd Hatje 1998, S. 1210-1212.

Jay, Martin: Dialektische Phantasie. Die Geschichte der Frankfurter Schule und des Instituts für Sozialforschung 1923-1950. Frankfurt am Main: Fischer Verlag 1991.

Jorn, Asger: »Das Ende der Ökonomie und die Verwirklichung der Kunst.« [1960] In: Roberto Ohrt (Hg.): *Der Beginn einer Epoche. Texte der Situationisten.* Hamburg: Edition Nautilus 1995, S. 83-85.

Kaminski, Franz / Heiner Karuschat / Klaus Winter: *Antonio Gramsci. Philosophie und Praxis*. Frankfurt am Main: Sendler Verlag 1982.

Kastner, Jens: »(Was heißt) Gegen-Verhalten im Neoliberalismus?« In: Daniel Hechler und Axel Philipps (Hg.): *Widerstand denken. Michel Foucault und die Grenzen der Macht*. Bielefeld: transcript Verlag 2008, S. 39-56, hier S. 51.

Kastner, Jens: *Die ästhetische Disposition. Eine Einführung in die Kunsttheorie Pierre Bourdieus*. Wien: Verlag Turia + Kant 2009.

Kastner, Jens: »Koloniale Klassifikationen. Zur Genese postkolonialer Sozialtheorie im kolonialen Algerien bei Frantz Fanon und Pierre Bourdieu.« In: Daniel Suber / Nilmar Schäfer / Sophia Prinz (Hg.): *Pierre Bourdieu und die Kulturwissenschften. Zur Aktualität eines undisziplinierten Denkens*. Konstanz: UVK Verlagsgesellschaft 2011, S. 277-302.

Kastner, Jens: *Der Streit um den ästhetischen Blick. Kunst und Politik zwischen Pierre Bourdieu und Jacques Rancière*. Wien / Berlin 2012.

Kastner, Jens: »›Zur Hölle mit der Kultur!‹ Anarchismus, Neomarxismus und die Kunst.« In: Philippe Kellermann (Hg.): *Begegnungen feindlicher Brüder. Zum Verhältnis von Anarchismus und Marxismus in der Geschichte der sozialistischen Bewegung*, Band 2, Münster: Unrast Verlag 2012, S. 140-161.

Kastner, Jens: »Andere Positionierungen? Analytische und politische Perspektiven dekolonialistischer Sozial- und Kulturtheorie in und aus Lateinamerika.« In: *Österreichische Zeitschrift für Soziologie*, 41. Jg., Heft 3 / 2016, S. 271-294.

Kastner, Jens: »Kunst und Anarchismus. Systematisierungsversuch eines ambivalenten Verhältnisses.« In: *Ne Znam. Zeitschrift für Anarchismusforschung*, Nr. 5, Frühjahr 2017, S. 3-26.

Kastner, Jens: *Kunst, Kampf und Kollektivität. Die Bewegung* Los Grupos *im Mexiko der 1970er-Jahre*. Berlin: edition tranvía – Verlag Walter Frey 2019.

Kastner, Jens und Tom Waibel: »Dekoloniale Optionen. Argumentationen, Begriffe und Kontexte dekolonialer Theoriebildung.« In: Walter D. Mignolo: *Epistemischer Ungehorsam. Rhetorik der Moderne, Logik der Kolonialität und Grammatik der Dekolonialität*. Wien: Verlag Turia + Kant 2012, S. 7-42.

Kastner, Jens und David Mayer: »Althusser andernorts. Anmerkungen zur Aneignung der Ideologietheorie im lateinamerikanischen Kontext.« In: Eva Birkenstock, Max Jorge Hinderer Cruz, Jens Kastner, Ruth Sonderegger (Hg.): *Kunst und Ideologiekritik nach 1989*. Bregenz: Kunsthaus Bregenz 2014, S. 137-145.

Kazeem-Kaminski, Belinda: *Engaged Pedagogy. Antidiskriminatorisches Lehren und Lernen bei bell hooks*. Wien: Zaglossus 2016.

Kelley, Robin D.G.: »Reds, Whites, and Blue People.« In: Greg Tate (Hg.): *Everything But The Burden. What White People Are Taking From Black Culture*. New York City: Broadway Books 2003, S. 44-67.

Krause, Ralf und Marc Rölli: *Mikropolitik. Eine Einführung in die politische Philosophie von Gilles Deleuze und Félix Guattari*. Wien / Berlin: Verlag Turia + Kant 2010.

Kraushaar, Wolfgang: »Rudi Dutschke und der bewaffnete Kampf.« In: Ders., Karin Wieland und Jan Philipp Reemtsma: *Rudi Dutschke, Andreas Baader und die RAF*. Hamburg: Hamburger Edition 2005, S. 13-50.

Kravagna, Christian: *Transmoderne. Eine Kunstgeschichte des Kontakts*. Berlin: b_books 2017.

Krieger, Verena: »›At war with the obvious.‹ – Kulturen der Ambiguität. Historische, psychologische und ästhetische Dimensionen des Mehrdeutigen.« In: *Ambiguität in der Kunst. Typen und Funktionen eines ästhetischen Paradigmas*. Köln / Weimar / Wien: Böhlau Verlag 2010, S. 13-49

Kristeva, Julia: *Die Revolution der poetischen Sprache*. Frankfurt am Main 1978.

Landauer, Gustav: »Die Zukunft und die Kunst« [1891 / 92]. In: Ders.: *Ausgewählte Schriften*. Band 6.1, Literatur. Herausgegeben von Siegbert Wolf. Verlag Edition AV: Lich / Hessen 2013, S. 88-93.

Lauggas, Ingo: »Empfindungsstrukturen und Alltagsverstand. Implikationen der materialistischen Kulturbegriffe von Antonio Gramsci und Raymond Williams.« In: Andreas Merkens und Victor Rego Diaz (Hg.): *Mit Gramsci arbeiten. Texte zur politisch-praktischen Aneignung Antonio Gramscis*. Hamburg: Argument Verlag 2007, S. 85-97.

Lauggas, Ingo: *Hegemonie, Kunst und Literatur. Ästhetik und Politik bei Gramsci und Williams*. Wien: Löcker Verlag 2013, S. 73.

Lazzarato, Maurizio: »Immaterielle Arbeit. Gesellschaftliche Tätigkeit unter den Bedingungen des Postfordismus.« In: Toni Negri / Maurizio Lazzarato / Paolo Virno: *Umherschweifende Produzenten. Immaterielle Arbeit und Subversion*. Berlin: ID Verlag 1998, S. 39-52.

Lazzarato, Maurizio: *Marcel Duchamp und die Verweigerung der Arbeit*. Wien, Linz, Berlin, London, Zürich, Málaga: transversal texts 2017.

Lemke, Thomas: »Räume der Regierung. Kunst und Kritik der Menschenführung«. In: Peter Gente (Hg.): *Foucault und die Künste*. Frankfurt am Main: Suhrkamp Verlag 2004, S. 162-180.

Lenin, W.I.: »Leo Tolstoi als Spiegel der russischen Revolution.« [1908] In: Ders.: *Über Kultur und Kunst. Eine Sammlung ausgewählter Aufsätze und Reden*. Berlin: Dietz Verlag 1960a, S. 98-103.

Lenin, W.I.: »Tolstoi und die moderne Arbeiterbewegung« [1910]. In: Ders.: *Über Kultur und Kunst. Eine Sammlung ausgewählter Aufsätze und Reden*. Berlin: Dietz Verlag 1960b, S. 126-129.

Lenin, W. I.: »Über Proletarische Kultur« [1920]. In: W. I. Lenin: *Über Kultur und Kunst. Eine Sammlung ausgewählter Aufsätze und Reden*. Berlin: Dietz Verlag 1960c, S. 374-375.

Lifschitz, Michail: *Karl Marx und die Ästhetik.* [1931] Dresden: VEB Verlag der Kunst 1967.

Lifschitz, Michail: »Phänomenologie der Konservenbüchse.« In: Ders.: *Krise des Häßlichen. Vom Kubismus zur Pop Art.* Dresden: VEB Verlag der Kunst 1971, S. 109-143.

Lippard, Lucy: »Household Images in Art«. In: Dies.: *From the Center. Feminist Essays on Women's Art.* New York: E.P. Dutton 1976a, S. 56-60.

Lippard, Lucy: »Introduction: Changing Since *Changing*«. In: Dies.: *From the Center. Feminist Essays on Women's Art.* New York: E.P. Dutton 1976b, S. 1-11.

Lippard, Lucy: »Trojan Horses: Activist Art and Power.« In: Hilary Robinson (Hg.): *Feminism – Art – Theory. An Anthology 1968–2014.* Malden, MA / Oxford 2015, S. 69-79.

Litvak, Lily: »Die Kultur des spanischen Anarchismus (1880–1913).« In: *Ne Znam. Zeitschrift für Anarchismusforschung,* Heft 3, Frühjahr 2016, S. 38-51.

Lukács, Georg: *Geschichte und Klassenbewußtsein. Studien über marxistische Dialektik.* [1923] Neuwied und Berlin: Sammlung Luchterhand 1970.

Lukács, Georg: »Kunst und objektive Wahrheit.« [1934] In: Ders.: *Kunst und objektive Wahrheit. Essays zur Literaturtheorie und -geschichte.* Leipzig: Verlag Philip Reclam jun. 1977a, S. 63-112.

Lukács, Georg: »Schriftsteller und Kritiker«. In: Ders.: *Kunst und objektive Wahrheit. Essays zur Literaturtheorie und -geschichte.* Leipzig: Verlag Philipp Reclam jun. 1977b, S. 218-258.

Luxemburg, Rosa: »Tolstoi als sozialer Denker« [1908]. In: Dies.: *Schriften über Kunst und Kultur.* Dresden: VEB Verlag der Kunst 1972, S. 31- 38.

Macherey, Pierre: »Lenin: Kritik an Tolstoij«. In: Ders.: *Zur Theorie der literarischen Produktion. Studien zu Tolstoij, Verne, Defoe, Balzac.* Darmstadt und Neuwied: Sammlung Luchterhand 1974a, S. 7-47.

Macherey, Pierre: »Die literarische Analyse, Grab der Strukturen«. In: Ders.: *Zur Theorie der literarischen Produktion. Studien zu Tolstoij, Verne, Defoe, Balzac.* Darmstadt und Neuwied: Sammlung Luchterhand 1974b, S. 48-72.

Madrigal Pascual, Arturo Ángel: *Arte y Compromiso. España 1917–1936.* Madrid: Fundación Anselmo Lorenzo 2002.

Marchart, Oliver: »Von Proletkult zu Kunstkult oder Was Sie schon immer über kulturelle Hegemonie wissen wollten, aber in Texte zur Kunst nicht finden konnten«. In: *transversal,* 06 / 2001, http://eipcp.net/transversal/0601/marchart/de.

Marchart, Oliver: *Hegemonie im Kunstfeld. Die documenta-Ausstellungen dX, D11, d12 und die Politik der Biennalisierung.* Köln: Verlag der Buchhandlung Walther König 2008.

Marcuse, Herbert: *Der eindimensionale Mensch. Studien zur Ideologie der fortgeschrittenen Industriegesellschaft.* [1967] Berlin: Luchterhand 1970.

Marcuse, Herbert: *Die Permanenz der Kunst. Wider eine bestimmte marxistische Ästhetik. Ein Essay.* München: Carl Hanser Verlag 1977.

Marcuse, Herbert: »Kunst in der eindimensionalen Gesellschaft.« [1967] In: Ders.: *Kunst und Befreiung.* Nachgelassene Schriften 2. Herausgegeben von Gerhard Schweppenhäuser. Zu Klampen 2000a, S. 71-85.

Marcuse, Herbert: »Zur Kritik an der Politisierung der Kunst. Briefe an die Gruppe der ›Chicago Surrealists‹«. In: Ders.: *Kunst und Befreiung.* Nachgelassene Schriften 2. Herausgegeben von Gerhard Schweppenhäuser. Zu Klampen 2000b, S. 109-128.

Marx, Karl: »Der achtzehnte Brumaire des Louis Bonaparte.« [1851/1852]. In: Ders. und Friedrich Engels: *Marx-Engels-Werke,* Band 8. Berlin: Dietz Verlag 1960, S. 111-207.

Marx, Karl: »Vorwort. Zur Kritik der Politischen Ökonomie« [1858]. In: Ders.: *Marx-Engels-Werke,* Band 13, Berlin: Dietz Verlag 1961, S. 7-160.

Marx, Karl: »Einleitung (zu den ›Grundrissen der Kritik der politischen Ökonomie‹)«. In: Friedrich Engels und ders.: *Marx-Engels Werke,* Band 42. Berlin: Dietz Verlag 1983, S. 15-45.

Marx, Karl: »Ökonomisch-philosophische Manuskripte«. [1844] In: Ders.: *Die Frühschriften.* Herausgegeben von Siegfried Landshut. Stuttgart: Alfred Kröner Verlag 2004, 7. Aufl., S. 292-378.

Marx, Karl: »Die Deutsche Ideologie«.[1845/46] In: Ders.: *Die Frühschriften.* Stuttgart: Alfred Kröner Verlag 2004, S. 405-554.

Mayer, Mónica: »On Life and Art as Feminist.« In: *n.paradoxa,* online issue Nr. 8, Nov. 1998, und Nr. 9, Feb. 1999, S. 47-58.

Mbembe, Achille: *Kritik der schwarzen Vernunft.* Berlin: Suhrkamp Verlag 2014.

McCaughan, Edward J.: *Art and Social Movements. Cultural Politics in Mexico and Aztlán.* Durham & London: Duke University Press 2012.

McKee, Yates: *Strike Art. Contemporary Art and the Post-Occupy Condition.* London/·New York: Verso 2016.

McRobbie, Angela: *Top Girls. Feminismus und der Aufstieg des neoliberalen Geschlechterregimes.* Wiesbaden: VS Verlag 2010.

McRobbie, Angela: »The Gender of Post-Fordism: ›Passionate Work‹, ›Risk Class‹ and ›A Life of One's Own‹«. In: Dies.: *Be Creative. Making a Living in the New Culture Industries.* Cambridge/Malden, MA 2016, S. 87-114.

Metscher, Thomas: »Ästhetische Erkenntnis und realistische Kunst.« [1975] In: Ders.: *Kunst und sozialer Prozess. Studien zu einer Theorie der ästhetischen Erkenntnis.* Köln: Pahl-Rugenstein Verlag 1977, S. 221-257.

Metscher, Thomas: *Ästhetik, Kunst und Kunstprozess.* Berlin: Aurora Verlag 2013.

Meyer, Ursula I.: *Einführung in die feministische Philosophie.* München: dtv 1997.

Mignolo, Walter D.: *The Idea of Latin America*. Malden, MA / Oxford / Carlton: Blackwell Publishing 2005.

Mignolo, Walter D.: »Aisthesis Decolonial. Artículo de reflexión.« In: *Calle14*, Vol. 4, Nr. 4, Januar-Juni 2010, S. 10-25.

Mignolo, Walter D.: *Epistemischer Ungehorsam. Rhetorik der Moderne, Logik der Kolonialität und Grammatik der Dekolonialität*. Wien / Berlin: Verlag Turia + Kant 2012.

Mittenzwei, Werner: »Marxismus und Realismus. Die Brecht-Lukács-Debatte.« In: *Das Argument*, Nr. 46, 10. Jg., Berlin 1968, S. 12-43.

Mittenzwei, Werner: »Lukács Ästhetik der revolutionären Demokratie.« In: Georg Lukács: *Kunst und objektive Wahrheit. Essays zur Literaturtheorie und -geschichte*. Leipzig: Verlag Philip Reclam jun. 1977, S. 5-17.

Molesworth, Helen: »Hausarbeit und Kunstwerk«. In: Alexander Alberro und Sabeth Buchmann (Hg.): *Art After Conceptual Art*. Wien / Köln: Generali Foundation / Verlag der Buchhandlung Walther König 2006, S. 73-93.

Moraña, Mabel, Enrique Dussel und Carlos A. Jáuregui (Hg.): *Coloniality at Large. Latin America and the Postcolonial Debate*. Durham & London: Duke University Press 2008.

Mühsam, Erich: »Der Künstler im ›Zukunftsstaat‹.« [1906] In: Ders.: *Fanal. Aufsätze und Gedichte 1905-1932*. Herausgegeben von Kurt Kreiler. Berlin: Wagenbach Verlag 1984, S. 50-58.

Mühsam, Erich: »Kollektivität in der Kunst.« [1932] In: Ders.: *Fanal. Aufsätze und Gedichte 1905-1932*. Herausgegeben von Kurt Kreiler. Berlin: Wagenbach Verlag 1984, S.179-182.

Neef-Uthoff, Maria: »Klang – Farben – Gefühle. Die Frauenschreibbewegung.« In: Hilke Schlaeger (Hg.): *Mein Kopf gehört mir. Zwanzig Jahre Frauenbewegung*. München: Verlag Frauenoffensive 1988, S. 119-127.

Negri, Antonio: *Art & Multitude. Nine letters on Art, followed by Metamorphoses: Art and immaterial labour*. Cambridge / Malden, MA: Polity Press 2011.

Nigro, Roberto: *Wahrheitsregime*. Zürich: Diaphes Verlag 2015.

Nochlin, Linda: »Why have there been no great women artists?« [1971] In: Dies.: *Women, Art, and Power and Other Essays*. London: Thames & Hudson 1988, S. 145-178.

Ohrt, Roberto: *Phantom Avantgarde. Eine Geschichte der Situationistischen Internationale und der modernen Kunst*. Hamburg: Edition Nautilus 1997.

Ongiri, Amy Abugo: *Spectacular Blackness. The Cultural Politics of the Black Power Movement and the Search for a Black Aesthetic*. Charlottesville und London: University of Virginia Press 2010.

Opratko, Benjamin: *Hegemonie. Politische Theorie nach Antonio Gramsci*. Münster: Verlag Westfälisches Dampfboot 2012.

Ott, Michaela: *Deleuze zur Einführung*. Hamburg: Junius Verlag 2005.

Parker, Rozsika und Griselda Pollock: *Old Mistresses. Women, Art and Ideology*. London: Routledge & Kegan Paul 1981.

Pfoser, Alfred: *Literatur und Austromarxismus*. Wien: Löcker Verlag 1980.

Phelan, Peggy: »Überblick.« In: Dies. (Hg.): *Kunst und Feminismus*. Berlin: Phaidon Verlag 2005.

Precarias a la deriva: *»Was ist dein Streik?« Militante Streifzüge durch die Kreisläufe der Prekarität*. Wien: Verlag Turia + Kant 2011.

Prinz, Sophia: *Die Praxis des Sehens. Über das Zusammenspiel von Körpern, Artefakten und visueller Ordnung*. Bielefeld: transcript Verlag 2014.

Prinz, Sophia und Ulf Wuggenig: »Kunst und Praxistheorie.« In: *Bildpunkt. Zeitschrift der IG Bildende Kunst*, Wien, Herbst 2009, S. 4-6.

Proudhon, Pierre-Joseph: *Von den Grundlagen und der sozialen Bestimmung der Kunst*. [1865] Berlin: Spiess Wissenschaftsverlag 1988.

Quijano, Aníbal: »Colonialidad del Poder y Classificación Social. « In: *Journal of World-Systems Research*, VI, 2, Summer / Fall 2000, S. 342-386.

Quijano, Aníbal: *Kolonialität der Macht, Eurozentrismus und Lateinamerika*. Wien / Berlin: Verlag Turia + Kant 2016.

Rancière, Jacques: »Die Aufteilung des Sinnlichen. Ästhetik und Politik.« In: Ders.: *Die Aufteilung des Sinnlichen. Die Politik der Kunst und ihre Paradoxien*. Berlin: b_books 2006a, S. 21-74.

Rancière, Jacques: »Die Politik der Kunst und ihre Paradoxien.« In: Ders.: *Die Aufteilung des Sinnlichen. Die Politik der Kunst und ihre Paradoxien*. Berlin: b_books 2006b, S. 75-100.

Rancière, Jacques: »Die Ästhetik der Politik.« In: Ders.: *Das Unbehagen in der Ästhetik*. Wien: Passagen Verlag 2007a, S. 29-56.

Rancière, Jacques: »Probleme und Transformationen kritischer Kunst« In: Ders.: *Das Unbehagen in der Ästhetik*. Wien: Passagen Verlag 2007b, S. 57-73.

Rancière, Jacques: »Gespräch mit Jacques Rancière (Frank Rudi und Jan Völker).« In: Ders.: *Ist Kunst widerständig?* Berlin: Merve Verlag 2008a, S. 37-90.

Rancière, Jacques: »Die unglücklichen Abenteuer des kritischen Denkens.« In: Ders.: *Der emanzipierte Zuschauer*. Wien: Passagen Verlag 2008b, S. 35-61.

Rancière, Jacques: »Die Paradoxa der politischen Kunst.« In: Ders.: *Der emanzipierte Zuschauer*. Wien: Passagen Verlag 2008c, S. 63-99.

Rancière, Jacques: *Der Philosoph und seine Armen*. [1983] Wien: Passagen Verlag 2010.

Rancière, Jacques: *Der Hass der Demokratie*. Berlin: August Verlag 2012, 2. Aufl.

Rancière, Jacques: *Aisthesis. Vierzehn Szenen*. Wien: Passagen Verlag 2013.

Rancière, Jacques: *Die Lektion Althusser*. [1974] Hamburg: Laika Verlag 2014.

Raunig, Gerald: *Kunst und Revolution. Künstlerischer Aktivismus im langen 20. Jahrhundert.* Wien: Verlag Turia + Kant 2005.

Read, Herbert: *The Meaning of Art*. London: Faber and Faber 1972.

Read, Herbert: *A Concise History of Modern Painting* [1974]. London: Thames & Hudson 2006.

Read, Herbert: »Was ist revolutionäre Kunst?« [1935] In: Charles Harrison und Paul Wood (Hg.): *Kunsttheorie im 20. Jahrhundert. Künstlerschriften, Kunstkritik, Kunstphilosophie, Manifeste, Statements, Interviews*. Ostfildern: Verlag Gerd Hatje 1998, S. 627-631.

Rehmann, Jan: *Einführung in die Ideologietheorie*. Hamburg: Argument Verlag 2008.

Richard, Nelly: »Postmodern Decenterdness and Cultural Periphery«. In: Dies. (Hg.): *Art from Latin America. La Cita Trancultural.* Sydney: Museum of Contemporary Art Australia (MCA) 1993, S. 95-110.

Rivera Cusicanqui, Silvia: »Interview mit Silvia Rivera Cusicanqui.« In: Sebastian Kalicha und Gabriel Kuhn (Hg.): *Von Jakarta bis Johannesburg. Anarchismus weltweit*. Münster: Unrast Verlag 2010, S. 358-361.

Rivera Cusicanqui, Silvia: »La sociología de la imagen como praxis decolonizadora«. In: Dies.: *Sociología de la imagen. Miradas ch'ixi desde la historia andina*. Buenos Aires: Nociones Comunes / Tinta Limón 2015a, S. 13-31.

Rivera Cusicanqui: »La universalidad de lo ch'ixi.« In: Dies.: *Sociología de la imagen. Miradas ch'ixi desde la historia andina*. Buenos Aires: Nociones Comunes / Tinta Limón 2015b, S. 175-185.

Rosler, Martha: »The Artistic Mode of Revolution: From Gentrification to Occupation.« In: Dies.: *Culture Class*. Berlin: Sternberg Press 2013, S. 191-224.

Rust, Winfried: »Manche glauben, sie könnten goldene Eier scheißen«. Interview mit Roberto Ohrt. In: *Jungle World*, Nr.31, 2. August 2007, S. 18-23, http://jungle-world.com/artikel/2007/31/20094.html.

Said, Edward: »Intellektuelles Exil: Vertriebene und Grenzgänger.« In: Ders.: *Götter, die keine sind. Der Ort des Intellektuellen*. Berlin: Berlin Verlag 1997, S. 53-72.

Said, Edward: *Orientalismus*. [1978] Frankfurt am Main: Fischer Verlag 2009.

Sánchez Vázquez, Adolfo: »Art as Concrete Labour: Aesthetic Value and Exchange Value.« In: Ders.: *Art and Society. Essays in Marxist Aesthetics*. [1965] London: Merlin Press 1973a, S. 189-197.

Sánchez Vázquez, Adolfo: »The Development of Art Under the Hostile Conditions of Capitalism. « In: Ders.: *Art and Society. Essays in Marxist Aesthetics*. [1965] London: Merlin Press 1973b, S. 217-222.

Sánchez Vázquez, Adolfo: »A Dilemma: ›Minority or Mass Art‹«. In: Ders.: *Art and Society. Essays in Marxist Aesthetics*. [1965] London: Merlin Press 1973c, S. 259-265.

Schmitz, Markus: *Kulturkritik ohne Zentrum. Edward W. Said und die Kontrapunkte kritischer Dekolonisation*. Bielefeld: transcript Verlag 2008.

Schneider, Norbert: *Geschichte der Ästhetik von der Aufklärung bis zur Postmoderne*. Stuttgart: Verlag Philipp Reclam jun. 2010, 5. erg. Aufl.

Scholz, Dieter: *Pinsel und Dolch. Anarchistische Ideen in Kunst und Kunsttheorie 1840–1920*. Berlin: Doetrich Reimer Verlag 1999.

Scholze, Britta: *Kunst als Kritik. Adornos Weg aus der Dialektik*. Würzburg: Königshausen & Neumann 2000.

Schrupp, Antje: »Anarchismus und Geschlechterverhältnisse«. In: *Der Standard*, Wien, 8. Juli 2016, http://derstandard.at/2000040540520/Anarchismus-und-Geschlechterverhaeltnisse.

Schultheis, Franz / Erwin Single / Stephan Egger / Thomas Mazzurana: *Kunst und Kapital. Begegnungen auf der Art Basel*. Köln: Verlag der Buchhandlung Walther König 2015.

Schulz, Kristina: *Der lange Atem der Provokation. Die Frauenbewegung in der Bundesrepublik Deutschland und in Frankreich 1968–1976*. Frankfurt am Main / New York 2002.

Schweppenhäuser, Gerhard: »Cézanne auf dem Klosett. Herbert Marcuses Ästhetik zwischen Kunst und Alltagskultur. In: Ders.: *Bildstörung und Reflexion. Studien zur kritischen Theorie der visuellen Kultur*. Würzburg: Königshausen & Neumann 2013, S. 115-131.

Shukaitis, Stevphen: *The Composition Of Movements To Come. Aesthetics And Culturual Labor After The Avant-Garde*. London & New York: Rowman & Littlefield 2016.

Silverman, Kaja: »Dem Blickregime begegnen.« In: Christian Kravagna (Hg.): *Privileg Blick. Kritik der visuellen Kultur*. Berlin: ID Verlag 1997, S. 41-64.

Situationistische Internationale: *Über das Elend im Studentenmilieu (betrachtet unter seinen ökonomischen, politischen, psychologischen, sexuellen und besonders intellektuellen Aspekten und über einige Mittel, diesem abzuhelfen)*. [1967] Hamburg: Edition Nautilus 1977.

Situationistische Internationale: »Der Sinn im Absterben der Kunst.« [1959] In: Roberto Ohrt (Hg.): *Der Beginn einer Epoche. Texte der Situationisten*. Hamburg: Edition Nautilus 1995, S. 68-72.

Skeggs, Beverly: »Exchange, value and affect: Bourdieu and ›the self‹.« In: Lisa Adkins und Beverly Skeggs (Hg.): *Feminism After Bourdieu*. Oxford / Malden, MA: Blackwell Publishing 2004, S. 75-95.

Smith, Andrew: *C.L.R. James and the Study of Culture*. Houndmills / New York: Palgrave Macmillan 2000.

Sontag, Susan: *Das Leiden anderer betrachten*. Frankfurt a.M.: S. Fischer Verlag 2005.

Sonderegger, Ruth: »Ästhetische Theorie«. In: Richard Klein / Johann Kreutzer / Stefan Müller-Doohm (Hg.): *Adorno-Handbuch. Leben – Werk – Wirkung*. Stuttgart / Weimar: Metzler 2011, S. 414-427.

Sousa Santos, Boaventura de: *Epistemologien des Südens. Gegen die Hegemonie des westlichen Denkens*. Münster: Unrast Verlag 2018.

Steinert, Heinz: *Kulturindustrie*. Münster: Westfälisches Dampfboot 1998.

Stowasser, Horst: *Freiheit pur. Die Idee der Anarchie, Geschichte und Zukunft*. Frankfurt am Main: Eichborn Verlag 1995.

Stützle, Ingo: »Marx' innerer Monolog. Vor 150 Jahren schrieb Karl Marx die ›Grundrisse‹ «. In: *Z. Zeitschrift für marxistische Erneuerung*, Nr. 73, März 2008, http://www.zeitschrift-marxistische-erneuerung.de/article/601.marx-innerer-monolog.html.

Spivak, Gayatri Chakravorty: *Can the Subaltern Speak? Postkolonialität und subalterne Artikulation*. Wien: Verlag Turia + Kant 2008.

Spivak, Gayatri Chakravorty: »Introduction.« In: Dies.: *An Aesthetic Education in the Era of Globalization*. Cambridge, MA / London: Harvard University Press 2012a, S. 1-34.

Spivak, Gayatri Chakravorty: »Harlem.« In: Dies.: *An Aesthetic Education in the Era of Globalization*. Cambridge, MA / London: Harvard University Press 2012b, S. 399-428.

Spivak, Gayatri Chakravorty: »Scattered Speculations on the Subaltern and the Popular.« In: Dies.: *An Aesthetic Education in the Era of Globalization*. Cambridge, MA / London: Harvard University Press 2012c, S. 429-442.

Spivak, Gayatri Chakravorty: »Wer hört die Subalterne? Rück- und Ausblick«. In: *Luxemburg. Gesellschaftsanalyse und linke Praxis*, Berlin, 3 / 2014, S. 6-15.

Tate, Greg: »Nigs R Us, or How Blackfolk Became Fetish Objects. Introduction« In: Ders. (Hg.): *Everything But The Burden. What White People Are Taking From Black Culture*. New York: Broadway Books 2003, S. 1-14,

Thompson, Nato: *Seeing Power. Art and Activism in the 21st Century*. Brooklyn / London: Mleville House Printing 2015.

Traverso, Enzo: »Adorno und Benjamin. Ein Briefwechsel, als es Mitternacht schlug im letzten Jahrhundert. « In: Ders.: *Linke Melancholie. Über die Stärke einer verborgenen Tradition*. Münster: Unrast Verlag 2019, S. 207-242.

Tronti, Mario: *Arbeiter und Kapital*. [1966] Gießen: Verlag Neue Kritik 1974.

Tronti, Mario: *The Revolution of Everyday Life*. [1994] PM Press: Oakland 2012.

Trotzki, Leo: »Der Futurismus.« In: Ders.: *Literatur und Revolution*. [1924] München: dtv1972a, S. 105-135.

Trotzki, Leo: »Proletarische Kultur und proletarische Kunst.« In: Ders.: *Literatur und Revolution*. München: dtv 1972b, S. 155-179.

Trotzki, Leo: »Die Kunst der Revolution und die sozialistische Kunst.« In: Ders.: *Literatur und Revolution*. [1924] München: dtv1972c, S. 190-213.

Trotzki, Leo: »Kunst und Revolution. Leserbrief an den New Yorker Partisan Review« [1939], https://www.marxists.org/deutsch/archiv/trotzki/1939/07/kunst.htm.

Ullrich, Wolfgang: *Siegerkunst. Neuer Adel, teure Lust*. Berlin: Wagenbach Verlag 2016.

Vaneigem, Raoul: *Handbuch der Lebenskunst für die jungen Generationen*. Hamburg: Edition Nautilus 2008.

Vaneigem, Raoul: *Das Buch der Lüste*. [1979] Hamburg: Edition Nautilus 1984.

Viénet, René: *Wütende und Situationisten in der Bewegung der Besetzungen*. Edition Nautilus: Hamburg 1977.

Virno, Paolo: *Grammatik der Multitude. Öffentlichkeit, Intellekt und Arbeit als Lebensform*. Wien: Verlag Turia + Kant 2005.

Virno, Paolo: »The Dismesure of Art. An Interview with Paolo Virno.« Von Sonja Laevert und Pascal Bielen. In: Pascal Gielen / Paul De Bruyne (Hg.): *Being Artists in Post-Fordist Times*. Rotterdam: NAi Publishers 2009, S. 17-44.

Walker, Alice: »Auf der Suche nach den Gärten unserer Mütter. Über Kreativität und schwarze Frauen im Süden.« [1974] In: Max Annas und Martin Altes (Hg.): *Black Beats*. Freiburg: orange press 2003, S. 172-183.

Wallace, Michelle: »Why Are There No Great Black Artists? The Problem of Visuality in African-American Culture«. In: Gina Dent (Hg.): *Black Popular Culture*. Seattle: Bay Press 1992, S. 333-346.

Walsh, Catherine: »Introducción. (Re)Pensamiento Crítico y (De)Colonialidad.« In: Dies. (Hg.): *Pensamiento Crítico y Matriz (De)Colonial. Reflexiones Latinoamericanas*. Quito: Universidad Andina Simón Bolívar 2005, S. 13-35.

Weibel, Peter: »Die Diskurse von Kunst und Macht: Foucault.« In: Peter Gente (Hg.): *Foucault und die Künste*. Frankfurt am Main: Suhrkamp Verlag 2004, S. 141-147.

Werckmeister, Otto Karl: »Ideologie und Kunst bei Marx.« In: Ders.: *Ideologie und Kunst bei Marx und andere Essays*. Frankfurt am Main: S. Fischer 1974.

Werlhof, Claudia von: »Der Proletarier ist tot. Es lebe die Hausfrau?« [1983] In: Ulla Wischermann / Susanne Rauscher / Ute Gerhard (Hg.): *Klassikerinnen feministischer Theorie. Grundlagentexte, Band II (1920–1985)*. Königstein/Taunus: Ulrike Helmer Verlag 2010, S. 197-208.

Williams, Raymond: *Marxism and Literature*. Oxford: Oxford University Press 1977.

Williams, Raymond: *The Sociology of Culture*. Chicago: University of Chicago Press 1995.

Williams, Raymond: »Wann war der Modernismus?« In: Charles Harrison und Paul Wood (Hg.): *Kunsttheorie im 20. Jahrhundert. Künstlerschriften, Kunstkritik, Kunstphilosophie, Manifeste, Statements, Interviews*. Ostfildern: Verlag Gerd Hatje 1998a, S. 1387-1390.

Williams, Raymond: »Dominant, residuell, ermergent.« [1977] In: Charles Harrison und Paul Wood (Hg.): *Kunsttheorie im 20. Jahrhundert. Künstlerschriften, Kunstkritik, Kunstphilosophie, Manifeste, Statements, Interviews*. Ostfildern: Verlag Gerd Hatje 1998b, S. 1212-1217.

Williams, Raymond: »Base and Superstructure in Marxist Cultural Theory.« [1973] In: Ders.: *Culture and Materialism*. London / New York: Verso 2005, S. 31-49.

Williams, Raymond: *Culture and Society 1780-1950*. [1958] London: Vintage Books / Penguin 2017.

Wittkop, Justus F.: *Unter der schwarzen Fahne. Gestalten und Aktionen des Anarchismus*. Frankfurt am Main: Fischer Verlag 1989.

Wolf, Frieder Otto: »Nachwort des Herausgebers«. In: Louis Althusser: *Über die Reproduktion. Ideologie und ideologische Staatsapparate, 2. Halbband*. Hamburg: VSA 2012, S. 315-368.

Wolter, Udo: *Das obskure Subjekt der Begierde. Frantz Fanon und die Fallstricke des Subjekts der Befreiung*. Münster: Unrast Verlag 2001.

Wright, Steve: *Den Himmel stürmen. Eine Theoriegeschichte des Operaismus*. Hamburg / Berlin: Assoziation A 2005.

Wuggenig, Ulf: »Das Arbiträre und das Universelle. Über Pierre Bourdieus Soziologie der Kunst.« In: Pierre Bourdieu: *Kunst und Kultur. Kunst und künstlerisches Feld*. Schriften zur Kultursoziologie 4. Konstanz: UVK 2011, S. 480-546.

Young, Robert J.C.: *Postcolonialism. An Historical Introduction*. Malden, MA / Oxford / Victoria: Blackwell Publishers 2001.

Zeisler, Andi: *Wir waren doch mal Feministinnen. Vom Riot Grrrl zum Cover Girl. Der Ausverkauf einer politischen Bewegung*. Zürich: Rotpunktverlag 2017.

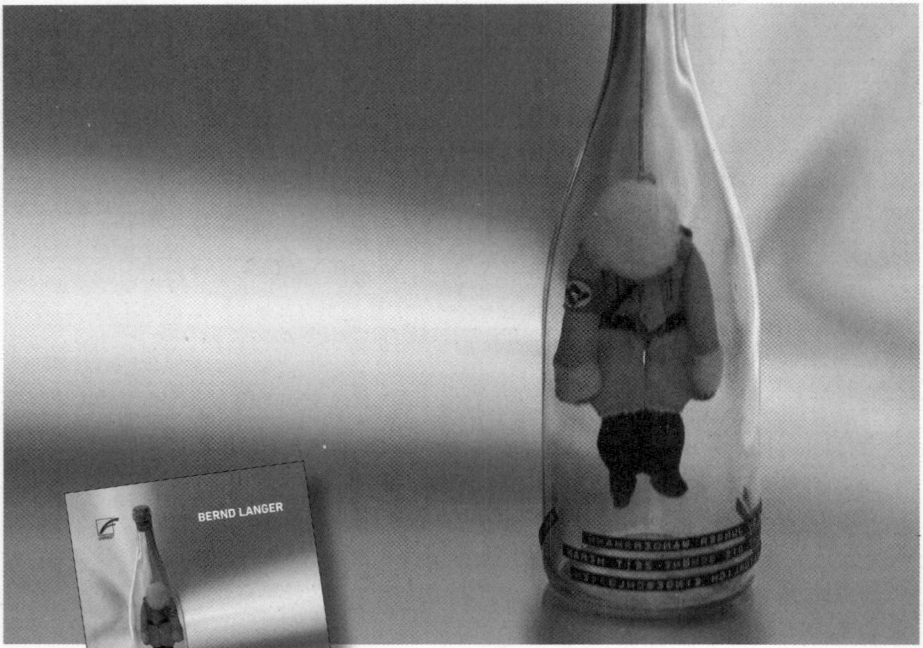

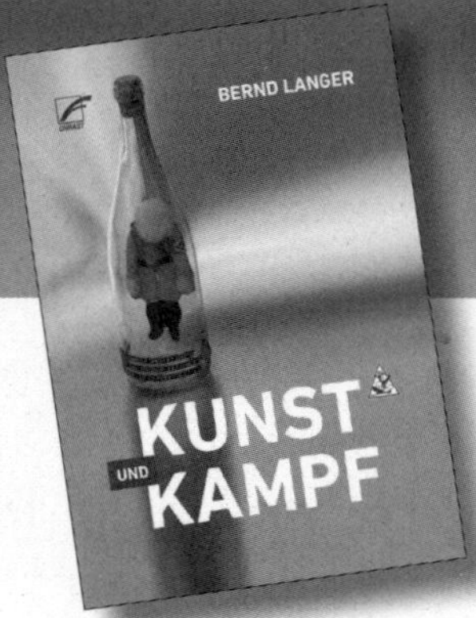